Jürgen Roth
Spinnennetz der Macht

Jürgen Roth

Spinnennetz der Macht

Wie die politische und wirtschaftliche Elite
unser Land zerstört

Econ

Mix
Produktgruppe aus vorbildlich
bewirtschafteten Wäldern und anderen
kontrollierten Herkünften
www.fsc.org   Zert.-Nr. SGS-COC-001940
©1996 Forest Stewardship Council

Econ ist ein Verlag
der Ullstein Buchverlage GmbH

ISBN: 978-3-430-20134-6

Inhalt

Zertrümmerte Hoffnungen: eine Einleitung

Ach, du schönes Ideal Grundgesetz! Wie oft haben sie dich seit deiner schweren Geburt in Bonn, damals im Nachkriegsjahr 1949, vergewaltigt? Wie viel bist du heute in Deutschland eigentlich noch wert? »Wir haben wahrlich keinen Rechtsanspruch auf Demokratie und soziale Gerechtigkeit auf alle Ewigkeit.« Das sagte Angela Merkel, damals CDU-Vorsitzende, am 16. Juni 2005 anlässlich der Feier zum 60-jährigen Bestehen der CDU. Ist diese Ewigkeit bereits erreicht, sieben Jahre später – oder wurde der erwähnte Rechtsanspruch womöglich schon lange vorher außer Kraft gesetzt? Sicher ist das beim Sozialstaatsprinzip, also der Frage der sozialen Gerechtigkeit der Fall. Sie wurde spätestens im Jahr 2002 durch die damalige SPD/Grünen-Bundesregierung unter Bundeskanzler Gerhard Schröder zu Fall gebracht. Seitdem sind die Barrieren gegen eine soziale Apartheidpolitik kontinuierlich abgebaut worden. Allein das Vermögen des reichsten Prozents der Deutschen ist heute größer als sämtliche Schulden von Bund, Ländern und Gemeinden zusammen. Ohne soziale Gerechtigkeit wird es jedoch, das ist eigentlich eine Binsenweisheit, keine Legitimation des Staates geben.

Über die möglichen Folgen machte sich Gesine Schwan Gedanken, die ehemalige Bundespräsidentin-Kandidatin und jetzige Präsidentin der Humboldt-Viadrina School of Governance in Berlin. »Ich habe schon vor Jahren zwar nicht soziale Unruhen als kollektive Aktion sozusagen vorhergesagt, wohl aber, dass die Wut bei denen sich steigern wird, die sich als hoffnungslos abgehängt betrachten.«[1] Was sind die tieferen Gründe dieser so gerne verdrängten Entwicklung? Der Soziologe Wilhelm Heitmeyer

9

fasst einige in wenigen Sätzen zusammen: »Die Mehrheit der Menschen sagt, dass sich Solidarität, Gerechtigkeit und Fairness in dieser Gesellschaft nicht mehr verwirklichen lassen. Das ist gefährlich für den gesellschaftlichen Zusammenhalt und erzeugt Desintegration [...]. Die Demokratie ist in einer Krise.«[2] Hinter dieser Erkenntnis steckt jedoch ein noch viel größeres Problem: Das Grundgesetz, also das Fundament unserer Demokratie, ist in den Bereichen Sozialstaatsprinzip, Rechtsstaatsprinzip und Demokratieprinzip in hohem Maße in Gefahr, außer Kraft gesetzt zu werden. Nur zur Erinnerung: »Die Würde des Menschen ist unantastbar. Sie zu achten und zu schützen ist Verpflichtung aller staatlichen Gewalt«, lautet Artikel 1 des Grundgesetzes. Dieses sollte eigentlich ein Wertesystem bilden, das als verfassungsrechtliche Wertentscheidung für alle Bereiche im Verhältnis zwischen Staat und Bürger gilt. Es stellt sich die Frage: Weshalb und in welchem Umfang ist in Deutschland das Demokratiestaatsprinzip gefährdet? »Demokratie ist zur Postdemokratie geworden, in der innerhalb der formalen Hülle der Demokratie das Volk als der eigentliche Souverän gegenüber den Lobbyisten und Eliten keine Durchsetzungschancen mehr hat.«[3] Anders ausgedrückt: Deutschland ist unter anderem von Netzwerken und Seilschaften – wahren Spinnennetzen der Macht – geprägt, deren Protagonisten durch ihre parasitären gesellschaftlichen und ökonomischen Beziehungen die lebendige Demokratie zu ersticken drohen. Der Politologe Professor Bernd Greiner nennt es »Tendenzen der Re-Feudalisierung. Das heißt, dass neben den offiziellen Strukturen, neben den demokratischen Strukturen, die inoffiziellen Strukturen zunehmend wieder an Gewicht gewinnen. Und diese Eliten, diese selbst ernannten Eliten, die oben sitzen, die schotten sich zunehmend ab.«[4] In diesen regionalen wie länderübergreifenden Spinnennetzen sind regelmäßig Männer und Frauen zu finden, die für Sach- und Warenwerte verantwortlich sind, deren Lebensmodell Geld- und damit Machtvermehrung ist – soziale Autisten. Und sie werden dafür nicht nur fürstlich entlohnt, sondern gelten in Deutschland sogar noch als die tragende, die Gesellschaft prägende Elite.

Von einer »Parallelwelt« sprach der ehemalige nordrhein-westfälische Ministerpräsident, spätere Bundesfinanzminister und aktuelle SPD-Kanzlerkandidat Peer Steinbrück. »Das Biotop an der Spitze zeichnet sich durch ein asoziales und amoralisches Verhalten aus, das deshalb so ärgerlich stimmt, weil diese Schicht über alle Voraussetzungen verfügt, zum Wohl des Gemeinwesens beizutragen.« Er spricht wohl aus Erfahrung. »Ich bin in all den Jahren als Minister und als Privatperson Maklern, Investment-bankern, Beratern und Jungunternehmen begegnet, die von einer erschreckenden Dünkelhaftigkeit, Selbstbezogenheit und Herablassung gegenüber dem ›gemeinen‹ Volk« waren.«[5] Peer Steinbrück vergaß leider hinzuzufügen, dass es der von ihm in jeder Beziehung gehuldigte einstige SPD-Kanzler Gerhard Schröder war, der mit der Liberalisierung der Finanzmärkte die Büchse der Pandora überhaupt erst geöffnet hat. »Steinbrück hat noch im März 2006 in der *Zeitschrift für das gesamte Kreditwesen* einen glühenden Beitrag im Geiste der Eichel-Zeit[6] geschrieben. Man werde an der Arbeit der Vorgängerregierung anknüpfen.«[7] Erst durch diese politischen Vorgaben wurde die Devise »Bereichert euch!« zu einem Lebenselixier einer parasitären Klasse. Die Politiker, ob von SPD, CDU/CSU, Grünen oder FDP, die von dieser parasitären Klasse angefüttert wurden, klatschten alle beflissen Beifall. Und daran hat sich bis heute wenig geändert. Man könnte ja einmal Chauffeure der Fahrbereitschaft des Deutschen Bundestages fragen, was sie von den Abgeordneten und Ex-Staatssekretären und Ex-Ministern halten, die sie im Laufe der letzten Jahre gefahren haben. Ein langjähriger Chauffeur der Fahrbereitschaft erzählte mir: »Wir werden missachtet, wie der letzte Dreck behandelt und müssen darüber schweigen, dass wir als Privatchauffeure instrumentalisiert werden, um die Abgeordneten zum Einkaufen, in den Urlaub oder ins Bordell zu fahren. Sie wollen, gleichgültig von welcher Partei, wie Könige behandelt werden – von Volksvertretern kann keine Rede sein.«Hinzu kommt, dass die Fahrer extrem schlecht bezahlt werden und von ihrem Gehalt nicht leben können, weil die Fahrbereitschaft des Bundestags zum Teil privatisiert wurde. Das alles interessiert die Abgeordneten nicht. Im dicken schwarzen Mercedes oder Audi vorgefahren zu werden – das allein zählt.

Übrigens sind im öffentlichen Mediendiskurs viele dieser Gallionsfiguren des deutschen Establishments aus Politik, Wirtschaft und Justiz nach wie vor auffallend präsent, insbesondere in den verschiedenen Netzwerken oder, besser gesagt, Spinnennetzen der unkontrollierten und intransparenten Macht. Um das zu belegen, reicht es aus, sich in der Vergangenheit die Flut der politischen Marketing-Talkshows mit ihrer mehr oder weniger klaren Verkaufsabsicht anzusehen. Ein Beispiel: Da gibt es die Initiative Soziale Marktwirtschaft (INSM), eine von den Arbeitgeberverbänden der Metall- und Elektroindustrie finanzierte Pressure-Group.[8] Die INSM war eine Inspiration der Hamburger Werbeagentur Scholz & Friends (Wahlspruch: The Orchestra of Ideas). Sie sollte den Wunsch der Arbeitgeber umsetzen, für einen Wandel des politischen Klimas in Deutschland zu sorgen.»Die Aktivitäten der INSM haben in den letzten Jahren massiv dazu beigetragen, Einstellungen in der Bevölkerung zu verändern und Themen wie Rückbau des Wohlfahrtstaats, Arbeitszeiten, verstärkte Eigenverantwortung, staatliche Ausgaben und Aufgabenbeschränkung in die Diskussion zu bringen.« Zu diesem Ergebnis kam bereits 2004 eine Studie der gewerkschaftseigenen Hans-Böckler-Stiftung. Laut ARD-Magazin *Plusminus* sind die INSM-Botschafter auf sämtlichen Kanälen Dauergäste in den Talkshows. Schaut man sich die Internetseite der INSM an, findet sich unter diesen»Botschaftern« kein einziger Vertreter der großen Industriegewerkschaften.»Tatsächlich sind alle bei der gleichen Lobby im Boot – und fordern harte Einschnitte, von denen sie selbst nie betroffen sind«, heißt es im Bericht des Fernsehmagazins.[9] Zu ihnen gehörte Wolfgang Clement (SPD), der ehemalige Wirtschafts- und Arbeitsminister. Sein Beispiel zeigt die Kontinuität einer langfristig angelegten politischen Strategie, die durch die internationale Wirtschaftskrise nur scheinbar in die Defensive geraten ist: die Zementierung der neoliberalen Ideologie.

Und schon sind wir bei einem der vielfältigen politisch-wirtschaftlichen Spinnennetze, die unter allen Umständen den politischen und gesellschaftlichen Status quo beibehalten wollen.

Ein kurzer Rückblick: Im Januar 2008, kurz vor den Wahlen zum Hessischen Landtag, trug Wolfgang Clement mit dazu bei, dass in Hessen die linke SPD-Politikerin Andrea Ypsilanti nicht den bisher regierenden CDU-Ministerpräsidenten Roland Koch ablösen konnte. Denn Clement hatte vor den anstehenden Landtagswahlen öffentlich davor gewarnt, sie zu wählen, weil sie weder Atomkraftwerke noch neue Kohlekraftwerke wolle. Andrea Ypsilanti erzählte mir, dass sie sich und ihre »klare alternative linke Politik« von der rechten SPD-Führung und der Energiewirtschaft denunziert sehe. Denn bei der SPD-Führung in Berlin stieß sie mit ihrer Politik auf erbitterten Widerstand. Sie nannte im Interview auch den damaligen SPD-Außenminister Frank-Walter Steinmeier, der in Hintergrundgesprächen Journalisten entsprechend »gefüttert« habe. »Es waren zwei starke Blöcke, die meine Politik und meinen Wahlsieg verhinderten. Die einen sagten, deine Politik widerspricht unserer politischen Programmatik. Der andere Block war die Energiewirtschaft, die ihre ureigenen Interessen durchsetzte.« Und gemeinsam waren beide stark – und entsprechend erfolgreich: Roland Koch durfte weiterregieren.

Um auf Wolfgang Clement zurückzukommen. Natürlich bestand bei seinen Warnungen vor der Wahl von Andrea Ypsilanti keinerlei Zusammenhang damit, dass er damals im Aufsichtsrat der RWE-Kraftwerkstochter RWE Power saß, Senior Advisor der Citigroup Global Markets Deutschland war und als Strategic Operational Partner der Investmentfirma RiverRock European

Capital Partners zur Verfügung stand.[10] Inzwischen ist er aus der SPD ausgetreten und jetzt Vorsitzender des Kuratoriums der Arbeitgeberinitiative INSM. »Sorgfältig wird das Funktionieren des politischen Geschäfts verdeckt«, analysierte bereits im Jahr 2001 der Verfassungsrechtler Professor Hans Herbert von Arnim. »Die treibenden Kräfte, Motive, Absprachen und damit die Hintergründe und ursächlichen Zusammenhänge der Politik bleiben den Bürgern verborgen. Umso schockierender wirkt es, wenn durch Zufall doch einmal die Nebelwand aufreißt und dem Bürger den Blick freigibt auf einzelne Teile des Netzwerks von Macht und Interessen.«[11] Nichts hat sich seit dieser Aussage von Hans Herbert von Arnim geändert – im Gegenteil. Diejenigen, die sich intensiv für Menschen einsetzen, ihnen helfen, ob Krankenschwestern, Sozialarbeiter, Lehrer, Kindergärtnerinnen oder Altenpfleger, um nur einige zu nennen, werden allesamt miserabel bezahlt. Die gesellschaftliche und soziale Würdigung ihres Engagements, ihrer Verlässlichkeit, ihrer sozialen Empathie ist eher dürftig. Im öffentlichen Mediendiskurs tauchen sie fast nie oder allenfalls als Statisten auf. Ihre Stimme wird nicht gehört, obwohl sie doch eigentlich die Elite einer sozialen Demokratie repräsentieren.

Genau an den Schnittstellen zwischen der humanen Solidargemeinschaft eines demokratischen Rechtsstaats und den egomanischen Partikularinteressen einer sich als exklusiv verstehenden Elite stellt sich in meiner Naivität die zentrale Frage, welche ethischen Grundlagen heute Deutschland prägen. Das lässt sich noch zuspitzen: Herrschen in Deutschland, aufgrund der Ökonomisierung aller Bereiche der Gesellschaft, überhaupt noch ethische Grundsätze? Oder anders gefragt: Wie viele deutsche Top-Politiker, hochkarätige Bürokraten, Banker und Wirtschaftskapitäne haben dem Teufel namens soziale und ethische Verantwortungslosigkeit ihre Seele verkauft? Hatten sie jemals eine solche Seele, die irgendwann bedauerlicherweise durch die Realität des Machtmanagements verschüttet wurde?

Das sei ein Teil des Problems, sagt Christine Bauer-Jelinek, renommierte Wiener Psychotherapeutin und Wirtschaftscoach. Sie wird von vielen österreichischen wie deutschen Unternehmern und Politikern um Rat gebeten. »Die zu mir kommen, die wollen wirklich ein ethisches Verhalten praktizieren, haben Ideale. Aber sie sagen, wenn ich das versuche umzusetzen, habe ich keine Chance, wirtschaftlich und politisch zu überleben. Und ich habe doch Familie und muss mich um mein Einkommen kümmern.«[12] Es ist also kein individuelles, sondern ein strukturelles Problem unserer Gesellschaftsordnung, das ethisches Verhalten in den entscheidenden Führungspositionen – egal ob Politik, Bürokratie oder Wirtschaft – blockiert. Aber auch das stimmt: »Wer ethische Motive für sich in Anspruch nimmt, verfolgt womöglich in Wahrheit ganz private Ziele und kann genauso korrupt sein wie ein Geschäftsmann oder Politiker.«[13]

Die Frankfurter Börse ist ein zentraler Teil des wirtschaftlichen und damit politischen Machtapparats. Dirk Müller gilt dort als ausgewiesener Experte, und er ist der Ansicht: »Natürlich gibt es Politiker, die ethische Prinzipien leben, die sich selbst über die Verhältnisse aufregen. Am Ende setzen sich aber die durch, die weniger Skrupel haben als diejenigen, die die Nähe zur Macht und zum Geld suchen. Sie haben mehr Einfluss als diejenigen, die es sauber und anständig machen wollen. Ich habe hier am Parkett viele Leute getroffen, die eine hohe Ethik haben. Aber es sind die Schweinehunde, die in die entscheidenden Positionen kommen.« Und ein Geschäftsführer, der in verschiedenen deutschen Unternehmen gearbeitet hat, schrieb mir Folgendes: »In all diesen Unternehmen, und das schreibe ich nicht aus irgendeiner Verbitterung heraus, sondern ganz emotionslos, gab es generell keine unternehmerische Ethik, ob kleine oder große Unternehmen. Und gerade die Unternehmen, die sich die Company-Compliances[14] ganz groß auf die Stirn geschrieben haben, zeigten die geringste Moral, man wird sogar getrieben, neue und sichere Wege zu finden.«

Kann es überhaupt unter den gegenwärtigen globalen kapitalistischen Verhältnissen eine Verbindung von Wirtschaft und Ethik geben? Diese Frage beschäftigt Professor Bernd Klees, den ehemaligen Direktor des Instituts für Wirtschafts- und Sozialrecht an der Fachhochschule Braunschweig. »Nicht wenige sehen in der eher künstlichen Beziehung zwischen Wirtschaft und Ethik einen unaufhebbaren Selbstwiderspruch, eine Art schwarzen Schimmel. So äußerte sich etwa George Soros dahingehend, dass Märkte nun einmal von Grund auf unmoralisch seien; Leute mit Skrupeln hätten in diesem Umfeld keine Chancen. Auch ein Manager eines global agierenden Unternehmens artikulierte sich auf einer vom Theologen Hans Küng geleiteten Tagung dahingehend kurz und bündig: ›In unserem Unternehmen ist das Wort Ethik verboten.‹ Sollten solche Haltungen vielfach zutreffen, wäre Wirtschaft unter den gegebenen Bedingungen ethischem Denken und dessen Fragestellungen gegenüber hermetisch abgeriegelt.«[15]

Doch was bedeutet heute die Forderung nach ethischem Verhalten in Wirtschaft oder Politik? Tatsächlich ist es nicht mehr als ein ideologischer Krückstock, um sich vor der entscheidenden Frage zu drücken – der politischen Systemfrage. Professor Wolfgang Kersting lehrte bis 2011 Philosophie an der Christian-Albrechts-Universität in Kiel. Er beschäftigte sich dabei vor allem mit den Themen Sozialstaat, Gerechtigkeit und Gesellschaftsordnung. »Die Gesellschaft ist geradezu süchtig nach Moral, nach Weisung und Orientierung. Niemals zuvor war Moral so ein gängiger Artikel, niemals zuvor konnte man mit Moral so viel Geld verdienen«, stellte er fest. Recht hat er ja, wenn man sieht, wer heutzutage über Ethik spricht. »Früher lehrte Not beten, heute ruft Not, die eingebildete nicht weniger als die wirkliche, den Ethiker auf den Plan. Ethik wird zum Allheilmittel; die Gesellschaft wird nach Professionalitäts-, Produktions- und Distributionszonen durchkämmt, und jeder dieser Regionen wird eine Ethik beigesellt, als eine Art Gouvernante des moralkritischen Anstands und der zivilisationskritischen Zucht.«[16]

Wenn es schon so schwierig ist, über die Notwendigkeit ethischer Normen als Grundlage einer demokratischen Bürgergesellschaft einen gesellschaftlichen Konsens herzustellen, bleibt nur eine zentrale Frage: Wie sieht es heute mit den hehren Verfassungsprinzipien in Wirklichkeit aus, mit dem Rechtsstaats-, dem Sozialstaats- und dem Demokratieprinzip? Nicht besonders gut, obgleich sicher noch besser als in den meisten vergleichbaren demokratischen Ländern. Daran sollte sich durch einen Anpassungsprozess, hin zu weniger demokratischen Prinzipien, auch nichts ändern. Genau einen solchen Anpassungsprozess jedoch wollen einflussreiche Protagonisten in Deutschland, ob in Politik oder Wirtschaft, erreichen. Sie sind dafür mitverantwortlich, dass diese Verfassungsprinzipien ausgehöhlt werden und damit das Vertrauen der Bürger in die Demokratie zerstört wird. Diese Protagonisten haben alle ein Gesicht, einen Namen. Um sie und ihre diversen Machenschaften sichtbar zu machen, darum geht es auch in *Spinnennetz der Macht*.

Das Demokratieprinzip oder Eindrücke über die verschiedenen Spinnennetze der Macht

Die Unkultur der gekauften Meinung

Die Geschichte darüber, in welchem Umfang die wirtschaftliche wie die politische Elite das demokratische System bereits zerstört haben, beginnt bei der politischen Unkultur der gekauften Meinung. Fritz Danner, früher Pressereferent eines japanischen Automobilkonzerns, berichtet beispielsweise frank und frei über die Beeinflussung von Journalisten. Demnach habe zum Beispiel sein Konzern zwanzig Chefredakteure zum Wiener Opernball eingeladen, »die natürlich von uns vorher mit Frack und ihre Damen mit Abendkleidern ausgestattet werden mussten. Die haben sie gerne nach dem Ball mit nach Hause genommen. Das wurde als ›Dienst- und Arbeitskleidung‹ verbucht. Für Drei-Sterne-Lokale oder Golftrips haben wir dann jeweils irgendetwas anderes gefunden.« Aber nicht nur Chefredakteure wurden freundlich gestimmt. »Wir haben bei bis zu zehn Events pro Jahr 2000 bis 3500 Journalisten durchgeschleust. Jeder konnte in dem Fünf-Sterne-Hotel die Minibar leertrinken, an der Bar Champagner bis zum Abwinken bestellen, und jeder von ihnen erhielt als Erinnerung ein kleines ›Gastgeschenk‹.« Für sein Unternehmen, so Danner, habe sich dieser Aufwand in jeder Beziehung bezahlt gemacht. Doch damit nicht genug. Uwe Krüger, wissenschaftlicher Mitarbeiter des Instituts für Praktische Journalismus- und Kommunikationsforschung in Leipzig, spricht von fragwürdigen publizistischen Netzwerken, die in Deutschland zu beobachten seien. »Wenn man diese Netzwerke näher analysiert, kommt man zum Beispiel zu dem Ergebnis, dass der

Außenpolitik-Chef der *Süddeutschen Zeitung* und der Außenpolitik-Chef der *Frankfurter Allgemeinen*, die ja konkurrierende
Zeitungen sind, ein Netzwerk haben, die in großen Teilen übereinstimmend sind.«[1] Das hat seiner Meinung nach auch Auswirkungen auf die Berichterstattung,»auf einen Mainstream,
der vielleicht entsteht, weil die Schlüsselpersonen mit denselben
Politikern und Wirtschaftsleuten in Kontakt sind«. In diesem
Zusammenhang wundert sich nur noch ein naiver Beobachter,
dass ein Konzern wie der Stahlriese ThyssenKrupp Luxusreisen
für ausgewählte Journalisten organisiert und die beteiligten Journalisten von renommierten Medien darin nichts Verwerfliches
sehen. Geflogen wurde First Class, übernachtet im Luxushotel.
Entsprechend freundlich sah später auch die Berichterstattung
über den Konzern aus. Aufgedeckt hatte diesen Skandal *Die Welt*.
Jan-Eric Peters schrieb daraufhin in einem Kommentar der *Welt*:
»Wie könnten Medien glaubwürdig einen Bundespräsidenten
für ein kostenloses Update im Flugzeug kritisieren, wenn sie sich
von einem Unternehmen Flüge für Tausende von Euro für die
Berichterstattung schenken lassen und dies für den Leser nicht
einmal transparent machen.«[2] Und nun betreten wir endgültig
das ethische Niemandsland der deutschen Politik und Wirtschaft.»Es ist wohl unumstritten, dass Abgeordnete in Korrup-
tionsgeflechte eingebunden sind. Das ist keine Formulierung, die
von mir stammt; das ist eine Formulierung, die aus einer Bundesratsinitiative des Landes Nordrhein-Westfalen aus dem Jahr 2002
stammt.«[3] Das sagte Ralph Sharma, Bundestagsabgeordneter der
Partei Die Linke in einer Parlamentsdebatte über ein Gesetz zur
Abgeordnetenbestechung. Diese Bundesratsinitiative ist nie weiter behandelt worden. Der Abgeordnete erinnerte in diesem Zusammenhang an die sogenannte Sylt-Sause im April 2011.

Damals fand in einem Nobelhotel der Bussi-Bussi-Insel eine
Tagung zum spannenden Thema Glücksspiel statt. Eingeladen
hatte die milliardenschwere Glücksspiel-Lobby. Erschienen
waren»hochkarätige Kreise und Top-Entscheider«. Dazu ge-

19

hörten unter anderem der niedersächsische Wirtschaftsminister Jörg Bode (FDP), die Chefs der damaligen schleswig-holsteinischen Regierungsfraktion, Christian von Boetticher (CDU) und Wolfgang Kubicki (FDP), sowie der schleswig-holsteinische CDU-Fraktionsvorsitzende Hans-Jörn App, der gleichzeitig Schatzmeister der Landes-CDU war. Gemeinsam wurde über die Liberalisierung des Glücksspielmarkts gesprochen. Nach den neunzigminütigen Vorträgen folgten ein »Offizielles Business-Dinner« sowie ein »Cocktail-Empfang«.[4] Später wurde die Gesetzgebung zum Glücksspiel liberalisiert. Die Kieler Landesregierung hatte sich überzeugen lassen, das privat organisierte Glücksspiel möglichst vor bürokratischem staatlichem Eingreifen zu verschonen. Zur Glücksspiel-Lobby, die zuvor, auch auf Sylt, für sich geworben hatte, gehörten auch Vertreter des Online-Glücksspiels. »Teile dieses Angebots«, kritisierte SPD-Landeschef Ralf Stegner, »stehen international in Verdacht, Geldwäsche zu ermöglichen und dafür auch von der organisierten Kriminalität genutzt zu werden.«[5]

Der Aufenthalt der Politiker und der anderen Gäste wurde vom Veranstalter bezahlt. Alles ganz normal, war die Reaktion von FDP- und CDU-Politikern. Wer wundert sich noch darüber? Schließlich schickten noch vor wenigen Jahren der König des Glücksspiels, der Unternehmer Paul Gauselmann, und seine Führungskräfte »an etliche Abgeordnete Spendenschecks über jeweils einige tausend Euro. Veröffentlichungspflichtig sind Spenden erst ab 10 000 Euro«.[6] Und war es nicht so, dass der Vorsitzende der FDP-Bundestagsfraktion, Hermann Otto Solms, bei einem seiner Besuche Gauselmann versprochen hatte, alles zu tun, um eine neue Automaten-Steuer zu verhindern? Umgekehrt zeigte sich der Patriarch spendabel, auch bei Festen von führenden Freidemokraten, von Rainer Brüderle etwa oder von Solms.«[7]

Wäre das nicht ein Fall von Abgeordnetenbestechung – wenn es denn dafür ein Gesetz in Deutschland gäbe? Man kauft eben nicht die Stimme eines Abgeordneten bei einer parlamentarischen Abstimmung – denn das wäre strafbar –, sondern gleich die ganze Partei mit Hilfe großzügiger Spenden. Gerade wegen solch luxuriöser »Aufklärung« und Spenden gibt es ja bislang kein Gesetz gegen Abgeordnetenbestechung. »Was schert uns in Deutschland schon eine UN-Konvention, die wir mal vor acht Jahren unterschrieben haben«, klagt Sebastian Fiedler, Korruptionsexperte im Bund Deutscher Kriminalbeamter. Er bezieht sich darauf, dass Deutschland weltweit zu den wenigen Staaten gehört, die diese UN-Konvention gegen Korruption aus dem Jahr 2003, in der es insbesondere um die Abgeordnetenbestechung geht, nicht ratifiziert haben – ebenso wenig wie Nordkorea, Somalia und Saudi-Arabien. Das wiederum ist nicht unbedingt aussagekräftig, denn die UN-Konvention haben unter anderem Staaten unterzeichnet, in denen Korruption fester Bestandteil der politischen Kultur ist, wie zum Beispiel Russland, China, Pakistan oder Afghanistan.

Doppelzüngig ist auf jeden Fall, dass die Bundesregierung insbesondere Entwicklungsländern den Rat gibt, doch diese UN-Konvention gegen Korruption in praktische Politik umzusetzen; man sei dabei zu jeder Unterstützung bereit. Denn, so die mahnenden Worte von Entwicklungshilfeminister Dirk Niebel (FDP), die Kosten und Konsequenzen von Korruption seien verheerend. Warum dann in Deutschland die Umsetzung von internationalen Mindeststandards bei der Korruptionsbekämpfung seit Jahren konsequent blockiert werde, wollte ein neugieriger Journalist des Bayerischen Rundfunks wissen. Doch dazu wollte sich der Minister nicht äußern: Er sei nicht zuständig.[8]

Wenn sich Politiker für Unternehmen stark machen

»Die Akte ist wie Sprengstoff. Da kommt keiner ran. Das darf niemand erfahren«, erzählte mir ein hoher Beamter aus dem Kölner Zollkriminalamt. Der Hintergrund dieses »Sprengstoffs« hat mit einem Ermittlungsverfahren in Baden-Württemberg gegen Branntweinhändler zu tun und dem, was man als den bösen Anschein bezeichnet. Dabei ging es um den Verdacht auf Steuerhinterziehung in Millionenhöhe. Begonnen hatten die Ermittlungen bereits im Dezember 2009, als den Zollfahndern der Handel mit unversteuertem reinem Alkohol auffiel. Es lief deshalb ein großes Ermittlungsverfahren im Zusammenhang mit zigtausend Litern schwarzgebranntem reinem Alkohol, was einem zu versteuernden Betrag von mindestens fünf Millionen Euro entsprach.

Die Steuer wollte eine Gruppe von Branntweinhändlern aber partout nicht entrichten, sondern sah sich zu Unrecht vom Zoll verfolgt. Nachdem bei einem der Branntweingroßhändler in diesem Zusammenhang im Dezember 2009 eine Wagenladung Branntwein im Wert von rund 55 000 Euro beschlagnahmt worden war, sprach der empörte Unternehmer seinen zuständigen Abgeordneten im Wahlkreis an. Nicht den Abgeordneten von den Grünen, nicht von der SPD, nein es war kein Geringerer als Volker Kauder, der Vorsitzende der CDU/CSU-Fraktion im Deutschen Bundestag – sicher einer der mächtigsten Politiker in Deutschland. Und wie reagierte Kauder, der sich schon einmal gegen eine höhere Alkoholsteuer ausgesprochen hatte,[9] nachdem ihn der besagte Unternehmer am 22. Februar 2010 in seinem Wahlkreisbüro aufgesucht hatte? Er schrieb zwei Tage später auf dem offiziellen Briefbogen als Vorsitzender der CDU/CSU-Bundestagsfraktion direkt an Bundesfinanzminister Wolfgang Schäuble (Wahlkreis Offenburg) und bat ihn um Aufklärung des Vorgangs. Schäuble ist der Chef der obersten Bundesbehörde der Zollverwaltung. Vom Fraktionsvorsitzenden zum Minister, nur weil sich ein Unternehmer vom Zoll drangsaliert fühlt. Welcher normale Bürger genießt eine solche Fürsorge? Weil sich Wolfgang Schäuble persönlich einschaltete, wussten die Ermittler im Schwarzwald über die Befehlskette Zollkriminalamt und die zuständige Bundesfinanzdirektion: Hier ist höchste Vorsicht angesagt, hier kann man sich die Finger verbrennen.

Für die Unterstützung durch Volker Kauder bedankte sich der Steuerberater des Unternehmers per E-Mail am 8. April 2010 – und zwar noch bevor der Finanzminister seinem Parteifreund Kauder überhaupt geantwortet hatte:»Ich möchte mich nochmals auf unseren Besprechungstermin in Ihrem Büro in Tuttlingen beziehen und mich für Ihr Engagement bedanken.« Sein Mandant, der von Zollfahndern so belästigt wurde, habe sich »sehr darüber gefreut, dass Sie die Unterlagen so schnell an die entsprechenden Stellen im Bundesfinanzministerium weitergeleitet haben und dass sich Ihr Mitarbeiter H. umgehend mit meinem Mandanten in Verbindung gesetzt hat. [...] Nun möchte ich mich im Auftrag [meines Mandanten] nochmals bei Ihnen melden, mit der Bitte, mir Ihren aktuellen Kenntnisstand in der Sache mitzuteilen.« Denn für seinen Mandanten »wäre eine rasche Klärung der Sache nach wie vor sehr wichtig«.

Jetzt ging alles sehr schnell: Am 15. April 2010 antwortete Wolfgang Schäuble, auf offiziellem Briefbogen als Bundesminister der Finanzen, seinem CDU-Kollegen Volker Kauder. Der Eingangsstempel des Briefs im Büro des Fraktionsvorsitzenden der CDU trägt das Datum 20. April 2010. Finanzminister Schäuble hatte sich zwischenzeitlich mit der zuständigen Bundesfinanzdirektion Südost in Verbindung gesetzt. In dem Brief an den »geehrten Kollegen, lieber Volker«,[10] schreibt Bundesfinanzminister Wolfgang Schäuble:»Nach den bisherigen Erkenntnissen wurde der Branntwein gegenüber dem Betroffenen rechtmäßig sichergestellt. [...] Da die staatsanwaltlichen Ermittlungen in der Angelegenheit noch andauern, liegt meinem Haus ein abschließendes Ergebnis des Verfahrens noch nicht vor. Dein Wolfgang«. Zwei Tage später, am 22. April 2010, schrieb Volker Kauder an den Bittsteller aus dem Schwarzwald zurück:»In meiner Bürgersprechstunde hatten Sie mich um Unterstützung gebeten. Ich habe daraufhin den Bundesfinanzminister Dr. Wolfgang Schäuble um Aufklärung gebeten. Sein Antwortschreiben liegt mir nun vor, und ich möchte Ihnen gerne anbei eine Kopie zukommen

23

lassen.« Und so konnte der Bittsteller lesen, was Schäuble an seinen Parteifreund Kauder geschrieben hatte. Deshalb wusste der Empfänger des Schreibens, dass gegen ihn ein Ermittlungsverfahren lief. Das geht aus einem Brief vom 23. April 2010 des Betroffenen an seinen Steuerberater hervor. Da schreibt er:»Dass staatsanwaltliche Ermittlungen laufen, ist uns auch neu.« Bei den Ermittlern löste das verständlicherweise Frustration aus.»Spätere Durchsuchungen bei ihm führten ins Leere«, berichtete mir ein Steuerfahnder. Einige der Ermittler fragten sich auch, was die Vollmacht bedeutete, die der beschuldigte Unternehmer am 22. Februar 2010 für Volker Kauder ausgestellt hat. Demnach ist Volker Kauder»berechtigt, Auskunft über die beim Amtsgericht anhängige Rechtssache einzuholen. Die Vollmacht erstreckt sich auch auf die Einholung von Auskünften aller Art, die mit o. g. Verfahren zusammenhängen, [...] auch wenn sie dem Steuergeheimnis unterliegen«. Es ist ziemlich merkwürdig, dass sich die beiden hohen CDU-Politiker persönlich um die Angelegenheit eines Mannes kümmern, gegen den die Steuerfahndung und der Zoll ermitteln. Für die Fahnder bedeutete diese Affäre jedenfalls, dass von oben Druck ausgeübt wurde, um das»laufende Verfahren ruhigzustellen«, wie der Fachausdruck für Vorsicht bei den Ermittlungen lautet.

Ich habe diesen Vorgang dem Würzburger Wirtschaftskriminologen Uwe Dolata vorgelegt und wollte von ihm wissen, wie er die Schreiben des CDU-Fraktionsvorsitzenden Volker Kauder und des CDU-Finanzministers Wolfgang Schäuble einschätzt. Seine Antwort ist eindeutig:»Die Gewaltenteilung der Bundesrepublik Deutschland sieht vor, dass an laufenden Ermittlungsverfahren Polizei respektive eine anderweitige Ermittlungsbehörde, Staatsanwaltschaft und Gericht beteiligt sind. Jegliche Einmischung der Politik verbietet sich deshalb von selbst. So ist dieses Vorgehen des ›Kümmerns‹ unter Lobbyismus einzuordnen und mit unserer Verfassung nicht vereinbar.« Für ihn entsteht der Eindruck, dass es»seitens der sich mittels Nachfragen einmischenden Politiker Interessen gegeben haben muss, die Ermittlungen zu beeinflussen. Der weitergehende Eindruck, dass letztendlich ein Minister der Regierung im Interesse einer Person tätig wurde, wäre einem objektiven Verfahrensausgang und unabhängigen Ermittlungen nicht förderlich – somit inakzeptabel«. Diese Meinung teilten fünfunddreißig Kriminalbeamte aus Deutschland, Österreich und der Schweiz. Denen erzählte ich am 4. Dezember 2012, anlässlich eines Seminars der International Police Association (IPA) über Organisierte Kriminalität im Gimborn, von dem Briefwechsel. Übereinstimmend nannten sie ihn einen Skandal, weil damit Druck auf die Ermittlungen ausgeübt worden sei. Außerdem seien Dienstgeheimnisse verraten und Ermittlungen behindert worden. Den ganzen Vorgang müsste eigentlich die Staatsanwaltschaft überprüfen. Einer der Kripobeamten sagte mir:»Wenn ich von einem solchen Vorgang wüsste, würde ich mich als Ermittler wie ein Terrier in den Vorgang verbeißen. Denn eine solche Einflussnahme auf laufende Ermittlungen geht überhaupt nicht.« Daraufhin erwiderte ihm ein Kollege:»Das machst du nur, wenn du keine Karriere mehr machen willst.«

Lohnend an dieser Stelle ist ein Blick in die Finanzmetropole Frankfurt am Main. Steuerfahnder des dortigen Finanzamts wurden»von ganz oben« daran gehindert, beklagten sie sich frustriert im Frühsommer 2012 in einer kleinen Runde, einen Umsatzsteuerbetrug zu verfolgen, der seit zwanzig Jahren von wenigen Personen begangen werde, in den auch Mitarbeiter der Deutschen Bank verstrickt seien. Es gehe um mehrere Milliarden Euro, erzählten sie. Die Drahtzieher säßen in England und Dubai und seien, so die Fahnder,»untouchable« – unberührbar. Über den Hintergrund ihrer Klage berichtete die *Süddeutsche Zeitung* im Juni 2012, wonach Beamte des Bundeskriminalamts und Steuerfahnder bereits zwei Jahre zuvor die Niederlassung einer beschuldigten Firma durchsucht hatten.»Im Durchsuchungsbeschluss stand, das Unternehmen habe den Fiskus beim Handel mit Verschmutzungsrechten um Umsatzsteuern in Höhe von 106 Millionen Euro betrogen. Doch das von der Handelsfirma in einem Service-Center gemietete Büro mit der Nummer 307 war nahezu leer. Kaum Unterlagen, keine Dateien und auch kein Geschäftsführer.« Der Grund dafür war, dass die Betroffenen rechtzeitig gewarnt worden waren.»Irgendwer bei den Behörden hatte die Aktion verraten und so eine bundesweite Razzia der Frankfurter Generalstaatsanwaltschaft gegen ein international agierendes Netzwerk verraten.«[11]

Doch die Frankfurter Generalstaatsanwaltschaft, gefürchtet wegen ihrer bissigen Wirtschaftsstaatsanwälte, gab nicht auf. Die Generalstaatsanwaltschaft habe den Firmenanwalt der Deutschen Bank im Juni 2012 aufgefordert, mit ihr bei den Ermittlungen wegen mutmaßlichen Steuerbetrugs beim Handel mit Verschmutzungsrechten zusammenzuarbeiten, berichtete die *Süddeutsche Zeitung*. Demnach drohte die Behörde,»alle prozessualen Möglichkeiten« in Betracht zu ziehen, sollte die Bank nicht die angeforderten Dokumente übergeben. Das geschah anscheinend nicht. Am 12. Dezember 2012 schlug sie daher zu. 500 Polizeibeamte durchsuchen Büros der Deutsche-Bank-Zentrale in Frankfurt. Der Grund: Verdacht auf schwere Steuerhinterziehung, Geldwäsche und versuchte Strafvereitelung. Der Verdacht richtet sich gegen 25 Mitarbeiter des Unternehmens – darunter auch Deutsche-Bank-Co-Chef Jürgen Fitschen und Finanzvorstand Stefan Krause. Es wird spannend sein zu verfolgen, ob die Vorwürfe der Frankfurter Generalstaatsanwaltschaft auch zu einem juristischen Verfahren führen werden.

Über Charity, Immobilien und gepflegte Beziehungen

»Unglaublich, eine Million Euro – Leipzig ist wieder Spitze«, lautete am 27. August 2012 eine Schlagzeile der *Leipziger Volks-*

zeitung. Berichtet wurde nicht etwa über Korruption, was bei einer Rückschau auf die letzten zwanzig Jahre in Leipzig durchaus spannend gewesen wäre. Nein, die Rede war in diesem Fall von der fünften GRK Golf Charity, einer pompösen Wohltätigkeitsveranstaltung für die Bedürftigen und Benachteiligten der Gesellschaft. Hinter dem Namen GRK verbirgt sich die Holding des rührigen Leipziger Immobilienunternehmers Steffen Göpel, der einst sogar als »König von Leipzig« betitelt wurde.

Schauen wir uns einmal den generösen Steffen Göpel näher an, nach dessen Unternehmen die erfolgreiche Charity-Veranstaltung benannt ist. Die GRK-Holding AG ist ein Leipziger Immobilienkonzern, der sich insbesondere in Leipzig auf den Verkauf von zuvor hochwertig sanierten Immobilien konzentrierte. Der dortige Immobilienmarkt war in der Vergangenheit für clevere Unternehmer mit guten Beziehungen eine wahre Goldgrube. Die Journalistin Grit Hartmann und ihr Kollege Uwe Müller beschrieben in einem Artikel für die eher konservative Tageszeitung *Die Welt* den Immobilienunternehmer Steffen Göpel als solch einen Mann mit guten Beziehungen. Sie bezogen das unter anderem darauf, dass er im Jahr 2006 den Wahlkampf des SPD-Manns Burkhard Jung zur Oberbürgermeisterwahl unterstützt hatte und es zwischen beiden ein loses bekanntschaftliches Verhältnis gebe. Doch damit nicht genug: Göpels Unternehmen GRK sei üppig aus der Stadtkasse bedient worden. »Von Ende 2005 bis Mitte 2007 liegen laut Rathaus Vereinbarungen über exakt 723 616,05 Euro vor. Der Betrag, der fast dem GRK-Überschuss des vorletzten Geschäftsjahres entspricht, löst bei Konkurrenten ungläubiges Erstaunen aus.«[12]

Wer nachhaltigen Erfolg im Immobiliengeschäft haben will, der tanzt am besten auf mehreren Hochzeiten. Beim Leipziger Opernball zum Beispiel, wo sich Persönlichkeiten aus Politik, Wirtschaft, Kultur und Sport in Glanz und Glamour präsentieren, plauderte Göpel einst mit Hermann Winkler. Dieser war zum damaligen Zeitpunkt Mitglied des Verwaltungsrats der sächsischen Landesbank und Chef der Staatskanzlei, seit 2009 ist er Abgeordneter im Europäischen Parlament. Der CDU-Landtagsabgeordnete Sven-Gunnar Kirmes wiederum ist nicht nur Mitglied des Aufsichtsrats der GRK-Holding AG, sondern im Jahr 2012 laut Bürgel-Firmenauskunft auch deren Aktionär. Und er ist heute Mitglied des wichtigen Innenausschusses sowie des Rechtsausschusses des Sächsischen Landtags.[13] Mit Interessenkonflikten hat das sicher nichts zu tun.

Anlässlich der GRK Golf Charity 2012 wurden eine Million Euro gespendet, Medientrubel und Publicity für den Veranstalter inklusive.»Die stehenden Ovationen auf der Gala beweisen es: Göpel versteht es, Menschen mit seinen Ideen zu begeistern und anzustecken, so dass sie gar nicht anders können, als Herz und Geldbörse zu öffnen.«[14] Auf der Webseite der GRK-Holding AG war zu lesen:»Als Steffen Göpel zusammen mit Anja und Gerit Kling, Staatsministerin Christine Clauß und Leipzigs Oberbürgermeister Burkhard Jung exakt um 01:05 Uhr in der Nacht von Samstag auf Sonntag den neuen Spenden-Rekord verkündete, ließen die knapp 400 Ehrengäste der Charity-Gala ihren Emotionen freien Lauf. Freudentränen, Standing Ovations und Jubelszenen im Ballsaal des Hotels The Westin Leipzig.«[15] Mit den Spenden sollten regionale Projekte wie die Elternhilfe für krebskranke Kinder in Leipzig, das Kinderhospiz Bärenherz oder die McDonald's-Kinderhilfe unterstützt werden. So weit schien alles ganz ehrenvoll zu sein: Die Wohlhabenden öffnen Herz und Geldbeutel, um zu helfen, weil der Sozialstaat versagt. In Wahrheit verdeutlicht es aber ein politisches Sittenbild, ein besonders tragfähiges Spinnennetz der regionalen Macht, in dem Immobilien eine zentrale Rolle spielen.

Den größten Brocken der Spendeneinnahmen erbrachte die Versteigerung von»Luftbringerinnen«, ein 30 mal 40 Zentimeter großes Ölgemälde des Leipziger Künstlers Neo Rauch. Für 250 000 Euro wechselte es den Besitzer. Gefeierter Käufer war der griechische Immobilienkaufmann Kostantinos Kazinakis, der ein paar Jahre zuvor Schlagzeilen ganz anderer Art gemacht hatte.

Aber es gab ja Mitbieter für das Ölgemälde. Eine prominente Mitbieterin war laut *Leipziger Volkszeitung* eine Politikerin – und zwar Christine Clauß (CDU), die ehemalige Fachkrankenschwester und seit 2008 sächsische Staatsministerin für Soziales und Verbraucherschutz. Die Kunstliebhaberin hätte, wurde in der *Leipziger Volkszeitung* berichtet, bis zur Summe von immerhin 100 000 Euro mitgeboten, dann sei sie ausgestiegen. Nun wäre es für eine Staatsministerin für Soziales und Verbraucherschutz eher ein wenig ungewöhnlich, dass sie für ein Gemälde bis zu 100 000 Euro bietet. Vielleicht wollte die Kunstliebhaberin ja nur das Angebot, im Interesse der späteren Spendenempfänger, nach oben treiben? Ich habe deshalb beim Pressesprecher ihres Staatsministeriums in Dresden nachgefragt, ob Christine Clauß für sich als Privatperson oder im Auftrag des Ministeriums mitgeboten habe.»Nein«, antwortete der Pressesprecher am 11. September 2012,»sie hat überhaupt nicht mitgeboten.« Auf meine Nachfrage bei Kerstin Decker, der Journalistin *der Leipziger Volkszeitung*, die den Artikel geschrieben hatte, antwortete sie mir:»Doch. Sie hat es mir ja persönlich gesagt.« Erneut fragte ich daher beim Pressesprecher nach und schrieb ihm, was die Journalistin zu seiner Stellungnahme gesagt hatte. Er sagte mir daraufhin am Telefon, dass die Ministerin»definitiv nicht mitgesteigert« hätte; er hätte sie aufgrund meiner Anfrage deshalb ausdrücklich darauf angesprochen. Vielmehr sei es so gewesen, dass die Ministerin zwar mit der Journalistin an diesem Abend gesprochen habe, das mit dem Mietbieten für das Bild habe sie eigentlich nur scherzhaft gemeint. Sie habe der Journalistin sinngemäß gesagt:»Wenn ich mitgesteigert hätte, wäre ich bei 100 000 Euro ausgestiegen.« Die Journalistin müsse das irgendwie falsch verstanden haben. Und wie reagierte die Journalistin Kerstin Decker wiederum auf diese Aussage:»Meiner Erinnerung nach war es nicht so.«

Wie es um die politische Ethik steht

»Die Wahrheit ist zuweilen viel bitterer, viel extremer und viel unvorstellbarer als das, was man in einem Krimi schreiben könnte«,[16] klagte, wer hätte das gedacht, Utz Claassen. Dem jetzt in Hannover lebenden ehemaligen Top-Manager und Vorstandsvorsitzenden des baden-württembergischen Energieriesen EnBW sind Machtambitionen, egomanisches Verhalten sowie die politische Landschaftspflege sicher nicht fremd – ebenso wenig wie der Aufbau von langjährigen exzellenten Beziehungen zu Top-Politikern, Top-Managern und Top-Bankern. So kassierte beispielsweise Andrej Bykow, einst russischer Geschäftspartner auch von EnBW, 59 Millionen Euro für die politische Landschaftspflege in Russland. Wie resümierte Utz Claassen: »Wenn die Menschen an der Basis wüssten, was es zuweilen alles gibt, dann hätten wir als Gesellschaft ein sehr ernsthaftes Problem.« Zivilcourage wäre es, wenn er diese Erkenntnis konkretisieren und mit Namen füttern würde – doch da schweigt er leider. Ich habe ihn in Salzburg nach einer Podiumsdiskussion zum Thema »Neue Weltmächte – Regieren uns die Großkonzerne?« darauf angesprochen. Auf meine Frage, warum er keine konkreten Namen nenne, teilte mir Utz Claassen mit, dass er aufgrund seiner vertraglichen Verschwiegenheitsverpflichtung als Manager dazu nichts sagen dürfe.

Aber ein klein wenig lässt sich doch aus ihm herauskitzeln: »Es gibt zwar kriminelle Machenschaften, das sind jedoch Einzelfälle. Vielmehr liegt das Problem bei zahlreichen Dax-Vorständen, die massive Persönlichkeitsstörungen haben, weil der Alkohol in den Vorstandsetagen ein massives Problem ist. Wenn Vorstände von Dax-Unternehmen bereits am Morgen oder mittags mit Alkohol vollgefüllt sind, was ist da von ihnen an klaren Entscheidungen zu erwarten? Und die sind für das Schicksal Tausender Arbeitnehmer verantwortlich.« Claassen hält es außerdem für »unerträglich, dass anscheinend Verträge in dreistelliger Millionenhöhe mit dem russischen Vermittler Bykow abgeschlossen wurden, ohne dass dafür eine Gegenleistung erbracht wurde«. Und er spricht von »Kick-back-Zahlungen an EnBW, sozusagen als Dankeschön«.[17] Wer sich wirklich hinter alldem verberge? Er spricht dabei lediglich von einem »Netzwerk«, die Namen kennt er entweder selbst nicht oder will sie nicht nennen.

Geradezu grotesk ist es, wenn ein bekannter Börsenmakler, in diesem Fall Dirk Müller, aufgrund seiner Fachkenntnis Dauergast in Talkshows und bei Podiumsdiskussionen, einer der wenigen ist, die offen aussprechen, dass die Bürger von einflussreichen Politikern für dumm verkauft werden. Wenn es um das Fachliche bei den Politikern geht, wundert er sich immer wieder, dass »sie nach wenigen Sätzen aussteigen, weil sie inhaltlich nicht mehr folgen können«. Ich traf ihn auf dem Parkett der Frankfurter Börse in einem kleinen Nebenraum. Aufgrund seiner Erfahrungen schätzt er, dass »ein Drittel der Politiker tatsächlich ein Interesse haben, das Land voranzubringen, etwas umzusetzen, und zwei Drittel, die sagen: ›Okay, komm, über dieses Stadium bin ich längst hinaus, das sind Flusen. Jetzt geht es um die Macht.‹ Man hat sich wohl darauf geeinigt, dass es einen Unterschied zwischen der Welt gibt, die man nach draußen vertritt, eine Modelleisenbahnwelt, die man den Bürgern vorgaukelt, und ihrer eigenen Welt, wo es um Macht und Einfluss geht, wo alles andere keine Rolle spielt, wo alles variabel, flexibel ist, wo Gesetze gebogen werden, wie man es politisch gebrauchen kann.« Ähnlich wie Dirk Müller argumentiert einer der höchsten Beamten der deutschen Sicherheitsbehörden. Er will aus verständlichen Gründen namentlich nicht genannt werden. Aufgrund seiner über dreißigjährigen Erfahrung mit den Spitzen der Politik geht er ebenfalls davon aus, dass ein Drittel aller Politiker ehrenhaft ist, die restlichen zwei Drittel seien »ausschließlich an Macht und an der egoistischen Durchsetzung ihrer eigenen Interessen und denen ihrer Klienten interessiert«.

Gibt es ethische Grundregeln in der politischen Elite? Das

will ich von einem Abgeordneten wissen, der seit Anfang Juni 2012 für die Partei Die Piraten im Landtag von Schleswig-Holstein sitzt. Wolfgang Dudda ist ein erfahrener Zollkriminalist und stellvertretender Vorsitzender der Bezirksgruppe Zoll in der Gewerkschaft der Polizei (GDP). Wir sitzen in einem kleinen Restaurant direkt an der Kieler Förde, mit Blick auf die Howaldtswerke-Deutsche Werft (HDW), bekannt auch für den Bau modernster U-Boote. »Das ist sehr unterschiedlich«, antwortet Wolfgang Dudda auf meine Frage. »Bei Führungspersönlichkeiten, die ich kennengelernt habe, ersetzt strategisches Vorgehen allemal die Moral. Anstand und Moral sind nur noch Lippenbekenntnisse. Wenn ich hier Fraktionsvorsitzende oder Minister nehme – die haben mit Moral nichts mehr am Hut. Ich kenne aber auch Abgeordnete, die damit sehr große Schwierigkeiten haben, die das nicht in Ordnung finden, deshalb als Idioten oder Gutmenschen abgestraft werden. Das gilt für alle Parteien – auch für meine Partei.« Sein Fazit: »Moral ist keine Qualifikation für die Politik. Wichtiger ist das Organisieren von Seilschaften.«

In *Spinnennetz der Macht* möchte ich mich aber weniger mit dem Drittel der in der Tat aufrechten und ehrenhaften Politiker beschäftigen – denn in meinem gnadenlosen Optimismus halte ich ein solches Verhalten für selbstverständlich. Mich interessieren vielmehr die restlichen zwei Drittel der politischen und wirtschaftlichen Elite, die mit Ethik und Moral anscheinend weniger am Hut haben. Was ist mit ihnen passiert? Sind sie vielleicht nur Opfer des aller Fesseln entledigten kapitalistischen Systems? Sind sie Drahtzieher oder nur Handlanger, die jedoch genau wissen, was sie für wen tun? Vielleicht haben wir aber auch nur vergessen, dass die Doppelgesichtigkeit das Wesen der politischen Elite geworden ist. Für diese These gibt es einige bemerkenswerte aktuelle Beispiele, die jedoch auch dadurch geprägt sind, dass das politische Erinnerungsvermögen der Bundesbürger ungewöhnlich kurz geworden ist.

Erinnert sei in diesem Zusammenhang zunächst an die bedenkenswerte Rede des ehemaligen Bundeskanzlers Helmut Schmidt anlässlich einer Gedenkveranstaltung in Auschwitz-Birkenau am 23. November 1977. Damals sagte er, dass Politik mehr sei als ein Spiel von Macht und Interessen. Politik bedürfe vielmehr »der moralischen Grundlage und der sittlichen Orientierung«. Welchen gesellschaftlichen und politischen Stellenwert hatten beziehungsweise haben so schön formulierte Grundlagen und Orientierungen in der Realität, ob vor dreißig Jahren oder heute, um einen überschaubaren Zeitrahmen zu nehmen? Symbolisch gesehen, passen sie heutzutage gerade mal auf eine 55-Cent-Sonderbriefmarke, 3,5 mal 3,5 Zentimeter groß. Mit ihr wurde am 27. September 2012 der 82-jährige Helmut Kohl in Berlin im Rahmen eines Festakts zum dreißigjährigen Jubiläum seiner Wahl zum Bundeskanzler geehrt. Dabei begann in seiner sechzehnjährigen Regierungszeit in Bonn Mitte der neunziger Jahre das große Abkassieren und Mauscheln, das System der schwarzen Kassen, was heute alles vergessen scheint.

»Während der Regierungszeit in Bonn ist es üblich gewesen, dass zum Beispiel für parlamentarische Anfragen 10 000 Mark an die jeweiligen Abgeordneten gezahlt wurden, und zwar fraktionsübergreifend.« Das erklärte mir Professor Karl Jurka, seit Jahrzehnten einer der renommiertesten und einflussreichsten Politikberater in Berlin wie in Brüssel. Er selbst habe das strikt abgelehnt. Doch einer der mächtigsten Männer unter Bundeskanzler Helmut Kohl in Bonn habe damals für ein gemeinsames Mittagessen mit ihm schlappe 5000 Mark verlangt – und diese Summe sei auch von vielen Lobbyisten in Bonn bezahlt worden.

Es ist bis heute ungeklärt, wer die gütigen Spender waren, über die Ex-Bundeskanzler Helmut Kohl nach wie vor nicht sprechen will. Immerhin geht es um viele Millionen Mark. Als die Spenden 1994 über Strohleute und Briefkastenfirmen bei der CDU landeten, befand sich die Partei im Bundestagswahlkampf, und die Parteikassen waren leer. Ohne großzügige Zuwendungen hätte

Kohl wahrscheinlich die Wahl verloren, meinen eingeweihte CDU-Kreise. Und wie sieht es Professor Karl Jurka? »Die achtzig Millionen Mark aus 1994 sind eine Schätzung nicht von mir, sondern von damaligen Kohl-Vertrauten aus der CDU. Dass die Spende weitgehend von Total (damals Elf Aquitaine) kam, war und ist nicht gerichtsfest bewiesen. War aber in Bonn zwischen 1995 und 1998 unter denen, die am entsprechenden Geschehen dran waren, die herrschende Lehre.« Ähnliches steht auch in der Bewertung durch den Untersuchungsausschuss »Parteispenden« aus dem Jahr 2002: »Der Ausschuss hat schwerwiegende Anhaltspunkte dafür zur Kenntnis genommen, dass Zahlungen in Millionenhöhe der Firma Elf dazu verwendet wurden, Entscheidungsträger und Entscheidungen in Deutschland zu bezahlen, und dass unter den Zahlungsempfängern auch die CDU gewesen ist.«[18] Rätselhaft ist zudem, dass das Interesse bei den Ermittlungsbehörden, die Bestechungsvorwürfe aufzuklären, trotz konkreter Informationen in Liechtenstein extrem gering war.

Auch in den folgenden Jahren ging es mit dem Schwarzgeldkassensystem bei der Kohl-CDU weiter. Zum Beispiel spendete ein Unternehmer-Ehepaar im September 1998, unmittelbar vor der Bundestagswahl, insgesamt 5,9 Millionen Mark an die CDU. Die Zahlungen standen in direktem zeitlichem und sachlichem Zusammenhang mit der im Juli 1998 getroffenen Entscheidung der Bundesregierung über den Verkauf von 117 000 Eisenbahner-Wohnungen zum Preis von über sieben Milliarden Mark an ein privates Konsortium, an dem die Eheleute 63 Prozent der Aktien hielten. Ob das purer Zufall war? So mancher zweifelt daran. Im Abschlussbericht des parlamentarischen Untersuchungsausschusses zur Parteispendenaffäre im Jahr 2002 kamen SPD und Bündnis 90/Die Grünen zu folgender Erkenntnis: »Die Entgegennahme der Millionen-Spenden der Eheleute E. durch die CDU – die größten Einzelspenden in der Parteiengeschichte – in unmittelbarem zeitlichen Zusammenhang mit einer diese Großspender wirtschaftlich begünstigenden Entscheidung der damaligen Bundesregierung unter Bundeskanzler Dr. Kohl begründet den schwerwiegenden Verdacht der politischen Korruption. Sie missachtet die Grundsätze der politischen Kultur und trägt dazu bei, das Vertrauen in die Unabhängigkeit der Politik vom Einfluss des großen Geldes zu erschüttern. […] Nach Überzeugung des Ausschusses hat Dr. Kohl die Millionen-Spenden der Eheleute E. an die CDU, trotz des ihm bekannten offenkundigen Zusammenhangs mit seiner Regierungsentscheidung, durch die eine Milliarde Mark mögliche Mehreinnahmen zum Bundeshaushalt vereitelt wurden, angenommen.«[19]

Diesem Mann wurde in Berlin, in Anwesenheit der gesamten politischen Führung der CDU/CSU, mit einer Briefmarke ein Denkmal gesetzt. So viel zur Frage der politischen Ethik in Deutschland damals wie heute. Sie ist mehr oder weniger wertlos, weil die Politik nur noch ein Plagiat ökonomischer Machtinteressen ist. Und mit Plagiaten kennt man sich ja in der derzeitigen Bundesregierung besonders gut aus … Aber das ist eine andere Geschichte.

Erinnert sei an den Ex-Ministerpräsidenten Stefan Mappus (CDU) aus Baden-Württemberg, der nichts anderes war als die Marionette eines wenig skrupulösen Freunds und Investmentbankers. Oder Ex-Bundeskanzler Gerhard Schröder (SPD), der seine Partei an den Abgrund der Glaubwürdigkeit manövrierte und einen modisch getarnten Despoten als Freund umgarnte, weil dieser ihm – der Verdacht liegt irgendwie nahe – einen ungemein lukrativen Posten zuschob. Zu den Machenschaften dieses Despoten ist von ihm kein Wort der Kritik zu vernehmen. »Fazit«, so der Publizist Michael Jürgs, »sein Schweigen stinkt.«[20] Dafür soll er als Trost, das meldete die *Süddeutsche Zeitung*, bei Vorträgen »über 50 000 Euro« erhalten haben.[21] Einen lukrativen Posten erhielt, wie zu lesen war, von dem gleichen Despoten der frühere Deutsche-Bank-Chef Josef Ackermann: Er darf in Zukunft einen Teil des milliardenschweren russischen Staatsfonds leiten. Deutsches politisches und finanzielles Know-how für ein despotisches Regime, im *Spiegel* in einer Titelgeschichte als auf dem Weg zur lupenreinen Diktatur beschrieben – wo ist da der Rest an ethischer Verantwortung der Spitzen der deutschen Top-Manager und Politiker? Der Ex-Bundeskanzler rückt bis heute öffentlich nicht von seiner Aussage ab, dass Putin ein »lupenreiner Demokrat« sei.

Vergessen wird bei alledem, dass Mappus ebenso wie Schröder von ihren jeweiligen parteipolitischen Lemmingen einst frenetisch zugejubelt wurde. Schamlosen Opportunismus kann man das nennen. Plötzlich erkennt dann der baden-württembergische CDU-Vorsitzende Peter Hauk, als sei ihm die Erleuchtung gekommen, dass sein früherer Chef Stefan Mappus einen »autokratischen Politikstil« und ein »Demokratieverständnis gezeigt hat, das er nicht teilt«.[22] Ein Jahr zuvor waren solche Aussagen von ihm nicht zu vernehmen, obwohl die schweren Vorwürfe bereits allesamt bekannt waren. Im Gegenteil. Dieses Verhalten ist im Prinzip nicht weniger dreist als das ihrer politischen Führer. Erst als diese gestürzt wurden, kamen die Kritiker auf einmal hervorgekrochen. Fazit: Man küsst halt lieber die Füße desjenigen, der an der Macht ist. Das ist gute alte deutsche Tradition. Jeder weiß es und jeder billigt es, solange man selbst auf die eine oder andere Art und Weise davon profitiert. Zivilcourage scheint demnach nicht nur beim Durchschnittsbürger, sondern ebenso im politischen Milieu, ob auf Bundes- oder Landesebene, ein Fremdwort zu sein.

Ex-Bundeskanzler Gerhard Schröder hat sogar die Chuzpe, sich heute wieder als politischer Wegweiser der Zukunft Europas präsentieren zu lassen. Sein Vermögen wird inzwischen, so die *Zeit* in einem Artikel, »auf Millionen geschätzt«.[23] Aber nichts Genaues weiß man nicht. Aufschlussreich des Volkes Stimme in einem Kommentar zu dem betreffenden Artikel: »Dass die Agenda 2010 für den Großteil der Deutschen nur Armut, Leiharbeit, Minijobs, Hartz IV und Kettenarbeitsverträge zur Folge hatte, interessiert den ehemals (Sozial-Demokratischen) Bundeskanzler wenig, denn er hat seinen Job und damit eine sichere Einnahmequelle gefunden!«[24]

Geradezu politisch schamlos ist es, dass einer der verbissenen Verfechter der Agenda 2010, der schmallippige Peer Steinbrück, nassforsch genug ist, um sich bei der Bundestagswahl 2013 als Kanzlerkandidat für die SPD aufstellen zu lassen, und keine Skrupel hat, Gerhard Schröder als sein Vorbild für den kommenden Wahlkampf zu nennen.[25] Plötzlich ist Steinbrück der große Kämpfer für die Bändigung der Banken, weil er hofft, damit das vergessliche Wahlvolk einlullen zu können. Immerhin war er derjenige, der als Finanzminister in der schwarz-roten Bundesregierung unter Bundeskanzlerin Angela Merkel den Bitten der Banken folgte, sie mit Steuergeldern aus ihrer Not zu befreien, damit die Aktionäre geschont wurden.»Als es darauf ankam, war Steinbrück, der Zerschlager der Banken von heute, der Bewahrer des dreigliedrigen deutschen Bankensystems. Die Taten von früher beruhigen die Banker offenbar mehr, als sie Steinbrücks Worte von heute beunruhigen. Vielleicht wählen sie den Mann sogar.«[26] Zumindest haben sie seine Vorträge gut honoriert.

Rückblick: Im Jahr 2008, als die Mittelstandsbank IKB mit zehn Milliarden Euro vom Steuerzahler vor dem Zusammenbruch gerettet wurde, erklärte Peer Steinbrück, dass der Steuerzahler für die IKB-Krise nicht bezahlen müsse. Ekkehard Wenger, Professor für Bank- und Kreditwirtschaft in Würzburg, dazu:»Es ist einfach Quatsch zu sagen, dass der Steuerzahler nicht bluten muss. Steinbrück agiere offenbar nach dem Motto ›Frechheit siegt‹.«[27] Danach wurde die IKB zu einem Schleuderpreis an einen US-Finanzinvestor, eine der sogenannten»Heuschrecken«, verscherbelt.

2012 durften wir einen Bundespräsidenten und Ex-Ministerpräsidenten namens Christian Wulff aus Niedersachsen und seine liebenswerten vermögenden Freunde etwas näher kennenlernen. Erst im Juli 2012 wurde ein anderer Vorgang aus dem Jahr 2007 bekannt, abgesehen von all den unsäglich schmierigen

Beziehungen zuvor: Entgegen einem klaren Kabinettsbeschluss wurde dem Wunsch der niedersächsischen Rückversicherungswirtschaft entsprochen, weniger Steuern zu zahlen. Dafür sorgte, nach allem, was bislang bekannt ist, der Ex-Ministerpräsident aus Niedersachsen im Bundesrat. Einige Tage sorgte das für eine gewisse Empörung – danach war die Erregung schon wieder verglüht.

Dann gibt es noch den rheinland-pfälzischen SPD-Ministerpräsidenten Kurt Beck, der inzwischen zurückgetreten ist, oder den Regierenden Bürgermeister Berlins, Klaus Wowereit. Beide stehen sicher nicht im Verdacht der Korruption, eher der fahrlässigen Untreue (die bislang nicht strafbar ist), weil es um Steuergelder geht, die irgendwie in schwarzen Löchern verschwinden – des guten Zwecks wegen (Beschaffung von Arbeitsplätzen) natürlich.

Der Verwaltungsjurist Klaus Wowereit sitzt, ebenso wie der Ingenieur für biomedizinische Kybernetik, Ministerpräsident Matthias Platzeck, im Aufsichtsrat der Berliner Flughafen Berlin-Brandenburg GmbH (FBB). Viele Bürger fragen sich inzwischen: Woher nehmen diese Politiker eigentlich die Kompetenz, einen Flughafenbau, der gern als das größte Infrastrukturprojekt Europas bezeichnet wird, quasi nebenberuflich als Aufsichtsrat zu kontrollieren? Der Bau und die damit verbundenen Schlampereien kosten den Steuerzahler in Berlin und Brandenburg (obwohl schon hoch verschuldet) mindestens 4,5 Milliarden Euro – und die Anwohner werden zusätzlich mit nervigem und in vielen Fällen krank machendem Fluglärm »entlohnt«.

SPD-Ministerpräsident Kurt Beck aus Rheinland-Pfalz setzte trotz vieler Warnungen mit der Investition in das Projekt Nürburgring vergleichsweise wenig Steuergeld in den Sand, schlimmstenfalls sind es 330 Millionen Euro. Im Jahr 2010, damals noch in der Opposition, geißelte die Grünen-Vorsitzende Eveline Lemke dieses Projekt mit heftigen Worten. Nachdem die SPD bei der Landtagswahl im März 2011 die absolute Mehrheit verloren hatte, konnte Kurt Beck nur mit den Grünen, die einen sensationellen Wahlerfolg verbuchten, eine neue Regierung bilden. Die einst heftige Kritikerin von Kurt Beck und dem Nürburgring-Projekt wurde Wirtschaftsministerin – und bis Ende August 2012 drang von Eveline Lemke kein kritisches Wort mehr hinsichtlich der fragwürdigen Entscheidung des Ministerpräsidenten an die Öffentlichkeit. »Die Grünen«, kritisierte die CDU-Oppositionsführerin Julia Klöckner, seien »vom Wachhund in der Opposition zum Schoßhund in der Regierung geworden«.[28] Erst am 22. August 2012 meldete sich Eveline Lemke in einem Interview mit der *Frankfurter Rundschau* zu Wort: »Wir bewerten nach wie vor vieles, was unter der SPD-Alleinregierung passierte, verschieden. Aber Kurt Beck hat die Fehler ja eingeräumt. […] Man traut uns zu, den alten Mist jetzt aufzuräumen.«[29] Sieht so politisch-ethische Überzeugung aus, aufgrund derer die Grünen ja damals in das Parlament in Mainz gewählt wurden? In Rheinland-Pfalz muss übrigens, auch wenn es offiziell abgestritten wird, aufgrund der angespannten Haushaltslage bei sozialen Einrichtungen und selbst bei der Polizei gespart werden, also auf Kosten der vielgepriesenen Inneren Sicherheit. Anfang 2013 trat Kurt Beck, »aus gesundheitlichen Gründen« vom Amt des Ministerpräsidenten zurück.

Wie überall wird auch auf dem flachen Land gekungelt und gemauschelt, erpresst und gelogen, und der normale Bürger erfährt davon nichts. Deshalb ist es ein Glücksfall, dass mich ein ehemaliger Landrat (CDU) aufklärte, der zwei Wahlperioden lang in Hessen einen großen Landkreis regierte. Sein ernüchterndes Fazit: Macht, Geld und Einfluss prägen die politische Bühne. Und er bestätigte die Erfahrung, dass einem überwiegend oder komplett mit altgedienten Politikern besetzten Aufsichts- oder Verwaltungsrat in aller Regel jegliche Fachkompetenz fehlt. Nach seinen Erlebnissen wird vor jeder Wahl, ob Kommunal- oder Landtagswahlen, sowohl von der Regierungs- wie auch von der Oppositionspartei in kleinen Zirkeln, den sogenannten Kellerrunden, genau abgesprochen, wer nach der Wahl welchen Posten erhält. »Die Wahlbürger wissen davon nichts. Sie dürfen es nicht wissen, sonst würden sie am System der demokratischen Wahlen zweifeln«, kommentierte der Ex-Landrat diese Vorgehensweise. »Ihr habt über Jahre den Zweckverband gehabt, da ist jetzt einer von uns dran. Er bekommt einen Sitz im Verwaltungsrat einer öffentlichen Körperschaft, der andere einen Platz im Kreditausschuss oder im Aufsichtsrat einer städtischen oder landeseigenen Einrichtung. Die in der zweiten und dritten Reihe wissen genau, es ist eigentlich gleichgültig, wer Oberbürgermeister, Bürgermeister oder Landrat spielt. Hier unten, in der zweiten, dritten und vierten Reihe muss das Ding laufen. Sonst herrscht Unruhe im Laden.«

Beliebt bei den Parteioberen sind auch Posten im Verwaltungsrat der Sparkassen oder den Landesbanken, was einer nicht ganz so sauberen Finanzierung der politischen Landschaftspflege durchaus zugutekommt. Die Eigentümer der Sparkassen sind die öffentlichen Hände, also Gemeinde, Landkreis und Städte. Das heißt, die Einlagen darin sind zunächst Steuergelder, und dazu kommen die Gewinne über die Sparkassen-Kunden. Was geschieht nun mit den Erträgen? Werden sie an die Gemeinden für soziale Zwecke ausgeschüttet? Das ja, aber nur in geringem Umfang. Begründet wird das von den Sparkassen damit, dass sie den Gemeinden schließlich viel Geld für Kultur, Sport oder soziales Sponsoring zur Verfügung stellten. Deshalb schütteten die Sparkassen teilweise vergleichsweise wenig von den Gewinnen aus. »Es ist doch klar«, sagte der Ex-Landrat, »dass derjenige, der im Verwaltungsrat sitzt, ob als Bürgermeister, Oberbürgermeister oder Landrat, auch über das Sponsoring verfügen kann. Das ist dann die Finanzierung seiner Politik und damit politischen Karriere, denn der Vorstand macht nichts gegen den Verwaltungsrat.«

Und dieses Prinzip gilt auf allen Ebenen der Politik. »Es gibt so viele berufliche Möglichkeiten im Schatten der Minister und

Staatssekretäre, im Bundestag mit seinen mannigfaltigen Aufgaben in Präsidium und Ausschüssen und natürlich in Brüssel und in Frankfurt. Überall Posten und Pensionen, und das oberste Politikziel lautet: Versorgung. Also der eigenen Bedürfnisse.«[30] Sind das alles von mir herausgepickte Einzelfälle, ist es der Ausdruck eines schleichenden Gewöhnungsprozesses an individuelle Charakterschwächen? Selbstverständlich spielt das eine Rolle. Man liegt jedoch sicher nicht falsch mit der Annahme, dass die Bürger inzwischen angesichts der Herde schwarzer Schafe einfach nicht mehr glauben wollen, es handele sich nur um einzelne schwarze Schafe. Tatsächlich geht es bei all diesen Vorgängen nicht um diese beliebig zu verwendenden moralisch lackierten Worthülsen wie Gier, Neid oder Moral. Es geht um die Grundlagen des demokratischen Systems, um das Vertrauen in die politischen Institutionen, das mittlerweile dahinschmilzt wie das Eis in der Arktis.

Denkt man dann an die Aussage von Volker Gauland, dem einstigen Staatssekretär des hessischen CDU-Ministerpräsidenten Walter Wallmann, könnte man Schlimmes denken. Gauland gilt heute als konservativer Vordenker der CDU. Nach seiner Überzeugung sollen die Deutschen »wieder eine Tatsache der Weltgeschichte akzeptieren lernen, die Bismarck in einer ersten Regierungserklärung als preußischer Ministerpräsident 1862 in die berühmten Worte fasste: ›Nicht durch Reden und Majoritätsbeschlüsse werden die großen Fragen der Zeit entschieden – das ist der große Fehler von 1848 und 1849 gewesen – sondern durch Eisen und Blut.‹«[31] Gab es Proteste bei der politischen Klasse oder der Bevölkerung gegen diesen Aufruf zum Bruch des geltenden Verfassungs- und Völkerrechts in der deutschen Außen- und Sicherheitspolitik? Fehlanzeige – bis auf eine Ausnahme: Für Dieter Deiseroth, Richter am Bundesverwaltungsgericht, stellt sich Gauland mit seinen Äußerungen »außerhalb der Verfassung, eine Einstimmung auf den Völkerrechtsbruch«.[32] Daraus folgt, dass Deutschland »ein gewaltiges Demokratieproblem hat: Immer weniger Bürger gehen zur Wahl, immer mehr koppeln sich ab und leben in Parallelwelten«, konstatierte Ulrich Schmid in der *Neuen Zürcher Zeitung*.[33] Erinnert sei deshalb an Artikel 20 Absatz 2 des Grundgesetzes, wonach alle Staatsgewalt vom Volke ausgeht. Tatsächlich? Während der Bundestagssitzung am 29. Juni 2012 erinnerte der SPD-Abgeordnete Peter Dankert an die Aussage des Bundestagspräsidenten Norbert Lammert, wonach es nicht die Regierung sei, die sich ein Parlament halte, sondern das Parlament sich eine Regierung halte. Das sei für ihn, Peter Dankert, eigentlich ein Lebensprinzip:»Wir sind aber weit davon entfernt, diesen fundamentalen Rechtsgrundsatz, der sich im Übrigen auch aus Artikel 20, Absatz 2, des Grundgesetzes – ›alle Staatsgewalt geht vom Volke aus‹ – ableitet, zu befolgen. Wir ignorieren diesen Rechtsgrundsatz permanent.«[34] Allgemeiner Konsens ist demnach, dass die Kluft zwischen dem politisch-gesellschaftlichen Milieu eines großen Teils der politischen Klasse und dem, was die normalen Bürger tagtäglich erleben, immer größer wird. Das muss zwangsläufig zu einer nachhaltigen Legitimationskrise des herrschenden demokratischen Systems führen, eines Systems, das wie Putz von einer seit langem nicht sanierten Hauswand abblättert. Die ginge ja noch zu renovieren. Problematisch jedoch ist, dass gleichzeitig die Fundamente des Hauses, fundamentale ethische Verhaltensnormen und soziale Gerechtigkeit, ins Wanken geraten – und die Risse im Gebäude der Demokratie zwangsläufig offen aufbrechen. Noch ist die überwiegende Mehrzahl der Bürger diesem System mangels Alternativen treu ergeben, vergleichbar mit einer mehrfach misshandelten oder missbrauchten Frau, die trotzdem immer wieder zu ihrem Peiniger zurückkehrt. Aber wie lange noch?

Das national-liberale Netzwerk:
Auf dem Weg zu einer neuen Partei?

Bewegungen profitieren von dieser Stimmung, die mit einer multikulturellen demokratischen Bürgergesellschaft immer noch wenig anzufangen wissen. So hat sich in den vergangenen Jahren ein besonderes Spinnennetz der Macht über das Internet entwickelt: Es sind smarte National-Freiheitliche, die im Prinzip bedeutungslos wären, würden sie sich nicht so gerne mit konservativen Wissenschaftlern, Abgeordneten der FDP, der CDU oder österreichischen rechtspopulistischen Parteiführern ablichten lassen.

Die Vernetzung ist die zentrale Waffe dieser national-liberalen Strippenzieher. Entsprechende Internetportale geben daher Aufschluss, wer sich mit ihnen einlässt und was ihr politisches Ziel ist. Junge stolze »Freiheitliche« lassen sich vermutlich nach intensivem Gedankenaustausch oder zu Propagandazwecken gemeinsam ablichten, unter anderem mit dem stellvertretenden Vorsitzenden der CDU in Hessen, dem stellvertretenden Fraktionsvorsitzenden der FDP im Saarland, dem sozialpolitischen Sprecher der FDP im Hessischen Landtag, dem schulpolitischen Sprecher der FDP im Hessischen Landtag oder mit einer bayerischen Staatssekretärin von der FDP. Beste Beziehungen bestehen zudem zu der rechtspopulistischen BZÖ in Österreich; Kontakte zu Neonazis sind ebenfalls bekannt.

Das Internetportal frei.gesagt! versteht sich als »die Stimme der Freiheit«. Der Redaktion sei es gelungen, »ein sehr breites Kontaktnetz aufzubauen, welches renommierte Protagonisten aus Politik, Wirtschaft und Lebensfreude zwischen Wien und Flensburg, zwischen Rügen und dem Bodensee einbezieht.« Ziel sei eine freiheitlich-konservative Partei:»Besteht kein Bedarf für einen politischen Vertreter rechts der Union? Besorgte Politikwissenschaftler erzählen uns regelmäßig etwas anderes, gelegentliche Ausreißer wie die Schill-Partei lassen auch auf einen weiteren

Demokratiehorizont der Deutschen schließen und sogar konservative Unionisten möchten mittlerweile den Linkstrend stoppen. Die Zeichen stehen also eigentlich gut für eine freiheitlich-konservative Partei.«[35] Das Internetportal verweist auf die FDP, die österreichische ÖVP, die FPÖ, die Freiheitlichen in Kärnten und das BZÖ Bündnis Zukunft Österreich. Also, was Österreich angeht, doch eher mehr als weniger rechtslastig, auf jeden Fall ideologisch eng mit dem verstorbenen Rechtspopulisten Jörg Haider verbunden. Auf www.frei-gesagt.de taucht neben Tom Rohrböck ein Tony-Xaver Fiedler auf, der sich ebenfalls mit Fotos von Abgeordneten der FDP und CDU schmückt. Er war von 2007 bis 2009 Mitglied der rechtsextremen Republikaner, Mitglied des Bundesvorstands und Bundesvorsitzender der Parteijugend Die junge Rechte. Seit Ende 2009, schreibt er auf der Internetseite www.zone-d.de, sei er parteilos. Die Seite verlinkt auch auf www.pro-nrw.net, eine Webseite der kleinen rechtsradikalen Partei Pro-NRW. Fiedler ist inzwischen deren Jugendbeauftragter. Auf www.frei-gesagt.de findet sich unter anderem ein Interview von Tom Rohrböck und Tony-Xaver Fiedler im April 2010, bei dem sie mit dem schulpolitischen Sprecher der FDP-Landtagsfraktion im Hessischen Landtag gesprochen haben. Das Thema: Deutsch ist Bildungsvoraussetzung. Und natürlich darf das obligatorische Foto mit dem Abgeordneten nicht fehlen.[36] Man sieht Fiedler auch zusammen mit Alexander Licht, dem stellvertretenden Vorsitzenden der hessischen CDU.[37] »Alles nur Zufall – oder streckt hier eine im Aufbau befindliche Jörg-Haider-Nachfolgeorganisation über das Internet ihre Fühler aus?«

Wer ist eigentlich dieser Tom Rohrböck? Gemeinsam mit René Rock, dem stellvertretenden Vorsitzenden der FDP-Landtagsfraktion, und Frank Lortz, dem Vize-Landtagspräsidenten der CDU, gab er Ende der neunziger Jahre das *Forum-Magazin* heraus. Im Verlag Zabrisk, in dem es erschien, engagierte sich Rohrböck zeitweise beruflich. Im *Bundesanzeiger* wird er, der häufig als Journalist auftritt, im Zusammenhang mit Firmen wie der Flirtlife GmbH und der Rohrböck GmbH Unternehmensberatungen mit Sitz im hessischen Seligenstadt erwähnt. Geschäftszweck: Unternehmensberatung und Public Relations. In der CDU war er bis Ende 2001 Vorsitzender der CDU in Seligenstadt und danach Mitglied des Wirtschaftsrats der CDU e. V. im Landesverband Saarland. Sein nächster politischer Schritt war, dass er im Jahr 2009 Pressesprecher der rechtspopulistischen Splittergruppe Aufbruch 21 – die Freiheitlichen wurde.[38] Bereits damals, im Jahr 2009, kritisierte der stellvertretende Bundesvorsitzende dieser Partei unter anderem die Kontakte des Pressesprechers Rohrböck zur österreichischen FPÖ des Rechtspopulisten Jörg Haider. Den Vorwurf, dass Aufbruch 21 ein Sammelbecken für Rechtspopulisten sei, wies Rohrböck zurück. »Wir sind mit Sicherheit ein Sammelbecken für diejenigen, denen die Unionsparteien zu weit nach links gerückt sind. Aber wir sind absolut demokratisch.«[39] Im Jahr 2010 sah er wohl einen bestimmten Flügel in der FDP-Saarland als seine neue politische Heimat. Das führt uns zur sogenannten Monopoly-Runde. Diese war ein Beziehungsgeflecht, das seinen Anfang nahm, als Tom Rohrböck von Hessen ins Saarland übersiedelte und dabei nach Medienmeldungen im Frühjahr 2010 zur FDP wechselte.[40] Entsprechende Nachfragen bei Tom Rohrböck blieben unbeantwortet. Im Gepäck hatte er seinerzeit neue potentielle Mitglieder für die FDP Saarpfalz und gute Kontakte zu Menschen mit Geld und Einfluss.

Zustande kam die sogenannte Monopoly-Runde, nachdem der amtierende Kreisvorsitzende im Saarpfalz-Kreis Stefan Krämer, ein Unternehmensberater, am 16. Oktober 2010 zu einem Abendessen in sein Haus geladen hatte. Kurz vor dem Termin erhielt der FDP-Fraktionschef Christian Schmitt einen Anruf von Tom Rohrböck: Ob er nicht bei ihm in Homburg vorbeikommen und ihn abholen könne. Schmitt willigte ein. »Als er Rohrböcks Wohnung betritt«, schreibt die *Stuttgarter Zeitung*, »sieht er mehrere Leute am Esszimmertisch sitzen und Monopoly spielen. Er wird hinzugebeten und schaut sich dann erst die Leute genauer an. Da habe er den FDP-Parteifreund Stefan Krämer entdeckt, der sich als Wirtschaftswissenschaftler bezeichnet und damals mit den Titeln Professor Dr. schmückt.«[41] Und dann sah Christian Schmitt, wer da noch mitspielte. Es war Frank Franz, der damalige saarländische NPD-Landesvorsitzende. Mit den Worten »Ich setze mich nicht mit einem Faschisten an einen Tisch«, soll Schmitt daraufhin wutentbrannt Tom Rohrböcks Wohnung verlassen haben. Er informierte unter anderem auch den Verfassungsschutz über den Vorfall.

Stefan Krämer ist inzwischen zum neuen Kreisvorsitzenden der FDP im Saarpfalz-Kreis gewählt worden, Christian Schmitt ist von all seinen Parteiämtern zurückgetreten. Nachfragen bei ihm, wie es zu der Verbindung zu Rohrböck kam, waren erfolglos. In einer mir vorliegenden E-Mail vom 30. Oktober 2010 an den FDP-Landesvorstand Saarland schreibt Stefan Krämer über Tom Rohrböck: »Nach meinem Kenntnisstand ist er mit diversen FDP-Landesvorsitzenden sowie FDP-Ministern als auch CDU-Ministern (gut) bekannt, so dass kein Grund bestand, an der Demokratiekonformität des Herrn Rohrböck zu zweifeln. Es ist allgemein – sowohl mir als auch Christian Schmidt – bekannt, dass Tom Rohrböck enge Kontakte zur FPÖ und dem Kärntner Landeshauptmann Jörg Haider unterhielt.«[42]

Frank Franz veröffentlichte übrigens ebenfalls auf der Webseite www.frei-gesagt.de. Hier verfasste er bereits im April 2010 eine Analyse über den »Aufbruch in die Freiheit – Deutschland braucht einen echten Dritten Weg!«. Demnach treffe die »Nazi-Keule jeden, der es wagt, einen missliebigen Vergleich anzustellen, Sachverhalte zu ›verharmlosen‹ oder sich schlichtweg auf seinen vernünftigen und gesunden Menschenverstand beruft.«[43] Der gelernte Programmierer ist Inhaber einer Agentur für neue Medien. Seit November 2011 ist er Mitglied im Bundesvorstand der NPD, dort deren Bundespressesprecher und »Leiter« des Auslandsreferats.[44] Nachdem die NPD bei der Landtagswahl im

März 2012 nur 1,2 Prozent der Stimmen erhielt, trat er von seinem Posten als NPD-Landesvorsitzender zurück.[45]

Aber nun wieder zurück zu dem anscheinend besonders wichtigen Mann in diesem Netzwerk: Tom Rohrböck. Auf der von ihm betriebenen Internetseite www.skylla.at wurde ausführlich über einen Fairvesta-Partnerkongress 2012 berichtet oder über das Europäische Investoren Forum. Letzteres hatte am 18. Mai 2012 zu der Veranstaltung Sinn & Invest nach Landshut eingeladen. Wieder mit im Bild, neben dem BZÖ-Obmann Josef Bucher, Tom Rohrböck. Und man liest auf der gleichen Webseite: »In Wolfgang Bosbach lebt die alte CDU noch.«[46] Auf seiner eigenen Internetseite[47] ist er zusammen mit dem neuen hessischen Wirtschaftsminister Florian Rentsch abgebildet. In einem Artikel schreibt er über den Politiker: »Florian Rentsch gewann zuletzt als FDP-Fraktionsvorsitzender im Hessischen Landtag mächtig an Profil. Er gilt als Wirtschaftsliberaler.«[48] Stolz sieht man ihn außerdem auf einem Foto zusammen mit Erwin Stadler, dem Europaabgeordneten der rechtslastigen BZÖ.[49] Aber der Netzwerker Tom Rohrböck macht nicht nur politische Propaganda auf seinen Webseiten, sondern zeigt auch Interesse an bestimmten Firmen. Einen ausführlichen Artikel widmet er zum Beispiel dem Vorstandsvorsitzenden des Finanzdienstleistungsunternehmens VSP Financial Services in Wiesbaden. »Wir behalten die VSP AG für Sie gerne im Auge.«[50]

Auf dem Internetportal frei.gesagt! wird zum Beispiel über den »Bayerischen Abend« der Tübinger Fairvesta-Immobilienhandelsgruppe berichtet, der Anfang September 2012 in München stattfand. Teilnehmer des Bayerischen Abends waren unter anderem: der Chefökonom der *Wirtschaftswoche*, der hessische Landtagsabgeordnete Alexander Noll (FDP), MdB Wolfgang Bosbach (CDU) und der Präsident des Europäischen Steuerzahlerbunds. Gastredner war Thilo Sarrazin. Über die Veranstaltung war auf der Webseite www.frei-gesagt.de zu lesen: »Wolfgang Kuhlmann und Tom Rohrböck von der Deutschen Gesellschaft für Finanz- und Haushaltspolitik e. V. waren von der Zusammenarbeit mit fairvesta wieder mal beeindruckt.«[51] Auf einem Foto auf der Webseite sieht man, mit einem vollen Bierkrug in der Hand, den hessischen FDP-Landtagsabgeordneten Alexander Noll, Thilo Sarrazin und Tom Rohrböck. Der Inhaber des Emissionshauses Fairvesta wird in der Fachzeitschrift *Fonds & Co.* mit den Worten zitiert:»›Bargeld auf dem Tisch ist für alle ein Argument.‹ Das Konzept verfolgt fairvesta bereits mit mehreren Deutschlandfonds, die Objekte aus Zwangsverwaltung oder deren Umfeld einkaufen.«[52]

Wer ist diese Deutsche Gesellschaft für Finanz- und Haushaltspolitik, für die Tom Rohrböck schon mal eine Diskussion leitet? Er gehört nach Auskunft des Vorsitzenden des Vereins nicht dem Beirat an, sondern ist nur Mitglied. Wolfgang Kuhlmann hingegen ist der Pressesprecher des Vereins. Dessen erklärtes Ziel ist es, finanz- und haushaltspolitische Bildung zu fördern und allgemeinverständliche, kostenfreie Informationen zu diesem komplexen Themenbereich zur Verfügung zu stellen. Im Beirat sind zu finden: Pius Leitner, der Partei-und Klubobmann der Freiheitlichen Südtirol; Jürgen Harrer, der Sprecher der Fraport; Marc Gnädinger (FDP), Referent des Hessischen Ministeriums für Finanzen; Alexander Noll, haushaltspolitischer Sprecher der hessischen FDP-Landtagsfraktion; Josef Bucher, der Klubobmann des BZÖ; Konrad Steindl, Abgeordneter der ÖVP; Patrick Schneider, der Generalsekretär der CDU/Rheinland-Pfalz; Urs Martin, Kantonsrat der nationalkonservativen Schweizerischen Volkspartei SVP; Burkhard Schwenker, Aufsichtsratsvorsitzender von Roland Berger Strategy Consultants; Slobodan Cvetkovic, Vorstand des Kapitalanlageunternehmens Prosperia AG.

Fazit: Es ist ein eher neoliberales bis rechtslastiges Netzwerk, das sich da im Beirat des Vereins zusammengefunden hat. Und die Netzwerker treffen sich häufig zu Fachveranstaltungen. So diskutierten sie auf Schloss Fuschl bei Salzburg über die Eurokrise. Gastgeber der Tagung war Slobodan Cvetkovic von der Würzburger Investmentgesellschaft Prosperia AG. Auf einem Foto auf der Webseite der Deutschen Gesellschaft für Finanz- und Haushaltspolitik e. V. sieht man Professor Wilhelm Hankel, Josef Bucher von der rechtspopulistischen österreichischen BZÖ und – wieder einmal – Tom Rohrböck. Am 31. Mai 2012 fand erneut eine Veranstaltung der Deutschen Gesellschaft für Finanz- und Haushaltspolitik statt, diesmal auf Schloss Klessheim bei Salzburg. Das Thema:»Euro und die Finanzkrise – wohin entwickelt sich Europa?« Die Diskussionsleitung übernahm Tom Rohrböck, an seiner Seite saßen der CDU-Bundestagsabgeordnete Wolfgang Bosbach und der hessische FDP-Landtagsabgeordnete Alexander Noll.

Sind das die»nützlichen Idioten« für eine neue rechtsliberale Partei in Deutschland, gestützt von Finanzdienstleistungsunternehmen? Welche Rolle spielt dabei der CDU-Abgeordnete Bosbach? Auf jeden Fall ist die Vernetzung unterschiedlicher politischer und wirtschaftlicher Entscheidungsträger mit dem Ziel einer für mich offensichtlich rechtspopulistischen Bewegung von höchster Professionalität gekennzeichnet – und bislang der breiten Öffentlichkeit verborgen geblieben.

Bürgerengagement gegen politisch-wirtschaftliche Seilschaften

In der Finanz- und Bankenmetropole Frankfurt am Main demonstrierten Mitte Mai 2012 Zehntausende insbesondere junger Menschen gegen die Macht der Banken und die sie umschmeichelnden Politiker: die Occupy-Bewegung, die aus den USA herüberschwappte. Die schwarz-grüne Stadtregierung Frankfurts ließ alle Demonstrationen und Veranstaltungen verbieten, mindestens 5000 Polizeibeamte versuchten, das Demonstrations- und Veranstaltungsverbot durchzusetzen. Frankfurt befand sich im Ausnahmezustand – einmalig in der Stadtgeschichte. Durch massiven Polizeieinsatz sollte unter anderem eine Kundgebung vor der Frankfurter Paulskirche verhindert werden. Rotteten sich dort etwa Chaoten des Schwarzen Blocks zusammen? Nein, Hunderte meist ältere Bürger hielten ein kleines Buch, das Grundgesetz, in die Luft, um damit auf das grundgesetzlich garantierte Recht auf Rede- und Versammlungsfreiheit aufmerksam zu machen. Die Polizei forderte die Demonstranten auf, die Bücher herunterzunehmen. Und auch an anderer Stelle wurde im Sommer 2012 demonstriert – gegen Fluglärm.

Es ist Samstagmorgen, der 18. August 2012. Die Chancen stehen gut, dass dies das wärmste Wochenende des Jahres wird. Ein Traumwetter, bei dem die Fenster weit geöffnet werden und die Bürger endlich einmal ausschlafen oder in aller Ruhe frühstücken könnten. Doch Hunderttausenden Bürgern in und um Frankfurt am Main bleibt, ebenso wie in anderen hessischen Städten und Dörfern, diese Lebensqualität seit Monaten verwehrt. Denn im Minutentakt donnern Flugzeuge über ihre Häuser, damit der Wirtschaftsmotor Verkehr brummt. Die Anwohner haben so langsam die Nase voll.

Anders im Kurort Bad Homburg. Die Stadt mit 53 000 Einwohnern im Hochtaunus-Kreis, der Kaviar- und Champagnergürtel bei Frankfurt, rühmt sich einer hohen Millionärsdichte. Viele prächtige Villen stehen hier, hinter dicht belaubten Sträuchern versteckt und mit vielen Videokameras geschützt. Gegenüber liegt Natur pur: Felder und Wälder, so weit das Auge reicht. Idyllisch ist es hier. Störend ist höchstens dieses impertinente Gezwitscher der bunten Vogelwelt im Gebüsch und den Bäumen. Genau hier in Bad Homburg, in einer kleinen Straße, vor einem Kälte ausstrahlenden, funktional-sterilen einstöckigen weißen Haus mit schießschartigen Fenstern, wollen ab neun Uhr vom Fluglärm gepeinigte Bürger demonstrieren. Denn in dem Haus wohnt Stefan Schulte, der Vorstandsvorsitzende der Fraport AG, dem Flughafenbetreiber des Frankfurter Flughafens. Sein Arbeitsplatz liegt knapp 26 Kilometer und damit weit vom nerv-tötenden Fluglärm entfernt.

Die verzweifelten Landebahngegner wollen an diesem 18. August 2012 erleben, was für ein herrliches Gefühl es ist, in aller Ruhe zu frühstücken. Deshalb finden sich Mitglieder einer Bür-gerinitiative gegen den Fluglärmterror auf einem kleinen Feld-weg gegenüber des Hauses des Fraport-Chefs zum gemeinsamen Start in den Tag ein: Auf einem massiven Holztisch steht eine große Glasschüssel mit Brötchen, daneben eine Platte mit Wurst, Marmelade, Kaffee, Tee, Organgensaft und Rosé-Wein. Die Stimmung ist gut, auf den beiden Holzbänken sitzen zehn Per-sonen beisammen, natürlich im Vorfeld brav beim Ordnungsamt angemeldet. Hin und wieder kommen Bewohner anderer vom Fluglärm betroffener Städte und Frankfurter Stadtteile zur Früh-stückstafel und staunen über die Ruhe. An einem großen weißen Sonnenschirm hängen Zettel mit Aufschriften wie »Herr Schulte! Lassen Sie Ihre Kinder auch nur 5 bis 6 Stunden schlafen?« oder »Warum meinen Sie, dass die Menschen um den Flughafen her-um mit weniger Schlaf auskommen sollten?«. Ab und an zieht, weit oben am blauen Himmel, leise brummend ein Flugzeug vorbei.

»Das wären paradiesische Zustände, wenn wir die hätten«, kommentiert dies Eberhard Centner, der Sprecher der Bürger-initiative Frankfurt-Nord gegen Fluglärm. Er ist IT-Experte bei einer großen Softwarefirma, und auch die anderen am Frühstück teilnehmenden Frankfurter Bürger, zwischen dreißig und fünf-zig Jahren, gehören sicher zur gutbürgerlichen Szene. »Es wer-den immer wieder Dinge angekündigt, die sich immer wieder als Luftnummern herausstellen. Alles, was versprochen wurde, ist im Sande verlaufen.«

Die Landebahngegner haben daher die Nase voll von all den gebrochenen Versprechungen und dem Lärmterror, dem sie in-zwischen bis zu siebenhundert Mal am Tag ausgesetzt sind und der ihnen ein geordnetes Leben fast unmöglich macht. Sie wollen daher mit ihren Aktionen eine Diskussion darüber anstoßen, ob es mit rechtsstaatlichen und ethischen Grundsätzen vereinbar ist, Säuglinge, Kinder, jüngere Erwachsene und Rentner, die keinen Sonderstatus wie Politiker oder Konzernchefs genießen, achtzehn Stunden täglich im Minutentakt massiven Einzelschallereignissen auszusetzen. Und ob es mit dem öffentlichen Interesse und den Prinzipien der Volkswirtschaft vereinbar ist, dass die Luftfahrtbranche von den Steuerzahlern jährlich im zweistelligen Milliardenbereich subventioniert und parallel politisch dabei unterstützt wird, die Bevölkerung gesundheitlich und wirtschaftlich massiv durch Flughafenerweiterungen und Erhöhungen der Anzahl der Flugbewegungen zu schädigen.

Das Ordnungsamt Bad Homburg genehmigte übrigens die Kundgebung »Frühstück bei Schulte« – allerdings mit zahlreichen Auflagen. Zum Beispiel dürften die Geräuschimmissionen, die von der Veranstaltung ausgingen, »die für tags geltenden Grenzwerte nach der Technischen Anleitung zum Schutz gegen Lärm maximal 50 Dezibel (reines Wohngebiet) nicht überschreiten«. Für die Menschen, die ebenfalls in Wohngebieten leben und die einen Dauerschallpegel von bis zu 75 Dezibel durch die startenden und landenden Flugzeuge erleiden müssen, gilt das natürlich nicht. Selbst kurz vor 23 Uhr starten und landen noch immer Flugzeuge in kurzen Intervallen auf dem Frankfurter Flughafen. Der Lärm ist erdrückend. Gerne würden jetzt viele Familien die Fenster öffnen, um ein wenig Kühle in die Zimmer hereinzulassen. Doch dann könnten sie nicht einschlafen. Und deshalb werden sie weiter demonstrieren, mal ruhig wie beim »Frühstück bei Schulte«, mal laut und wütend. Der Vorstandsvorsitzende der Fraport AG wird dessen ungeachtet weiterhin die Ruhe in Bad Homburg genießen und wahrscheinlich davon träumen, wie die Passagierzahlen und Flugbewegungen weiter gesteigert werden können, damit – so banal das klingt – der Aktienkurs der Fraport AG steigt. Immerhin gibt es Ausnahmen, was die Fluglärmbelästigung angeht. Für die Rheingau-Musikfestspiele zum Beispiel. So erklärte Unternehmer Claus Wisser, »dass wir für wichtige Konzerte manchmal auch schon gebeten haben, die Flugrouten zu ändern. Das ist uns auch schon ein paar Mal gelungen.«[53]

Ein notwendiger Rückblick, um die Wut der Frankfurter zu erklären: Vor über vierzig Jahren wurde den Bürgern Hessens, nach heftigen, gewalttätigen Protesten um den Bau der neuen Startbahn West, von der damaligen SPD/FDP-Regierung versprochen: »Die Befürchtungen, dass später eine weitere Start-oder Landebahn – etwa parallel zur Bahn 18-West – errichtet werden könnte, entbehren jeder Grundlage. Die Genehmigung einer solchen Maßnahme wird auf keinen Fall erteilt.« Dieses Versprechen gab der damalige hessische Wirtschaftsminister Heinz Herbert Karry (FDP) den massenhaft demonstrierenden Startbahngegnern. Und was passierte? 1997 wurde trotzdem eine neue Start- und Landebahn, die vierte, auf dem Frankfurter Flughafen geplant. Erneut regte sich massiver Widerstand der Bürger, verständlicherweise. Doch das einstige Versprechen war inzwischen null und nichtig, das bestätigte sogar der Hessische Verwaltungsgerichtshof. »Auch wenn das Vertrauen der Betroffenen auf die Einhaltung dieses Versprechens enttäuscht worden ist, verleiht ihnen das keine Rechtsposition, jede räumliche Erweiterung des Flughafens zu unterbinden.«[54]

Um die Enttäuschung und Wut der Bürger zu neutralisieren und das zerstörte Vertrauen wiederherzustellen, wurde von der CDU/FDP-Landesregierung, unter Führung von Ministerpräsident Roland Koch und dem damaligen Aufsichtsratsvorsitzenden der Fraport, eine zweijährige Mediation zwischen der Lufthansa AG, Fraport, verschiedenen Bürgerinitiativen, der Stadt Frankfurt und dem Land begonnen. Zwar setzte sich dabei am Ende das Konzept der neuen Nordwest-Landebahn durch, aber mit der Auflage eines absoluten Nachtflugverbots. Zuvor hatten bereits Lobbyisten von Fraport dafür gesorgt, dass das Fluglärmgesetz in ihrem Interesse umgesetzt wurde. Ministerpräsident

Koch versprach den Bürgern:»Kein Ausbau ohne Nachtflugverbot.«

Doch auch dieses Versprechen wurde gebrochen – die Landesregierung genehmigte für die Zeit zwischen 23 Uhr und 5 Uhr morgens insgesamt 17 Nachtflüge. Die Bürger gingen wieder auf die Barrikaden, warfen der Landesregierung Wortbruch vor, und einige Gemeinden riefen sogar den Hessischen Verwaltungsgerichtshof an. Inzwischen war die neue Landebahn von Bundeskanzlerin Angelika Merkel feierlich eröffnet worden – sowohl Fraport wie auch die dominierende Luftverkehrsindustrie jubelten. Dann beschloss der Verwaltungsgerichtshof am 11. Oktober 2011, dass es vorerst keine Nachtflüge mehr geben dürfe. Gegen dieses Urteil legte die Landesregierung, der Rechtssicherheit wegen, wie man von Regierungsseite betonte, Beschwerde ein. Am 4. April 2012 wurde vom Bundesverwaltungsgericht das Nachtflugverbot bestätigt, der Ausbau der neuen Landebahn des Flughafens jedoch gebilligt.

Seit die neue Landebahn am Frankfurter Flughafen in Betrieb ist und die Flugzeuge zwischen 5 Uhr morgens und 23 Uhr abends über die Wohnviertel donnern, kommen Hunderttausende Bürger nicht mehr zur Ruhe. Und sie demonstrieren seitdem massenhaft, jeden Montag zum Beispiel im Frankfurter Flughafen. Sie fordern ein Nachtflugverbot von 22 bis 6 Uhr und die sofortige Schließung der Nordwestlandebahn des Frankfurter Flughafens. Denn inzwischen ist klar, dass sie an der falschen Stelle betoniert wurde,»zu nah an den Menschen. Aber jetzt ist es zu spät, jetzt liegt sie schon da, für 1,4 Milliarden Euro.«[55] Kein deutsches Gericht wird es wagen, diese Fehlentscheidung wieder rückgängig zu machen.

Der anhaltende massive Protest der bislang eher unpolitischen Bürger beschädigte indes nicht nur die Glaubwürdigkeit der Politik im Allgemeinen, sondern auch das Image von Fraport und der Luftverkehrsindustrie. Gegenaktionen waren also angesagt. Eine machtvolle Demonstration für den Flughafenausbau sollte es werden, dass mit dem Ausbau ja die Sicherung der Arbeits-plätze und des Wohlstands der gesamten Rhein-Main-Region verbunden sei.

Das führt nun hin zu einer Eigendynamik, wobei sich mächti-ge Konzerne mit den bei ihnen angedockten Politikern verstän-digt haben, kritische Bürgerbewegungen zu neutralisieren. In Frankfurt wurde eine internationale PR-Agentur eingeschaltet, die entsprechende Erfahrungen mit dem Protest kritischer Bür-ger gegen Konzerne vorweisen konnte: Burson-Marsteller. Diese Agentur verspricht potentiellen Kunden auf ihrer Firmenwebsei-te,»Gefühle wie Hoffnung, Befriedigung, Fürsorge und Selbst-wert zu erwecken«.[56] Das haben die Fraport-Mitarbeiter sowie die Angestellten und Arbeiter der Luftverkehrsindustrie bitter nötig. Und knapp 10 000 von ihnen kamen daher am 1. Februar 2012 unter dem Motto »Ja zu FRA« auf den Frankfurter Römer-berg. Irgendwie sahen sie ein wenig uniformiert aus, ebenso ihre Plakate. Auf ihnen standen Sätze wie:»Zurück in die Vergangen-heit« oder»Minderheiten-Terrorismus«.

Wer sind die Gutmenschen von der PR-Agentur? Spätestens seit den neunziger Jahren ist bekannt, dass Burson-Marsteller die sogenannte Grassroot-Strategie zur Durchsetzung der In-teressen ihrer teilweise höchst umstrittenen Kunden einsetzt. »Die Basisbewegung (grassroots) hat sich zu einem Instrument für eine PR-Strategie von Unternehmen entwickelt, mit der scheinbar unabhängige Bürger sich als Aktivisten für Unter-nehmensinteressen einsetzen. Phillip Morris, zum Beispiel, hat Burson-Marsteller zig Millionen von Dollar gezahlt, um Raucher in der ›National Smokers Alliance‹ zu organisieren. So wurde im Namen der ›Rechte der Raucher‹ effektive Lobbyarbeit für das Unternehmen betrieben.«[57] Vor diesem Hintergrund lohnt doch ein Blick auf den Kundenstamm des US-amerikanischen PR-Konzerns, der übrigens bereits seit Jahren für die Lufthan-sa arbeitet. Unter den vielen Kunden dieser Agentur sind nicht wenige zu finden, die mit den ethischen Vorgaben, die sich die

Agentur selbst gibt, kaum in Übereinstimmung zu bringen sind. »Burson-Marsteller wird dann eingeschaltet, wenn Regierungen wegen der Menschenrechtsverletzungen in Kritik gekommen sind oder Konzerne Konflikte mit Umweltproblemen haben.«[58] Im Jahr 2012 wurde die PR-Agentur beispielsweise damit beauftragt, die ukrainische Regierung, die wegen der Inhaftierung der Oppositionellen Julia Timoschenko international in die Kritik geraten war, in ein besseres Licht zu rücken. In der Vergangenheit gehörten zu den Kunden der PR-Agentur die griechische Militärjunta (1968) oder Jorge Rafael Videla, der argentinische General, der Mitte der siebziger Jahre für den Mord und das Verschwinden von 30 000 Oppositionellen verantwortlich war. »Er vergab einen Auftrag in Höhe von einer Million US-Dollar an die US-Firma Burson-Marsteller, um Videlas Militärdiktatur in ein besseres Licht zu setzen.«[59] Zu den Kunden zählte auch die indonesische Regierung nach den Massakern in Ost-Timor oder der US-Chemiekonzern Union Carbide, in dessen indischem Werk in Bhopal 1984 nach einem Unfall mehrere Tausend Menschen starben und Hunderttausende schwer verletzt wurden. Gegenüber einem Journalisten der *Frankfurter Rundschau* bestätigte Karl-Heinz Heuser, der deutsche Geschäftsführer des PR-Unternehmens, diese Kunden. »Mit bestimmten Klienten würden wir heute nicht mehr zusammenarbeiten – das war ein Fehler.«[60] Kein Fehler war es, einen Oberbürgermeister-Wahlkampf zu beeinflussen, wie 1996 in Stuttgart. Damals stand der Grüne Rezzo Schlauch kurz vor dem Sieg, weil er sich vehement gegen das Projekt Stuttgart 21, den umstrittenen Umbau des Stuttgarter Hauptbahnhofs, ausgesprochen hatte. Dann beauftragte die Deutsche Bahn die Lobby-Agentur, die den Kandidaten unterstützen sollte, der das Projekt Stuttgart 21 befürwortet, um die Öffentlichkeit im Sinne des Großprojekts der DB zu beeinflussen. Nun weiß man nicht, ob die Lobby-Agentur erfolgreich agierte; auf jeden Fall wurde Rezzo Schlauch kein Oberbürgermeister.

Nur am Rande sei bemerkt, dass ja selbst die Fraport AG bei der Wahl einiger Geschäftspartner nicht unbedingt als Vorbild für ethische Geschäftsgrundsätze steht. Ein Partner von Fraport ist das Unternehmen Airport Services in Bulgarien. Gemeinsam betreiben sie die Flughäfen Varna und Burgas an der Schwarzmeerküste. Airport Services wiederum gehört zur bulgarischen TIM-Gruppe – eine der nach zahlreichen unwidersprochenen bulgarischen Medienmeldungen und Aussagen des US-Boschafters in Sofia stärksten kriminellen Organisationen Bulgariens. Gerne wird im Übrigen auf die korrupten Zustände in Bulgarien hingewiesen. Wie interpretiert man dann, dass der Lärmschutzbeauftragte des Landes Hessen von Fraport bezahlt wird, genauso wie die Mitarbeiter der Luftverkehrsaufsicht, die für die Ausnahmeregelungen verantwortlich sind, zum Beispiel für die lukrativen Nachtflüge. »Leiharbeiter« nennt sie die Fraport AG.

Und was machte Roland Koch, der Pfingsten 2010 seinen Posten als Ministerpräsident in Hessen aufgab, wohl ahnend, dass er bei den nächsten Landtagswahlen nicht mehr gewählt werden würde? Hat er einmal innegehalten und noch einmal darüber nachgedacht, was tatsächlich mit dem Schwarzgeld für die hessische CDU geschehen ist und wie er sich dabei verhalten hat? Denn da gibt es ja noch die Ergebnisse des Parteispenden-Untersuchungsausschusses. Der stellte im Jahr 2002 fest: »Das Schwarzgeldsystem der CDU-Hessen wurde vor Jahrzehnten unter der Verantwortung von Bundesinnenminister a. D. Kanther planmäßig eingerichtet und mindestens bis 1999 weitergeführt. Roland Koch hat aktiv an der Verschleierung mitgewirkt. Seiner Aufklärungspflicht hat er weder als Ministerpräsident noch als Landesvorsitzender genügt. Stattdessen hat er die Aufklärungsbemühungen der Untersuchungsausschüsse in Berlin und Wiesbaden behindert.«[61] Er wollte das alles vergessen und heuerte, ruck-zuck, beim Multi-Service-Multi-Konzern Bilfinger-Berger an. Seit er am 1. Juli 2011 dort Vorstandsvorsitzender wurde, verdient er über zwei Millionen Euro im Jahr.[62] Auf der Firmenwebseite schreibt Bilfinger-Berger stolz, dass das Unternehmen den »kompletten Neubau einer Landebahn mit angrenzenden Rollbahnen im nord-westlichen Teil des Flughafens Frankfurt/Main sowie den dazugehörigen Infrastrukturmaßnahmen« durchgeführt habe.[63]

Den Journalisten und Blogger Jens Berger störte an der Sache vor allem, dass der Konzern strategische Gründe dafür hatte, dem Ex-Ministerpräsidenten Roland Koch einen hochdotierten Vorstandsposten anzubieten. »Bilfinger-Berger hat sich vielmehr einen bestens vernetzten politischen Strippenzieher eingekauft, dessen Gewicht überhaupt nicht in Gold aufzuwiegen ist. […] Denn Baukonzerne wie Bilfinger-Berger leben vor allem von großen Infrastrukturprojekten, bei denen die Politik nicht nur Bauherr, sondern auch ›Bedenkenbulldozer‹ ist. Kein großes Projekt ist ohne Schützenhilfe der Politik möglich, da ist es natürlich äußerst wertvoll, wenn man einen Türöffner im eigenen Konzern hat.«[64] Und Ex-Ministerpräsident Koch kann dabei auf seine gesamten Erfahrungen und seine Beziehungen während seiner elfjährigen Regierungszeit zurückgreifen. »Es gibt kein Bundesland, an dessen Beispiel der Mechanismus der Hinterzimmer-Klüngel und des Machiavellismus sich besser beschreiben ließe als Hessen, wie es unter Koch und Bouffier [derzeitiger hessischer Ministerpräsident] geworden ist. Sie haben ein System perfektioniert, das die Großen schützt und keine Rücksicht nimmt auf jene, die ihnen gefährlich werden können.«[65]

Die Frankfurter Bürgerinitiativen gegen die neue Landebahn sollten einmal nach Braunschweig in Niedersachsen schauen, um zu sehen, wie mit Bürgerinteressen umgesprungen wird, wenn sie mit wirtschaftlichen Interessen kollidieren. Denn hier wurde ebenfalls jahrelang gegen die Verlängerung der Start- und Landebahn des Braunschweiger Flughafens demonstriert. Argumentiert wurde von den Befürwortern der Verlängerung der Landebahn, es geschehe im öffentlichen Interesse – wobei das Vorhaben tatsächlich eher im Interesse der Volkswagen AG lag.

Im Planfeststellungsbeschluss von 18. Oktober 2000 wurde noch festgehalten, dass die Verlängerung in Richtung Westen einen großflächigen Eingriff in den Waldbestand bedeuten würde. Sechs Jahre später war davon keine Rede mehr. Da von der Verlängerung der Start- und Landebahn zu einem großen Teil kirchennaher Grund und Boden betroffen war, hatten sich die Bürgerinitiativen unter anderem an die Ratsvorsitzende der EKD unter Hinweis auf den Erhalt der Schöpfung und der Umwelt gewandt – ohne Erfolg. In ihrer Neujahrspredigt 2010 empfahl die damalige Ratsvorsitzende der Evangelischen Kirche Deutschlands, Frau Dr. Käßmann:»Liebe Gemeinde, ›Euer Herz erschrecke‹ – das ist die zentrale Botschaft der Losung für das Jahr 2010. Nur durch gemeinsames Handeln aller Staaten können wir den Planeten Erde bewahren für nachwachsende Generationen. Nichts ist gut in Sachen Klima, wenn weiter die Gesinnung vorherrscht: Nach uns die Sintflut! Da ist Erschrecken angesagt.« Die dringende Bitte der Bürgerinitiativen an sie, im Hinblick auf ihre Neujahrspredigt nunmehr in Politik, Verwaltung und Wirtschaft auf ein Moratorium hinsichtlich der Waldvernichtung zu dringen, wurde mit Schreiben vom 18. Januar 2010 wie folgt beantwortet: Man sei viel dienstlich unterwegs, man habe die Bitte an Landesbischof Professor Weber weitergeleitet, das Grundstücksrecht unterliege der jeweiligen Landeskirche. Erst schöne Worte und dann die Feigheit zu handeln – eine zynische Verbindung zeichnet diesen Vorgang aus.

Militarisierung der Inneren Sicherheit

Auf der einen Seite ist es selbstverständlich, dass die Aufgabe der Politik darin besteht,»die Demokratie beständig zu verbessern und beständig zu verteidigen«, wie es Bundespräsident Joachim Gauck am 26. August 2012 beim Gedenken an das Pogrom vor zwanzig Jahren im Rostocker Stadtteil Lichtenhagen forderte.

Auf der anderen Seite, dort wo versucht wird, die demokratische Bürgergesellschaft zu verteidigen und auszubauen, missbraucht zum Beispiel der deutsche Innenminister Hans-Peter Friedrich (CSU)»den Verfassungsschutz als Waffe gegen politische Gegner. Wähler werden verunsichert und Kandidaten benachteiligt«, moniert Wolfgang Nešković, Bundestagsabgeordneter und Ex-Bundesrichter. Gleichzeitig, das sagte mir ein langjähriger Mitarbeiter des Bayerischen Landesamts für Verfassungsschutz ganz offen,»wird die politische Linke vonseiten der Behörden aktiv bearbeitet – in einem Bundesland mehr und in anderen weniger. Man kann es auch politische Zersetzung nennen.« Und er endet mit den Worten:»Ich will damit sagen, völlig wertungsfrei, alles was gefährlich werden könnte, ist derzeit eliminiert.« Wirklich?

Glaubt man führenden Repräsentanten der Republikaner, ist genau das Mitte der neunziger Jahre geschehen. Die Republikaner holten damals nicht nur Stimmen von CDU und CSU in Baden-Württemberg oder Bayern, sondern auch von der SPD. Und sie wurden vom Verfassungsschutz nicht nur beobachtet, sondern gezielt unterwandert. Ein führender Funktionär der Republikaner, heute Mitglied der CDU, erklärte mir, dass er, wie fast alle Vorstandsmitglieder im Kreis, Land oder Bund, vom Verfassungsschutz großzügig bezahlt worden sei.»Ohne die finanzielle Unterstützung des Verfassungsschutzes hätten wir überhaupt nicht agieren können. Wir bekamen monatlich unsere Honorare, und alle Reisekosten wurden ohne Überprüfung bar bezahlt.« Es war übrigens der Ex-Vorsitzende der Republikaner Franz Schönhuber, der am 16. November 1995 anlässlich seines Rücktritts an die Mitglieder des Bundesvorstands schrieb:»Die Partei bis hinauf zur Spitze ist nach meiner Überzeugung vom Verfassungsschutz unterwandert.« Es war die perfekte Zersetzung. Heute sind die Republikaner politisch bedeutungslos.

Am Grundgesetz wird zudem an anderen entscheidenden Stützen gesägt, zum Beispiel an Artikel 87a Absatz 2:»Außer zur

Verteidigung dürfen die Streitkräfte nur eingesetzt werden, soweit dieses Grundgesetz es ausdrücklich zulässt.« Bereits die rotgrüne Regierung hatte 2005 mit dem Luftsicherheitsgesetz die Möglichkeit geschaffen, zum Beispiel von Terroristen entführte Passagierflugzeuge, die als Waffe eingesetzt werden sollen, von Luftwaffenjets abschießen zu lassen. Das Bundesverfassungsgericht erklärte das Gesetz jedoch für nicht mit den Grundrechten der Verfassung vereinbar und hob es auf. Leben dürfe niemals mit Leben verrechnet werden, urteilten die Karlsruher Richter. In der Vergangenheit hatte auch die CDU/CSU immer wieder versucht, das Grundgesetz entsprechend zu ändern, insbesondere im Hinblick auf terroristische Anschläge. Noch im Mai 2011 forderte Innenminister Hans-Peter Friedrich (CSU) eine Grundgesetzänderung. Für bestimmte Bedrohungslagen reichten die Mittel der Polizei nicht aus, sagte er dem *Hamburger Abendblatt.* »In solchen Fällen sollten wir die Möglichkeit haben, die Streitkräfte einzusetzen.« Er räumte aber zugleich selbst ein, dass es zum jetzigen Zeitpunkt nicht die erforderliche Mehrheit für eine entsprechende Verfassungsänderung gebe.

In Erinnerung ist vielen noch der Einsatz der Bundeswehr beim G8-Gipfeltreffen 2007 in Heiligendamm, der erst im Nachhinein vom Bundesverfassungsgericht abgesegnet wurde: 2500 Bundeswehrsoldaten sowie Tornados, Awacs-Aufklärungsflugzeuge und Fuchs-Spürpanzer zur Aufklärung und Abschreckung waren hier im Einsatz. Am 17. August 2012 entschied das höchste deutsche Gericht, dass der Einsatz der Bundeswehr bei »Ausnahmesituationen katastrophischen Ausmaßes« im Inneren erlaubt sei. Ein dehnbarer Begriff. Immerhin gibt es den ausdrücklichen Hinweis des Gerichts, dass Gefahren, die von einer demonstrierenden Menschenmenge ausgehen, nicht als katastrophisches Ausmaß zu bewerten sind. Dieser Beschluss, warnt trotzdem der Jurist Heribert Prantl, »ist ein Einstieg in eine Militarisierung der inneren Sicherheit, die nicht zur deutschen Geschichte und nicht zum Grundgesetz passt.«[66]

Das Rechtsstaatsprinzip oder
die Zerstörung des Vertrauens
in den Rechtsstaat

Georg Wengert aus Konstanz leitet in Singen, nahe der Schweizer Grenze, seit Jahrzehnten ein erfolgreiches Wirtschaftsprüfungs- und Steuerberatungsunternehmen. Mandanten des mittelständischen Unternehmers sind auch große Konzerne. Trotzdem wird sich Bilkay Öney, die baden-württembergische Integrationsministerin (SPD), wahrscheinlich gewundert haben, als sie am 12. Juni 2012 Post von ihm bekam. Der Wirtschaftsprüfer reagierte auf eine in vielen Medien zitierte Aussage der Integrationsministerin. Sie soll gesagt haben, dass es auch in Deutschland einen »tiefen Staat« gebe – ähnlich wie in der Türkei. Unter »tiefem Staat« versteht man in der Türkei die in den achtziger und neunziger Jahren bestehende unheilvolle Kooperation zwischen staatlichen Organen, dem Geheimdienst, der Justiz und Polizei mit Kriminellen und Rechtsextremisten, bekannter unter dem Namen »Graue Wölfe«: ein Staat im Staat.

Die Aussage der Integrationsministerin bezog sich auf die Mordserie der rechtsextremen Terroristen vom Nationalsozialistischen Untergrund (NSU) in den letzten zehn Jahren. Sie wurde bekanntlich nur aufgedeckt, weil die bei den Morden benutzte Pistole, eine Ceska, bei ihnen gefunden wurde. Hätten die Neonazis die Waffe einfach weggeworfen – die Mordserie gegen türkische Mitbürger wäre wahrscheinlich nie aufgeklärt worden. Und was den tiefen Staat betrifft: Im Fall der Ceska-Mordserie fiel den BKA-Fahndern 2007 ein Computer auf, der ungewöhnlich häufig auf die Fahndungsseite des BKA zugegriffen hatte – in der Zeit von August 2006 bis März 2007 insgesamt 450 Klicks. Als die Kriminalisten die IP-Adresse des Computers überprüften, stellten sie fest, dass das Gerät in der Sächsischen Staatskanzlei stand. Natürlich konnte nicht geklärt werden, wer genau den Computer benutzt hatte.

Zudem sind die Verbindungen der rechtsextremen Terroristen zu einigen Nachrichtendiensten immer noch nicht aufgeklärt. Immerhin hatte ein V-Mann des Berliner Landeskriminalamts, der zwischen 2001 und 2005 in engem Kontakten mit den rechtsextremen Terroristen stand, ihnen sogar Sprengstoff geliefert. Und Mitte November 2012 wurde bekannt, dass beim Berliner Verfassungsschutz wichtige Akten über Rechtsextreme geschreddert wurden, die über Ausländerkriminalität hingegen nicht. Ziemlich sicher ist außerdem, dass bei den meisten Mitarbeitern der Landesämter für Verfassungsschutz, insbesondere in Berlin, ein eher konservatives bis rechtes Bewusstsein vorherrschend ist; das prägt seit Jahrzehnten auch ihre Arbeit. Seit Monaten befasst sich deshalb ein Parlamentarischer Untersuchungsausschuss in Berlin mit den Hintergründen und stößt auf immer mehr undurchsichtige Verbindungen und Blockaden vonseiten der Geheimdienste. Im günstigsten Fall handelt es sich um einen Beleg dafür, welches Chaos in den Sicherheitsbehörden herrscht, wenn es um Neonazis geht, wo die jeweiligen Verfassungsschutzämter und die Polizei unkontrolliert und unkoordiniert arbeiten. Oder stimmt das, was die Grünen-Chefin Claudia Roth am 11. September 2012 dem *Stern* sagte: »Hier habe sich offensichtlich ein Staat im Staate etabliert, der die Demokratie nicht schütze, sondern sich der demokratischen Kontrolle entziehe.«[1]

Der inkriminierte Satz der baden-württembergischen Integrationsministerin über den tiefen Staat, den es auch in Deutschland geben würde, führte in der oppositionellen CDU zu heftigen Attacken gegen sie. Selbst dann noch, als sie erklärte, falsch verstanden worden zu sein, und deutlich machte, dass sie natürlich wisse, dass Deutschland ein Rechtsstaat und überhaupt nicht mit der Türkei zu vergleichen sei.»Wie es die bereits erwähnte Regel will, leistet die Integrationsministerin Abbitte für eine Aussage, die ein wenig Wahrheit in den Wust aus Leugnung, Vertuschung und Heuchelei hätte bringen können, der sich als ›Aufklärung‹ zu der Mordkampagne des NSU ausgibt.«[2] Hingegen meinte die CDU, dass mit den Äußerungen von Bilkay Öney das Vertrauen der Bevölkerung in die staatlichen Institutionen untergraben werde: »Wer solche Verschwörungstheorien in Umlauf setzt oder ihnen Vorschub leistet, zieht Demokratie und Rechtsstaatlichkeit in unserem Gemeinwesen in Zweifel.«[3]

Also, was schrieb ihr nun der Wirtschaftsprüfer aus Singen? Einen flammenden Protestbrief? Nein. »Auch ich bin davon überzeugt, dass es bei uns den ›tiefen Staat‹ gibt, so wie er sinngemäß beschrieben wird: nur vielleicht nicht ganz so weit verbreitet, so offen und so brutal wie in der Türkei. In Deutschland sind die Methoden nur viel subtiler und versteckter. Der ›tiefe Staat‹ versteht und benutzt den Rechtsstaat als sein Werkzeug und als Schutzschild gegen unseren leider machtlosen ›Bürger-Staat‹, also den Staat der anständigen Menschen in unserem Land. Nach meinem Dafürhalten aufgrund meiner langjährigen Praxis-Erfahrungen sind auch in Deutschland in vielen Bereichen Politik, Verwaltung, Justiz, die Wirtschaft, die Polizei und die Medien vetternwirtschaftlich, wenn nicht gar mafiös miteinander verwoben.«

Die Auseinandersetzung in Baden-Württemberg führte jedenfalls zu einem zentralen Baustein der Demokratie in Deutschland, zu Artikel 28 Absatz 1 Grundgesetz: »Die verfassungsmäßige Ordnung in den Ländern muss den Grundsätzen des republikanischen, demokratischen und sozialen Rechtsstaates im Sinne dieses Grundgesetzes entsprechen.« Selbst die »demokratische Mehrheit« darf sich nicht über das Recht hinwegsetzen, es sei denn, sie kann es (im Rahmen des verfassungsrechtlich Zulässigen) ändern. »Grundsätzlich ist dem auch durch die gesamte Rechtsordnung, die staatliche Organisation und durch das Zusammenspiel der Staatsgewalten (›balance of powers‹ von

Legislative, Exekutive und Judikative) Rechnung getragen und grundsätzlich funktioniert das auch«, sagt der Wirtschaftsjurist Professor Karl-Joachim Schmelz. Grundsätzlich – na, immerhin etwas.

Überall hören wir, dass die Bundesrepublik Deutschland ein Rechtsstaat ist. Dazu gehört insbesondere auch eine politisch unabhängige Justiz. Damit wird im nahen und fernen Ausland der Vorbildcharakter der deutschen Demokratie beschworen, genauso wie die CDU in Baden-Württemberg auch argumentierte. Doch ist Deutschland tatsächlich noch ein Rechtsstaat mit einer politisch unabhängigen dritten Gewalt, wie ihn sich die Gründungsväter des Grundgesetzes einmal vorstellten? Ist er im Idealzustand sogar ein gerechter Rechtsstaat geworden? Im Vergleich zu allen Unrechtsstaaten – mit denen wir in der Regel beste politische und wirtschaftliche Beziehungen pflegen – selbstverständlich. Selbst die Bürger in demokratischen Nachbarländern, wie etwa Österreich oder die EU-Beitrittsstaaten Rumänien oder Bulgarien, wünschen sich das deutsche Rechtsstaatssystem. Doch ohne die zahlreichen Urteile des Bundesverfassungsgerichts zum Beispiel gegen Verletzungen des Grundgesetzes, unter anderem das Versammlungsrecht oder das Recht auf Presse- und Meinungsfreiheit, sähe es in Deutschland weniger ideal aus. Zudem sagen mir selbst überzeugte Repräsentanten des Rechtsstaats, wie einer der Vizepräsidenten des Bundeskriminalamts, dass Deutschland ein »selektiver Rechtsstaat« sei. Das heißt übersetzt aus berufenem Mund, dass die Gesetze, das Fundament des Rechtsstaats, nicht für alle, ob reich oder arm, politisch bedeutend oder unbedeutend, gleichermaßen angewandt werden. Die Bürger scheinen das genauso wahrzunehmen. Nach einer Studie der Roland-Rechtsschutzversicherung aus dem Jahr 2010 haben nur 32 Prozent der Menschen Vertrauen in die deutsche Justiz. 56 Prozent sind der Auffassung, die Urteile seien nicht gerecht, und nur 27 Prozent gehen davon aus, dass es eine Gleichheit vor dem Gesetz gibt.[4]

Was sind die Ursachen dafür, dass mit dem Rechtsstaatsprinzip heute sehr flexibel umgegangen wird? Ist es eine System- oder lediglich eine Organisationfrage? Mit diesen Fragen beschäftigt sich die Neue Richtervereinigung, ein Zusammenschluss von Richtern und Staatsanwälten. Sie ist das zentrale Sprachrohr der vielen in Deutschland arbeitenden kritischen Juristen. Sie kämpft für die politische Unabhängigkeit der Justiz gegen den »schleichenden Abbau des Rechtsstaats, der parteiübergreifend von der Politik in Deutschland betrieben wird«.[5]

Einer ihrer Kritikpunkte: PEBB§Y, das Personalbedarfsberechnungssystem. Dieses von den Landesjustizministern für die Bedarfsermittlung entwickelte Statistiksystem beschreibt die Zeit, die Staatsanwälte oder Richter in Deutschland für die Erledigung ihrer Verfahren benötigen. Im Klartext: Es soll im Justizapparat gespart werden. Das System sieht zum Beispiel bei den Staatsanwaltschaften Leistungsanreize für Anklageerhebungen vor, während dies für Verfahrenseinstellungen nicht der Fall ist. Wer also als Staatsanwalt karrieremäßig vorwärtskommen will, klagt an, selbst wenn nicht »ausermittelt« ist. Dadurch »sammelt« er entsprechende Punkte im System. Tatsächlich ist das Argument, auch bei der Justiz müsse wie überall gespart werden, um künftigen Generationen die Existenzgrundlage erhalten und die ab 2020 geltende »Schuldenbremse« einhalten zu können, nur vorgeschoben. Da reiste doch im Frühjahr 2010 der hessische Minister der Justiz (FDP) durch Hessen und bezeichnete Stellenabbau und Schließung von Gerichten als Formen »intelligenten Sparens«. Das sei, kritisierte die Neue Richtervereinigung Hessen, »ein nicht nachvollziehbarer Affront angesichts hoher, in manchen Bereichen kaum noch zu bewältigender Arbeitsbelastung der Richterschaft und bei den Staatsanwaltschaften«.[6] In Mecklenburg-Vorpommern warf die Neue Richtervereinigung der Justizministerin vor, die Justiz kaputtzusparen.[7] Die Ressourcenbegrenzungen aufgrund der allgemeinen Haushaltslage haben – und das wird den Bürgern tunlichst verschwiegen – erhebliche nachteilige Konsequenzen für die Rechtsprechung in Deutschland. »Die Praxis zeigt, dass viele Richterinnen und Richter ihre Rechtsprechung den Ressourcen anpassen, wobei direkter und indirekter – verfassungswidriger – Druck der Justizverwaltung eine nicht unerhebliche Rolle spielt. Um eine entsprechende Zahl von Fällen zu erledigen, werden Rechtsfragen von Richtern teilweise nicht mehr ausreichend geprüft, Grundrechtseingriffe teilweise formularmäßig angeordnet, Bürger teilweise nur unzureichend angehört und Wirtschaftskriminelle zu milde bestraft, weil die Zeit für erforderliche Aufklärung fehlt.«[8]

Wie sieht es dann mit der richterlichen Unabhängigkeit beziehungsweise den rechtlichen Möglichkeiten, bei unter Umständen fehlerhaften Urteilen den Bundesgerichtshof (BGH) anrufen, aus? Einen faktischen Entzug des im Gesetz vorgesehenen Rechtsmittels der Revision rügen viele Anwälte schon angesichts der »Erledigungsstatistik« des Ersten Strafsenats des BGH, wie sie auf der Homepage des Bundesgerichtshofs veröffentlicht ist. Nur zirka ein Prozent aller Revisionen führt zur Aufhebung des Urteils durch einen Beschluss des Ersten Strafsenats. Die Verwerfungspraxis durch unbegründete Beschlüsse ist dominierend: 573 von insgesamt 705 Revisionen (einschließlich Revisionen der Staatsanwaltschaft) seien im Jahre 2010 ohne Begründung durch Beschluss gemäß Paragraph 349 Absatz 2 der Strafprozessordnung verworfen worden, stellte der Strafverteidiger Professor Ulrich Sommer fest. Ist dabei von einem anwaltlichen Dilettantismus auszugehen, der eine Unzulässigkeit fast aller Revisionen auslösen könnte? Andere sachliche Gründe für die faktische Erfolglosigkeit der Revisionen von Angeklagten – und damit die rechtstatsächliche Eliminierung dieses Rechtsmittels – sind weder für den Laien noch für die Anwälte erkennbar. Dazu Professor Ulrich Sommer: »Als einzige naheliegende Erklärung verbleibt für die Anwälte, die eine Beschwerde einreichen, nur die Annahme, dass Disziplinierungsgründe auf der einen Seite und richterliche Solidarisierungsgründe auf der anderen Seite eine unabhängig vom konkreten Fall bedingte restriktive Handhabung seitens des Revisionsgerichts veranlassen.«[9]

Ein weiteres Problem: Die Gerichtspräsidenten sollen ja Teil der Dritten Gewalt sein. Viele von ihnen fühlen sich jedoch eher der politisch ausgerichteten Exekutive zugehörig, also dem Justizministerium.»Diese Situation führt dazu, dass viele Gerichtspräsidenten zumeist die Interessen der Exekutive wahrnehmen und weniger die Interessen der Dritten Gewalt. Die Verletzung der Richterlichen Unabhängigkeit ist in Deutschland zu einem strukturellen Problem geworden.«[10] Das monierte die Neue Richtervereinigung bereits im Jahr 2006. Was sich in den letzten sechs Jahren verändert habe, fragte ich im September 2012 Christine Nordmann, die Sprecherin des Vorstands der Neuen Richtervereinigung und Richterin am Verwaltungsgericht Schleswig. Ihre Antwort ist eindeutig:»Nichts.«

Bei den Recherchen für dieses Buch habe ich mehr oder weniger willkürlich über fünfzig Rechtsanwälte, Kriminalisten, Politiker, Staatsanwälte, Richter, Jura-Professoren und normale Bürger gefragt, ob sie glauben, Deutschland sei ein Rechtsstaat. Die Antworten haben mich fassungslos zurückgelassen, denn fast alle haben verneint. Die meisten wollten aber nicht, dass ich sie namentlich hier nenne. Selbst ein Top-Krimineller aus Hamburg, Spitzname Tony, der heute im Ruhestand ist, antwortete auf meine entsprechende Frage:»An den Rechtsstaat kann ich nicht glauben.« Wobei er – und das ist der Widerspruch – von einem funktionierenden Rechtsstaat besonders profitierte, sonst wäre er in der Vergangenheit weit häufiger im Knast gelandet.

Von ganz anderem Kaliber ist Wolfgang Hetzer. Er war Anfang 2000 in der rot-grünen Bundesregierung als Referatsleiter im Bundeskanzleramt zuständig für die Aufsicht über den Bundesnachrichtendienst in den Bereichen organisierte Kriminalität und internationale Geldwäsche und seit 2002 im Europäischen Amt für Betrugsbekämpfung (OLAF) in Brüssel als Berater des Generaldirektors des OLAF für Fragen der Korruptionsbekämpfung tätig. »Der Rechtsstaat wird aus Gründen der politischen Opportunität bis zur Grenze der Missachtung moderiert.« Er sagt aber auch: »Es gibt viel Strafrecht für die Verlierer und kein Strafrecht für die Reichen. Das ist auch deshalb unerträglich, weil die Finanzkrise gezeigt hat, dass Unternehmen nicht per se gut sind und dass sie mit allen Mitteln des Rechtsstaats rechtzeitig und wirksam kontrolliert werden müssen. Strafrecht gilt auch auf Vorstandsetagen.«[11]

Die Macht der Steuerkriminellen

Die Bochumer Staatsanwältin Margrit Lichtinghagen wollte diese geforderte Kontrolle ausüben. Sie spricht davon, »dass wir eine Zwei-Klassen-Justiz« haben. Erfolgreich ging sie bis 2008 gegen Steuerkriminelle vor, heute ist sie Richterin am Amtsgericht Essen und muss über Schwarzfahrer und kleine Ladendiebe richten. Sie ist ein gutes Beispiel dafür, welches Klima im Justizapparat herrscht, wenn es um große Steuerkriminelle mit politischem Einfluss geht. Bundesweit bekannt wurde Margrit Lichtinghagen, nachdem sie im Februar 2008 zusammen mit dem kurz zuvor verhafteten Chef der Deutschen Post AG Klaus Zumwinkel im Fernsehen gezeigt wurde, als sie mit ihm dessen Villa verließ. Wenig später wurde sie massiv gemobbt.

Wie nach der Aktion gegen Postchef Zumwinkel das Verhältnis zwischen ihr und der Amtsleitung aussah, das beschreibt ein Brief vom 14. November 2008 des renommierten Wirtschaftsprüfers Professor Jörg Andreas Lohr an die nordrhein-westfälische Justizministerin. Aufgrund eines seit langem geplanten Termins hielt er sich im Büro der Staatsanwältin Lichtinghagen auf. »Während der intensiven Sachverhaltserörterung mit Frau Lichtinghagen rief Herr Oberstaatsanwalt K. bei Frau Lichtinghagen an. Sie sagte ihm, dass sie in einem Gespräch mit mir sei und dass sie danach ihn aufsuchen würde. Danach wurde das

Telefonat lauter, und ich musste Folgendes hören: ›Ich ordne dienstlich an, das Gespräch zu beenden und sofort zu mir zu kommen. Werfen Sie Herrn Lohr aus Ihrem Zimmer.‹« Er halte, schreibt er der Justizministerin, »eine derartige Vorgehensweise für nicht förderlich, das hohe Ansehen der Staatsanwaltschaft Bochum zu erhalten«.

Tatkräftige publizistische Schützenhilfe beim Mobbing leistete ein sogenannter Enthüllungsjournalist mit »exzellenten Beziehungen zur Generalstaatsanwaltschaft«, wie Margrit Lichtinghagen mutmaßt. Ihm standen zum Beispiel Unterlagen zur Verfügung, bevor sie die Staatsanwältin selbst erhielt. Exklusiv berichtete er über eingeleitete Disziplinarverfahren gegen die Staatsanwältin. Es waren Disziplinarverfahren mit fragwürdigen Zeugen, die später in der Justiz aufstiegen. Alle Verfahren gegen die engagierte Staatsanwältin wurden später eingestellt. Allerdings hatte sie sich bereits zuvor dem Druck gebeugt, entnervt aufgegeben und sich versetzen lassen.

Ich treffe Margrit Lichtinghagen im imposanten Bau des Essener Amtsgerichts. Sie sitzt an ihrem Schreibtisch, auf dem sich Aktenberge häufen. Es ist ein tristes, etwa zwanzig Quadratmeter großes Büro mit grauem Linoleumboden. Außer dem Schreibtisch gibt es hier zwei Holzstühle und zwei Aktenschränke – mehr nicht. An der Wand ihr gegenüber hängt eingerahmt ein Spruch: »Stress entsteht, wenn das Gehirn dem Körper verbietet, jemand in den Arsch zu treten, der es eigentlich verdient hat.« Obwohl mittlerweile alle Verfahren gegen sie auf Kosten der Staatskasse eingestellt wurden, ist sie weiterhin kaltgestellt. Systematisch wird der einst erfolgreichen Staatsanwältin untersagt, Vorträge zu halten. »Gefördert wird man in der Justiz nur durch Kriechen«, sagt sie verbittert.

Doch es gibt auch Lichtblicke: Im Oktober 2011 verlieh ihr die Solbach-Freise-Stiftung den Preis für Zivilcourage für ihre »unerschrockene Arbeit als Staatanwältin für Steuerfahndung«, welcher nach der Festnahme von Ex-Postchef Klaus Zumwinkel

»in schlimmster Weise eine ›Abstrafung‹ folgte«.[12] Als bekannt wurde, dass Professor Hans See die Laudatio halten sollte, erhielt er einen Anruf – und zwar von dem Journalisten, der publizistisch entscheidend mit dafür gesorgt hatte, dass Margrit Lichtinghagen gemobbt wurde.»Wie können Sie für diese Frau eine Laudatio halten?«, wurde er gefragt. Davon ließ er sich jedoch nicht weiter beeindrucken. Professor Hans See sagte in seiner Laudatio für Frau Lichtinghagen:»Sie ahnten nicht, was auf Sie zukam, als Sie annahmen, nur Ihrem Gewissen und dem Schwur der Juristen zu folgen: ohne Ansehen der Person zu urteilen und nur der Wahrheit und Gerechtigkeit zu dienen.«

Professor Karl-Joachim Schmelz, Wirtschaftsjurist und ehemaliger Richter am Frankfurter Landgericht, erklärte zu meiner Frage, ob Deutschland ein Rechtsstaat sei:»Wenn Sie auf einen ›Rechtsanwender‹ treffen, der sich dieser (individuellen und kollektiven) Problematik bewusst ist und nicht (häufig sogar völlig dumpf und unbewusst) diesem Interessengeflecht folgt, sondern sich an seinen Amtseid auf die Verfassung (u. a. den ›sozialen Rechtsstaat‹ usw.) erinnert, haben Sie einen Diamanten gefunden – und die findet man bekanntlich nicht so oft. Nur weil es noch ein paar solche ›Diamanten‹ gibt, lohnt es sich überhaupt noch, juristisch zu arbeiten.« Als ich Leonore Gottschalk-Solger, die seit über vierzig Jahren als Strafverteidigerin in Hamburg arbeitet, die gleiche Frage stellte, konnte sie sich das Lachen nicht verkneifen:»Nein, tut mir leid. Da bin ich zu lange im Metier. Nein, daran kann ich nicht mehr glauben. Die Richter und Staatsanwälte sind im Grunde wenig interessiert an Menschen, die sie verurteilen. Sie sind vielleicht Superjuristen, können Paragraphen zitieren. Aber der Mensch, der ihnen gegenübersteht, der interessiert sie überhaupt nicht. Das stelle ich in einem Maße fest, das ist erschreckend. Soziale Empathie ist nicht mehr vorhanden oder selten. Da werden Sinti und Roma verurteilt, nur weil sie Sinti und Roma sind. Sie müssen nur den Namen hinschreiben, und schon sind die verurteilt.« Einer der bekanntesten deutschen Strafverteidiger, Professor Ulrich Sommer aus Köln, sieht es noch schwärzer:»Dass die Bevölkerung immer noch blindes Vertrauen in die Justiz hat, ist Wunschdenken und mangelnde persönliche Erfahrung. Fast alle meine Mandanten – auch die Redlichen bürgerlicher Herkunft – sagen mir bei der Beendigung ihrer Verfahren, dass sie den Glauben an unseren Rechtsstaat verloren haben. Ich kann das nachvollziehen.« Ähnlich argumentierte der Berliner Rechtsanwalt Stefan Hambura. Seine Mandanten sind überwiegend Eltern, die rechtliche Auseinandersetzungen mit dem Jugendamt haben.»Hier wird Recht gebrochen, das ist schon unheimlich.« Und was sagt Rechtsanwalt Reiner Fuellmich, der seit über fünfzehn Jahren von Banken betrogene Anleger vertritt?»Nein, der normale Bürger kommt in solchen Fällen längst nicht mehr zu seinem Recht. Nicht mehr nur ausnahmsweise, sondern regelmäßig wird in diesen Fällen seitens der Banken in den Gerichten im Wege des gezielten Prozessbetrugs gelogen und seitens der Gerichte das Recht gebeugt.« Demgegenüber antwortete mir der Frankfurter Strafverteidiger Hans Wolfgang Euler:»Natürlich funktioniert der Rechtsstaat noch in Deutschland. Sonst hätten wir nicht so häufig Erfolg.«

Das von Politikern gerne postulierte Prinzip der Rechtsstaatlichkeit orientiert sich außerdem zunehmend an der bürokratisch-juristischen Unmenschlichkeit innerhalb der Verwaltung. Sklavenhaft wird das jeweilige Recht (Verwaltungsrecht, Ausländerrecht, Asylrecht, Sozialrecht, Insolvenzrecht) als Alibi benutzt, um soziale Empathie oder Gerechtigkeit als nutzloses Getändel abzuwürgen. Diese sklavische Unterjochung unter das abstrakte Gesetz und die Feigheit, individuelle Verantwortung, Zivilcourage, zu zeigen, findet sich in dieser Art und Weise nur in Deutschland und könnte zugespitzt auch als Eichmann-Syndrom beschrieben werden: Gesetz ist Gesetz – mag es noch so massiv Artikel 1 des Grundgesetzes verletzen, die Würde des Menschen ist unantastbar. Ist das Rechtsverständnis von Rechtsanwalt Peter Lenkowitz aus dem sächsischen Colditz deshalb eine Utopie?

»Für mich ist Recht nicht nur eine abstrakte Kategorie. Recht soll das Zusammenleben der Menschen regulieren. Es hat seine Legitimation nicht nur aufgrund seiner Form, vielmehr soll Recht einem Ziel dienen – es soll Gerechtigkeit schaffen und durchsetzen.«[13]

Innenansichten über den sächsischen Rechtsstaat

Leipzig, Anfang Februar 2001, eine Stunde nach Mitternacht. Ulrich Keßler, erfolgreicher Fachanwalt für Arbeits- und Steuerrecht, hat für seine Mandanten gerade Verhandlungen zu Ende gebracht. Sein Gegner war die Sächsische Spielbanken-GmbH & Co. KG. Keßler ist mit seinem Audi S 8 auf dem Weg nach Hause, als plötzlich eine schwere, dunkle Limousine mit hoher Geschwindigkeit auf ihn zuschießt und versucht, ihn in die Fahrerseite zu rammen. Er tritt das Gaspedal bis zum Anschlag durch, verlässt die Straße, steuert das Fahrzeug halb über den Bürgersteig – und hat Glück. »Entsetzliche Angst spürte ich in diesem Augenblick«, erinnert sich Keßler. »Ein Irrtum war das nicht, denn dann hätte der Fahrer der Limousine abgebremst. Nicht um diese Uhrzeit und nicht in dieser Gegend. Ich war absolut überzeugt, dass man mich töten wollte.« War es ein politisch motivierter Anschlag, sollte ein unbequemer Rechtsanwalt aus dem Weg geräumt werden – oder hat er sich doch alles nur eingebildet?

Keßler treffe ich zum ersten Mal im Sommer 2009 in seinem noblen Leipziger Büro. Er ist nervös und merklich gesundheitlich angeschlagen. Seine Geschichte ist ein Musterbeispiel dafür, wie ein erfolgreicher Unternehmer beziehungsweise selbständiger Rechtsanwalt vernichtet wird. In seinem Fall spielten dabei Teile der sächsischen Justiz und Finanzbehörden eine zwielichtige Rolle. Gleichzeitig geben seine Erfahrungen einen detaillierten Einblick in ein real existierendes politisches Herrschaftssystem, in dem demokratische Spielregeln wenig Bedeutung haben.

Ein kleiner Rückblick: Der im Jahr 1961 im saarländischen Völklingen geborene Ulrich Keßler kam nach seinem 2. Juristischen Staatsexamen Anfang Februar 1993 nach Leipzig. Während seines Studiums engagierte er sich in der Friedensbewegung, war in der liberalen Hochschulgruppe politisch engagiert, als Anwalt in einer Großkanzlei suchte er den Erfolg. Zu seinen ersten Mandanten zählte – zumindest für kurze Zeit – die Sächsische Spielbanken-GmbH & Co. KG in Leipzig, die unter anderem Spielcasinos in Dresden, Plauen und Leipzig betreut. Eigentümer des Unternehmens ist der Freistaat Sachsen, vertreten durch die Sächsische Staatskanzlei.

Mandate wie die Sächsische Spielbanken-GmbH & Co. KG waren unter Leipziger Anwälten heiß begehrt, viele bemühten dafür ihre Beziehungen. »Im Establishment hatte ich weder damals noch heute Zutritt.« Andere Rechtsanwälte waren besser vernetzt. Das Mandat ging an eine überregionale Anwaltssozietät. Keßler schaute in die Röhre und versuchte den Schaden durch den Verlust des gut dotierten Mandanten in Grenzen zu halten, indem er Mitte der neunziger Jahre die Seiten wechselte. Den Beschäftigten der Sächsischen Spielbanken-GmbH & Co. KG war nämlich nicht verborgen geblieben, dass er das Unternehmen nicht mehr betreute, und sie baten ihn deshalb um Unterstützung bei ihren Arbeitsauseinandersetzungen mit ihrem Arbeitgeber. Also arbeitete Ulrich Keßler nicht mehr für die Geschäftsführung der Sächsischen Spielbanken, sondern für deren Angestellte – und somit gegen die Sächsische Staatskanzlei.

Ein erster Fall ließ nicht lange auf sich warten, nachdem die Sächsischen Spielbanken einem leitenden Mitarbeiter gekündigt hatten. »Ich griff die ihm gegenüber ausgesprochene betriebsbedingte Kündigung erfolgreich vor dem Arbeitsgericht Leipzig an. Ein wichtiger Etappensieg. Im Berufungsverfahren kam es nach zähem Ringen dann vor dem Sächsischen Landesarbeitsgericht zu einer Einigung«, erzählt mir Ulrich Keßler. Trotz einer nur kurzen Tätigkeit bei den Sächsischen Spielbanken schied der

Mitarbeiter nun gegen Zahlung einer sechsstelligen Abfindung aus seinem Arbeitsverhältnis aus. Aufgrund der Höhe der verhandelten Abfindung schloss das Landesarbeitsgericht sogar die Öffentlichkeit aus. Nach diesem Erfolg baten immer öfter Mitarbeiter der Sächsischen Spielbanken Rechtsanwalt Keßler um Hilfe, auch die Betriebsräte. Sie ließen sich von ihm regelmäßig beraten. Geschäftsführer Fendel sorgte durch seine ihm eigene Art der Unternehmensführung für einen stetigen Nachschub an Mandanten.

Die Spannungen zwischen dem Freistaat Sachsen als Gesellschafter der Sächsischen Spielbanken-GmbH & Co. KG und den Beschäftigten, den Betriebsräten sowie der damaligen Gewerkschaft Handel, Banken und Versicherungen verschärften sich anlässlich der Verhandlungen über einen neuen Gehaltstarifvertrag Ende 1998. Aufseiten des Freistaats fungierte der damalige Finanzminister und spätere Ministerpräsident Georg Milbradt, der nun die Interessen des Gesellschafters persönlich vertrat. Ihm waren die vermeintlich hohen Gehälter der Croupiers und anderen Beschäftigten der Sächsischen Spielbanken ein Dorn im Auge. Ende 1998 verfügte er die Schließung des klassischen Spiels, also französisches und American Roulette. Allerdings gab es einen Tarifvertrag, der mit seiner Unterschrift zustande gekommen war, nachdem ihn der Aufsichtsrat des Unternehmens mit Zustimmung der öffentlichen Anteilseigner abgesegnet hatte. An der Wirksamkeit dieser Arbeits- und Tarifverträge bestand kein vernünftiger Zweifel.

Noch etwas Wichtiges hatten die Verantwortlichen übersehen: Die Gehälter der Croupiers – und dies stellt in den Spielbanken der öffentlichen Hand eine Besonderheit dar – werden nämlich aus den Trinkgeldern, dem sogenannten Tronc, bezahlt. Sie kosten daher den Freistaat als Gesellschafter nichts. Darin unterscheiden sich diese Unternehmen von anderen Firmen, welche die Personalkosten selbst aufbringen müssen, deutlich. Gäste, die beim Spiel gewinnen, werfen üblicherweise zehn Prozent ihres Gewinns in eine entsprechende Öffnung am Spieltisch, den Tronc, in dem die Trinkgelder gesammelt werden. Dieses Geld verwendet die Spielbank später für die Bezahlung der Gehälter. Es sind also die Gäste der Spielbank, die für die Gehälter der Mitarbeiter aufkommen. Und wenn diese Trinkgelder zur Gehaltszahlung ausreichten, dann läge in Wirklichkeit doch gar kein Problem vor, oder?

Zum Zeitpunkt der verfügten Schließung lagen die Bruttospielergebnisse für die beiden klassischen Spiele in den Casinos Leipzig und Dresden bei jährlich 17 Millionen Mark. Der Freistaat verdiente also ordentlich daran, was dem sächsischen Finanzminister eigentlich nicht entgangen sein konnte, wurden die Gewinne doch in den Bilanzen des Unternehmens ausgewiesen. Diese Einnahmen muss der Freistaat jedoch nach dem sächsischen Spielbankengesetz zweckgebunden für soziale Aufgaben, zum Beispiel für Kindergärten oder Schulen, verwenden. Warum also traf der Freistaat als Eigentümer der Sächsischen Spielbanken die sogenannte unternehmerische Entscheidung – wie Arbeitsrechtler es bezeichnen würden –, das klassische Spiel endgültig stillzulegen? Das klassische Spiel – so Georg Milbradt – trage sich nicht mehr. Der Freistaat müsse ständig bei den Personalkosten zuschießen, so die öffentliche Begründung für die Entlassungen. Mit seiner unternehmerischen Entscheidung rechtfertigte der Freistaat die betriebsbedingten Kündigungen.

Nachdem diese ausgesprochen worden waren, reichte der von den betroffenen Mitarbeitern mandatierte Rechtsanwalt Ulrich Keßler vor dem Arbeitsgericht in sämtlichen Fällen Kündigungsschutzklage ein. »Wir bezweifelten, dass das klassische Spiel endgültig geschlossen werden sollte. Immerhin erzielte der Freistaat Sachsen durch den Betrieb des klassischen Spiels hohe Einnahmen. Daher glaubten wir, dass die Schließung erfolgte, um Druck auf die Beschäftigten und deren Gehälter auszuüben.« In sämtlichen Kündigungsschutzprozessen behauptete der Freistaat Sachsen hingegen, er denke überhaupt nicht daran, das klassische Spiel wiederzubeleben; seine Entscheidung sei endgültig und unumkehrbar. Die Gütertermine vor dem Arbeitsgericht scheiterten. Der Freistaat war zu keiner Änderung seiner Haltung zu bewegen. Damit standen 92 Beschäftigte der Spielbank vor der Arbeitslosigkeit, mit weitreichenden sozialen Folgen für ihre Familien.

Aufgrund der starren Haltung des Freistaats erhöhte Anwalt Keßler nun den Druck. Auch bei den Gehaltszahlungen der gekündigten Beschäftigten gab es noch Klärungsbedarf, da man diese niedriger als vereinbart eingruppiert hatte. Demzufolge reichte er für die Beschäftigten zusätzlich Klagen auf rückständigen Arbeitslohn ein. Die Betriebsräte stimmten in diesen Klagereigen ein und machten ihre Ansprüche ebenfalls beim Arbeitsgericht geltend. »Ich wollte die Haut der Beschäftigten so teuer verkaufen, wie dies nur möglich war. Der Freistaat sollte für seine aus meiner Sicht unverantwortliche Haltung einen hohen Preis zahlen.« Rückblickend sieht er das als seinen großen Fehler an. »Zugegeben, es war vielleicht doch keine so gute Idee, die Sächsischen Spielbanken mit insgesamt etwa vierhundert Arbeitsgerichtsprozessen zu überziehen. Und vielleicht war diese Idee auch wegen der besonderen Handlungsoptionen des Freistaats Sachsen nicht zu Ende gedacht. Man weckt nun einmal keinen schlafenden Riesen, ohne dass man nachhaltige Konsequenzen befürchten muss.«

Dann fiel Ulrich Keßler ein dicker Ordner mit geheimen Planungsunterlagen für die Fortsetzung des klassischen Spiels in die Hände. Sie stammten aus dem Besitz des damaligen Direktors des Automatenspiels, der das Projekt federführend betreute. Darin fanden sich Pläne für ein noch viel größeres klassisches Spiel im altehrwürdigen Cosel-Palais in Dresden, mit Aktennotizen über Geheimtreffen am Leipziger und Frankfurter Flughafen, Pläne eines Architekturbüros aus Darmstadt, Geheimcodes und vieles mehr. Aus den Unterlagen ergab sich eindeutig, dass zumindest bis Anfang 1999 eine neue Spielstätte geplant war –

mit dem klassischen Spiel. »Wir hatten also Recht behalten und waren deshalb in der Lage, den Freistaat der Lüge zu überführen.« Keßler spielte im September 1999 diese Unterlagen eine Woche vor der Landtagswahl der Presse zu, die sie auch prompt veröffentlichte. Die Folgen dieser Aktion sollte er wenig später zu spüren bekommen.

Der Rechtsanwalt als Kopf einer kriminellen Vereinigung

Fünf Tage nach der Landtagswahl, am 24. September 1999, klingelte es morgens um 7.15 Uhr an der Wohnungstür des widerborstigen Rechtsanwalts Keßler. Zeitgleich wurden die Wohnung eines Casinomitarbeiters und die Betriebsratsräume der Spielbank durchsucht. »Als ich die Tür öffnete, erschienen zunächst zwei Staatsanwälte, die mir in Begleitung von zwölf bewaffneten Beamten des Landeskriminalamts einen Durchsuchungsbeschluss vorlegten, der mich als mutmaßlichen ›Kopf einer kriminellen Vereinigung‹ auswies. In der Wohnung waren außer mir meine Exfrau, ihre Schwester sowie meine damals zweijährige Tochter anwesend.« Angezeigt hatte ihn ein Abteilungsleiter aus dem Finanzministerium von Georg Milbradt. Zur Begründung wurde ausgeführt, dass Ulrich Keßler und ein zweiter Beschuldigter im Verdacht stünden, »eine kriminelle Vereinigung gebildet zu haben, deren Ziel es sei, im Zusammenwirkungen mit weiteren noch unbekannten Mittätern durch betrügerische Eingriffe in den Spielbetrieb der Spielcasinos erhebliche Geldsummen zu erlangen. Und das systematisch über einen längeren Zeitraum.«

Die geheimen Planungsunterlagen, von denen nur ein Bruchteil in den Medien veröffentlicht worden war, fand man bei dieser Durchsuchung nicht. Der Ordner mit diesen Papieren trug nämlich die Bezeichnung »Leberbach II« – ein Phantasiename. Das

Landeskriminalamt durfte bei seiner Durchsuchung nur auf die Akten zugreifen, die als Mandatsakten zum Thema Spielbanken gekennzeichnet waren. Für alle anderen Akten galt das Mandatsgeheimnis, also auch für den besagten Ordner Leberbach II.

Laut Durchsuchungsbeschluss war neben Ulrich Keßler das Betriebsratsmitglied Torsten J. aus Leipzig verdächtig, Teil dieser mutmaßlichen kriminellen Vereinigung zu sein. Eine rechtliche Absurdität an sich. Das seinerzeit geltende deutsche Strafrecht verlangt als Voraussetzung für eine kriminelle Vereinigung zwingend mindestens drei Personen. Im Fall der Strafanzeige des Sächsischen Staatsministeriums der Finanzen genügten aber anscheinend bereits zwei Personen, genauso für den Richter, der den Beschluss unterschrieb. Denn die dritte Person, die das Ganze erst zu einer »kriminellen Vereinigung« gemacht hätte, ist bis heute unbekannt. Damit fiel aber auch das Konstrukt einer kriminellen Vereinigung zusammen, was dem Richter, der den Durchsuchungsbeschluss unterzeichnet hatte, auffallen musste. Der Durchsuchungsbeschluss durfte niemals ergehen. Es war darin auch von der Kopie eines Briefs die Rede, der im Nachlass des zwischenzeitlich verstorbenen Geschäftsführers der Sächsischen Spielbanken-GmbH & Co. KG, Michael Fendel, aufgetaucht war, und den Weg zu Finanzminister Georg Milbradt gefunden hatte. In diesem Brief, den angeblich das Betriebsratsmitglied Torsten J. an Ulrich Keßler geschrieben haben soll, wurde Keßler schwer belastet. Darin stand, dass der Geschäftsführer »weg muss«. Und: »Solange der Chef ist, haben wir ein zu hohes Risiko, unsere finanziellen Aufgaben zu erfüllen.« Und sein Abgang solle »mit etwas Gewalt beschleunigt werden«.

Im Ministerium triumphierte man, glaubte einen Trumpf in der Hand zu haben. »Eilig wird von Staatssekretär Karl-Heinz Carl eine Prüfung eingeleitet, ob der Brief in den Spielbank-Verfahren oder in ›sonstiger Weise‹ verwendbar sei«, schrieb Dirk Neubauer in der *Mitteldeutschen Zeitung*. Demnach habe Finanzminister Georg Milbradt sogar persönlich, so Staatssekretär Carl, zwei Abteilungsleiter angeregt, auch eine Übergabe des Papiers an die Anwaltskammer oder die Staatsanwaltschaft zu prüfen.[14] Peinlich für die Ermittler war, dass in dem vermeintlich belastenden Brief Dinge erwähnt wurden, die erst viel später eingetreten waren: Der Brief datierte auf den 2. September 1998, und es wurde darin unter anderem thematisiert, dass die Verhandlungen zum Interessenausgleich zwischen der Spielbank und den Mitarbeitern gescheitert seien. Doch eben diese Verhandlungen fanden erst im Mai 1999 statt! Auch die Unterschrift entsprach nicht der von Torsten J., und der Brief war auch nicht in seinem Schreibstil abgefasst.

Ulrich Keßler legte gegen den Durchsuchungsbeschluss Beschwerde beim Leipziger Landgericht ein, wurde jedoch abgewiesen. Er kommentierte das so: »Es könnte ja sein«, so das Landgericht, »dass an den Vorwürfen doch etwas dran sei. Man muss sich diese auf der Zunge zergehen lassen.« Gegen die Weigerung des Landgerichts Leipzig, den Durchsuchungsbeschluss aufzuheben, legte Keßler Verfassungsbeschwerde beim Sächsischen Verfassungsgerichtshof ein. Dessen Beschluss über die Verfassungsbeschwerde vom 18. Oktober 2001 war eine schallende Ohrfeige sowohl für die Staatsanwaltschaft Leipzig als auch für das Amtsgericht Leipzig. Laut Urteil des Sächsischen Verfassungsgerichtshofs »verstößt die angegriffene Durchsuchungs- und Beschlagnahmeanordnung des Amtsgerichts Leipzig gegen den Grundsatz der Verhältnismäßigkeit. Gegen den Beschwerdeführer bestand kein hinreichend starker Tatverdacht, welcher aus verfassungsrechtlicher Sicht die Anordnung der Durchsuchung und Beschlagnahme hätte rechtfertigen können. Zu dem Beschwerdeführer führte lediglich eine einzige Spur, deren Beweiswert zudem von Anfang an zweifelhaft war.«

Wenig später stellte die Staatsanwaltschaft Dresden das Ermittlungsverfahren gegen Ulrich Keßler nach Paragraph 170 Absatz 2 der Strafprozessordnung ein. Es fanden sich keinerlei Beweise für den Vorwurf des Betrugs und der kriminellen Vereinigung.

Ende 2003 verurteilte das Landgericht Leipzig den Freistaat Sachsen auf Zahlung von Entschädigung. »Keßler fordert nun rund ›eine Million plus Zinsen‹ vom Land, unter anderem wegen entgangener Aufträge. Eine zuvor von ihm angebotene gütliche Einigung zur Zahlung von 100 000 Euro habe der Freistaat abgelehnt.«[15] Sollte ihm diese Summe zugesprochen werden, wolle er sie an eine Leipziger Kita und ein Gymnasium spenden. Dazu kam es aber nicht, sondern nur zu einer außergerichtlichen Einigung über 6000 Euro. Ulrich Keßler war davon überzeugt, dass er bei einem entsprechenden Gerichtsverfahren keinerlei Chancen hätte, die von ihm geforderte Entschädigung zugesprochen zu bekommen. Deshalb stimmte er dem Vergleich zu.

Der Durchsuchungsbeschluss des Amtsgerichts Leipzig und die negative Medienberichterstattung hatten für Ulrich Keßler weitreichende Konsequenzen. Sie führten unter anderem dazu, dass ihn seine Partner aus der gemeinsamen Rechtsanwaltssozietät aufforderten, die Kanzlei zu verlassen. Es war für seine Kollegen nicht nachvollziehbar, dass er das Landeskriminalamt »ins Haus gelassen« habe.«

Zeitgleich ging es bei den 92 entlassenen Spielbank-Mitarbeitern um die Sozialplanverhandlungen, mit denen sich eine betriebliche Einigungsstelle befasste. Ulrich Keßler dazu: »Im Verlauf der Sozialplanverhandlungen zogen wir so ziemlich jede Karte, die man ziehen kann, um dem Arbeitgeber das Leben schwer zu machen.« Der Freistaat bot zunächst einen Sozialplan in Höhe von 900 000 Mark an. Mathematisch stand damit jedem gekündigten Arbeitnehmer lediglich eine Abfindung in Höhe von etwa 10 000 Mark zu. »Anlässlich der Sozialplanverhandlungen sprachen ›Führungspersönlichkeiten‹ aus dem Ministerium Milbradt sogar von körperlicher Gewalt: Man könne – so mussten wir anlässlich eines Einigungsstellentermins hören – für unsere körperliche Unversehrtheit nicht garantieren, wenn wir nicht bald nachgäben und die weiße Fahne hissten.« Vorausgegangen waren neue Sozialplanverhandlungen, die sich bis tief in die Nacht an einem Sonntag hinzogen. »Wir wollten einen Sozialplan zu genau definierten finanziellen Bedingungen und waren nicht bereit, einzulenken.«

Nach langen Verhandlungen wurde schließlich ein Sozialplan erzielt. Er lag bei etwa 6,5 Millionen Mark. Um diesen Sozialplan zu finanzieren, musste das Stammkapital der Sächsischen Spielbanken-GmbH & Co. KG um mehrere Millionen Mark abgesenkt, also das Tafelsilber aus dem Unternehmen genommen werden. Noch während der Sozialplanverhandlungen verstarb der an Krebs erkrankte Geschäftsführer der Sächsischen Spielbanken-GmbH & Co. KG. Trotz eindeutiger Diagnose soll sogar wegen Mordes gegen ihn ermittelt worden sein, glaubt Ulrich Keßler aufgrund entsprechender Vermerke des Landeskriminalamts Sachsen, die er zufällig in seinen Ermittlungsakten fand.

Wer in die Politik geht, kommt darin um

Ulrich Keßler ist ein typischer FDP-Mann: ein Individualist, ein Unternehmer, der an die marktliberale Idee glaubt und lange Zeit außerordentlich erfolgreich agierte. Ende 2002 entschied er sich für den Eintritt in die FDP. »Es erschien mir einfach, die aktuelle Politik zu kritisieren, wenn man nicht selbst bereit war, sie mitzugestalten. Allerdings machten mir der hohe Organisationsgrad der Jungliberalen in der Leipziger FDP und deren Machtansprüche gewisse Sorgen.« Er gestaltete danach einen wesentlichen Teil des wirtschaftspolitischen Abschnitts des Landtagswahlprogramms der sächsischen FDP.

Nachdem im November 2003 der damalige Kreisvorsitzende sein Amt aus beruflichen Gründen niedergelegt hatte, wurde er von einigen Mitgliedern des Kreisvorstands gefragt, ob er nicht bereit wäre, dieses Amt zu übernehmen. Einen Monat vor dem Kreisparteitag der FDP erklärte er seine Bereitschaft zur Mandatsübernahme, sofern kein anderer Kandidat gefunden werde.

Doch er hatte sich auch Gegner gemacht. Dazu schien nach seiner Einschätzung das Kreisvorstandsmitglied Sven Morlok zu gehören, der heutige Wirtschaftsminister und Vize-Ministerpräsident. Er war bis 1993 Landesvorsitzender der Jungliberalen Aktion Sachsen. Er lud seinen Parteifreund Ulrich Keßler Anfang April 2004 zu einem Abendessen bei einem Italiener im Musikerviertel Leipzigs ein. »Ich dachte zunächst daran, dass Sven Morlok mich als Anwalt benötigte. Immerhin war er Geschäftsführer eines großen Leipziger Bauunternehmens. Nach kurzer Einleitung forderte mich Sven Morlok auf, vom Kreisvorsitz zurückzutreten. Ich war schockiert und fragte ihn, wieso er nicht selbst wenige Monate zuvor zum Kreisvorsitzenden kandidiert hatte. Dann wäre meine Kandidatur nicht notwendig gewesen. Herr Morlok erklärte hierauf nur, damals habe er keine Mehrheit im Kreisverband besessen. Zu diesem Zeitpunkt wäre er gescheitert.« Ulrich Keßler ließ sich davon nicht sonderlich beeindrucken, sondern bewarb sich für die Oberbürgermeisterwahl 2005 in Leipzig, und Mitte Januar bestätigte ihn der Kreisverband der FDP Leipzig als Kandidat. Bei einer Wahlbeteiligung von 43,9 Prozent erhielt er gerade mal 4174 Stimmen – 2,4 Prozent. Sieger wurde Wolfgang Tiefensee von der SPD. Ulrich Keßler trat daraufhin als Kreisvorsitzender der FDP zurück – sein Nachfolger wurde Sven Morlok.

Keßler trat sogar aus der FDP aus. Er wollte über die Erfahrungen, die er in Leipzig mit der Partei und den dortigen Machtkämpfen gemacht hatte, nachdenken. Doch schon nach einem Jahr bekam er wieder Lust, in die Politik einzusteigen, und stellte im August 2008 einen Aufnahmeantrag beim Kreisvorstand der FDP Leipzig. Doch dieser lehnte ab. Nun wurde die Angelegenheit dem FDP-Landesvorstand vorgelegt. Etwa sechs Wochen später erhielt Keßler von der Landesgeschäftsführerin einen einzeiligen Brief, wonach der Landesvorstand seinen Aufnahmeantrag ebenfalls einstimmig abgelehnt habe. Dass er sich in den Jahren 2004 und 2005 aktiv für die Partei eingesetzt hatte, sowohl als Bundestagskandidat als auch für die Oberbürgermeisterwahl 2005 aufgestellt wurde – all das zählte im internen Machtpoker nichts mehr.

Zudem machte er jetzt noch andere unerfreuliche Erfahrungen: »Im ersten Jahr nach der Wahl erhielt ich etwa zwölf Strafanzeigen, davon zehn anonym. Die Ermittlungsverfahren, die sich daran anschlossen, wurden fast alle sofort eingestellt, die Vorwürfe waren abenteuerlich.« Noch im Jahr 2005 nahm die Staatsanwaltschaft Leipzig auf eine Anzeige eines Anwaltskollegen hin Ermittlungen gegen Ulrich Keßler auf und beantragte einen Durchsuchungsbeschluss. Die Ergebnisse ihrer Ermittlungstätigkeit fasste sie in einer Anklageschrift zusammen, die sie dem Amtsgericht Leipzig zuleitete. Die zuständige Staatsanwältin vertrat die Auffassung, Keßler habe gegenüber einer Mandantin, einem ausländischen Unternehmen, zu hoch abgerechnet. Sie stützte sich darauf, dass er in einem Kündigungsschutzverfahren seiner Mandantin gegen einen Angestellten juristische Definitionen und damit Textbausteine verwendet habe. Und weil er dies getan habe, müsse er ja Zeit gespart haben. Daher hätte er in seiner Honorarabrechnung einen deutlich niedrigeren Zeitaufwand zugrunde legen müssen – Betrug. Der Einsatz von Textbausteinen sagt allerdings über den Umfang und die Schwierigkeit der anwaltlichen Prüfung relativ wenig aus. »Bezeichnend war an dieser Anklageschrift insbesondere, dass die rein strafrechtlich arbeitende Staatsanwaltschaft Leipzig offensichtlich glaubte, einen arbeitsrechtlichen Sachverhalt prüfen und mir auf diesem Wege vorschreiben zu können, wie viel Zeit ich welchem Mandat zu widmen habe. Natürlich muss es mir als Arbeitsrechtler überlassen bleiben einzuschätzen, welchen Aufwand ich aufgrund meiner Ausbildung und meiner Erfahrung der Bearbeitung komplizierter Fälle widme. Gerade dies macht einen wichtigen Kern meiner Berufsausübung aus.«

Aufgrund des öffentlichen Wirbels und der Medienberichterstattung über die gegen ihn laufenden Ermittlungen verlor

Ulrich Keßler auf einen Schlag den Großteil seiner öffentlich-rechtlichen Mandate, unter anderem die Sparkasse Leipzig, den Landkreis Leipziger Land und die IHK Leipzig. Deren Honorarvolumen lag bei etwa 700 000 Euro im Jahr. Insbesondere der Verlust der Sparkasse Leipzig als Mandantin war ein empfindlicher Schlag gegen ihn. Sie ließ sich fortan im Arbeitsrecht von der Kanzlei beraten, in der der Ehemann der Staatsanwältin arbeitete. Um weitere negative Berichterstattung über die gegen ihn gerichteten Vorwürfe zu verhindern, erklärte Keßler sich zur Zahlung von mehreren Zehntausend Euro für die Einstellung des Verfahrens einverstanden. Im Vorfeld hatte sein Rechtsanwalt bei der Staatsanwaltschaft nachgefragt, ob weitere Strafverfahren gegen seinen Mandanten liefen, um unliebsame Überraschungen zu vermeiden. Die Staatsanwältin antwortete, ihr seien keine weiteren Strafverfahren bekannt. Also zahlte Keßler und hoffte, nun in Ruhe gelassen zu werden.

Doch damit hatte er sich getäuscht. Der nächste Vorwurf lautete, Keßler habe bei einem Unternehmen, das 2003 in die Insolvenz ging, seine Beratungsleistungen zu hoch abgerechnet und das Unternehmen so um 450 000 Euro betrogen. Die Leipziger Staatsanwaltschaft stufte dies im Jahr 2006 als schweren Fall von Wirtschaftskriminalität ein. Doch bereits im Jahr 2003 hatte sich die Staatsanwaltschaft Karlsruhe, die die Insolvenz der Muttergesellschaft strafrechtlich untersuchte, mit der Angelegenheit befasst und keine Auffälligkeiten festgestellt. Sie lehnte weitergehende Ermittlungen ab und stellte das Verfahren ein. Trotzdem nahm die Staatsanwaltschaft Leipzig 2006 die Ermittlungen wieder auf, weil eine anonyme Anzeige neue Vorwürfe gegen Ulrich Keßler enthielt. »Ich hoffte, auf der sicheren Seite zu stehen, schließlich waren meine Beratungsleistungen vom Geschäftsführer des Unternehmens schriftlich anerkannt worden. Diese Unterlagen lagen der Staatsanwältin vor. Hinzu kam, dass sie anlässlich der Durchsuchung meiner Geschäftsräume eine Vielzahl von Verträgen sowie sonstige Unterlagen gefunden hatte, aus denen meine Beratungsleistungen im Einzelnen nachvollzogen werden konnten«, erinnert sich Keßler.

Umso überraschter war er, als sein Rechtsanwalt Curt-Matthias Engel ihm telefonisch einige Monate später mitteilte, es läge eine Anklage vor der Großen Strafkammer gegen ihn vor und die Angelegenheit sei mehr als ernst. Sein Anwalt wies ihn auch darauf hin, dass vor der Großen Strafkammer Anklagen nur zulässig sind, wenn mit einer Mindestfreiheitsstrafe in Höhe von vier Jahren gerechnet wird.»Als die Anklageschrift endlich vorlag, musste ich feststellen, dass Frau Staatsanwältin X ihre Anklage mit einem Antrag verbunden hatte, wonach mir die Große Strafkammer sofort meine Anwaltszulassung entziehen sollte. Ein Berufsverbot also, das der totalen wirtschaftlichen Vernichtung gleichgekommen wäre, war das Ziel.« Außerdem informierte sie die Generalstaatsanwaltschaft Dresden, die ihn nun im Rahmen eines berufsrechtlichen Ermittlungsverfahrens verfolgte.»Man wollte mir keine Luft mehr zum Atmen lassen. Die Anklage hatte für mich schwerste gesundheitliche Konsequenzen, da ich seit diesem Zeitpunkt ständig unter schwersten Depressionen leide. Ein normales Arbeiten war nicht mehr möglich, meine Arbeitsleistung ging auf etwa 30 Prozent zurück.« Die Große Strafkammer lehnte im Mai 2008 die Eröffnung der Hauptverhandlung jedoch ab, weil es selbst nach dem Sachvortrag der Staatsanwaltschaft an einer Straftat fehlte. Dagegen legte die Staatsanwaltschaft Beschwerde beim Oberlandesgericht (OLG) ein. Im September 2008 wies das OLG diese mit einer knappen Begründung zurück. Weder die Staatsanwaltschaft Leipzig noch der Gerichtssprecher des Landgerichts Leipzig gaben diese Entscheidung an die örtliche Presse weiter.»Ich war fortan wieder in aller Munde, wobei der Umstand, dass ich im Strafverfahren bislang obsiegt hatte, natürlich zurücktrat. Wie in der Presse nachgelesen werden konnte, war ich ein ja Betrüger. Jeder hatte es gewusst.«

Es folgten aufgrund anonymer Strafanzeigen weitere Ermittlungsverfahren, die jedoch eingestellt wurden. Mal ging es um

Untreue, mal um Betrug, dann um Beleidigung, Unterschlagung und andere Straftaten. »Anfang Januar 2011 war es dann so weit: Ich drehte mich um, ging und meldete mich schriftlich aus Leipzig ab. Natürlich wurde die Abmeldung im Einwohnermeldeamt der Stadt Leipzig zunächst nicht bearbeitet. Als ich Mitte Februar für ein Wochenende in Leipzig verweilte, um meine Lebensgefährtin zu besuchen, erhielt ich prompt eine weitere Anklageschrift der Staatsanwaltschaft Leipzig. Es war fast so, als wollte man mich standesgemäß begrüßen.«

Erfahrungen mit den Finanzbehörden: Gnade gibt es nicht

Ähnlich intensiv wie von der Staatsanwaltschaft Leipzig wurde er von den Finanzämtern in Leipzig und Grimma »betreut«. Wahrscheinlich wurde sogar alles, was jetzt folgte, streng nach Gesetz gemacht. Doch kann man dieses unterschiedlich exekutieren, insbesondere wenn es Artikel 1 des Grundgesetzes angeht: »Die Würde des Menschen ist unantastbar.« »Der Zeitpunkt, zu dem meine steuerlichen Probleme auftraten, spricht für sich«, sagt Keßler. Ein Beispiel von vielen: In den Jahren 2000 bis 2002 firmierte er unter der Kanzlei Keßler & Gierk, die als Profitcenter organisiert war, das heißt jeder Partner war für seine Umsätze allein verantwortlich. Für Ulrich Keßler aus heiterem Himmel forderte das Finanzamt Leipzig dann Umsatzsteuer in Höhe von 600 000 Mark von ihm zurück. Die Begründung lautete, er sei beim Finanzamt als Rechtsanwalt Dr. Keßler vermerkt, die an die Kanzlei gerichteten Rechnungen, für die er die Umsatzsteuer einbehalten hatte, lauteten dagegen auf den Kanzleinamen Keßler & Gierk.

Die Rückforderungsbescheide waren sofort vollstreckbar. Keßler musste das Geld in kurzer Zeit aufbringen. Es gab nur eine Lösung: Sämtliche Rechnungen, die er in den drei Jahren erhalten hatte, mussten auf seinen Namen umgeschrieben werden. Doch so lange wollte das Finanzamt nicht warten, sofortige Zahlung war angesagt. An der Umschreibung der Rechnungen arbeiteten zwei Mitarbeiterinnen über einen Zeitraum von neun Monaten. Das blockierte Keßlers Kanzleibetrieb massiv und sorgte für zusätzliche hohe Personalkosten. Abgesehen davon war ein Teil der Rechnungssteller umgezogen oder insolvent. »Gebracht hat das Ganze dem Finanzamt am Ende nichts. Selbst Zinsen durfte es aufgrund eines Ministererlasses nicht verlangen.«

Seine negativen Erfahrungen mit dem Finanzamt Leipzig führten schließlich dazu, dass Ulrich Keßler sich Mitte 2007 in Großbothen bei Grimma anmeldete. Damit war nun das Finanzamt Grimma für ihn zuständig, obwohl seine Kanzlei in Leipzig lag. »Mein damaliger Steuerberater Wiesner hatte mich vor diesem Wechsel nach Grimma nachdrücklich gewarnt.« In den ersten Monaten nach seinem Umzug nach Großbothen hatte er Ruhe. Begehrlichkeiten des Finanzamts nach höheren Vorauszahlungen konnte sein Steuerberater abwehren.

Zudem entschied er sich trotz der negativen Erfahrungen noch einmal dafür, seine nachweislich getätigten Investitionen in die Errichtung von Biogasgesellschaften mit Rückgriff auf vier atypisch stille Beteiligungen steuerlich zu nutzen. Und daran, dass zumindest zwei Biogasgesellschaften errichtet und weitere vier projiziert worden waren, bestand im Prinzip kein Zweifel. Ab Mitte 2009 teilte ihm das Finanzamt Grimma jedoch mit, dass rückwirkend jede Steuerminderung abgelehnt wurde. In den Jahren zuvor hatte es für seine Biogasinvestitionen grünes Licht gegeben und damit für Vertrauensschutz gesorgt. Nun, nachdem das Geld ausgegeben war, versagte man ihm rückwirkend die steuerliche Abzugsfähigkeit dieser Aufwendungen. Das Finanzamt vertrat jetzt plötzlich die Auffassung, Keßler müsse für die Jahre 2006 bis 2009 deutlich höhere Einnahmen versteuern. Gleichzeitig setzte es für die zurückliegenden Jahre höhere nachträgliche Vorauszahlungen – die Steuererklärungen waren noch nicht abgegeben – in Höhe von mehr als 600 000 Euro fest. Mitte 2008 wurden seine Konten gepfändet. Immerhin konnte Keßlers Steuerberater das Finanzamt davon überzeugen, dass die Vorauszahlungen für die Jahre 2007 und 2008 zu hoch angesetzt worden waren. Das führte dazu, dass das Finanzamt die gesamte Steuerlast auf etwa 280 000 Euro absenkte. In diesem Betrag steckten allein Zinsen sowie Säumniszuschläge von mehr als 100 000 Euro. Als Nächstes beantragte das Finanzamt Grimma am 9. Juli 2009 die Eröffnung eines vorläufigen Insolvenzverfahrens, zum vorläufigen Insolvenzverwalter wurde Rechtsanwalt B. bestimmt. Ab Mitte September 2009 ordnete dieser an, dass Honorare von Keßlers Mandanten nur noch auf seine Konten fließen dürften. Ab diesem Zeitpunkt hatte Keßler kein Geld mehr für seinen Lebensunterhalt, den seiner Kinder oder für die Miete seines Büros. Aus seiner Sicht sieht er das so: »Das Insolvenzgericht Leipzig wollte offensichtlich, dass ich über keine Einnahmen mehr verfügen kann, um gar nicht auf die Idee zu kommen, den Insolvenzantrag noch durch eine Zahlung zu erledigen. Nicht einmal den Pfändungsfreibetrag, der jedem Menschen zusteht, hat man mir eingeräumt.« Mitte November 2009 ließ der Insolvenzverwalter Keßlers Fahrzeuge pfänden. »Anlässlich der Pfändung meiner Fahrzeuge sowie meiner Vermögenswerte äußerte mir gegenüber ein Gerichtsvollzieher aus Leipzig, dass ›höchste Kreise‹ mein vorläufiges Insolvenzverfahren eingehend verfolgen.« Anfang Januar 2010 pfändete der vorläufige Insolvenzverwalter dann seine Büroeinrichtung in Leipzig.

Inzwischen hatte sich Keßler offiziell nach Frankreich abgemeldet. Er hoffte Ruhe zu finden, um gesundheitlich vielleicht doch noch einmal auf die Beine zu kommen. Sein schlechter Gesundheitszustand, insbesondere seine schweren Depressionen, seien, so Keßler, sowohl dem Insolvenzgericht als auch dem Insolvenzverwalter bekannt gewesen. Fünf Wochen später wurde der Insolvenzantrag im Regionalteil der *Leipziger Volkszeitung* veröffentlicht. Keßlers anwaltliche Karriere war damit fast erledigt. Auch bei den Banken, die seine Immobilien finanziert hatten, sorgten die Presseberichte für erheblichen Wirbel. Kreditverhandlungen, um die Forderungen des Finanzamts zumindest teilweise bedienen zu können, scheiterten.

»Anfang Februar 2010 flatterte mir ein Bescheid ins Haus, der die Zwangsvollstreckung über einen Betrag in Höhe von 420 000 Euro ankündigte. Wie sich dieser Betrag zusammensetzen sollte, blieb offen, denn Bescheide, die eine derartige Steuerlast belegen sollten, gingen mir nicht zu. Dadurch war mir die Möglichkeit effektiven Rechtsschutzes genommen. Denn ohne einen Steuerbescheid gab es natürlich keine Sachentscheidung, die ich finanzgerichtlich angreifen konnte.« Der in die Enge getriebene Ulrich Keßler rief gegen die Ankündigung der Zwangsvollstreckung das Finanzgericht an und erbat vorläufigen Rechtsschutz, um die steuerliche Berücksichtigung seiner Biogasinvestitionen doch noch zu erzwingen. In einem Hinweis machte das Finanzgericht klar, dass seine Investitionen steuerlich berücksichtigt werden müssten. Ende Februar 2010 erschienen trotzdem zwei Finanzbeamte mit einem gerichtlichen Durchsuchungsbeschluss in seiner Kanzlei, um die Einrichtung zu pfänden. »Das hätte mir definitiv die Grundlage entzogen, weiter als Anwalt arbeiten zu können. Denn ohne meine Möbel und die wertvolle Bibliothek war ein Weiterarbeiten sinnlos.« Pech für das Finanzamt war, dass er seine Kanzleieinrichtung zuvor an einen Kollegen verkauft hatte und die Vollstreckung daher ins Leere lief.

Im Mai 2010 erhielt er dann erneut einen Pfändungsbeschluss über 310 000 Euro, und das Finanzamt forderte für die folgenden Monate weitere Vorauszahlungen für die Einkommensteuer in Höhe von 80 000 Euro pro Quartal rückwirkend zum 1. Januar 2010. »Von welchen Größenordnungen ging dieses Finanzamt überhaupt aus? Ich lebte in den neuen Bundesländern, nicht in Monaco. Und in meinem Fall hatte ich aufgrund meiner Erkrankung – ich litt immer mehr an Depressionen – kaum noch gearbeitet, also auch keinen Gewinn erzielt. Das Finanzamt ließ sich davon jedoch nicht beirren«, erzählt Keßler. Dass er 2010 keinen Gewinn erwirtschaftet habe, legte Keßlers Steuerberater in seinen Absenkungsanträgen dar. Doch seine Beschwerde beim Sächsischen Staatsminister der Finanzen blieb erneut ohne Ergebnis. Für die Verwaltung war alles korrekt gelaufen. Anfang Februar 2011 wurde ihm von der Rechtsanwaltskammer die Anwaltszulassung entzogen. Seine Tätigkeit als Rechtsanwalt war damit zu Ende. Auf Rechtsmittel dagegen verzichtete er aufgrund seiner bisherigen Erlebnisse. Mit dem Insolvenzverwalter führte Keßler dann am 19. Mai 2011 in Frankfurt am Main ein langes Gespräch. »Ich beantwortete ihm detailliert Fragen zum Insolvenzverfahren. Umso überraschter war ich, als er daraufhin per E-Mail – wir hatten damals auch regen E-Mail-Kontakt – mitteilte, dass mich das Insolvenzgericht öffentlich zur Abgabe der eidesstattlichen Versicherung geladen hatte. Öffentlich deshalb, weil das Insolvenzgericht Leipzig behauptete, es wisse nicht, wo ich wohne.« Seine genaue Anschrift hatte er seinem Insolvenzverwalter jedoch bei dem persönlichen Treffen mitgeteilt. Der Insolvenzverwalter hingegen erklärte nun, Ulrich Keßler habe sich nicht vollständig zur Sache geäußert. Als Keßler von der öffentlichen Zustellung der Ladung erfuhr, telefonierte er Anfang Juli 2011 mit einer Mitarbeiterin des Insolvenzgerichts Leipzig. Er hatte ihr vor dem Telefonat ein Gutachten seiner Ärztin aus Ingolstadt übermittelt, aus dem sich eindeutig seine Verhandlungsunfähigkeit ergab, und er teilte ihr mit, dass er aus gesundheitlichen Gründen nicht zu dem Termin zur Abgabe der eidesstattlichen Versicherung erscheinen könne. »Die Dame erklärte mir gegenüber, wenn ich nicht käme, würde sie mich verhaften lassen. Alle Einwendungen meinerseits blieben unberücksichtigt. Sie verlangte ein Gutachten des Gesundheitsamts Ingolstadt, aus dem sich meine Verhandlungsunfähigkeit ergebe. Dabei wies ich ausdrücklich darauf hin, dass ich dieses aufgrund der kurzen zur Verfügung stehenden Zeit kaum herbeischaffen konnte. Hierauf erklärte sie nur, dass ich dann mit einem Haftbefehl rechnen müsse, daran ändere auch meine Gesundheit nichts.« »Die Gerichtsmitarbeitern erklärte Ulrich Keßler zudem, dass sie der *Bildzeitung* gegenüber entsprechende Angaben gemacht habe, insbesondere dass ihn das Insolvenzgericht durch die Staatsanwaltschaft Leipzig suchen lasse. Sie habe dies bewusst getan, damit er über die *Bildzeitung* Kenntnis von der Ladung zur Abgabe der eidesstattlichen Versicherung erhalte und sich melde.« »Richter jagen Leipziger Ex-OB-Kandidat«, titelte die *Bildzeitung*. »Sein Schuldenberg bei Finanzamt, Kreditgebern und einstigen Partnern soll mehrere Millionen betragen.« Und weiter: »Jetzt ist der Porsche-Fahrer und Lebemann pleite – und offenbar abgetaucht.«[16]

Am 11. Juni 2012 schrieb der Landgerichtsarzt beim Landgericht Ingolstadt in einem fachärztlich psychiatrischen Gutachten an das Landgericht Leipzig: »Der Betroffene scheint in einer finalen lebensmüden Verstimmung konkrete Selbsttötungspläne mit dem anhängigen Verfahren zu verbinden. […] Aus psychiatrischer Sicht erscheint derzeit eine Teilnahme des Beschuldigten an einer Strafgerichtsverhandlung nicht vertretbar. Sie würde eine massive Gefährdung des Gesundheitszustandes bzw. des Lebens des Beschuldigten in Form einer Zuspitzung der bestehenden depressiven Erkrankung mit ernster, unkalkulierbarer Suizidalität bedeuten.« Auch das Gesundheitsamt Ingolstadt bestätigte Keßlers Verhandlungsunfähigkeit. Im amtsärztlichen Attest vom 12. Juli 2011 steht: »Nach dem erhobenen Untersuchungsbefund besteht bei Dr. Keßler eine schwere psychische Erkrankung mit ausgeprägten Affektstörungen, Denkstörungen, kognitiven Leistungseinschränkungen, Antriebsminderung und Angstzuständen […] Aus amtsärztlicher Sicht besteht Verhandlungsunfähigkeit auf nicht absehbare Zeit.« Damit hatte sich der Termin zur Abgabe der eidesstattlichen Versicherung erledigt.

Doch schon kam neues Ungemach auf Ulrich Keßler zu. In einem Brief an seine Rechtsanwältin schrieb der Insolvenzverwalter im Juli 2012, dass ihm ein Artikel aufgefallen sei, aus dem

hervorgehe, dass der Schuldner offensichtlich einer Referententätigkeit nachgehe. In dem Internetartikel steht unter anderem:
»Ganz klar – er mag Leipzig immer noch. Er weiß also, wovon er
redet, wenn er heute zum Thema Immobilien bei der einen oder
anderen Veranstaltung referiert.«[17] Diese Information leitete der
Insolvenzverwalter auch an das Jobcenter Ingolstadt weiter, das
Keßlers Arbeitslosengeld auszahlte. Tatsächlich hat Ulrich Keßler weder diesen Artikel geschrieben noch in den letzten Jahren
nachweislich irgendwelche Referententätigkeit übernommen.

Und damit endet die Geschichte eines erfolgreichen Anwalts,
eines FDP-Oberbürgermeisterkandidaten und eines Unternehmers aus Leipzig, der sich erlaubt hat, gegen die Sächsischen
Spielbanken und somit gegen die Sächsische Staatskanzlei zu
klagen.

Das Finanzamt:
Instrument der politischen Disziplinierung

Der Flughafen Leipzig/Halle scheint ein wirtschaftlicher Erfolg
zu sein. Er ist nach Bekundungen der Betreiber einer der mo-
dernsten Flughäfen Europas und in jeder Beziehung ein Kriegs-
flughafen. Im Jahr 2009 wurden insgesamt 2,4 Millionen Passa-
giere gezählt, darunter 540 000 Soldaten, von denen die meisten
US-Soldaten sind, die in Kriegsgebiete transportiert werden
oder von dort zurückkehren. Dabei gibt es auch Kriegsopfer in
Sachsen selbst, nämlich im erbitterten Krieg zwischen Recht und
Macht. Eines dieser Opfer ist der ehemalige Kölner Steuerfach-
anwalt Rainer Wollny. Was ihm widerfahren ist, ist eine typische
Geschichte für die Zustände in Sachsen.

Vor dem Fall der Mauer war Rainer Wollny Referatsleiter im
Bundesamt für Finanzen. Danach ging er nach Leipzig und vertrat ab 1991 die Rechte insbesondere von Alteigentümern, die
auf Rückgabe ihrer Grundstücke in der ehemaligen DDR klag-

ten, darunter auch Flächen im Umfeld des Leipziger Flughafens. Einer seiner Mandanten war der Sohn eines Bauern, der einst große Flächen auf dem Gebiet des Flughafens bei Kursdorf besessen hatte. Die Grundstücke waren zudem Teil der wiedergewonnenen Erbmasse, auf der sich während der DDR-Zeit der Flughafen ausgebreitet hatte. Wollny erstritt für ihn die Rückgabe der Ländereien, die seine Familie nach ihrer Flucht 1953 aus der DDR verloren hatte.

Im Grunde eine kleine Sensation. Obwohl die Rückgabe der teuren Grundstücke zweifellos auf Fehlern der Behörde selbst beruhte – denn die betriebswichtigen Flächen für den Flughafen waren eigentlich von der Rückgabe an Alteigentümer ausgeschlossen –, bekam er die geforderten Flächen zugesprochen. Neben dem Ackerland rund um den Airport erhielten die Kläger vom Amt für offene Vermögensfragen, das dem Bundesfinanzminister untersteht, sogar einen Teil des späteren zentralen Großparkplatzes, ein Stück Landebahn und das Grundstück, auf dem heute der Tower steht. Beim Verkauf forderte Rainer Wollny dann einen angemessenen Preis: 70 Mark pro Quadratmeter. Doch sein Angebot wurde als zu teuer abgelehnt, also unterbreitete er dem Freistaat ein Vergleichsangebot. Er verlangte alle Flächen außerhalb des Flughafens für seinen Mandanten. Im Aufsichtsrat des Flughafens saßen damals der Minister der sächsischen Staatsregierung Kajo Schommer (CDU) und Finanzminister Georg Milbradt (CDU), der später Ministerpräsident wurde. Sie stimmten dem Vergleichsangebot nicht zu, erinnert sich Wollny.

Am 6. Juni 1994 bestätigten das Leipziger Verwaltungsgericht und dann selbst das Bundesverwaltungsgericht (BVG) die Rückübertragung, unter anderem deshalb, weil die Behörden versäumt hätten, rechtzeitig Widerspruch einzulegen. Zwölf Monate hatten die Beamten des Landesamts für offene Vermögensfragen Zeit, das Urteil des BVG anzufechten. Fünfzehn Monate nach dem Urteilsspruch erhielt Rainer Wollny dann einen erneuten Rücknahmebescheid – die Fristen waren nicht gewahrt worden und das Urteil damit rechtskräftig. Die Anwälte des Landes argumentierten hingegen, dass lange Zeit unklar gewesen sei, wo genau die strittigen Grundstücke lägen und welche Gebäude sich darauf befänden. Für Wollny unglaublich. »Wir haben jahrelang um diese Flächen gestritten. Nun wird erzählt, erst jetzt sei klar, wo die Flächen liegen und dass ein Flughafen darauf steht.« Rechtlich betrachtet war für den Freistaat im Prinzip alles verloren. Mehr als eine halbe Million Euro Honorar für verlorene Prozesse musste der Freistaat, das heißt der Steuerzahler, an den Steueranwalt zahlen. Es folgten weitere Prozesse, doch der Freistaat Sachsen bekam kein Recht. War also der Rechtsstaat in Sachsen, damals in den neunziger Jahren, noch intakt?

Nun, nach diesem Sieg vor den Gerichten brachen für Rainer Wollny harte Zeiten an. Alles begann im Jahr 1998, dem Jahr, in dem die Grundsteinlegung einer neuen Landebahn für den Flughafen Leipzig/Halle von Ministerpräsident Kurt Biedenkopf und seinem Amtskollegen aus Sachsen-Anhalt, Reinhard Höppner, gefeiert wurde. Rainer Wollny hielt sich währenddessen im Ausland auf. Am 4. November 1998 durchsuchten vierzig Steuerfahnder aus Sachsen aufgrund eines Durchsuchungsbeschlusses des Amtsgerichts Leipzig bundesweit fünfzehn verschiedene Büros und Wohnungen sowie zehn Banken beziehungsweise Kreditinstitute, mit denen Rainer Wollny Kontenverbindungen hatte. Der Vorwurf lautete, dass er Steuern in Höhe von 8,5 Millionen Mark hinterzogen habe.

Die Fahnder beschlagnahmten über hundert Prozessakten, die mit dem Flughafen zu tun hatten, und legten damit Wollnys Geschäftsbetrieb lahm. »Bei meinem Steuerberater«, erinnert sich Rainer Wollny, »waren sie keine fünfzehn Minuten und haben nur lustlos in einer Akte rumgeblättert.« Drei Monate später erhielt er die Akten wieder zurück – unvollständig, wie er behauptet. Das bestritt die Staatsregierung. Wollnys Anwälte beklagten, aus den Prozessordnern seien in großem Umfang mit dem Vorwurf nicht im Zusammenhang stehende Kopien angefertigt worden, unter anderem auch Aufzeichnungen von Rainer Wollny zu seiner Prozessstrategie. Schlimmer noch:»Ich verlor meinen guten Ruf bei den Banken und muss vielleicht meine Zulassung als Rechtsanwalt zurückgeben«, klagt er. Tatsächlich lösten sich die Vorwürfe der Steuerhinterziehung in Luft auf. Die Staatsanwaltschaft Leipzig musste im April 2000 das Ermittlungsverfahren einstellen, und das Amtsgericht Leipzig bestätigte im Juni 2000 nach der Aktion der Steuerfahnder sogar seinen Anspruch auf Schadenersatz wegen der Strafverfolgungsmaßnahmen.

Im Juli 2000 wandte sich Rainer Wollny dann an die Abgeordneten des Sächsischen Landtags und machte die fortdauernde Verletzung seiner Rechte unter Gefährdung seiner beruflichen Stellung und sozialen Existenz geltend. Unterstützt wurde er dabei von den Abgeordneten Katja Kipping, heute Bundestagsabgeordnete und Ko-Vorsitzende der Partei Die Linke, und Klaus Bartl, der seit 2007 den vom Landtag der vierten und fünften Wahlperiode eingesetzten sogenannten »Sachsensumpf-Untersuchungsausschuss« als Vorsitzender leitete. In einer Kleinen Anfrage vom 1. September 2000 wollten die Abgeordneten Konkretes bezüglich der noch nicht zurückgegebenen Akten erfahren. Die Staatsregierung antwortete am 28. September 2000, dass die Staatsanwaltschaft die Unterlagen nach Einstellung des Verfahren am 10. April 2000 an das Finanzamt Leipzig zurückgesandt habe mit der ausdrücklichen Bitte, die Unterlagen an Wollny zurückzugeben. Doch seien mehrere Angebote und Termine zur Übergabe nicht wahrgenommen worden. Allerdings teilte der Vorsteher des Finanzamts Leipzig Wollnys Rechtsanwalt noch am 18. Oktober 2000 hinsichtlich dessen erneuter Forderung auf Herausgabe noch einbehaltener Unterlagen mit, für die Entscheidung über die Herausgabe sei die Staatsanwaltschaft Leipzig zuständig und ohne entsprechende Weisung der Staatsanwaltschaft könne und werde nichts veranlasst. Dies bezog sich auch auf das Steuerstrafverfahren. Fazit:»Rechtsverstöße durch Behörden des Freistaates Sachsen sind nicht feststellbar.«[18]

Hätte man die Haltlosigkeit der Anschuldigungen des Steuerbetrugs nicht erkennen müssen? Immerhin stellte ein Leipziger Steuerfahnder am 19. Mai 1998 nach Rücksprache mit Wollnys zuständigem Finanzamt Köln-Mitte eine Liste von Wollnys Grundstücksgeschäften zusammen. Darin enthalten sind auch jene Einkünfte des Anwalts von rund 10 Millionen Mark, die er angeblich verheimlicht und damit Steuerbetrug begangen haben soll. Die besagten Einnahmen waren also schon im Frühjahr 1998 dem zuständigen Finanzamt bekannt und Gegenstand der Betriebsprüfung. Der Leipziger Steuerfahnder fertigte sogar einen Vermerk an, wonach strafrechtlich nichts gegen Wollny zu veranlassen sei. Dennoch wurden dessen Leipziger Büros durchsucht, die Erkenntnisse des Finanzamts Köln-Mitte konnten scheinbar den Anfangsverdacht der Steuerhinterziehung bei den Leipziger Kollegen nicht ausräumen.

Später fand Rainer Wollny in seinen Ermittlungsakten auch Hinweise darauf, dass die Leipziger Steuerfahnder und Staatsanwälte nicht ohne Absprache mit ihren Vorgesetzten in Dresden ermittelten. Zwei Jahre nach diesen Vorgängen war er finanziell ruiniert. Die Hoffnung, jemals in Sachsen Recht zu bekommen, hat er spätestens im Jahr 2002 aufgegeben. »Der einstige Triumphator über die Fährnisse der Bürokratie hat alles verloren«, schrieb Steffen Könau am 16. Juli 2002 in der *Mitteldeutschen Zeitung.* »Seine Immobilien stehen vor der Zwangsvollstreckung, die Lebensgefährtin hat ihn verlassen, die Zulassung musste er zurückgeben, weil seine wirtschaftliche Situation eine Tätigkeit als Anwalt nicht mehr zuließ. Wollny, mittlerweile mit festem Wohnsitz in den USA, ›weil ich Deutschland nicht mehr ertragen konnte‹, hat alle Mitarbeiter entlassen und die Kanzlei aufgelöst. ›Der Schaden für mich liegt bei 25 Millionen Euro‹, sagt er leise, ›aber viel bedrückender ist der Gedanke, dass ich bis heute nicht weiß, warum mir das alles angetan worden ist.‹«[19] Für Wollny ist klar, dass einzelne Staatsanwälte »ferngelenkt« waren, wobei interessanterweise auch ein Staatsanwalt beteiligt war, der im Komplex »Sachsensumpf« eine Rolle spielte.

Datenschützer unter Beschuss

Zum ersten Mal in der bundesdeutschen Geschichte sollte sich ein deutscher Datenschutzbeauftragter vor Gericht verantworten, weil er eklatante Verstöße eines Justizministers gegen den Datenschutz öffentlich rügte. Einige werden sich noch daran erinnern: Es war der zwischen 1990 und 2000 amtierende Sächsische Staatsminister der Justiz Steffen Heitmann, der interne Ermittlungsakten angefordert und diese mit persönlichen Vermerken versehen hatte.[20] »Der Ostdeutsche Heitmann, in Wendezeiten Rechtsberater von Dresdner Bürgerrechtlern, führt sein Ministerium so ähnlich, wie der von ihm verhasste SED-Chef Erich Honecker seinen Staat lenkte: von der Trennung zwischen Amt und Partei, zwischen Justiz und Politik keine Spur.«[21] Ihm wurde außerdem vorgeworfen, auf die Beurteilung von Richtern Einfluss genommen zu haben, je nachdem, ob ein von diesen betreutes Verfahren seinen Vorstellungen entsprach oder nicht. Als Nächstes übergab er Informationen aus laufenden staatsanwaltlichen Ermittlungsverfahren an seine CDU-Parteifreunde, ein klarer Verstoß gegen die Datenschutzbestimmungen. Als der sächsische Datenschutzbeauftrage Thomas Giesen (CDU) diesen Skandal öffentlich machte, trat der Justizminister von seinem Amt zurück. Hinter diesen Vorgängen verberge sich, meint Giesen, »die Instrumentalisierung der Justiz zum Zweck, politische Informationen zu sammeln, die als Herrschaftswissen missbraucht werden«.[22] Außerdem würden, so der Datenschutzbeauftragte, Richter und Staatsanwälte in Sachsen durch Geheimakten, in denen Charakter und Gesundheitszustand festgehalten werden, »eingeschüchtert«.[23] Bis heute hat sich daran leider wenig geändert.

Denn nun begann genau das unwürdige Spiel, das in Sachsen eine fragwürdige Tradition hat: Der Ankläger wird angeklagt. Unter dem Aktenzeichen 420 JS 49212/00 leitete die Dresdner Staatsanwaltschaft ein Verfahren wegen des Verrats von Dienstgeheimnissen gegen Thomas Giesen ein. Die Polizei kam sogar mit einem Durchsuchungs- und Beschlagnahmebeschluss zu ihm. »Die Beschlagnahme steht im angemessenen Verhältnis zur Schwere der Tat«, schrieb die Staatsanwaltschaft, habe er doch aus vertraulichen Papieren des Justizministeriums der Presse berichtet und damit das »Vertrauen in die Integrität des sächsischen Justizministeriums gefährdet«.[24] Der Beschuldigte wies den Vorwurf strikt von sich: »Ich habe nicht privat, heimlich oder verdeckt, sondern offiziell und offen als Behördenleiter gehandelt.« In Giesens Augen wäre es eine Dienstpflichtverletzung gewesen, wenn er die Presse nicht informiert hätte. Immerhin war das, was er gegenüber der Presse als Datenschutzbeauftragter aussagte, der bislang schwerste Datenschutzverstoß in Sachsen. Das Verfahren gegen ihn endete mit einem Freispruch erster Klasse. Das Landgericht Dresden bestätigte dem Datenschützer am 7. November 2001 eine korrekte Amtsführung.

Danach brachte die CDU-Landesregierung jedoch ein Gesetz in den Landtag ein, mit dem sie den obersten sächsischen Datenschützer de facto mundtot machen wollte. »Nach den Plänen der Regierung sollte dem Datenschützer der Zugang zu Daten im Kernbereich der Exekutive verwehrt werden. Nur noch in Ausnahmefällen hätte er Einsicht in Personalunterlagen nehmen dürfen. Im gleichen Zug sollte das Gesetz eine erleichterte Abwahl des Datenschützers durch den Landtag herbeiführen. Die regierende CDU behauptete, dafür reiche die absolute Mehrheit aus, die sie innehat. Eine solche Abwahl erfordert aber eine 2/3-Mehrheit, über die die CDU nicht verfügte.«[25]

Seit 2004, nach Ablauf seiner Amtszeit, arbeitet Thomas Giesen als erfolgreicher Rechtsanwalt in Dresden. Doch es gibt ja noch andere Methoden der filigranen Einschüchterung.

Wenn Arbeitslosenhilfe zum Druckmittel wird

Wolfgang Schramms Geschichte ist die eines treuen CDU-Manns, der Missstände aufdeckte – und dafür bestraft wurde. Sie zeigt vor allen Dingen, wie systematisch versucht wurde, das Instrument der Arbeitslosenhilfe als Mittel zur Disziplinierung eines Störenfrieds einzusetzen. Im Frühsommer 2012 resümierte Schramm mir gegenüber:»Wir im Osten haben uns friedlich durchgesetzt. Daran halte ich fest und versuche mich mittels gerichtlicher Hilfe durchzusetzen. Dass aber ALG II als politisches Druckmittel genutzt wird, die Würde des Menschen zu nehmen – ich muss ehrlich sagen, das macht mich sehr nachdenklich.«

Wolfgang Schramm studierte an der Finanzfachschule in Gotha Finanzwissenschaften und an der Humboldt-Universität zu Berlin Finanz- und Wirtschaftswissenschaft, absolvierte nach der Wende eine nochmalige umfängliche Fachausbildung auf dem Gebiet der Finanzen und übte leitende Funktionen in Banken aus. Er war Sanierungsbeauftragter der Sicherungseinrichtungen des Bundesverbands der Deutschen Volks- und Raiffeisenbanken, Referatsleiter der Sanierung des Sächsischen Genossenschaftsverbands und später Geschäftsbereichsleiter Finanzen der Großen Kreisstadt Meißen. Bis heute ist er ein überzeugter CDU-Sympathisant.

Sein politischer und sozialer Absturz begann, nachdem er als Meißner Finanzdezernent hochspekulative Finanzgeschäfte der Stadt im Haushaltsplan entdeckt hatte. Die Liquidität der Stadt verschlechterte sich zusehends. Wesentliche Ursache waren die exorbitant hohen Kredit- und Fremdkapitalbelastungen. Schnell stieß Wolfgang Schramm bei seinen Nachforschungen auf dubiose riskante, zunächst nicht durchschaubare Immobiliengeschäfte mit Scheinfirmen und nicht mehr nachvollziehbaren Finanzierungen und Haftungsverhältnissen. Dazu zählten Immobilienverkäufe an dänische Firmen – die es überhaupt nicht gab. Von dem Zeitpunkt an, als Schramm über diese Geschäfte Auskunft verlangte, wurden ihm weitere Informationen verweigert. Im Gegenzug weigerte er sich, weitere Verträge zu unterschreiben, weil diese Vorgänge einfach zu undurchsichtig waren. Darüber hinaus wies er den Stadtrat auf die Haftungsfragen hin – doch davon wollte man dort nichts hören. Als neuer Stadtkämmerer musste er jedoch die Haftungsrisiken bedienen. Schramm wollte diese langjährige Praxis nicht mehr akzeptieren und erklärte dem Oberbürgermeister, dass er den Haushaltplan nicht bestätigen könne. »Da lag ich hinterher flach.« Nach nur vier Monaten wurde er als Finanzdezernent entlassen. Daraufhin reichte er beim Arbeitsgericht Klage ein. Die Stadt erklärte über ihren Anwalt, der Ex-Kämmerer Schramm sei unfähig gewesen, seine Arbeitsweise habe den Haushalt gefährdet, und der Haushalt sei erst nach seiner Entlassung verabschiedet worden. Wolfgang Schramm erwiderte, dass das eine Lüge sei. Die Stadt obsiegte.

Doch sechs Jahre nach Schramms Rauswurf, im August 2008, erklärte der Hauptamtsleiter von Meißen vor dem Dresdner Landgericht, dass die Aussage des Anwalts der Stadt Meißen damals »objektiv unrichtig« gewesen sei. Zu dem Gerichtsverfahren war es gekommen, weil der Vertreter der Stadt vom Ex-Kämmerer als Lügner bezeichnet worden war. Deshalb klagte er. Beide einigten sich auf einen kuriosen Vergleich: Der Hauptamtsleiter gab zu, dass der Anwalt der Stadt im Arbeitsgerichtsprozess gelogen hatte, und Schramm durfte ihn nicht mehr Lügner nennen – wobei der Richter feststellte, dass der Ausdruck Lügner nicht gänzlich aus der Luft gegriffen sei. Schon einige Jahre zuvor, im Jahr 2003, hatte Wolfgang Schramm ein Schreiben des Regierungspräsidiums Dresden erhalten: »Zwischenzeitlich hat das Landratsamt Meißen die von Ihnen vorgetragenen Sachverhalte umfassend in tatsächlicher und rechtlicher Hinsicht gewürdigt. Im Ergebnis dieser Prüfung stellt sich die tatsächliche Haushaltslage der Großen Kreisstadt Meißen und der Gesellschaften, an denen sich die Stadt beteiligt, so wie von Ihnen beschrieben dar.« Leider konnte nicht zweifelsfrei festgestellt werden, dass diese

Sachverhalte auf Pflichtverletzungen des Oberbürgermeisters beruhten. Damit war die Sache erledigt.

Seit seinem Rauswurf als Stadtkämmerer hoffte Wolfgang Schramm wieder Arbeit zu finden – lange Zeit vergeblich. Er kämpfte um Rehabilitierung und um seine soziale Existenz. Niemand wollte ihn beschäftigen, trotz aller Qualifikationen. Er war, wie es eine Zeitung schrieb, »politisch tot«. Womöglich weil er einfach keine Ruhe gab? So stellte er beispielsweise im Juli 2007 im Kreistag von Meißen wieder einmal Fragen zu dubiosen Grundstücksgeschäften. »Ich habe gefragt, was machen die mit den Grundstücken, die sie in den Sand setzen. Unternehmen sind pleite, obwohl der Landkreis Zuschüsse gab. Eigentlich müsste man Kreisräte für die Tilgung fauler Kredite in Haftung bringen.«

Jahrelang musste er um das Arbeitslosengeld ALG II kämpfen. Das dafür zuständige Amt für Arbeit und Soziales des Landkreises Meißen unterstellte ihm nämlich, im Erzgebirge neben einem unbebauten Grundstück ein Zweifamilienhaus zu besitzen. Dadurch beziehe er Mieteinkünfte und könne selbst in eine der Wohnungen einziehen. Der Landkreis versuchte mit allen Mitteln sein Eigentum zu verwerten, um es mit den Leistungen aus dem Arbeitslosengeld zu verrechnen. Das sah Schramm nicht ein. Immer wieder musste er deshalb vor Gericht auf Auszahlung des Arbeitslosengelds klagen. In dem Bemühen, an sein Eigentum heranzukommen, verstieß die Kommune mehrfach gegen datenschutzrechtliche Bestimmungen, stellte der Sächsische Datenschutzbeauftragte in seinem 15. Tätigkeitsbericht fest. Demnach wandte sich die Kommune an eine Versicherungsgesellschaft, bei der Wolfgang Schramm Kunde war, um bestätigen zu lassen, dass die dort bestehende Lebensversicherung erst mit Renteneintrittsalter verwertet werden kann. Die Versicherungsgesellschaft übermittelte die angeforderten Daten. Eine Gemeindeverwaltung wurde aufgefordert, den Hauptwohnsitz von Schramms Schwester zu übermitteln. Auch diese Auskunft wurde erteilt.[26]

Mittlerweile arbeitet Wolfgang Schramm als freiberuflicher Versicherungsvertreter. Die Stadt Meißen selbst ist hoch verschuldet wie eh und je. Die Schuldenlast »ist zum guten Teil ein Erbe der neunziger Jahre, als städtische Eigenanteile vieler geförderter Projekte über Kredite finanziert wurden«.[27] Inzwischen hat der Ex-Kämmerer herausgefunden, dass die Vorgänge in Meißen kein Einzelfall sind. »Wo die Banken in Schwierigkeiten kamen, kam es auch andernorts zu einer Überschuldung von Gemeinden. Das hat man versucht zu deckeln, denn etwas dagegen zu unternehmen, das passte politisch nicht ins Konzept.«

Wenn Geld in Sachsen keine Rolle spielt

Um die vier Milliarden Euro muss im schlimmsten Fall der sächsische Steuerzahler aufbringen, weil die im Jahr 1992 gegründete Sächsische Landesbank, die Sachsen-LB, ab 1999 hochriskante Spekulationsgeschäfte tätigte. Der Skandal flog im Sommer 2007 auf. Dieses Geld wird in Zukunft für Bildung, Kultur und die soziale Versorgung fehlen. Die dafür mitverantwortlichen Politiker wurden bislang jedoch nicht zur Rechenschaft gezogen. Wenn es um die hohe politische Ebene geht, ist man in Sachsen durchaus verständnisvoll, wie es scheint.

Im Dezember 2010 wurde zwar gegen acht ehemalige Top-Banker der Sachsen-LB Klage erhoben, nicht jedoch gegen die Mitglieder der Aufsichtsgremien, den Verwaltungsrat und den Kreditausschuss, ohne deren Zustimmung die spekulativen Fondsgeschäfte nicht möglich gewesen wären. Vorsitzender des Verwaltungsrats war zunächst der spätere sächsische Ministerpräsident Georg Milbradt als Finanzminister von 2001 bis 2002, dann der ihm in diesem Amt folgende heutige Bundesverteidigungsminister Thomas de Maizière. Für die gefährliche Ausweitung der Auslandsgeschäfte war später wiederum dessen Nachfolger, Finanzminister Horst Metz, mitverantwortlich. Mitglieder der Aufsichtsgremien waren außerdem der damalige CDU-Landtagsabgeordnete und heutige Leipziger Wirtschafts-dezernent Uwe Albrecht und der damalige SPD-Wirtschafts-staatssekretär Christoph Habermann, der heute Staatssekretar in Rheinland-Pfalz ist.

»Recht und Gesetz muss für alle gelten. Darum darf nicht nur gegen den Vorstand der Sachsen-LB juristisch vorgegangen werden«, entrüstete sich Antje Hermenau, die Vorsitzende der Grünen-Fraktion im Sächsischen Landtag, nachdem der jetzige Finanzminister Georg Unland die Klagen gegen die ehemaligen Vorstandsmitglieder der Bank eingereicht hatte. »Auch gegen jene Verwaltungsräte ist Klage einzulegen, die für die Milliarden-verluste der Sachsen-LB Verantwortung tragen. Das erfordert allein schon die politische Hygiene. Die kollektive Flucht aus der Verantwortung muss Folgen haben.«[28] Das unterblieb jedoch, denn, so Sachsens Finanzminister Georg Unland: »Klagen gegen die Vorstände sind daher aus zwei Gründen zu rechtfertigen: Es besteht Aussicht, die Prozesse zu gewinnen. Und es besteht Aussicht auf gewissen Schadenersatz. Und mit Klagen gegen die sechs ehemaligen Kreditausschuss-Mitglieder würde der Frei-staat Sachsen schlechtem Geld gutes hinterherwerfen.«[29] Das kann man von der Festung der Macht, der Staatskanzlei, aus sicher so sehen. Aber wenn man sagt, »ab einer gewissen Größe des Schadens gehe ich überhaupt nicht mehr gegen die Betroffe-nen vor, weil das zu teuer wird – dann kommt man zu dem Er-gebnis, dass man als Amtsträger eigentlich nur einen möglichst großen Schaden verursachen muss, um sicher zu sein, dass man hinterher nicht in Haftung genommen wird. Und das kann nicht sein«, meint der Staatsrechtler Professor Joachim Wieland.[30]

Schon Ministerpräsident Georg Milbradt argumentierte nach 2007, dass an dem Bank-Desaster der Landesbank der Vorstand schuld sei. Nun ist jedoch üblicherweise der Vorstand für die Bankgeschäfte verantwortlich, und der Verwaltungsrat wie der Kreditausschuss überwachen und kontrollieren den Vorstand und dessen Geschäftspolitik. Diese Praxis scheint aber nicht nur in Sachsen vergessen worden zu sein. Im Mai 2008 trat Ministerpräsident Georg Milbradt von seinem Amt zurück – auch wegen der Sachsen-LB-Affäre. Wiederum vier Jahre später, am 10. August 2012, antwortete er auf die Stellungnahme eines Finanzexperten, dass bislang immer nur die Banker an den Pranger gestellt worden seien, aber nicht die Politiker: »Die Banken dienen als Sündenbock für eigene Fehler der Politik in der Öffentlichkeit.« Er bezog es nicht auf sich selbst und die Affäre Sachsen-LB, sondern auf die europäische Schuldenkrise.

Fazit? »Der Schutz des eigenen Systems, des Systems der Politik, überwiegt. Man möchte dort nichts ranlassen und keine Unruhe schaffen«, erklärte gegenüber dem MDR-Magazin *Exakt* Harald Noeske, ein ehemaliger Referatsleiter in der Sächsischen Staatskanzlei. »Man möchte einfach einen Wall um diese Dinge legen, weil sie der Politik nach Auffassung der Handelnden schaden und nicht nutzen.«

Und die ansonsten so rührige Staatsanwaltschaft? Sie leitete bislang gegen die politisch Verantwortlichen des Desasters kein Ermittlungsverfahren wegen Untreue ein. Sie muss sich schließlich auch anderen, bestimmt viel wichtigeren Dingen widmen. Deshalb empfand man es dort wahrscheinlich als durchaus störend, als zwei Landtagsabgeordnete, Klaus Bartl (Die Linke) und Karl Nolle (SPD), am 11. Juni 2012 Strafanzeige bei der Generalstaatsanwaltschaft gegen Georg Unland, den derzeitigen Staatsminister der Finanzen, wegen des Verdachts der Untreue einreichten. Diese wurde am 4. Juli 2012 an die Staatsanwaltschaft Leipzig weitergeleitet, um dort eine Prüfung vorzunehmen. Als Begründung für die Strafanzeige der beiden Landtagsabgeordneten Nolle und Bartl wurde darin angegeben, dass das »Vorgehen der Sächsischen Staatsregierung in Gestalt der rein selektiven Erstattung von Strafanzeigen beziehungsweise der Geltendmachung von Haftungsansprüchen allein gegenüber Vorständen bzw. Bankmitarbeitern« als »willkürlich und tatsächlich allein auf den Schutz bzw. Nichtverfolgung mitverantwortlicher, inzwischen zum Teil aus dem Amt ausgeschiedener Politiker orientiert erscheinen muss«. Angezeigt wurde der sächsische Finanzminister zudem wegen Strafvereitelung. Denn er habe den staatlichen Anspruch auf Verhängung der Strafe oder Anordnung der Strafe vereitelt. Ob es jemals zu einem Strafverfahren gegen ihn kommen wird? Nein, es wird natürlich zu keinem Verfahren kommen. Mit Schreiben vom 29. November 2012 teilte die Staatsanwaltschaft den Anzeigeerstattern Karl Nolle und Klaus Bartl mit:»Von der Einleitung eines Ermittlungsverfahren gegen Professor Georg Unland wird gemäß Paragraph 152 Abs. 2 StPO abgesehen.«

»Die Einstellung des Verfahrens ist unglaublich«, kommentierte Klaus Bartl die Entscheidung der Staatsanwaltschaft.»Die haben ja fast die Argumentation der Staatskanzlei übernommen.« Hatte er in Sachsen tatsächlich etwas anderes erwartet? Wie sagte doch in einem anderen Fall ein Richter des Landgerichts Chemnitz Anfang November 2011:»Die Wahrheit interessiert mich nicht.« Den Befangenheitsantrag des Anwalts gegen diesen Richter lehnte sowohl das Landgericht wie auch das Oberlandesgericht Dresden ab. Erst das Bundesverfassungsgericht (Az.: 2 BvR 1750/12) entschied, dass eine solche Äußerung den Befangenheitsantrag begründet.»Dieser Beschluss«, urteilt Erich Jeske, der Sprecher der vor dem Bundesverfassungsgericht klagenden Rechtsanwaltskanzlei PWB in Jena, sei»eine schallende Ohrfeige für die sächsische Willkür-Justiz«.

106

Das lähmende Klima der Angst:
Sittenbild eines Bundeslands

Im schönen Bundesland Sachsen fällt es manch einem Außenstehenden ungemein schwer, überhaupt noch eine politisch unabhängige Justiz zu erkennen. Das hörte ich in Sachsen immer wieder, aber es trifft in dieser argumentativen Schlichtheit sicher nicht zu. Daher wollte ich unter anderem vom Landtagsabgeordneten Karl Nolle (SPD) wissen, wie und ob der Rechtsstaat in Sachsen noch funktioniert. Seine Antwort ist ernüchternd. »Anwälte, die mit staatlichem Handeln und Amtsmissbrauch und Amtsversagen der Mächtigen im Lande zu tun haben, erfahren immer wieder, dass der Rechtsstaat in Sachsen auf dünnen Beinen steht. Teile der Justiz sind bis heute noch nicht in der Demokratie angekommen. Alle, die mit politischen Verfahren zu tun haben und in diesem Zusammenhang Leute verteidigen müssen, fallen vom Glauben ab, wenn sie das vordemokratische Agieren der weisungsgebundenen Staatsanwaltschaft, aber auch manch eines Richters, erleben. Diese ›sächsische Demokratie‹ ist für Außenstehende vollkommen unvorstellbar.«

Woran liegt das? Vielleicht an der permanenten, seit Jahren andauernden Überlastung der Justiz und der Staatsanwaltschaft? Rechtsanwalt Klaus Bartl, ebenfalls Landtagsabgeordneter (Die Linke), erklärte mir das so: »Die Justiz hier hat zu Teilen ein gesundes Grundverständnis, was man vom Ministerium erwartet. Eine ganze Reihe von Richtern ist auch einfach uninteressiert, was dann zu ewigen Verzögerungen der Verfahren führt. Ich halte das für eine Mischung aus Unwilligkeit und ziemlicher Nähe zur Erwartungshaltung des Ministeriums und des Personalfilzes dort.« Thomas Giesen (CDU), Rechtsanwalt und ehemaliger sächsischer Datenschutzbeauftragter, wagt einen anderen Erklärungsversuch:»Ja, es ist bei einigen Politikern, die sich ernsthaft und kundig mit der Justiz befassen, erkennbar, dass es anderen offenbar unerwünscht ist, eine schnelle, punktgenaue und sorgfältige richterliche und staatsanwaltliche Arbeit zu garantieren. Überlastete Justiz? Schafft endlich Stellen.«[1]

Doch es nicht nur eine Frage der qualitativen Ressourcen im Justizapparat. Viel bedenklicher ist, dass der Justizapparat in Sachsen von der seit den neunziger Jahren regierenden CDU quasi in Geiselhaft genommen worden ist.»Da sind viele Leute mit Posten versorgt worden, die überwiegend aus dem Westen kamen, die nicht unbedingt Leistungsträger waren, nicht unbedingt gute Juristen«, meint Karl Nolle. Und er fügt hinzu:»20 Jahre Personalpolitik der allein regierenden CDU in Sachsen, vom kleinsten Hausmeister einer Schule bis zum Ministerialdirektor, alles ist mit einem Gesangbuch durchorganisiert.« Aber er sagt auch:»Es gibt Ausnahmen, leider zu wenige. Mir fällt dabei ein befreundeter Vorsitzender Richter am Verwaltungsgericht ein. Ein zutiefst konservativer Mensch, mit dem man sich herrlich politisch streiten kann, aber er ist ein rigider, konsequenter Verfechter rechtsstaatlicher Demokratie, der sich politisch nie vereinnahmen lassen würde. So was gibt es auch. Aber leider haben wir von diesen Charakteren noch viel zu wenige.«

Wie das Innenleben des Justizministeriums in Sachsen funktionierte, lässt sich am Beispiel von Gabriele Hauser (CDU), der einstigen Staatssekretärin, demonstrieren. Sie bestimmte über Jahre hinweg maßgeblich, wer in der sächsischen Justiz Karriere machte – oder eben nicht. In der Mitgliederzeitung *Neue Richtervereinigung Sachsen* wurde sie 2008 als »Königskobra« beschrieben, weil sie eine solche Machtposition habe, dass sie auf berufliche Entwicklungen und »damit auf persönliche Schicksale« Einfluss nehme wie kaum ein anderer.»Viele Stellenausschreibungen für Führungspositionen seien von ihr so gezielt formuliert worden, dass sich nur der bewerben könne, den sie bereits vorher für den Job intern ausgewählt habe.«² Sie soll sich, so war es im *Spiegel* zu lesen, auch gern privat der Staatsanwaltschaft bedient haben. Demnach habe sie »den Miteigentümern einer von ihr bewohnten Dresdner Immobilie regen Schriftwechsel mit der Steuerfahndung und der Dresdner Staatsanwaltschaft beschert. Gabriele Hauser informierte die Strafverfolger darüber, dass es ›Anhaltspunkte für den unberechtigten Bezug von Investitionszulagen‹ bei den anderen gebe. Die Behörden leiteten umgehend Verfahren ein.«³ Inzwischen ist die sogenannte Königskobra aufgestiegen, als Ministerialdirektorin ins Bundesministerium des Inneren. Dort ist sie seit 2010 zuständig für den Bereich Integration. Diese Zustände innerhalb des sächsischen Justizministeriums erklären vieles über das besondere Rechtsniveau in Sachsen: der Staatskanzlei und damit der CDU zu Diensten zu sein, wenn es politisch brennt. Daraus folgt die sächsische Art und Weise, wie man mit jenen Bürgern verfährt, die am schönen Schein des in Ansätzen feudalen politischen Systems in Sachsen kratzen.

Strafe, Rache oder das sächsische Landrecht

Das Besondere am sächsischen Recht – diesen Eindruck kann man gewinnen – ist das Prinzip der gnadenlosen rechtsstaatlichen Vergeltung. »Es gibt eine sächsische Spezialität – das Ermittlungsverfahren als Strafe, und egal, was bei Gericht herauskommt, Hauptsache ist, das Ermittlungsverfahren wird öffentlich, möglichst frühzeitig durchgestochen, und der Betroffene wird so gebrandmarkt, dass er wirtschaftlich oder politisch tot ist«, beklagt sich der SPD-Abgeordnete Karl Nolle. »Alle, die unbotmäßig sind, ob Politiker, Autoren, Journalisten, Zeugen, Polizisten, die werden mit Dutzenden von Verfahren überzogen, die später eingestellt werden, aber den Schaden hervorrufen, weil die Leute wirtschaftlich oder persönlich kaputtgemacht wurden.«⁴

Das zeigte sich zum Beispiel in Dresden am 19. Februar 2011 bei einer Blockade gegen die in Sachsen besonders starken und gewalttätigen Neonazis. Tausende Bürger und Bürgerinnen protestierten an diesem Tag, wollten den Neonazis Paroli bieten und ihr demokratisches Grundrecht wahrnehmen. Diese standhafte Blockade gegen Neonazis, die ihrerseits von ihrem Versammlungsrecht Gebrauch machten, stuften namhafte Staatsanwälte in Dresden anscheinend als hochkriminell ein. Daher schöpfte die sächsische Polizei auf deren Anordnung hin die Daten von »über 250 000 Mobilfunkanschlüssen ab, insgesamt mehr als eine Million Datensätze, Telefonnummern, Uhrzeit und Dauer der Anrufe, den Standort der Gesprächsteilnehmer, Daten von Demonstranten, Abgeordneten, Anwälten, Journalisten und Unbeteiligten.«[5] Schließlich ging es hier um die Bildung einer kriminellen Vereinigung. Mit diesen Maßnahmen wollte man »Straftaten von erheblicher Bedeutung« verfolgen, die von den Demonstranten gegen die Neonazis ausgegangen sein könnten. Dabei wurde auch das Büro eines Rechtsanwalts durchsucht – aus Versehen natürlich. Es kam zu insgesamt 462 Verfahren wegen Verstoßes gegen das Versammlungsrecht. »Diese massive Verfolgung nach Paragraph 21 des Versammlungsrechts ist wohl einzigartig in Deutschland«, kritisierte daraufhin Johannes Lichdi, Grünen-Abgeordneter im Sächsischen Landtag. Einer der Demonstranten gegen die Neonazis war Bundestagsvizepräsident Wolfgang Thierse, und er empörte sich in einem offenen Brief an den sächsischen Innenminister über die »Respektlosigkeit gegenüber den Bürgerrechten«, die zu einer Bedrohung für Demonstrationsfreiheit, Rechtsstaat und Demokratie werden könne.[6] Zustimmung zu der Aktion von Polizei und Staatsanwaltschaft kam hingegen vom innenpolitischen Sprecher der NPD-Landtagsfraktion.

Dazu passe, dass auf Einladung der sächsischen Bereitschaftspolizei die weißrussische Gendarmerie sich in Dresden »ein Bild von der Bekämpfung antifaschistischen Widerstands gegen den Naziaufmarsch in Dresden« machen durfte, stellte Andrej Hunko, Bundestagsabgeordneter (Die Linke) in einer Presseerklärung am 24. August 2012 fest. Zur Ausbildung der Gendarmeriekader aus Weißrussland in Deutschland gehörten die »Erläuterung polizeilicher Schwerpunkte in einer Stadt (Ballungsräume)« sowie die »Präsentation der Einsatztechnik der Bereitschaftspolizei«. Milizoffiziere werden in Belarus übrigens insbesondere zur Niederschlagung von Demonstrationen eingesetzt. In dem Land herrscht Diktatur, das zeigt die fast vollständige Einschränkung demokratischer Grundrechte, wie zum Beispiel der Versammlungsfreiheit und des Rechts auf freie Meinungsäußerung. Folter bei Miliz und Gendarmerie und in den Gefängnissen ist nicht selten, insbesondere richtet sie sich gegen politische Oppositionelle.

Um dem Ganzen noch die Krone aufzusetzen, wurde in Dresden nach der Anti-Nazi-Demonstration gegen den engagierten Jenaer Stadtjugendpfarrer Lothar König wegen aufwieglerischen Landfriedensbruchs ermittelt und Anklage erhoben. Wenn man seinem Verteidiger, dem bekanntermaßen scharfzüngigen Rechtsanwalt Johannes Eisenberg Glauben schenkt, dann beging die Staatsanwaltschaft Dresden schwere Fehler. Der Anwalt beklagte eine »tatsächlich demokratiefeindliche Grundhaltung der Anklage gegen seinen Mandanten«, weil seiner Meinung nach die Staatsanwaltschaft Dresden und die Dresdner Polizei »sich in einem paranoid-geschlossenen System von Verfolgungswahn verstrickt hätten«.[7] Ein schwerer Vorwurf zweifellos – wie auch dieser: »Die Argumentation der Dresdner Versammlungsbehörde und der Strafverfolgungsbehörden ist offen rechtswidrig und setzt die dem Angeschuldigten seelsorgerisch anvertrauten Menschen der Gefahr rechtswidriger staatlicher Verfolgung aus.« Besonders schwer wiegt sein Tadel, dass »sowohl Versammlungsbehörde und Polizei sowie Strafverfolger objektiv das Interesse und Ziel der faschistischen Manifestanten fördern«.[8] Hier lohnt es sich deshalb, einmal genauer hinzuschauen, ob in der Aussage des Berliner Rechtsanwalts, dass die Dresdner Staatsanwaltschaft

in einem »paranoid-geschlossenen System von Verfolgungswahn« verstrickt sei, ein wahrer Kern liegt. Und das führt gera-
dewegs zum sogenannten Sachsensumpf.

Protokoll über ein deutsches Spinnennetz

Es geschah am 14. Mai 2007. Ein politischer Skandal erschütterte
Sachsen, denn es waren brisante Geheimdienstdokumente bekannt geworden. Darin fasste das sächsische Landesamt für Verfassungsschutz seine Erkenntnisse über die Machenschaften der
organisierten Kriminalität, Korruption in den Kommunalver-
waltungen und der Justiz des Landes zusammen. Die *Sächsische
Zeitung* schrieb von einer mutmaßlichen »mittleren Staatskrise«,
von der eingeweihte Kreise orakelten, die Geheimakte liege verschlossen im Landesamt für Verfassungsschutz. Auf etwa 16 000
Seiten haben demnach die Verfassungsschützer Informationen
über Netzwerke gesammelt, in die Unternehmer, Anwälte, Richter, Polizisten und Kriminelle verstrickt sein sollen. Ich selbst war
an der Aufdeckung des Skandals insofern beteiligt, als mir bereits
Monate bevor die Affäre im Mai 2007 durch den *Spiegel* öffentlich wurde, ein Teil dieser geheimen Akten des Landesamts für
Verfassungsschutz (LfV) zugespielt worden war. Nach der Berichterstattung veröffentlichte ich einige Auszüge aus den bislang
unbekannten Geheimdienstunterlagen in meinem Blog, weitere
Teile davon in dem Buch *Anklage unerwünscht*. Danach folgten in
den Medien weitere Enthüllungen aus den Aktenbeständen, da
Journalisten, insbesondere vom *Spiegel* sowie die beiden freien
Journalisten Thomas Datt und Arndt Ginzel, weiterrecherchier-
ten.

Aufgrund der mir vorliegenden Aktenlage ergab sich der begründete Verdacht, dass es bei den gesammelten Informationen
des Verfassungsschutzes nicht nur um bloße Korruption ging,
sondern um delikate Verbindungen zwischen hochrangigen Re-

präsentanten der Polizei, Justiz und Politik – ein mehr oder weniger dubioses Spinnennetz der Macht, insbesondere in Leipzig. Gesammelt hatte die Informationen das Referat Organisierte Kriminalität (OK) im Landesamt für Verfassungsschutz. Die nachrichtendienstlichen Hinweise und Informationen betrafen verschiedene Komplexe: osteuropäische organisierte Kriminalität, italienische Mafia, Vogtland, Rocker und Leipzig. Über die italienische Mafia hatte der Verfassungsschutz vielfältige konkrete Informationen gesammelt und dabei eine Liste der »Top 20 der italienischen Organisierten Kriminalität in Leipzig« aufgestellt. Darunter befanden sich Angehörige der sizilianischen Cosa Nostra, der kalabrischen 'Ndrangheta und der Camorra aus Neapel. Diese Erkenntnisse deckten sich wiederum mit den entsprechenden Ermittlungen des Bundeskriminalamts. Trotzdem beharrt die sächsische Staatsregierung bis heute darauf, dass es in Sachsen keine italienische Mafia gibt, ein offensichtliches Wunschdenken.

Beim Komplex Leipzig, der auch unter dem Namen »Abseits III« bekannt war und später vor allem unter der Bezeichnung »Sachsensumpf« Einzug in die Medien halten sollte, ging es unter anderem um ein Bordell, in dem minderjährige Mädchen zwangsprostituiert wurden, sowie um dubiose Immobiliengeschäfte und entsprechende Verbindungen zur Stadtverwaltung und zu hohen Justizangehörigen. Bundesweit berichteten die Medien nun über Netzwerke aus Kriminellen, Politikern, Juristen, Polizisten und Verwaltungsangestellten in sächsischen Großstädten wie Leipzig und Dresden. Die politische Elite in Sachsen (CDU) wie die in Leipzig (SPD) war in heller Aufregung – bis mit Hilfe von staatsgläubigen Journalisten und einer durchaus umstrittenen Aufarbeitung durch die Dresdner Staatsanwaltschaft im Herbst 2007 ein Schlussstrich unter die Affäre gezogen wurde. Demnach sei an dem sogenannten Sachsensumpf nichts dran, vielmehr sei alles eine reine Gerüchtesammlung. Dresdens damaliger leitender Oberstaatsanwalt Henning Drecoll sprach davon, dass die Dossiers nichts als »heiße Luft« enthielten. Oder:

»In Wirklichkeit dient der Fall als Exempel für eine sich selbst befeuernde Gerüchteküche.«[9] Die Staatsanwaltschaft Dresden selbst kam nun zu dem Schluss, dass das Dossier Abseits III auf »bloßen Vermutungen und Gerüchten« basiere.[10] »Die Ermittlungen haben ergeben«, erkannte ein *FAZ*-Journalist, der 2009 mit der Sächsischen Verfassungsmedaille ausgezeichnet wurde, »dass es sich beim Verfassungsschutzdossier Abseits III und den anderen Dossiers um eine krude Sammlung von Hörensagen handelt. [...] Den Vorwürfen liegt nach Einschätzung der Staatsanwaltschaft eine Art ›Verschwörungstheorie‹ zugrunde. [...] Das Dresdner OK-Referat habe sich eine Parallelaktenwelt geschaffen.«[11] Und aus der *Frankfurter Rundschau* erfuhr der Leser: »Einige durchgeknallte Mitarbeiter des Verfassungsschutzes hatten über Jahre meterweise Akten angelegt über ein angebliches kriminelles Netzwerk aus Richtern und Staatsanwälten, Polizisten, Bauunternehmen und Politikern. [...] Aber am Ende kam heraus: Es war alles falsch. Nichts ist von den Vorwürfen geblieben. Sie lösten sich in Luft auf. Sie hatten hemmungslos alles zusammengerafft zu einem Aktenberg aus Gequatsche, Unterstellungen, bösen Verdächtigungen. Sie hatten den gesunden Menschenverstand ausgeschaltet.«[12]

Um die Vorwürfe zu entkräften, setzte die Staatsregierung sogar zwei unabhängige Prüfteams ein, welche die Arbeit der Polizei sowie des Verfassungsschutzes prüfen sollten. Unter der Leitung von Ingmar Weitemeier, dem Chef des Landeskriminalamts Mecklenburg-Vorpommern, untersuchten zwölf Mitglieder der ersten unabhängigen Arbeitsgruppe die Akten spektakulärer Fälle der Polizei. Es gebe keine Anhaltspunkte für ein kriminelles Netzwerk, lautete am Ende ihr Fazit. Das Team durfte die Akten jedoch lediglich prüfen, nicht aber eigene Ermittlungen führen, die sich aufgrund der Aktenlage ergeben könnten. Aus diesem Grund wurde, so Ingmar Weitemeier, die Struktur der sogenannten Rotwein-Runde in Leipzig nicht weiter untersucht, bei der sich Staatsanwälte, hohe Polizeibeamte und einige Politiker getroffen haben sollen. Der Empfehlung der Weitemeier-Prüfgruppe sei nicht gefolgt worden, dass gegen einen Teilnehmer der Rotwein-Runde, einen hohen sächsischen Polizeibeamten, ein Disziplinarverfahren eingeleitet werden solle. Im Gegenteil, der Betreffende ist inzwischen in der sächsischen Polizeihierarchie sogar durch Beförderung weiter aufgestiegen.

Die zweite Prüfgruppe sollte das Landesamt für Verfassungsschutz durchleuchten. Sie setzte sich aus zwei Gutachtern zusammen. Der erste war Dietrich Beyer, ein ehemaliger Bundesrichter. Beyer wirkte als Berichterstatter am Bundesgerichtshof unter anderem an zahlreichen wichtigen Entscheidungen zum Kauf- und Wohnraummietrecht mit. »Besonders am Herzen liegt ihm seit 1991 die Pflege der Beziehungen zu Richtern der obersten Gerichtshöfe der Sowjetunion bzw. der GUS-Staaten, insbesondere Russlands.«[13] Im Jahr 2000 wurde ihm für seinen Beitrag zum Aufbau einer demokratischen Gesellschaft in Russland und die Entwicklung von Institutionen eines Rechtsstaats der Preis Phemida der Russischen Akademie der Wissenschaften und des Moskauer Juristenclubs verliehen. Dass bis zum heutigen Tag von einem rechtsstaatlichen System in Russland nicht gesprochen werden kann, dafür ist der juristische Aufbauhelfer sicher nicht verantwortlich. Der zweite Gutachter war der ehemalige Direktor des hessischen Verfassungsschutzes, Lutz Irrgang, der 1999 vom damaligen CDU-Innenminister Volker Bouffier ins Amt gehievt worden war. Mittlerweile war Irrgang bereits im Ruhestand. Ich habe ihn einst bei einer Diskussion über organisierte Kriminalität in Wiesbaden kennengelernt, als er noch Chef des Verfassungsschutzes war. Ich war entsetzt über seine Ignoranz gegenüber dem Problem der organisierten Kriminalität. Darüber beklagten sich nach der Diskussion mir gegenüber auch einige seiner Mitarbeiter. »Der versteht das nicht und will es auch nicht verstehen«, sagten sie.

In ihrem Abschlussbericht übten die beiden »unabhängigen« Experten Beyer und Irrgang denn auch massive Kritik an der

Arbeit der OK-Abteilung des sächsischen Verfassungsschutzes. Quellenberichte seien nicht überprüft, unschlüssige Angaben unglaubwürdiger Personen als wahr angenommen und erkennbare Widersprüche außer Acht gelassen worden. Lutz Irrgang betonte, es seien zwar viele Verdachtsmomente gesammelt worden, der Großteil habe aber nicht nachgewiesen werden können. »Selten ist die Aufgabe der Beobachtung der organisierten Kriminalität so missverstanden worden wie in Sachsen«, sagte der ehemalige Verfassungsschützer Irrgang. Vom sächsischen OK-Referat seien keine Lagebilder und keine Analysen verfasst worden. Das Referat habe sich nicht mit der Polizei abgestimmt. Es sei um Verdachtsschöpfung um jeden Preis gegangen.[14]

Der Öffentlichkeit wurde zudem verkauft, dass bei der Aufklärung der mutmaßlichen kriminellen Netzwerke die Arbeit der Dresdner Staatsanwaltschaft durch einen Juristen aus einem anderen Bundesland überwacht würde. Ausgewählt wurde Wolfgang Eißer, Präsident des Landgerichts in Waldshut. Doch von Unabhängigkeit kann wohl keine Rede sein. Das ist zumindest einer mir vorliegenden E-Mail von Wolfgang Eißer an den Justizminister Geert Mackenroth, sie datiert auf den 23. Januar 2008, zu entnehmen. Hintergrund ist, dass zwei ehemalige jugendliche Zwangsprostituierte aus dem Leipziger Bordell Jasmin zwei hohe Justizangehörige beschuldigt hatten, dort Kunden gewesen zu sein. Dazu heißt es in der E-Mail: »Man muss sogar befürchten, dass die neuen Aussagen nicht nur manipuliert, sondern ›bestellt‹ worden sind.« Und weiter: »Durch weitere Ermittlungen wurde die unrühmliche Rolle von Frau H. und Herrn W. bei der Informationsbeschaffung bestätigt. Offenbar hat man ganz bewusst bei verschiedenen ›amtlichen Personen‹ Gerüchte abgefragt und dann daraus etwas zusammengeschrieben.«

Es ist dieses von jenen vermeintlich unabhängigen Gutachtern und einigen Medien geprägte Bild des nicht vorhandenen Sachsensumpfs, das bis heute das öffentliche wie das politische Bewusstsein bestimmt – nicht nur in Sachsen, sondern in ganz

Deutschland. Erreicht wurde es durch ein fast perfektes Zusammenspiel verschiedener Interessengruppen, mit dem Ziel, die öffentliche Meinung in eine bestimmte Richtung zu lenken: Im sächsischen Staat herrschen Recht und Ordnung, Korruption und kriminelle Netzwerke gibt es nicht.

Handelte es sich wirklich nur um eine Gerüchtesammlung unfähiger Verschwörer im Verfassungsschutz? Christoph Hindinger, der zuständige Abteilungsleiter im sächsischen Landesamt für Verfassungsschutz, erklärte dazu am 27. April 2012 vor dem zweiten Parlamentarischen Untersuchungsausschuss, der die Vorwürfe rund um den Sachsensumpf aufklären soll: »Zusammenfassend kann ich sagen: Mein Eindruck damals war, dass die Kollegen mit großer Ernsthaftigkeit und hohem Verantwortungsbewusstsein ihren gesetzlichen Auftrag erfüllt haben. Vor allem aber bin ich der festen Überzeugung, dass nicht sehenden Auges strukturell und systematisch unkorrekt gehandelt worden ist.«

Der erste Parlamentarische Untersuchungsausschuss mit der ellenlangen Bezeichnung »Verantwortung von Mitgliedern der Staatsregierung und von ihnen beauftragter leitender Behördenvertreter für etwaige schwerwiegende Mängel bei der Aufdeckung und Verfolgung krimineller und korruptiver Netzwerke unter Beteiligung von Vertretern aus Politik, Wirtschaft, Justiz, Polizei und sonstigen Landes- und kommunalen Behörden in Sachsen, für das Versagen rechtsstaatlicher Informations-, Kontroll- und Vorbeugungsmechanismen und für die unzureichende Aufklärung sowie gezielte Desinformation gegenüber der Presse und der Öffentlichkeit im Umfeld der Debatten um den so genannten Sachsensumpf (Kriminelle und korruptive Netzwerke in Sachsen)« wurde zunächst ein Jahr lang massiv von der CDU behindert, indem den Oppositionsparteien das Recht abgesprochen wurde, überhaupt die Hintergründe, ob es ein kriminelles Netzwerk gibt, zu untersuchen. Erst nach einem Urteil des sächsischen Verfassungsgerichts konnte der Ausschuss seine Arbeit aufnehmen, die jedoch am Ende der Legislaturperiode eingestellt wurde. Bis dahin hatte man nicht einmal die wichtigsten Zeugen vernehmen können.

Das übernahm nach der Landtagswahl 2010 der zweite Parlamentarische Untersuchungsausschuss mit der gleichen Zielvorgabe wie der erste: Aufklärung über kriminelle und korrupte Netzwerke in Sachsen. Dazu erklärte der Grünen-Abgeordnete Johannes Lichdi am 20. Mai 2010 im sächsischen Parlament: »Warum setzen wir heute den Untersuchungsausschuss zum Thema ›Sachsensumpf‹ oder Aktenaffäre, wenn Ihnen das lieber ist, wieder ein? Wir lösen damit eine Ankündigung und ein Versprechen ein, das Grüne und Linke am Ende der vierten Wahlperiode gegeben haben. Wir lassen uns nicht durch Ihre [der CDU] verfassungswidrige Blockade von unserer Pflicht zur Aufklärung abhalten. Und wir richten uns auch nicht nach den Konjunkturen der öffentlichen Berichterstattung und was sie gerade für bedeutend und wichtig hält. Obwohl die Hauptarbeit noch zu tun ist, hat der Untersuchungsausschuss der letzten Wahlperiode wichtige Erkenntnisse und Hinweise erbracht, die leider nicht in zureichendem Maße in das Bewusstsein der Öffentlichkeit gedrungen sind.« Im zweiten Parlamentarischen Untersuchungsausschuss fragte der Abgeordnete Christian Piwarz (CDU) den ehemaligen Präsidenten des Landesamts für Verfassungsschutz Sachsen Rainer Stock: »Wäre es falsch, wenn man sagen würde, dass man – Stand 28.5.2006 – beim Komplex Abseits III von einer Gerüchtesammlung sprechen könnte?« Stocks Antwort: »Gerüchtesammlung trifft es nicht. Es war eine Dokumentation von dem, was die Beschaffer in Erfahrung gebracht hatten, was ihnen mitgeteilt worden war. Wir reagieren nicht auf der Grundlage von Gerüchten, sondern da müssen schon Anhaltspunkte da sein. Bei Abseits III ergab sich aus dem, was wir als erste Hinweise erhalten hatten, schon ein Anhaltspunkt dafür, dass da ein Geflecht besteht, das auch auf öffentliche Entscheidungsträger eingewirkt hat. […] Es gab dort eine Reihe von Hinweisen, die für uns auffällig waren, dass dort möglicherweise ein Geflecht bestanden hat oder vielleicht noch besteht, das in unlauterer Absicht auf öffentliche Entscheidungsträger einwirkt.«[15] Dabei soll nicht vergessen werden, dass der damalige Innenminister Albrecht Buttolo am 5. Juni 2007 in einer Sondersitzung des Sächsischen Landtags eine legendäre Brandrede hielt. Nach seinen Worten sei die Mafia noch aktiv,»das perfide Netzwerk wird voraussichtlich zurückschlagen, weil wir es zerstören wollen«, und er erwarte Rufmordkampagnen und Drohungen gegen Ermittler.[16] Hier beginnen die nächsten offenkundigen Widersprüche. Denn in einem Interview mit dem Nachrichtenmagazin *Focus* erklärte der damalige Innenminister später zu dieser Rede: »Ich fühle mich in der Tat durch die Art und Weise, wie mir diese Informationen vorgetragen wurden, getäuscht. Das Schlimme daran ist: Es ist der Eindruck entstanden, hier in Sachsen gäbe es eine besonders gravierende Kriminalität.«[17] Getäuscht haben soll ihn Simone Henneck, die damalige Referatsleiterin in der Abteilung Organisierte Kriminalität des Verfassungsschutzes. Die Erinnerung von Simone Henneck ist hingegen eine andere als die des im *Focus* zitierten Buttolo. Sie hörte die Rede ihres Innenministers im Radio.»Ich glaubte in einem falschen Film zu sein. Mir ist bis heute schleierhaft, weshalb er dieses Szenario entwickelte. Ich jedenfalls für meine Person habe dem Innenminister dabei nicht, wie so oft behauptet, souffliert. In Vorbereitung seiner Brandrede hat das LfV nach meinem Kenntnisstand eine Zuarbeit geleistet, welche aber inhaltlich nicht einmal ansatzweise mit der Brandrede des Innenministers übereinstimmt.«[18] Der nächste Widerspruch: Ein Teil der vorläufigen Erkenntnisse des Verfassungsschutzes wurde sogar an die Generalbundesanwältin nach Karlsruhe geschickt. Diese lehnte entsprechende Ermittlungen jedoch ab. In einigen Medien war daraufhin zu lesen:»Generalbundesanwältin Monika Harms sah sich Akten an, lehnte eigene Ermittlungen ab und mahnte Journalisten zu Sachlichkeit.«[19] Also bitte, wenn selbst die Generalbundesanwältin hier Ermittlungen ablehnt – so der unterschwellige Triumph –, dann kann an der ganzen Sache doch nichts dran sein. Tatsächlich spielte es sich ein wenig anders ab. Das berichtet Simone Henneck, die noch im September 2006 mit einer Prämie für»ihre herausragende besondere Leistung« geehrt worden war. »Am 15. Mai 2007 erfolgte durch mich eine telefonische Rücksprache mit einem mir dienstlich bekannten Abteilungsleiter der Generalbundesanwältin. Nach kurzer Erläuterung des Sachverhalts bestätigte mir der Genannte die Unzuständigkeit der Generalbundesanwaltschaft für die Akten des Verfassungsschutzes. Die Hinweise auf kriminelle Personennetzwerke in Sachsen mit Bezügen zur freiheitlich-demokratischen Grundordnung in ihrer Gefährdung oder Beeinträchtigung und die nicht – eben nicht! – fortgeführten Strukturermittlungen des LfV reichten für eine Prüfung oder gar Übernahme durch die Generalbundesanwältin nicht aus.« Und Simone Henneck übergab sowohl dem Vizechef des Verfassungsschutzes Olaf Vahrenhold wie auch dem zuständigen Staatssekretär im Innenministerium ein persönlich geschriebenes Kurzgutachten, wonach die Generalbundesanwaltschaft nicht zuständig sei. Auf ihre Nachfrage, warum die Parlamentarische Kontrollkommission (PKK) nicht darüber informiert worden sei, erklärte man Simone Henneck, dass dies nicht im Sinne der PKK gewesen sei.[20] All das wurde verschwiegen, um sie und das Referat Organisierte Kriminalität unglaubwürdig zu machen. Ein perfider Schachzug.

Zum Hintergrund der vermeintlichen sächsischen Staatsaffäre: Das Referat Organisierte Kriminalität im Landesamt für Verfassungsschutz wurde im Jahr 2003 gegründet. Am 21. Juli 2005 kam es aufgrund eines Normenkontrollverfahrens zu einem Urteil des Sächsischen Verfassungshofs über die Zulässigkeit der Beobachtung der organisierten Kriminalität durch das Landesamt. Demnach dürfe der Verfassungsschutz nur diejenige Form der organisierten Kriminalität beobachten, die gegen die freiheitlich-demokratische Grundordnung verstößt. Von einer Auflösung war im Urteil des Verfassungsgerichtshofs nie die Rede. Dazu sagte der damalige Abteilungsleiter des Verfassungsschutzes Christoph Hindinger, dass schon vor dem Urteil des Verfassungsgerichts der Bezug zur freiheitlichen-demokratischen Grundordnung»durchgängig als ungeschriebenes Tatbestandsmerkmal zur Arbeitsweise des Referats gehörte.«

Thomas de Maizière, damals sächsischer Innenminister, entschied noch im August 2005, nach Vorlage der vom LfV beobachteten Komplexe, dass die Weiterbeobachtung der organisierten Kriminalität auch nach dem Urteil des sächsischen Verfassungsgerichtshofs durch den Verfassungsschutz des Freistaats verfassungskonform sei, weil sämtliche Fälle erste zureichende tatsächliche Anhaltspunkte für eine Gefährdung der freiheitlich-demokratischen Grundordnung aufwiesen. Es handelte sich jedoch nur um beginnende Strukturermittlungen des Landesamts für Verfassungsschutz im OK-Referat, bei denen der Schutz von Leib und Leben aller LfV-Informanten oberste Priorität für die Behördenleitung besaß. Simone Henneck informierte de Maizière damals, dass diese Ermittlungen sowie die vorliegenden Anhaltspunkte staatsgefährdender Bestrebungen erst noch mit nachrichtendienstlichen Mitteln umfassend verifiziert werden müssten und einer langfristigen, möglicherweise sogar ein oder zwei Jahre dauernden Beobachtung entsprechend dem gesetzlichen Auftrag nach dem Verfassungsschutzgesetz bedürften. Dazu sagt Simone Henneck:»Seine damalige Einschätzung, die Erkenntnisdichte sei für die Information bestimmter Behörden oder andere, weiterführende Maßnahmen viel zu gering, war und ist auch aus heutiger Sicht absolut korrekt.«

Aus welchen Motiven auch immer, ob aus purer Naivität oder aus Angst vor belastenden Erkenntnissen über führende Politiker, man hatte in der damaligen CDU/SPD-Regierung an einer weiteren Aufklärung kein Interesse. Rainer Stock war von Dezember 2002 bis zum Mitte Juni 2007 Leiter des Landesamts für Verfassungsschutz. In dieser Zeit hatte der Verfassungsschutz die

Aufgabe der Beobachtung der organisierten Kriminalität.»Wir haben das Staatsministerium für Inneres von Anbeginn an unterrichtet. Es waren nicht mehr als Anhaltspunkte, die hätten weiter verifiziert werden müssen, was wir auch so gut es ging getan haben – aber mit Beendigung der Aufgabe war das eben nicht mehr möglich.«[21] Der LfV-Präsident versuchte zwar, die sächsischen Politiker davon zu überzeugen, dass es notwendig sei, die organisierte Kriminalität weiter unter den vom Verfassungsgerichtshof genehmigten Vorgaben beobachten zu lassen. Denn bereits im Jahr 2005 gab es »zureichende tatsächliche Anhaltspunkte für die Gefährdung oder Beeinträchtigung der freiheitlich-demokratischen Grundordnung durch organisierte Kriminalität«.[22] Pikant ist in diesem Zusammenhang, dass Rainer Stock gegenüber einer Vielzahl seiner Mitarbeiter erwähnte, dass die Staatsregierung beabsichtige, per Gesetzesänderung dem Landesamt für Verfassungsschutz die Zuständigkeit für die Beobachtung der organisierten Kriminalität zu entziehen. Wenige Stunden bevor er zu seinen Mitarbeitern sprach, gab es nämlich eine Besprechung im Staatsministerium des Inneren. Grund dafür sei eine Vereinbarung zwischen den Koalitionspartnern: Demnach wolle die CDU-Fraktion den Forderungen der SPD nachkommen, die OK-Beobachtung aus dem sächsischen Verfassungsschutzgesetz zu streichen. Im Gegenzug werde die SPD dem Willen des Koalitionspartners CDU entsprechen und später Zugeständnisse im Bereich der sächsischen Hochschulpolitik nach den Vorstellungen der CDU gewähren.[23]

Vor dem parlamentarischen Untersuchungsausschuss erklärte Rainer Stock, dass die Schließung des Referats ein Fehler gewesen sei. Man wollte die organisierte Kriminalität aber nicht vom Verfassungsschutz beobachtet haben. Mit der Schließung des Referats traf die damalige CDU/SPD-Landesregierung auf jeden Fall eine bewusste politische Entscheidung. Deshalb ist die Vermutung sicher nicht abwegig, dass die politische Sumpflandschaft in Sachsen mit ein Motiv dafür gewesen sein könnte. Am 1. Juni

2006 trat das geänderte sächsische Verfassungsschutzgesetz in Kraft. Das bedeutete, dass ab sofort der Verfassungsschutz kraft Gesetzes die organisierte Kriminalität nicht mehr beobachtete. Nun ging es nur noch darum, das Referat abzuwickeln und alle Akten zu schreddern – damit nicht der Hauch eines Verdachts auf einflussreiche sächsische Personen fallen kann, die darin erwähnt wurden. Schreddern ist da ein probates Mittel.

Ob es nun tatsächlich einen Sachsensumpf gibt, das ist trotz zweier Parlamentarischer Untersuchungsausschüsse politisch umstritten. Die regierende CDU erklärt voller Überzeugung – nein, es gab keinen Sachsensumpf, kein kriminelles Netzwerk. Johannes Lichdi (Bündnis 90/Die Grünen) ist da vorsichtiger. »Die Kernfrage war ja, gibt es, gab es korruptive Netzwerke im Freistaat Sachsen? Nach unserer Überzeugung ist es bisher nicht nachgewiesen, dass es diese korruptiven Netzwerke gegeben hat. Allerdings ist auch ihr Nichtbestehen nicht nachgewiesen.«[24] In seiner Rede vor dem Sächsischen Landtag am 26. Juni 2009 erklärte der SPD-Abgeordnete Karl Nolle: »Es fällt ins Auge, dass sich bisher kein unabhängiges Gericht mit dem Sachsensumpf beschäftigt hat, allenfalls sind die in Sachsen besonders weisungsgebundenen Staatsanwaltschaften und unter diesen vor allem die örtlich gar nicht zuständige Staatsanwaltschaft Dresden tätig geworden. […] Das scheint mir der eigentliche Sumpf zu sein, und dessen Urheber müssen wir fassen, um den Sumpf wirklich trockenzulegen.« Genau das ist das zentrale Problem in Sachsen. Wie in der Vergangenheit Stimmung gemacht wurde, Wahrheiten verdreht wurden und mit den Mitteln der Einschüchterung gearbeitet wurde, zeigen insbesondere die Erkenntnisse des zweiten Parlamentarischen Untersuchungsausschusses. Über diese Erkenntnisse wurde von den Journalisten, ob *Focus*, *Frankfurter Allgemeine Zeitung*, ZDF oder *Frankfurter Rundschau*, die zuvor die Informationen des Verfassungsschutzes als Hirngespinste bezeichneten, jedenfalls nichts berichtet.

Wie kann man sich zum Beispiel das Vorgehen gegen den

ehemaligen Präsidenten des Landesamts für Verfassungsschutz Rainer Stock erklären? Im Sommer 2007 wurde er seines Postens enthoben und ins Innenministerium versetzt. Gegen ihn leitete die Staatsanwaltschaft wegen Strafvereitlung im Amt und wegen Verletzung von Dienstgeheimnissen Strafverfahren ein. Diese wurden nach drei Jahren eingestellt, denn Stock war unschuldig. Hinzu kam ein Disziplinarverfahren wegen Vernachlässigung der Aufsichtspflicht, welches nach über einem Jahr dann ebenfalls eingestellt wurde. Über die gegen ihn laufenden Ermittlungen erfuhr Rainer Stock erst aus der Presse. Für den Abgeordneten Karl Nolle ist der Umgang mit dem Ex-Verfassungschef ein Skandal. Er sagte mir:»Der Mann wurde gesundheitlich ruiniert, nicht zuletzt durch seinen fürsorgenden Dienstherrn. Fünf Verfahren – fünf Freisprüche wegen erwiesener Unschuld. Das hat ihn möglicherweise zehn Jahre seines Lebens gekostet. Im Frühjahr 2012 erlitt er einen Herzinfarkt, und trotzdem wollte er es sich nicht nehmen lassen, vor dem Untersuchungsausschuss auszusagen – Hochachtung vor solch einem Mann.«

Mysteriös ist auch die Rolle des stellvertretenden Verfassungsschutzchefs Olaf Vahrenhold. Hartnäckig hält sich die Vermutung, dass innerhalb des Verfassungsschutzes Intrigen gegen die unbeliebte Abteilung Organisierte Kriminalität gesponnen wurden, insbesondere aus dem Umfeld der Abteilung, die eigentlich den Rechtsextremismus beobachten sollte. Auf eine entsprechende Frage vor dem Untersuchungsausschuss antwortete Vahrenhold:»Das war in der Tat mein Eindruck, ja.« Doch eine zentrale Frage wurde nicht geklärt, nämlich ob bestimmte Akten von der neuen Amtsleitung entfernt worden sind. Es sollen insbesondere jene sein, die sich mit konkreten Informationen zum Komplex Abseits III, also dem korrupten Netzwerk in Leipzig, beschäftigten. Dazu passt, dass sich bereits im März 2007 ein ehemaliger Mitarbeiter des OK-Referats an Simone Henneck wandte. Dieser offenbarte ihr, dass Vahrenhold ihn beauftragt habe, einige Vermerke und Stellungnahmen des LfV aus dem

Aktenbestand der Abwicklung des OK-Referats zu entfernen und zu vernichten. Damit nicht genug.»In der 23. Kalenderwoche 2007, also zwischen dem 4. und 7. Juni 2007, erteilte Dr. Vahrenhold einem mir nicht unterstellten Mitarbeiter des LfV Sachsen die dienstliche Weisung, konkrete Aussagen eines Informanten des ehemaligen OK-Referats zum Fallkomplex ›Abseits III‹ nicht zu dokumentieren.«

Anfang Januar 2013 erklärte Simone Henneck vor dem Parlamentarischen Untersuchungsausschuss, dass die Aussagen von sieben Informanten, wonach Kinder aus Osteuropa zum sexuellen Missbrauch nach Leipzig gebracht werden sollten, sowie Informationen über korrupte Polizisten verschwunden seien.

Die Wahrheit biegen, bis sie politisch genehm ist

»Wer heucheln kann und schmeicheln kann, der ist heut' ein gemachter Mann«, das erkannte schon vor vierhundert Jahren Abraham a Sancta Clara, ein badischer Augustinermönch. Simone Henneck hat dafür nichts übrig. Gegenüber dem zweiten Parlamentarischen Untersuchungsausschuss erklärte sie:»Ich habe schon immer Neid, Missgunst, Heuchelei und Gier verachtet. Und ich verachte schon immer alle Kriecher und Streber, die in vorauseilendem Gehorsam speichelleckend um des eigenen Vorteils willen Verrat üben und sich so Posten ergaunern und die dabei achtlos alle Ideale zertreten.«

Henneck war Anfang der neunziger Jahre, bevor sie im Zusammenhang mit dem Sachsensumpf unbequem wurde, eine höchst erfolgreiche Staatsanwältin in Dresden. Sie war Hauptanklägerin bei den sogenannten Dresdner Kinderschänderprozessen in den späten neunziger Jahren, danach Leiterin einer Kriminalpolizeiinspektion. Im Jahr 2003 wurde sie aufgrund ihrer unbestrittenen Qualifikation im Landesamt für Verfassungsschutz zuständige Referatsleiterin für organisierte Kriminalität.

Sie baute das Dezernat mit großem Erfolg aus – bis sie unter Verdacht geriet, Dienstgeheimnisse verraten zu haben, und man ihr auf einmal mangelnde Amtsführung unterstellte. Das alles hing wiederum mit der politischen Auseinandersetzung rund um den Sachsensumpf zusammen.

Aber eins nach dem anderen. Zur Erinnerung: Es gibt »keinen landesweiten Korruptions-Sumpf, sondern eher geheimdienstliche Seifenblasen, Pannen, Versäumnisse und Lügen innerhalb des Verfassungsschutzes. […] Tatsächlich stellte sich heraus, dass Vorgänge aufgepeppt und aufgeblasen worden waren.«[25] Das schrieb Bernhard Honnigfort im Juli 2007 in der *Frankfurter Rundschau*. »Die Staatsregierung nannte den Sachsensumpf das ›Hirngespinst einer durchgeknallten Verfassungsschützerin‹, die ›ein Gebräu aus Gerüchten und Halbwahrheiten aufgebauscht‹ habe, um sich zu profilieren.«[26] Mit der durchgeknallten Verfassungsschützerin war Simone Henneck gemeint.

Im Februar 2009 erklärte sie vor dem zweiten Parlamentarischen Untersuchungsausschuss der vierten Wahlperiode des Sächsischen Landtags: »In den vergangenen 19 Monaten sind der Präsident des Landesamts für Verfassungsschutz Sachsen, verschiedene Mitglieder der Staatsregierung sowie Vertreter des Sächsischen Innenministeriums und auch der Staatsanwaltschaft Dresden […] gegen mich vorgegangen. Allein in sechsundvierzig nachweisbaren Fällen sollte ich durch Schreiben und Telefonate zu Aussagen oder sonstigen Handlungen veranlasst werden. Ich wurde durch meinen Dienstherrn, unter permanenter Verletzung elementarster Fürsorgepflichten und in einer beispiellosen Kampagne und regelrechten Hexenjagd, öffentlich geoutet, bloßgestellt, verleumdet und auch persönlichen Gefährdungen von Leib und Leben ausgesetzt.«

Am 10. November 2010 wurde Henneck dann von der Generalstaatsanwaltschaft wegen Verfolgung Unschuldiger in Tateinheit mit Verleumdung und übler Nachrede angeklagt. Die Anklageschrift war 132 Seiten dick. Der Vorwurf: Sie habe mit ihrer Datensammlung bewirkt, dass Ermittlungsverfahren gegen mehrere Personen eingeleitet wurden. Die im sogenannten Behördenzeugnis behaupteten Straftaten seien allesamt zumindest nicht beweisbar gewesen. Außerdem sei die Unschuld der Betroffenen erwiesen. Darüber hinaus droht ihr ein Schmerzensgeld in erheblicher Höhe wegen Amtspflichtverletzung.

Es stellt sich eine wichtige Frage: Wieso warf man Simone Henneck nun vor, dass sie – nach der Entscheidung durch das Innenministerium – Daten zusammengestellt und an die Staatsanwaltschaft weitergegeben hat?»Also, das wundert mich jetzt«, erklärte ihr Vorgesetzter Rainer Stock, als er zu diesem Sachverhalt im zweiten Parlamentarischen Untersuchungsausschuss befragt wurde.»Entschuldigen Sie, aber das betrifft mich auch persönlich, dass gegen die Referatsleiterin ein Strafverfahren wegen Verfolgung Unschuldiger eingeleitet wurde. Ich habe in keiner Weise irgendwelche Erkenntnisse, Hinweise, Indizien, wenn auch nur schwach, gehabt, dass hier irgendetwas von Frau Henneck erfunden worden wäre, sondern das waren Mitteilungen von Quellen, das waren Tatsachen aus Aktenauswertungen, die – ich darf das mal so salopp sagen – nach meiner Auffassung auch nicht auf dem Mist von Frau Henneck gewachsen sind.«

Wieder eine dieser vielen Ungereimtheiten. Tatsächlich sind Mitarbeiter des Landesamts keine Ermittlungspersonen der Staatsanwaltschaft, daran ändert auch die Übermittlungspflicht der gesammelten Daten nichts. Es ist doch eigentlich die Staatsanwaltschaft, die über die Bedeutung der vom Verfassungsschutz gewonnenen Erkenntnisse in eigener Zuständigkeit urteilt. Nicht so in Sachsen. Henneck wies auch immer wieder auf die fehlende Überprüfung der Quelleninformationen hin. Was nicht weniger wichtig war, sie versicherte an Eides statt, dass die Datensammlung und Weitergabe an die Dresdner Staatsanwaltschaft auf Anweisung ihrer Dienstvorgesetzten sowie mit deren Billigung erfolgt sei. Das gelte insbesondere für die Übermittlung der Informationen an die Staatsanwaltschaft Dresden.[27]

Mehr als politisches Mobbing: die Vernichtung einer aufrechten Beamtin

Der Schauplatz: das Landesamt für Verfassungsschutz Dresden am 3. Juli 2007 um 8.45 Uhr. Die bereits unter starken körperlichen Beschwerden leidende Simone Henneck erhielt an ihrem Arbeitsplatz – sie war trotz ihrer schweren Erkrankung ins Büro gekommen, es mussten Akten aufgearbeitet werden – einen Anruf von ihrem Chef, Reinhard Boos. Dieser war erst seit einigen Wochen neuer Chef des Landesamts. Boos teilte ihr mit, dass sie um Punkt 10 Uhr zu einer Zeugenvernehmung bei der Staatsanwaltschaft Dresden zu erscheinen habe. Ihre Einwände, dass sie wegen ihrer starken Schmerzen nicht mehr dienstfähig sei und sich zu einer Zeugenvernehmung deshalb überhaupt nicht in der Lage fühle sowie auf eine Vernehmung überhaupt nicht vorbereitet sei, wurden schlicht ignoriert. Aufgrund der Androhung dienstrechtlicher Konsequenzen gab Simone Henneck, wie sie später aussagen wird, aus Angst nach, und ein Mitarbeiter des LfV fuhr sie zur Staatsanwaltschaft Dresden. Die Zeugenvernehmung dauerte sechs Stunden, häufig unterbrochen wegen Simone Hennecks stark angeschlagener Gesundheit.

Während der Vernehmung durch den Oberstaatsanwalt erfuhr Simone Henneck, dass ihr Chef diesen angerufen hatte, um klarzustellen, dass sie nach erfolgter Befragung unverzüglich im Landesamt zu erscheinen habe, statt nach Hause zu fahren. Sie fügte sich der Anordnung, obwohl es ihr inzwischen so schlecht ging, dass sie nicht einmal mehr ohne fremde Hilfe ins Auto ein- und aussteigen konnte. Im Amt angekommen, brach sie zusammen, und man brachte sie zu einer Liege in einem Ruheraum. Unerträgliche Schmerzen plagten sie, sie konnte kaum noch sprechen, war völlig hilflos. Simone Henneck leidet an einer Hirnhautentzündung, die vorübergehend wichtige Körperfunktionen zum Erliegen bringt. Der Verfassungsschutzchef persönlich verständigte nun den Notarzt. Als die Sanitärer ankamen, war es schon 18 Uhr, und sie veranlassten die sofortige Einweisung ins Universitätsklinikum Dresden.

Doch so weit sollte es nicht kommen. Noch nicht. Der Verfassungsschutzchef und sein Vize, Olaf Vahrenhold, kamen zu Simone Henneck, die apathisch auf der Liege lag, in den Ruheraum. Sie schickten die Sanitäter vor die Tür, behinderten so den dringend notwendigen Abtransport ins Krankenhaus. Der Verfassungsschutzpräsident Boos habe sie, wie sie selbst später aussagte, in der weiteren Folge bedroht und zu Aussagen genötigt, während sein Vize Olaf Vahrenhold schweigend die Szene beobachtet habe. Ihr Zustand verschlechterte sich dramatisch, sie konnte ihren linken Arm nicht mehr bewegen, spürte Beklemmungen im Brustbereich, ihr Herz raste und schmerzte. Sie befürchtete in diesem Moment einen Herzinfarkt zu erleiden und verspürte Todesangst. Später sagte sie ihrer Ärztin, dass sie diese Stunde »als psychische Folter« erlebte.

Doch was genau widerfuhr ihr in dieser Zeit? Der Verfassungsschutzchef Boos verfolgte nur ein Ziel: Er wollte von Simone Henneck wissen, ob sie die Verräterin von Dienstgeheimnissen an Journalisten sei. Der Präsident drohte ihr mit Disziplinar- und Strafverfahren, sprach von Suspendierung. Er fragte immer wieder nach: »Sind Sie das Leck im Verfassungsschutz? Haben Sie sich mit Jürgen Roth getroffen?« Simone Henneck antwortete ihm, dass sie Jürgen Roth – also mich – nicht kenne, keine Dienstgeheimnisse an Journalisten verraten oder diesen gar Unterlagen übergeben habe. Doch ihre Antworten passten dem Präsidenten nicht. Inzwischen stand sie vor dem endgültigen Zusammenbruch. Ihr Glück: Den Rettungssanitätern vor der Tür wurde die Sache jetzt endgültig zu heikel. Sie forderten den Präsidenten des Verfassungsschutzes mit Nachdruck auf, das »Mitarbeitergespräch« nun endgültig zu beenden. Kurz bevor sie schließlich in das Rettungsfahrzeug transportiert wurde, nahm ihr Reinhard Boos noch sämtliche Dienstschlüssel ab.

Doch selbst im Krankenhaus ließ man die Schwerkranke

nicht in Ruhe. Sie blieb auch hier weiterhin massivem Druck ausgesetzt. Sie erhielt einen Anruf von einer Beauftragten des Verfassungsschutzchefs, die Details und Namen wissen wollte. Simone Henneck betätigte den Notrufknopf, die herbeieilende Krankenschwester nahm ihr den Hörer ab und legte auf. Kurz darauf erlitt Simone Henneck einen weiteren körperlichen Zusammenbruch. Einen Tag später forderte der Verfassungsschutzchef schriftlich von ihr die Übersendung eines ärztlichen Attests über ihre Dienst- und Vernehmungsunfähigkeit, obwohl sie sich in dieser Zeit in intensivmedizinischer Behandlung befand. In dieser Zeit, zwischen dem 6. Juli 2007 und dem 9. Dezember 2007, erhielt sie Drohanrufe, ihr Fahrzeug wurde aufgebrochen, Personaldokumente wurden gestohlen. Sie hatte große Angst, zumal sie inzwischen erfahren hatte, dass durch die Staatsanwaltschaft mehrere Zeugen und Beschuldigte aus den Verfassungsschutzakten ihre Identität kannten. Darunter befanden sich, so Simone Henneck, hochkriminelle Personen und Rotlichtgrößen aus Sachsen. Personenschutz wurde ihr auf Anordnung des Innenministeriums verweigert. Immerhin wurden im Krankenhaus durch den zuständigen Oberarzt und Mitglieder des Personals einige Sicherheitsmaßnahmen für sie getroffen.

All das sagte Simone Henneck vor dem zweiten Parlamentarischen Untersuchungsausschuss aus. Wie waren die Reaktionen auf ihre Aussage? Auf die Frage des Untersuchungsausschussvorsitzenden an den Vertreter der Staatsregierung, ob noch Fragen seien: keine. Und als der damalige stellvertretende Behördenleiter Olaf Vahrenhold im November 2012 im Untersuchungsausschuss zu diesen Vorgängen um Simone Henneck befragt wurde, konnte sich dieser an viele Ereignisse nicht mehr erinnern. Am 25. September 2007 erstattete ihr Rechtsanwalt beim Generalstaatsanwalt Sachsens Strafanzeigen gegen den Verfassungsschutzchef und seinen Stellvertreter wegen Aussageerpressung, Nötigung und Körperverletzung im Amt. Sechs Wochen später teilte der Generalstaatsanwalt mit, die Anzeige an die zuständigen

Staatsanwaltschaften in Dresden und Chemnitz weitergeleitet zu haben. Doch erst Mitte November 2007 erhielt Simone Hennecks Rechtsanwalt eine Eingangsbestätigung aus Chemnitz. Trotz vier von dem Anwalt genannten Zeugen wurde das Ermittlungsverfahren fünf Monate später eingestellt, wobei die Beschuldigten anscheinend niemals zu den Vorwürfen befragt wurden. Einen Satz aus der Einstellungsbegründung der Staatsanwaltschaft kann Simone Henneck nicht vergessen: »In der geschilderten Situation wäre es der Anzeigeerstatterin zuzumuten gewesen, in besonnener Selbstbehauptung standzuhalten und gegen von ihr als ungerechtfertigt erachtete Maßnahmen der Beschuldigten dort – im Ruheraum – den Rechtsweg zu beschreiten.« Welch ein gnadenloser Zynismus, welch eine Menschenverachtung demonstriert ein solcher Satz, dachte ich mir, als ich das las – wohl wissend, dass Zynismus und Menschenverachtung bei einigen Staatsanwälten die gängige Methode sind, um politisch die Wogen zu glätten.

Der Verfassungsschützer und der Kriminalist

Die Dresdner Staatsanwaltschaft leitete hundert Vorermittlungs- und Ermittlungsverfahren im Zusammenhang mit dem Sachsensumpf ein. Einem Mitarbeiter des sächsischen Verfassungsschutzes aus dem Referat Organisierte Kriminalität demonstrierte sie ihre Macht mit größtmöglicher Härte. Sein angebliches Vergehen: Er soll mir als geheim klassifizierte Akten des Verfassungsschutzes übergeben haben. Bereits im Mai 2008 erwirkte die Dresdner Staatsanwaltschaft einen Haftbefehl gegen ihn, der jedoch zunächst außer Vollzug gesetzt wurde. Die Anklageschrift vom 2. Februar 2010 ist ziemlich dick. Das Tatmotiv ergibt sich nach Ansicht der Staatsanwaltschaft »aus der Enttäuschung des Angeschuldigten über die Einstellung der OK-Beobachtung durch das LfV und die drohende Unverwertbarkeit der bis dahin gewonnenen Erkenntnisse«. Nun könnte man die Frage stellen, ob das nicht sogar ein sehr ehrenwertes Motiv war – trotz vermeintlichem Geheimnisverrat. Couragierte Beamte sind schließlich selten.

Mehrere Hausdurchsuchungen hat es bei ihm gegeben – gefunden wurde nie etwas Verwertbares. In der Anklageschrift gegen ihn wird aber zum Beispiel behauptet, dass er mir im Herbst 2006 in Plauen verschiedene Unterlagen übergeben habe – was einfach dummes Zeug ist, um es auf den einfachen Nenner zu bringen. Bei ihm wurde eines meiner Bücher gefunden, mit der Widmung »Mut und Selbstbewusstsein – Kritik und Selbstkritik. Es gibt nur wenige, die so viel für die demokratische Kultur in Sachsen getan haben.« Die Widmung gibt es in der Tat, ich habe sie für eine alte Bekannte in das besagte Buch geschrieben. Sie leitet in Plauen ein Projekt gegen Kinder- und Zwangsprostitution, für das der angeklagte Beamte in seiner Freizeit arbeitete.

Und was ist mit den Akten, die dem Gericht von der Dresdner Staatsanwaltschaft vorgelegt wurden, um den Beamten des Geheimnisverrats zu überführen? Nachweisbar fehlten 66 in der Registratur der Bände verzeichneten Geheimdokumente, darunter fast alle Unterlagen, von denen er Kopien beiseitegeschafft haben soll.[28] Seit dem 12. Januar 2012 läuft die Verhandlung gegen ihn vor dem Amtsgericht Dresden – ein Ende ist nicht absehbar. Der Beschuldigte ist inzwischen im Krankenstand und psychisch am Ende.

Ins Visier der Staatsanwaltschaft geriet auch der heute 57-jährige Leipziger Kriminalhauptkommissar Georg Wehling. Er leitete das für Schwerkriminalität zuständige Referat der Leipziger Polizeidirektion, später war er Chef der Leipziger Morduntersuchungskommission. Die Treibjagd auf ihn begann Anfang 2002, wie er in einem Interview erklärt, weil er »zu viel wusste und zusammen mit zwei Kollegen immer näher herankam an das kriminelle Geflecht in Leipzig« – und sie ist bis heute nicht beendet. Insgesamt zehn Verfahren wurden seitdem gegen ihn angestrengt – alle mussten wieder eingestellt werden. Wegen angeblicher Strafvereitelung im Amt wurden im Oktober 2002 Wehlings Diensträume und seine Privatwohnung durchsucht. Er wurde suspendiert, und die gesamte OK-Abteilung wurde außer Gefecht gesetzt. Später musste die Suspendierung rückgängig gemacht werden. Im Zusammenhang mit dem Sachsensumpf schließlich sei er unter Missachtung seiner Amtspflichten, so behauptete der damalige Landespolizeichef und heutige sächsische Generalstaatsanwalt Klaus Fleischmann im Jahr 2007, den Verfassungsschützern zu Diensten gewesen. Wehling sei der Hauptinformant des Landesamts für Verfassungsschutz gewesen, und Fleischmann verglich ihn mit einem Teebeutel, aus dem zweimal Tee gebrüht worden sei. Wieder einmal wurde er vom Dienst suspendiert. Doch auch dieser Vorwurf stellte sich nachweislich als falsch heraus:»Die von Vertretern der Staatsregierung sowie von Amts- und Behördenleitern ihr nachgeordneten Behörden – auch in Pressekonferenzen – wiederholt öffentlich erfolgte Darstellung, wonach der Fallkomplex ›Abseite III‹ gänzlich (dabei geht es auch um das Kinderbordell Jasmin) bzw. zu großen Teilen auf der Informationsgewinnung aus der so genannten Quelle mit der Bezeichnung ›Gemag‹ beruhe, die wiederum identisch mit dem Leipziger Kriminalhauptkommissar Wehling sei, ist nach der vorgenannten Feststellung in Gänze unzutreffend und offensichtlich der Wahrheit zuwider behauptet.«[29] Das erklärte immerhin der ehemalige Verfassungsschutzchef Rainer Stock gegenüber dem zweiten Parlamentarischen Untersuchungsausschuss. Und weiter:»Die Person Gemag, sprich: Wehling – war keine V-Person, sondern ein Hinweisgeber, wie jeder andere auch Hinweisgeber gegenüber dem Verfassungsschutz oder der Polizei sein kann.« Insgesamt gab es, so Stock vor dem zweiten Parlamentarischen Untersuchungsausschuss,»fünf, sechs beziehungsweise sieben Hinweisgeber zu Abseits III«. Der Grünen-Abgeordnete Lichdi hakte nach:»Ihnen hätte nach Ihrem besten

Wissen und Gewissen auffallen müssen, wenn es tatsächlich ein und dieselbe Person oder Quelle gewesen wäre, die Ihnen im Mai 2006 angeboten wurde und die vorher Erkenntnisse erbracht hatte?« Stocks Antwort: »Ich denke schon. Also, so tief war ich in der Sache schon drin.«

Trotzdem, Wehling, der einst so engagierte Kriminalist, ist bis zum heutigen Tag vom Dienst suspendiert, und zwar vom sächsischen Innenminister höchstpersönlich. Er ist nervlich am Ende, und er schweigt zu den Vorfällen. Man hat ihn mundtot gemacht.

Die unglaubwürdigen Zeugen

Zentraler Bestandteil in der öffentlichen Diskussion um den Sachsensumpf war die Frage, ob hohe Justizangehörige Anfang der neunziger Jahre in dem bekannten Leipziger Bordell Jasmin verkehrten. Seltsamerweise wurden die dubiosen Immobiliengeschäfte und die Beteiligung von bekannten Immobilienmaklern, Rechtsanwälten und Mitarbeitern der Stadtverwaltung kaum thematisiert – ein Informationsbereich der geschmähten Verfassungsschützer. Was sich dahinter verbarg, wurde erst Jahre später bekannt, und zwar 2012.

Demnach hat die Stadt Leipzig seit Mitte der neunziger Jahre angeblich herrenlose Grundstücke an Investoren verkauft, obwohl sie die wahren Eigentümer problemlos ermitteln konnte. Als herrenlos gelten nur Grundstücke, deren Eigentumssituation unklar ist. Sie können nur verkauft werden, wenn die Behörde alles unternommen hat, um die wahren Besitzer ausfindig zu machen. Genau das fand in Leipzig jedoch nicht statt – über die Gründe lässt sich nur spekulieren. »Stattdessen sollen die Mitarbeiter des städtischen Rechtsamtes seit mehr als 15 Jahren angeblich herrenlose Grundstücke oftmals zu Schleuderpreisen an Investoren verkauft haben. Diese stießen in mehreren Fällen die

Immobilien schon nach kurzer Zeit zu marktüblichen Grundstückspreisen ab und erzielten dabei Gewinne von bis zu 500 Prozent.«[30] Insgesamt sollen es 721 Fälle sein, bei denen im städtischen Rechtsamt nicht nach den Erben von Alteigentümern gesucht wurde, so wie es das Gesetz vorschreibt.

Immerhin – und das grenzt fast an ein Wunder in Sachsen – leitete die Staatsanwaltschaft Leipzig am 24. November 2011 ein Ermittlungsverfahren ein und erhob inzwischen in sechs Fällen Anklage wegen Untreue in bis zu 22 Fällen. Beschuldigt werden drei Mitarbeiter des städtischen Rechtsamts, eine frühere Leiterin der Behörde und ein Rechtsanwalt. Einem anderen Rechtsanwalt wurden, so der Prüfungsbericht 11/1/0074 des Rechnungsprüfungsamts der Stadt Leipzig,»in der Zeit von 1996 bis 1999 insgesamt 119 dieser herrenlosen Grundstücke übertragen. Er hatte in vielen Fällen Hausverwaltungsverträge mit einem bekannten Immobilienunternehmen abgeschlossen, in denen die Kostensätze erheblich über den marktüblichen Sätzen lagen. Der Rechtsanwalt war gleichzeitig einer der Geschäftsführer dieses Immobilienunternehmens.« Im Übrigen stellte das Rechnungsprüfungsamt massive Schlampereien im zuständigen Rechtsamt fest. Doch das alles wurde erst aufgedeckt, als schon lange keine Rede mehr vom Sachsensumpf war. Die eingeleiteten Verfahren geraten aber mittlerweile wieder ins Stocken. Der nach dem Geschäftsverteilungsplan für das Verfahren zuständige Richter erklärte sich Anfang September 2012 für befangen, da er wie eine der Angeklagten SPD-Mitglied sei. Und dem bisher zuständigen Leipziger Staatsanwalt, der die Anklage zu den herrenlosen Häusern verfasst hatte und vertreten sollte, wurden vom Justizministerium andere Aufgaben zugewiesen.

Wie schon erwähnt: Zum Kern des Sachsensumpfs wurde der Skandal um die vermeintlichen Bordellbesuche hoher Justizbeamter im Jasmin, geführt von Michael W., dem damaligen Außendienstmitarbeiter einer Immobilienfirma. Ihm soll ein Strafnachlass gewährt worden sein, weil er unter Umständen über

Kunden des Bordells auspacken könnte. Denn er wurde von dem gleichen Richter verurteilt, über den zwei ehemalige Zwangsprostituierte aussagten, er sei Kunde des Bordells gewesen. Ob nun Polizeibeamte, Politiker, Richter oder Staatsanwälte in den Puff gehen oder nicht, ist politisch im Prinzip völlig bedeutungslos und allenfalls moralisch zu bewerten. Politisch skandalös wäre es hingegen, wenn eine juristische Schutzmauer aufgebaut und mit allen Mitteln versucht würde, sich zum Beispiel besonders fürsorglich vor die beschuldigten zwei Männer in den schwarzen Roben zu stellen – das heißt, wenn zum Beispiel die Staatsanwaltschaft besonderen Druck auf die Zeuginnen ausübt.

Aus dem von 2007 bis zum Ende der Legislaturperiode im Sommer 2009 tätigen ersten Parlamentarischen Untersuchungsausschuss zum Sachsensumpf ist die folgende Aussage eines der damals zur Prostitution gezwungenen Mädchen, Mandy Kopp, aufschlussreich. Sie zitierte vor dem Untersuchungsausschuss aus dem Schreiben ihres Rechtsanwalts vom 10. April 2008 an den die Ermittlungen leitenden Dresdner Oberstaatsanwalt. Es ging um dessen Vernehmungsmethoden. »Nach den Angaben meiner Mandantin wurde sie während dieser Vernehmung mit Äußerungen konfrontiert, die sie als Herabsetzung empfunden und so verstanden hat, dass Einfluss auf ihr Aussageverhalten genommen wird. Unter anderem sei sie bei der Vernehmung mit den folgenden – sinngemäßen – Aussagen und Fragen konfrontiert worden: ›Der Mann war am Boden zerstört und mit den Nerven am Ende von Ihren schwerwiegenden Anschuldigungen. Haben Sie überhaupt eine Ahnung, welches Ausmaß, welche Folgen Ihre Aussage hat? Wenn ich den Vorsitz in der Verhandlung haben würde, würde ich Sie fertigmachen! Wem wird man mehr Glauben schenken: zwei ehrenwerten Polizeibeamten oder einer Ex-Prostituierten?‹ Außerdem sei meine Mandantin mit der Aussage konfrontiert worden, sie hätte eine Woche zuvor einen Anruf von der Lebensgefährtin eines Beschuldigten erhalten, in dem diese mitteilte, dieser wolle sich umbringen.« So weit das

Schreiben von Mandy Kopps Anwalt.[31] Bedenkt man, dass sie aufgrund ihrer leidvollen Erfahrungen bis heute stark traumatisiert ist, zudem gerade eine Operation wegen eines bösartigen Krebsgeschwürs hinter sich hatte, ist die Vernehmungspraxis schon fast als psychische Körperverletzung anzusehen.

Dazu bemerkte die Betroffene vor dem ersten Parlamentarischen Untersuchungsausschuss: »Zum Schluss möchte ich noch ganz deutlich sagen. Die Staatsanwaltschaft Dresden bezeichnete mich öffentlich als Ex-Prostituierte. Ich fühle mich als Opfer schwerster sexueller Gewalt und Ausbeutung. Mit der Bezeichnung Ex-Prostituierte wird mir mehr oder weniger unverhohlen unterstellt, alles freiwillig getan zu haben. Damit verhöhnt man mich und andere Opfer, würdigt uns auf das Unerträglichste herab, verletzt unsere Menschenwürde. Mit solchen Demütigungen setzt man das Werk der Täter auf andere Weise fort.« Ähnliches erfuhr auch Beatrix E., die ebenfalls einen Juristen als Freier im Jasmin erkannt haben will. Ihre Anwältin Constanze Dahmen beschwerte sich bei dem Dresdner Oberstaatsanwalt Wolfgang Schwürzer, »dass ich die von Ihnen gewählte Art der Befragung für bedenklich erachte. Aus meiner Sicht besteht kein Grund, derart aggressiv und feindselig die Vernehmung eines offensichtlich stark traumatisierten Opferns vorzunehmen. Entsprechendes gilt hinsichtlich der Tatsache, dass Sie gegenüber meiner Mandantin ohne Not laut wurden.«[32]

Am 28. März 2011 schrieb mir Mandy Kopp: »Mir geht es schon lange nicht mehr darum, meine Peiniger zu bestrafen oder um die Hoffnung, dass der Gerechtigkeit Genüge getan wird. […] Das Schweigen, sich nicht trauen […], sich schämen für all das, was geschehen ist, das frisst ein Opfer auf.« »Die Zeit des Schweigens ist vorbei« heißt folgerichtig Mandy Kopps Buch, in dem sie über ihre Zeit im Jasmin berichtet. Gegen sie erhob die Staatsanwaltschaft Dresden, nachdem die Umstände um das Bordell Jasmin im Verlauf der Diskussion um den Sachsensumpf öffentlich bekannt wurden, und zwar ursprünglich bei der Großen Strafkammer des dortigen Landgerichts, wegen des Verdachts der Verleumdung zweier Mitglieder des Justizapparats, die sie im Zuge ihrer Vernehmung schwer belastet hatte. Das Landgericht Dresden erklärte sich immerhin für nicht zuständig, ließ die Anklage jedoch zu und verwies sie an den Strafrichter des Amtsgerichts Dresden. Dort blieb die Anklage weitere drei Jahre liegen – vielleicht auch deshalb, weil just diesem Amtsgericht einer der von Mandy beschuldigten Juristen als Präsident vorstand. Nachdem dieser dann Präsident eines Amtsgerichts in einer anderen sächsischen Großstadt wurde, begann im Frühjahr 2012 die Verhandlung vor dem Amtsgericht Dresden, wurde aber gleich wieder ausgesetzt und im November 2012 fortgesetzt.

Wie begründete die Dresdner Staatsanwaltschaft ihren Strafantrag? Nun, die Aussagen der Opfer wurden als unglaubwürdig abgetan – und dem ehemaligen Bordellbesitzer anscheinend geglaubt, der von Vergewaltigung und Terror gegen die damaligen Zwangsprostituierten nichts wissen wollte. Der besagte Bordellbesitzer war bereits am 28. Januar 1994 wegen schweren Menschenhandels in Tateinheit mit Zuhälterei und Förderung der Prostitution verurteilt worden – aber nur zu einer Gesamtfreiheitsstrafe von vier Jahren. Wobei bemerkenswert ist, dass das Gericht die Feststellung traf, dass die 13, 14 und 16 Jahre alten Mädchen »freiwillig der Prostitution« nachgegangen seien. In Wirklichkeit hat dies jedoch keine von ihnen aus freien Stücken getan.

Merkwürdig ist bei alledem, dass weder seitens der Polizei noch im Laufe der Gerichtsverhandlung nach den Freiern gefragt wurde. Die Zeugin Mandy Kopp in ihrer Erinnerung:»Ich möchte jetzt auf einen Punkt hinweisen, der mir damals schon sehr merkwürdig vorkam. Niemand, auch nicht die Polizei, schien sich für die Leute zu interessieren, die als Kunden im Jasmin verkehrt haben. Gefragt wurde ich immer nur nach dem Zuhälter und möglichen Gehilfen. Oder: ›Stimmt es, dass Sie gerne geschlagen werden?‹« Seltsamerweise kam es zu keiner

Verurteilung wegen Vergewaltigung oder sexuellen Missbrauchs Minderjähriger. Im damaligen Urteil gegen ihren Zuhälter ist sogar zu lesen, dass sich die »gegenüber den Frauen angewandte Gewalt in Grenzen hielt«. Das ist purer Zynismus und widerspricht vollkommen den Angaben der Mädchen gegenüber der Polizei.

Das Opfer F. erzählte über den damaligen Jasmin-Bordellbesitzer W.: »Ich bleibe dabei, dass W. mir gesagt hat, er würde uns erschießen, wenn wir auf die Idee kommen, abzuhauen. W. sagte auch etwas später, er sei im Besitz einer scharfen Schusswaffe. Ich bin mir sicher, dass W. in der Lage war, seine Drohung wahr zu machen. Er brüstete sich, er habe bereits mehrere Leute umgelegt. Ich kann nur sagen, dass ich bei diesen Äußerungen erhebliche Angst hatte.« Das Opfer A. erinnerte sich: »W. sagte zu uns drei Mädels, sollten wir nochmals abhauen, dann knallt er uns ab. Ich verstand das so, als ob er uns mit einer Pistole erschießt. Seine Worte fasste ich ernsthaft auf.« Das Opfer S. konnte sich ebenfalls noch gut an die Drohungen erinnern: »Er sagte uns, wenn wir nochmals versuchen abzuhauen, dann bringt er uns in die Schweinemastanlage. Weiterhin sagte er noch, sollte ich jemals jemandem etwas erzählen, bekomme ich eine Kugel durch den Kopf.« So weit ein Einblick in die »menschliche« Atmosphäre im Bordell Jasmin. Im Minderheitenbericht des ersten Parlamentarischen Untersuchungsausschusses von Linken und Grünen vom Juni 2009 wurde dazu folgende Feststellung getroffen: »Die Zeugenaussagen nicht nur von Sarah [Pseudonym für Mandy Kopp], sondern von drei weiteren Opfern, sprechen dafür, dass der W. seine Opfer bewusst durch regelmäßige Vergewaltigungen gefügig gemacht und gehalten hat. Die Zeugin Sarah hatte bereits bei ihrer ersten polizeilichen Vernehmung im April 1993 Strafantrag wegen Vergewaltigung gegen den W. gestellt, ohne dass diesem Vorwurf nachgegangen worden wäre. Diese Akten lagen Polizei und Staatsanwaltschaft sowohl 2000 als auch offensichtlich 2008 vor. Es ist nicht nachvollziehbar, wieso die Ermittlungsbehörden diese Angaben unbeachtet ließen und bisher – soweit jedenfalls öffentlich bekannt – kein Verfahren gegen den W. wegen fortgesetzter Vergewaltigung eingeleitet haben.« Wieder einmal übertraf sich nun die Staatsanwaltschaft Dresden bei ihrer schonungslosen,»unabhängigen« Aufklärung. Im Jahr 2008, also rund fünfzehn Jahre nach den schrecklichen Erlebnissen der Zwangsprostituierten, wollte man jetzt plötzlich von ihnen wissen, was für eine Brille – ob randlos oder mit feinem Rahmen – einer der Bordellbesucher damals getragen oder welche Augenfarbe der Kunde hatte. Diese Aussagen verwendeten die Staatsanwälte, um vermeintliche Widersprüche deutlich zu machen und so die Glaubwürdigkeit der Zeuginnen zu zerstören. So betonten sie zum Beispiel, dass die Angeschuldigte K. bei dem Freier I. eine»rahmenlosen Brille« feststellte. In einem Artikel in der *Süddeutschen Zeitung* werde sie jedoch mit der Aussage zitiert, dass die Brille einen»sehr feinen Rahmen« hatte. Oder dass der Freier I. nach ihren Aussagen besonders spendabel gewesen sei, der stets 500 Mark bezahlte. Das sei jedoch weder durch die anderen vernommenen damaligen Zwangsprostituierten noch durch den Bordellbesitzer bestätigt worden.»Ein solcher Freier«, schreibt die Staatsanwaltschaft,»war im Jasmin nicht bekannt. Auch sind mehrfache Einnahmen über Einzelbeträge in Höhe von 500 DM den vorliegenden Kassenbüchern des Bordells nicht zu entnehmen.« Ist es nicht grotesk und wirklichkeitsfremd, von einer Jugendlichen, die im Jahr 1992 gewaltsam in ein Bordell verschleppt wurde und massiver Gewalt ihres Zuhälters ausgesetzt war, im Jahr 2008 noch zu erwarten, sich präzise an bestimmte Dinge zur damaligen Zeit zu erinnern?

Zu ganz anderen Erkenntnissen als die eifrigen Staatsanwälte kamen hingegen die beiden Journalisten Thomas Datt und Arndt Ginzel, die intensiv die Hintergründe um die Vorkommnisse im Jasmin durchleuchteten. Arndt Ginzel befragte ich in seinem Büro in Leipzig zu ihren Rechercheergebnissen in Bezug auf die Aussagen der beiden Frauen.»Im Detail, auch was

Ort und Umstände angeht, erzählen beide Frauen das Gleiche. Ja, es kann doch sein, dass sich Zeugen erinnern können. Dann muss ich als Staatsanwaltschaft schlüssige Beweise vorlegen. Wie kann man sagen, der A. hat keine rahmenlose Brille, weil er es gesagt hat, und wir haben hier ein Bild der rahmenlosen Brille aus dieser Zeit.« Er zeigte mir das entsprechende Foto auf seinem Computer.»Das kann kein Zufall sein. Da kannst du dich als Staatsanwalt nicht geirrt haben. Das ist genau dasselbe mit der Narbe. Mandy wird gefragt, an was kann sie sich erinnern. ›Ja, da hatte einer eine Narbe. Ich kann es aber keinem mehr zuordnen.‹ Was machen die in ihrer Einstellungsverfügung beziehungsweise Anklageschrift? ›Mandy konnte keine Narbe zuordnen.‹« Ähnlich rätselhaft, erklärte Ginzel mir, sei auch die Sache mit den Kassenbüchern des Bordells.»Die Frauen sagen: ›Wenn A. da war, dann war es eine größere Runde von Freiern. Ich habe A. bedient, bin rausgegangen, und es wurde Piccolo-Sekt getrunken.‹ Sie wurden von den Dresdner Staatsanwälten gefragt: ›Können Sie sich erinnern, wie viel er bezahlt hat?‹ Sie sagen: ›400 bis 500 Mark. Signifikant mehr als alle anderen.‹ Was macht die Staatsanwaltschaft? Sie schaut in die Kassenbücher und schreibt in die Einstellung des Verfahrens gegen A. hinein, es sind keine 500-Mark-Beträge verzeichnet. Wir schauen nach. Ja, keine 500 Mark. Aber 400 Mark. Mandy sagt, es wurde Piccolo-Sekt getrunken. An dem Tag, an dem die 400 Mark gezahlt wurden, gab es einen signifikant höheren Verbrauch an Piccolo-Sekt. Beide Frauen kannten das Kassenbuch nicht, im Gegensatz zur Staatsanwaltschaft.«

Von der Unglaubwürdigkeit der beiden Frauen, davon ging ja die Staatsanwaltschaft aus, war selbst Michael Wolting, der damalige Vizepräsident des Dresdner Amtsgerichts, nicht überzeugt. In einer Aktennotiz der Staatsanwaltschaft steht Folgendes:»Er führte insbesondere aus, dass er nach der von ihm vorgenommenen Auswertung des Aktenmaterials dazu neige, den Angaben der beiden Belastungszeuginnen zu glauben, […] und ihm durchaus bewusst sei, dass es in den Aussagen Widersprüche und eine Vielzahl von Indizien für und wider die Glaubwürdigkeit der Aussagen der Zeuginnen gäbe. Dennoch komme er zu dem Schluss, dass die beiden Zeuginnen wohl die Wahrheit gesagt hätten und die beiden (hohen Juristen) wohl im Bordell gewesen seien.« Der zuständige Staatsanwalt Schwürzer sah das »diametral anders«.[33]

Professor Günter H. Seidler ist Leiter der Sektion Psychotraumatologie an der Klinik für Psychosomatische Klinische Medizin der Universitätsklinik Heidelberg. In einem psychiatrisch/psychotraumatologischen Gutachten von Mandy Kopp kam er im August 2012 zu folgender Schlussfolgerung: »Im Fall von Frau Kopp ist weder eine Löschung von Erinnerungen an die Zeit im ›Jasmin‹ zu erkennen noch eine Einschränkung, darüber zu berichten. Insofern gibt es aus klinischer Sicht keine Veranlassung, an der Aussagetüchtigkeit der Frau Kopp zu ihren Erinnerungen an Wahrnehmungen aus der Zeit im ›Jasmin‹ zu zweifeln, mit der eindeutigen Einschränkung hinsichtlich Zeitangaben und Ortsangaben. Darüber hinaus gibt es keinerlei Anhaltspunkte für eine Rachsucht oder ein Vergeltungsbedürfnis.« Dieses Ergebnis des Gutachtens dürfte der Staatsanwaltschaft sicher nicht behagt haben. Günstiger wäre es für sie doch gewesen, wenn der Gutachter, aufgrund der traumatischen Erfahrungen von Mandy Kopp, zu dem Ergebnis gekommen wäre, dass sie sich deshalb an die Vorgänge im Minderjährigen-Bordell Jasmin nicht mehr erinnern konnte.

Am 8. November 2012 standen viele Journalisten vor dem Verhandlungssaal 118 im Amtsgericht Dresden, während hin und wieder Justizbeamte mit Untersuchungshäftlingen in Handschellen durch die Menge liefen. Wahrscheinlich wünschte sich insgeheim manch Dresdner Jurist, bei den beiden Angeklagten Mandy Kopp und Beatrix E. irgendwann das Gleiche erleben zu dürfen. Denn die jungen Frauen haben, so die Anklage der Staatsanwaltschaft Dresden, ein schweres Verbrechen begangen.

Sie sollen vorsätzlich und wider besseres Wissen zwei hohe Justiz-Repräsentanten durch falsche Behauptungen ehrverletzend verleumdet haben.

Um 10 Uhr eröffnete Richter Herbert Dietz, ein wohlbeleibter älterer Mann, der seine grauen Haare zu einem kecken Pferdeschwanz zusammengebunden hat, den Prozess gegen die beiden Anfang der neunziger Jahre vergewaltigten und sexuell zerstörten Frauen, Mandy Kopp und Beatrix E. Als einige Zuschauer den Angeklagten demonstrativ einen Blumenstrauß übergeben, ermahnt er, die »Blumen aus dem Sitzungssaal zu entfernen«, und fügt gleich hinzu: »Essen und Trinken während der Verhandlung ist zu unterlassen.« Gleich zu Beginn des Prozesses stellte einer der Verteidiger den Antrag, die Verhandlung gegen die beiden Frauen wegen offensichtlicher Befangenheit der sächsischen Justiz nach Berlin zu verlegen. Dies weist Richter Dietz als unzulässig zurück. »Der Vorsitzende ist sich in hohem Maße der Unabhängigkeit des Einzelrichters bewusst«, sagte er. »Ich habe auch kein Interesse mehr an einer weiteren Beförderung. Daher ist eine Einflussnahme schlechterdings unmöglich.« Das dürfte in der Tat bei Richter Herbert Dietz sogar zutreffen.

Anschließend wurden ein ehemaliger Vorsitzender Richter und ein ehemaliger Staatsanwalt befragt. Sie sind diejenigen, die von den beiden Frauen beschuldigt werden, im Jahr 1992/1993 Kunden des Leipziger Bordells Jasmin gewesen zu sein, in dem überwiegend minderjährige Mädchen zur Prostitution gezwungen wurden. Beide Juristen erklärten, nie in einem Leipziger Bordell gewesen zu sein, und stritten ab, die beiden Angeklagten zu kennen. Sie sähen sich daher als Opfer einer Falschbeschuldigung durch die beiden Frauen, die dadurch ihren bisher tadellosen Ruf massiv beschädigt hätten. »Es war ein sozialer Genickschuss gewesen«, klagt der ehemalige Vorsitzende Richter und heutige Rechtsanwalt. Ihn hat der Vorwurf offensichtlich besonders getroffen. Mit den Medien hat er wohl wenig im Sinn; bereits am 7. August 2009 erklärte er in der WDR-Sendung *Plas-*

berg persönlich: »Es muss meines Erachtens politisch etwas geschehen. Die Presse ist in der Zwischenzeit zur Vierten Gewalt in unserem Staat geworden. Keiner kontrolliert sie, kein Parlament kontrolliert sie.« Er erhielt dafür lauten Beifall. Besonders forsch trat der Ex-Staatsanwalt und jetzige Präsident des Landgerichts Chemnitz an diesem Tag in Dresden auf. Davon abgesehen, dass er nie im Bordell Jasmin gewesen sei, ist für ihn bis zum heutigen Tag der Sachsensumpf »ein Hirngespinst«, durch das »der ganze Freistaat in Verruf gekommen ist«. Diese Aussage schien ihm enorm wichtig zu sein. Mir drängte sich während seiner Zeugenvernehmung der Gedanke auf, dass man ihm hoffentlich niemals, weder als Staatsanwalt noch als Richter, begegnen sollte, derart viel Kälte und Selbstgerechtigkeit strahlte er aus. Nach der Zeugenvernehmung der beiden Juristen bot der Staatsanwalt an, das Verfahren einzustellen, wenn die beiden Frauen eine Ehrenerklärung für den Ex-Richter und den Ex-Staatsanwalt abgeben würden. Das schlugen sie aus – sie wollten, dass die Wahrheit herauskommt. Vor dem Gerichtssaal erzählte mir ein kundiger Experte, der den Prozess beobachtete: »Das darf nicht aufgeklärt werden. Das wäre ja eine Staatskrise.«

Am 15. November 2012, es war der dritte Verhandlungstag, trat Michael W., der damalige Bordellbesitzer des Jasmin, als Zeuge auf. Er ist ein bulliger Mann, glatzköpfig, mit winzigen zusammengekniffenen Augen und einer eingedrückten, kleinen Nase. Nein, er habe die Frauen nie vergewaltigt, sie seien freiwillig bei ihm gewesen, geschlagen habe er sie nicht, allenfalls habe es mal eine »Schelle« gegeben. Ständig wiederholte er bei den Befragungen den Standardsatz: »Ich weiß nicht mehr, ich kann mich nicht erinnern.« Immerhin wunderte auch er sich, warum weder die Polizei noch die Staatsanwaltschaft oder die Richter jemals etwas über die Freier des Jasmin wissen wollten, obwohl sein Bordell dafür bekannt war, dass dort Minderjährige anschaffen mussten. Auch an seine früheren Aussagen gegenüber der Polizei konnte er sich plötzlich nicht mehr erinnern. Bei früheren Vernehmungen bei der Polizei hatte er noch ausgesagt, dass man ihm gesagt habe, er könne eine geringere Strafe erwarten, wenn keine dreckige Wäsche gewaschen wird. Auf Vorhalt der Verteidigung sagte er bei seiner erneuten Zeugenaussage nur: »Ich wollte mich damals wichtigmachen.« Seine damalige Verteidigerin hatte bereits in ihrer Zeugenvernehmung im Juni 2000 erklärt, dass es keine entsprechenden Absprachen gegeben habe.

Für die beiden jungen, bis heute traumatisierten Frauen war es auf jeden Fall eine psychische Tortur, ihren selbstgefälligen früheren Peiniger vor Gericht wiederzusehen. Die Vernehmung des Zuhälters dauerte von 10 Uhr bis 17.30 Uhr, mit einer halbstündigen Pause. Am Abend brachen die beiden traumatisierten Frauen zusammen. Am 16. November 2012 wurde die Verhandlung dann zunächst auf unbestimmte Zeit verschoben. Mandy Kopp schrieb mir nach diesem Prozesstag: »Alles ist verjährt und ändert nie mehr irgendwas an unseren eigenen Erfahrungen. Wir müssen ein Leben lang damit leben und keiner nimmt uns den Schmerz, den wir in Tag- und Nachtträumen immer wieder durchleben. Wir brauchen kein Mitleid, sondern Rückhalt.«

Die Journalisten und was ein sächsischer Richter von Pressefreiheit hält

Mit ihren Recherchen, ihren Gesprächen mit den betroffenen Ex-Zwangsprostituierten und natürlich vor allem durch die Veröffentlichung ihrer Ergebnisse machten sich die beiden freien investigativen Journalisten Thomas Datt und Arndt Ginzel bei der Staatsregierung nicht gerade beliebt. Unter anderem gingen sie nämlich der durchaus spannenden Frage nach, ob im Bordell Jasmin auch eben jener Richter Kunde war, der den Zuhälter W. später zu der milden Haftstrafe verurteilte. Die Vorwürfe gegen diesen damaligen Richter bestätigten sich bislang nicht, die Dresdner Staatsanwaltschaft stellte die Ermittlungen ein. Damit gaben sich die beiden Journalisten jedoch nicht zufrieden, und sie veröffentlichten ihre ausführlichen Recherchen am 28. Juni 2008 in *Zeit online*. Das blieb nicht ohne Folgen. Denn am 1. April 2010 wurde in Dresden ein Verfahren wegen übler Nachrede vor dem dortigen Amtsgericht gegen die beiden Journalisten eröffnet, nachdem sie gegen einen Strafbefehl Widerspruch eingelegt hatten. Der Vorwurf lautete: Sie sollen im Zusammenhang mit dem sogenannten Sachsensumpf sächsische Amtsträger verleumdet haben, weil sie die Aussagen der beiden damaligen Zwangsprostituierten zitierten. Und die beschuldigten schließlich einen Ex-Richter und einen Ex-Staatsanwalt, Anfang der neunziger Jahre ihre Kunden gewesen zu sein. Die Betroffenen bestreiten dies damals wie heute vehement und stellten Strafanzeige gegen die beiden Journalisten sowie die beiden Frauen.

Bemerkenswert ist, wie zum Beispiel Bernhard Honnigfort von der *Frankfurter Rundschau* den Prozessbeginn kommentierte:»In dem Verfahren […] sitzen die beiden [Journalisten] auf ihren Plätzen und machen sich mit messdienerhaftem Eifer Notizen, so als seien sie Prozessbeobachter und nicht die Angeklagten. Der Prozess ist eine der letzten Aufräumarbeiten in einem publizistisch-politischen Desaster namens ›Sachsensumpf‹ […], eine Melange aus Hysterie, Halbwahrheiten, Gerüchten und Verschwörungstheorien.«³⁴

Insgesamt vierzehn Tage wurde in Dresden verhandelt, wobei den Journalisten, die den Prozess begleiteten, insbesondere die angespannte Stimmung im Gerichtssaal auffiel. Arndt Ginzel selbst erinnert sich:»Unsere Anwälte und wir wurden begründungslos und sachfremd unterbrochen. Beim Nebenkläger [der Ex-Richter, der von den Frauen belastet wurde] war das nicht der Fall. Wir hatten den Eindruck, das ist der eigentliche Vorsitzende.«Im August 2010 wurden die beiden Journalisten von Richter Hermann Hepp-Schwab zu je 2500 Euro Geldstrafe verurteilt – und zwar wegen einer einzigen Frage, die sie zwei Polizisten bei ihren Recherchen gestellt hatten. Diese lautete:»Gerieten Sie unter Druck, weil der einflussreiche Richter Dienstaufsichts-beschwerde gegen Sie erhob?« Auf eine Antwort darauf warten die beiden Journalisten bis heute. Die beiden Polizisten, die mit den Journalisten gesprochen hatten und anonym zitiert wurden, fühlten sich übrigens überhaupt nicht verleumdet. Nachdem die Staatsanwaltschaft Dresden – irgendwie scheint das nicht un-üblich zu sein – sie nach der Veröffentlichung des *Zeit-online*-Berichts fragte, ob sie Strafantrag stellen wollten, lehnten beide ab. Der Polizeipräsident als ihr Vorgesetzter erfüllte schließlich die Anfrage der Dresdner Staatsanwaltschaft. Er ist inzwischen par-teiloser Kandidat für die Oberbürgermeisterwahl im Januar 2013 in Leipzig und wird dabei intensiv von der CDU unterstützt.

Zum Prozessausgang erklärte Johannes Lichdi – und seine Aussage wirft ein bezeichnendes Licht auf die bewundernswerte Aufklärungsarbeit der Dresdner Staatsanwaltschaft:»Das ent-scheidende Verdienst des Prozesses ist es aber, dass erstmals ein unabhängiges Gericht die Tatsache als erwiesen festgestellt hat, dass bei den polizeilichen Ermittlungen im Jahre 2000 die Bild-vorlagen in den Vernehmungen der ehemaligen Zwangspros-tituierten nicht vollständig protokolliert wurden. Die Aktenlage wurde von Staatsanwaltschaft, Staatsregierung und CDU bisher aber immer herangezogen, um die Unglaubwürdigkeit von Zeugen und die Haltlosigkeit der Vorwürfe zu beweisen. Damit ist der tragende Pfeiler der Einstellungsverfügungen der Staats-anwaltschaft Dresden gegen die vermeintlich involvierten Ju-risten weggefallen. Die Bewertung ist damit wieder völlig offen und im Landtagsuntersuchungsausschuss zu klären.«[35] Sowohl die beiden Journalisten als auch die Staatsanwaltschaft sind ge-gen das Urteil in Berufung gegangen. Richter Hermann Hepp-Schwab selbst ist inzwischen aufgestiegen – er arbeitet jetzt am Oberlandesgericht.

Das erstinstanzliche Urteil passt wie alles andere im gesam-ten Ablauf der Sachsensumpf-Affäre dazu, dass viele Bürger in Sachsen den Glauben an den unabhängigen Rechtsstaat verloren haben. Dabei demonstriert das Urteil des Richters ein besonderes Verständnis von Presse- und Meinungsfreiheit. Wenn Schule macht, dass man für unbequeme Fragen zahlen muss, wurde Thomas Datt nach dem kafkaesken Urteil von einem Kollegen gefragt, was hat das für Folgen? »Die Folgen wären verheerend für die journalistische Arbeit. Wir dürften keine kritischen Fragen mehr stellen, müssen damit rechnen, strafrechtlich verfolgt zu werden. Quellenschutz wird ausgehebelt. Aber dieses Urteil kann keinen Bestand haben, weil es die Presse- und Meinungsfreiheit außer Kraft setzt.«[36]

Am 13. November 2012 begann um 9 Uhr vor dem Landgericht Dresden das Berufungsverfahren wegen übler Nachrede und Verleumdung gegen die beiden Journalisten. Vorsitzender Richter ist Martin Schultze-Griebler. Bekannt war er einigen Journalisten aufgrund eines Artikels, den er im Herbst 2007 als Vorstandsmitglied des Sächsischen Richtervereins in der Mitgliederzeitschrift des Sächsischen Richtervereins veröffentlicht hatte. Damals bezeichnete er Veröffentlichungen von Journalisten über die Sachsen-Affäre als »Sumpfdotterblume«. »Wer schon immer glaubte, dass Richter und Staatsanwälte – vor allem im Wilden Osten – korrupte Marionetten nicht minder korrupter und skrupelloser Politiker sind, der lässt sich mit gläubig verklärten Augen von Verschwörungstheoretikern durch ihr Panoptikum von Bösewichten führen.« Am Ende seines Beitrags schreibt er: »Ich gestehe, dass mich das getroffen hat. Ich habe daher von Anfang an auch emotional auf dieses Sumpfgequake reagiert.«[37]

Aufgrund dieses Artikels stellten die Verteidiger einen Befangenheitsantrag wegen Voreingenommenheit, der schließlich – wie zu erwarten war – abgeschmettert wurde. War die Verhandlung am ersten Tag noch durch eine geradezu aggressive Tonlage vonseiten des Gerichts bestimmt, änderte sich das schlagartig am nächsten Verhandlungstag, dem 19. November 2012. Einen derartigen Stimmungswandel hatten selbst langjährige Verteidiger noch nicht erlebt. Inzwischen hatten die Verteidiger einen neuen Befangenheitsantrag angekündigt. Und der war für die Justiz in Sachsen höchst gefährlich. Denn die Verteidiger begründeten ihren neuen Befangenheitsantrag mit einem Schreiben des Sächsischen Staatsministeriums der Justiz vom 30. September 2008. Aus diesem Dokument (Aktenzeichen: 4201E-III2-1732/07) ging klar hervor, dass der damalige Justizminister Geert Mackenroth Einfluss auf das Ermittlungsverfahren gegen die beiden Journalisten genommen hat. Er bat ausdrücklich um »Prüfung der strafrechtlichen Relevanz« des Spiegel-Artikels vom 21. Januar 2008, an dem auch die beiden Journalisten Datt und Ginzel mitgearbeitet hatten. Nachdem der neue Befangenheitsantrag angekündigt worden war, änderte sich das Verhalten des Richters schlagartig. Plötzlich war er überaus freundlich, ließ deutlich erkennen, dass er die beiden Journalisten freisprechen werde und der politisch brisante Befangenheitsantrag deshalb nicht mehr notwendig wäre. Folgerichtig teilte er den Anwälten der beiden Journalisten seine vorläufige Rechtsauffassung mit, dass es sich bei der Berichterstattung der Journalisten um »eine zulässige Meinungsäußerung handeln dürfte«.[38] Am 10. Dezember 2012 wurde der Freispruch durch den Vorsitzenden Richter Martin Schultze-Griebler verkündet. »Sollen Journalisten ihre Artikel zuvor der Staatsanwaltschaft zur Prüfung übergeben?«, fragte sinngemäß Richter Martin Schultze-Griebler in seiner Urteilsverkündung in Richtung Staatsanwaltschaft.

Zuvor hatte die Staatsanwaltschaft in ihrem Plädoyer noch eine Geldstrafe von je 6000 Euro wegen übler Nachrede und Verleumdung gefordert. Es ist ein Sieg für die Pressefreiheit in Sachsen. Gleichzeitig ist es eine schmähliche Niederlage für die nicht nur mit der Presse- und Meinungsfreiheit ziemlich lasziv umgehenden Dresdner Staatsanwälte. Nach dem Freispruch erklärte Johannes Lichdi, Rechtsexperte der Landtagsfraktion Die Grünen: »Damit ist der Versuch der Staatsanwaltschaft Dresden gescheitert, Journalisten, die nicht die Version der Staatsregierung zum Sachsensumpf als ›heiße Luft‹ teilen, mit strafrechtlichen Mitteln mundtot zu machen.«[39]

Kurz vor Weihnachten 2012 gab die Staatsanwaltschaft Dresden bekannt, dass sie gegen das Urteil in die Revision gehen werde. Ist es nur eine kühne Hypothese, dass sie auf höhere Anweisung gehandelt hat? Oder ist es eine persönliche Demütigung für die Dresdner Staatsanwälte, eine so eindeutige juristische Niederlage zu erleben?

Der aufmüpfige Strafverteidiger

Nicht weniger aufschlussreich für Teile des sächsischen Justizmilieus ist das, was der renommierte Strafverteidiger Professor Ulrich Sommer, das ehemalige Vorstandsmitglied des Deutschen Anwaltsvereins und Vorstandsmitglied der Arbeitsgemeinschaft Strafrecht der Bundesrechtsanwaltskammer, vor dem Untersuchungsausschuss zum Sachsensumpf am 9. Juni 2009 aussagte. Dabei ging es unter anderem um seinen Wiederaufnahmeantrag gegen einen zu lebenslangem Gefängnis Verurteilten – ein offensichtliches Fehlurteil. Das Verfahren wiederum hing eng mit dem Sachsensumpf zusammen.

Im Hintergrund stand ein Attentat gegen Martin K., den früheren Manager der stadteigenen Leipziger Wohnungs- und Baugesellschaft (LWB) am 17. Oktober 1994. Er wurde durch drei Schüsse in den Oberkörper lebensgefährlich verletzt. Zwei der drei Täter wurden im Mai 1996 wegen Anstiftung zum versuchten Mord zu einer lebenslangen Gefängnisstrafe verurteilt. Selbst der schwerverwundete Martin K. fand das Urteil »grauenhaft ungerecht«. Der Grund war, dass die beiden Nutznießer und Auftraggeber des Attentats – zwei Immobilienkaufleute aus Bayern, die der Polizei schon lange bekannt waren – erst im Jahr 2003 vor Gericht gestellt wurden. Das monierte auch der Weitemeier-Prüfausschuss zum Sachsensumpf in seinem Abschlussbericht.

»So ist nicht nachvollziehbar, weshalb bis zur Hauptverhandlung am 21. Mai 1996 vor der Kammer des Landgerichts Leipzig weder ein Ermittlungsverfahren wegen des Verdachtes der Anstiftung gegen (die beiden Auftraggeber) noch ein Ermittlungsverfahren gegen Unbekannt eingeleitet worden ist.«[40] Bereits in der richterlichen Vernehmung eines der Beschuldigten im Juni 1995 gab es konkrete Hinweise auf die Auftraggeber. Doch das interessierte anscheinend niemanden. Erst am 28. Oktober 1999 wurden sie, nach weiteren konkreten Hinweisen von Informanten, verhaftet. Bei ihren Vernehmungen erklärten die beiden Immobilienkaufleute, dass das Opfer des Mordversuchs lediglich an der Gesundheit geschädigt werden sollte, so dass er einen oder mehrere Tage nicht an seinem Arbeitsplatz hätte erscheinen können.[41] Das Verfahren gegen die beiden Auftraggeber des Anschlags wurde am 22. Juli 2003 unter der Auflage eingestellt, dass sie jeweils einen Betrag von 2500 Euro an die Opferschutzorganisation Weißer Ring zahlten. Hingenommen wurde in diesem Verfahren gegen sie, dass insgesamt 16 Aktenordner nicht mehr auffindbar waren.

Da stellt sich die Frage: Wie kommt man so glimpflich davon? Die Verstrickung der beiden bayerischen Immobilienkaufleute in den Anschlag war den Behörden schon 1995 bekannt. Damals liefen bereits neun Ermittlungsverfahren gegen die beiden, unter anderem wegen Raubes, Bedrohung und Erpressung, und das LKA Sachsen betrachtete die zu lebenslanger Haft Verurteilten als Schlägerkommando der Immobilienkaufleute. Die beiden Hintermänner hielten sich während des Schwurgerichtsverfahrens gegen die wegen versuchten Mordes Angeklagten nicht nur im Gerichtsgebäude auf, sondern führten sogar ein persönliches Gespräch mit dem Vorsitzenden Richter. Sie versicherten ihm, dass die aktuell Angeklagten keinerlei Tötungsabsichten gehabt hätten, und gaben zu, selbst im Hintergrund die Fäden gezogen zu haben. Warum wurden diese Aussagen nicht Teil der Verhandlung? Nun, der Vorsitzende Richter wollte den Angaben nicht glauben, er gab in einem Gespräch mit der inzwischen verstorbenen *Bild*-Redakteurin Angela Wittig zu verstehen, dass er die Angeklagten als »eiskalte Killer« einschätzte, während die beiden Männer, mit denen er auf dem Gerichtsflur gesprochen habe, nie und nimmer Auftraggeber eines solchen Anschlags wären und man daher vor denen ohnehin keine Angst haben müsse.[42]

In seinem Antrag auf Wiederaufnahme des Verfahrens zitiert Rechtsanwalt Ulrich Sommer auch den Vermerk eines Vorsitzenden Richters am Landgericht Leipzig: »Von einer Kontaktperson bei der Polizei habe er erfahren, dass das LKA Sachsen eine Liste besitze, die belege, dass Angehörige der Justiz bei M. Grundstücke gekauft hätten, so ein Richter am Bundesgerichtshof, der mit dem Vizepräsidenten des Landgerichts Leipzig A befreundet sei. […] Des weiteren soll ein Aktenvermerk eines beim Landgericht Leipzig beschäftigen Rechtspflegers existieren, der die Feststellung enthalte, dass die Angeklagten S. und S. [die beiden Auftraggeber] sich gegenüber dem damals mit der Sache befassten Vorsitzenden Richter als Hintermänner des Anschlags zu erkennen gegeben hätten.«

Sommers Fazit: »Die jüngste Akteneinsicht der Verteidigung von Herrn W. hat ergeben, dass Manipulation und Täuschung das bisherig rechtskräftig abgeschlossene Verfahren und das bisherige Wiederaufnahmeverfahren bestimmt haben.« Weil es der Strafverteidiger jedoch wagte, bereits 2007 einen Wiederaufnahmeantrag zu stellen – sehr begründet wohlweislich –, ermittelte die Staatsanwaltschaft gegen ihn. »Anlass war mein Wiederaufnahmeantrag Ende 2007. Dieser Wiederaufnahmeantrag ist zur Stellungnahme an die Staatsanwaltschaft Dresden gegangen. Das ist aus meiner Sicht erst einmal ein gerichts- und behördeninterner Vorgang. Aus diesem behördeninternen Vorgang hat dann die Staatsanwaltschaft offensichtlich sofort etwas Publizität gemacht, indem sie nämlich weite Teile an Betroffene geschickt hat. So hat sie beispielsweise Herrn S. etwas davon geschickt; er solle mal Stellung nehmen. Sie hat an Herrn K. etwas geschickt und so weiter. Das heißt, durch die Staatsanwaltschaft wurde das

Ganze auf einmal semiöffentlich, so dass die Betroffenen etwas über diese Formulierungen wussten. Anschließend haben die sich beschwert und gesagt: So geht das nicht! Daraufhin hat – ich meine, es war noch Ende 2007, vielleicht auch Anfang 2008 – die Staatsanwaltschaft Dresden ein Strafverfahren gegen mich eingeleitet«, erläutert Sommer den beispiellosen Vorgang.

Frage des Abgeordneten Jürgen Martens, FDP (heute übrigens sächsischer Justizminister), im ersten Sachsensumpf-Untersuchungsausschuss: »Herr Dr. Sommer, dazu habe ich jetzt auch wieder eine Frage. Möglicherweise haben ich da eine gewisse strafprozessuale Unkenntnis; das bitte ich mir nachzusehen. Auf welcher Rechtsgrundlage wird im Wiederaufnahmeverfahren die Antragsschrift ehemaligen Verfahrensbeteiligten zugeleitet – nach Ihrer Kenntnis – mit der Bitte um Stellungnahme?«

Ulrich Sommer: »Ich glaube, ich habe meine eigene Verwirrung gerade auch schon deutlich gemacht. […] Die Staatsanwaltschaft hat die Pflicht, eine Stellungnahme abzugeben, und das wiederum, die gesamten Akten, anschließend an das Wiederaufnahmegericht zu schicken. Auf welcher Grundlage die dann tatsächlich damit – ich sage es mal leger – ›hausieren‹ gehen, das weiß ich nicht.«

Nachfrage von Klaus Bartl, Ausschussvorsitzender: »Ist Ihnen das öfter vorgekommen in Ihren Verfahren, dass bei Beleidigung, Verleumdung, falscher Verdächtigung der Generalstaatsanwalt in Kenntnis gesetzt wird?«

Ulrich Sommer: »Als Verteidiger? Bei meinen Mandanten natürlich nicht, nein. Es ist schon ungewöhnlich. […] Wenn ich dieses Ereignis schilderte, das da während der Beratungspause passierte, dann war mir schon relativ deutlich, dass dieses Verfahren eine gewisse Aufmerksamkeit hatte, auch justizintern.«

Klaus Bartl: »Wer hat denn an der Verhandlung teilgenommen? An der Beratung des Richters hat der Amtsgerichtspräsident teilgenommen? Was das für einen Juristen bedeutet, ist klar.«

Ulrich Sommer: »Es gab eine Beratungspause. Der Amtsrichter, ein sehr junger Amtsrichter, dessen Name mir entfallen ist, hatte um eine längere Pause gebeten. Alle gingen auf den Flur. Und vom Flur – in dem Moment, als wir rausgingen – ging dann anschließend der damalige Amtsgerichtspräsident in das Beratungszimmer, in dem allein der junge Amtsrichter saß, der eine Entscheidung zu treffen hatte. Eine Viertelstunde später hat er dann die Verurteilung ausgesprochen – was auch immer man dort besprochen hat.«

Die Erfahrungen mit der sächsischen Justiz waren für den Strafverteidiger aus Köln etwas Neues, etwas, was er bislang noch nie erlebt hatte. »Ich habe vielleicht den Überblick darüber, was im Rest der Bundesrepublik üblich ist. Dass in dieser Form mit minimalsten – ich sollte vielleicht deutlicher sagen: mit null Anhaltspunkten tatsächlich versucht wird, Aktivitäten von Strafverteidigern mit der staatlichen Macht – mit dem Schlimmsten, was in unserem Staat überhaupt möglich ist, nämlich mit einer strafrechtlichen Verurteilung – entgegenzutreten, ist für mich, vorsichtig gesagt, neu und ungewöhnlich. Wenn das tatsächliche Struktur sein sollte, was ich nicht sagen kann, dann, so meine ich, entspricht das nicht dem, was ich mir immer von einem rechtsstaatlichen Verhalten der Staatsanwaltschaft vorgestellt habe.« Rechtsanwalt Sommer hat seine Aussagen übrigens als Zeuge vor dem zweiten Parlamentarischen Untersuchungsausschuss wiederholt.

Der Politiker und die Niedertracht

Der Blick auf die grünen Elbwiesen und die sanft dahingleitende Elbe allein ist es wert, das öffentlich zugängliche Restaurant des Sächsischen Landtags in Dresden aufzusuchen, diesen modernen Stahlbau mit seinen mächtigen Glasflächen. Viel Glas soll viel Transparenz symbolisieren. Bei einem Symbol ist es geblieben – zumindest was die auf der anderen Elbuferseite liegende

Sächsische Staatskanzlei angeht, das wahre politische Machtzentrum. An einem der weiß gedeckten Tische auf der Terrasse des Restaurants sitzt der 67-jährige sächsische SPD-Landtagsabgeordnete und Unternehmer Karl Nolle, ein Fels von Mann mit einer scharfen Zunge, ein bundesdeutscher Ausnahmepolitiker. Doch er wirkt müde, gesundheitlich angeschlagen, als hätte er von der Politik Abschied genommen.

»Ist der Sachsensumpf aufklärt?«, will ich von ihm wissen. »Nein, und er wird nicht aufgeklärt werden. Im Zweifel sind die Akten geschwärzt, nicht vollständig oder geheim. Deshalb kann das im Prinzip nie aufgeklärt werden.« Der aus einer sozialdemokratischen Familie in Niedersachsen stammende Karl Nolle gehört zur seltenen Spezies couragierter und ethisch verantwortungsvoll handelnder Politiker mit Rückgrat, quasi ein Dinosaurier. Nach dem Fall der Mauer ging er nach Dresden und baute eine Druckerei auf. Im Jahr 1999 wurde der SPD-Mann, der einst Altbundeskanzler Gerhard Schröders Stellvertreter im Juso-Bezirksvorstand Hannover war, in den Sächsischen Landtag gewählt.

Wenn in den letzten zehn Jahren politische Skandale in Sachsen aufgedeckt wurden, dann war er immer maßgeblich daran beteiligt. »Denen da drüben«, und er zeigt mit dem Finger in Richtung Staatskanzlei, »habe ich viele Probleme bereitet.« Nicht der politischen Opposition, ob SPD, Die Grünen oder Die Linke, haben Ex-Ministerpräsident Kurt Biedenkopf oder Ex-Ministerpräsident Georg Milbradt zu verdanken, dass sie aufgrund nachgewiesener Regelverstöße letztendlich zurücktreten mussten. Nein, Karl Nolle war der Auslöser. Schließlich sorgte er unter anderem mit seinen Recherchen dafür, dass 2005 der komplette Vorstand der sächsischen Landesbank abtreten musste. Das bedeutet aber auch, dass er sich in den letzten Jahren viele Feinde gemacht hat, was ihn in der Vergangenheit kaltließ – bis es um seine mehr oder weniger planmäßige Existenzvernichtung ging. Und die steuerte, davon ist nicht nur Karl Nolle überzeugt, die

Sächsische Staatskanzlei, nachdem er im Sachsensumpf kritische Fragen stellte, im gleichen Jahr 2007 die Affäre um die Sachsen-LB mit aufdeckte und der damalige Ministerpräsident Milbradt unter Beschuss stand. Die letzten drei Jahre haben Karl Nolle, den Politiker aus Leidenschaft, finanziell und körperlich an den Abgrund geführt, nachdem ihm vorgeworfen wurde, Subventionsbetrug begangen zu haben. Mit diesem Vorwurf hat es eine besondere Bewandtnis. »In meinem Fall ist ja nicht nur aus politischen Gründen gegen mich ermittelt worden, und nicht nur die Staatsanwaltschaft wurde funktionalisiert, sondern es bestand ein Wechselverhältnis zur Finanzbehörde. Das heißt, sie spielen auch mit dem Instrument der Steuerprüfung.«

Was war geschehen? Die Staatsanwaltschaft Dresden ermittelte gegen Nolle wegen des Anfangsverdachts auf Subventionsbetrug, weil das Finanzamt glaubte, bei ihm Unregelmäßigkeiten festgestellt zu haben. Mysteriös ist, wie es dazu kam. Im Jahr 2007, als er besonders massiv die CDU-Spitzen in Bedrängnis brachte, untersuchte das Dresdner Finanzamt die Gewährung von Investitionszulagen für betriebliche Anschaffungen in Nolles Druckerei. Die Steuerprüferin kam zu dem Ergebnis, dass einige von ihm angeführte Posten dazu nicht berechtigt seien. Entsprechend wurden sie gestrichen, zumal bislang auch kein Geld geflossen war. Es ist das Übliche bei jeder Steuerprüfung. Doch dann schaute sich eine Vorgesetzte der Steuerprüferin alles noch einmal an, warf Karl Nolle aus heiterem Himmel Leichtfertigkeit vor und übergab den Vorgang der Bußgeld- und Strafsachenstelle. Ein Steuerstrafverfahren kam ins Rollen.

Nach einem Jahr erhielt Nolle dann einen Steuerbescheid in Höhe von 181 000 Euro. Dabei waren ihm bisher nie zu viele Subventionen ausgezahlt worden. Auch die Berechtigung des Investitionsanspruchs für eine neu angeschaffte Druckmaschine stand nicht zur Debatte, sondern allein die steuerrechtliche Frage, ob die erhaltene Investitionszulage 2005 oder 2006 fällig war. Nolle hatte sie bereits Ende 2005 erhalten. »Eine Frage, die normalerweise vor Finanzgerichten geklärt wird. Bei Nolle führt es jedoch zu einer zweiten Anzeige bei der Strafsachenstelle im Oktober 2008«,[43] just in der Phase, als Karl Nolle den CDU-Justizminister Geert Mackenroth mehrfach zum Rücktritt aufforderte. Im Wahljahr 2009 übergab das Finanzamt den Vorgang der Staatsanwaltschaft – Verdacht auf Subventionsbetrug.

Am 23. April 2009, wenige Monate vor der Landtagswahl, noch bevor Karl Nolle offiziell von der Einleitung eines Ermittlungsverfahrens gegen sich erfuhr, wurden bereits Teile davon in der *Chemnitzer Freien Presse* »exklusiv« veröffentlicht. »Wie mir berichtet worden ist, soll die Geschichte mit dem Subventionsbetrug schon vor Wochen mehreren Journalisten angeboten worden sein«, erzählte er mir. Und zwar aus CDU-Kreisen der Staatsregierung, die erklärt hätten: »Jetzt haben wir den Nolle endlich.«[44] Die Staatskanzlei dementierte wiederum diesen Vorwurf.

Nachdem in den Medien bekannt geworden war, dass gegen Nolle, den Aufklärer, ein Verfahren wegen des Verdachts auf Betrug eröffnet wurde, kam die Lawine ins Rollen: Aufträge für seine Druckerei wurden storniert, die Banken zogen sich plötzlich zurück. Sein Unternehmen stand schnell vor der Insolvenz, ihm drohte der wirtschaftliche Ruin. »Ich hatte dann Nothilfekredite beantragt, die über die Bürgschaftsbank verbürgt werden mussten. Im Bürgschaftsausschuss wurde befürwortet, dass ich einen Nothilfekredit bekomme. Da sitzen zwar zwölf Experten drin, aber der Freistaat hat dort einen Vertreter mit Vetorecht. Und der sagte, wir stellen solche Bedingungen auf, die er gar nicht erfüllen kann.«

Nach achtzehn Monaten, am 7. Oktober 2010, stellte die Staatsanwaltschaft das Ermittlungsverfahren wegen Subventionsbetrugs gegen Zahlung einer Geldauflage von 7000 Euro ein. »Der unabsehbare Aufwand eines gerichtlichen Verfahrens und die Gemeinnützigkeit des Zahlungsempfängers der Geldauflage [die Aussätzigenhilfe] waren ausschlaggebend für die Bereitschaft unseres Mandanten, das Verfahren auf Vorschlag der Staatsanwaltschaft ohne Aufhebung der Immunität, ohne Anklage oder Strafbefehl und ohne jede Schuldfeststellung zu beenden«, schrieben Karl Nolles Rechtsanwälte. »Doch selbst nach dieser Entscheidung haben sie keine Ruhe gegeben«, erzählte mir Karl Nolle. Das Finanzgericht stellte in seinem Urteil vom 28. November 2011 fest, 32 Monate nach Einleitung und öffentlicher Verbreitung des Betrugsverfahrens, dass Nolle als Geschäftsführer alles richtig gemacht hatte, dass also die Auffassung der Finanzbehörden und die der darauf sich stützenden Staatsanwaltschaft Dresden von Anfang an keine Rechtsgrundlage hatten. Doch der wirtschaftliche Ruin war nun nicht mehr aufzuhalten. Am 1. April 2011 musste Karl Nolle auf Druck seiner Hausbank und von Investitionsbanken, nach Wirtschaftskrise und jahrelanger Treibjagd, im Rahmen einer geforderten Sanierung aus der Geschäftsführung des traditionsreichen hundertjährigen Druckhauses ausscheiden, das Nolte und seine Frau Christl nach der Wende mit 70 Mitarbeitern zu einem angesehenen regionalen Marktführer entwickelt hatten. Zwei neue Geschäftsführer übernahmen die Betriebsführung. Und am 7. Dezember 2012 beantragte ein Dresdner Insolvenz-Anwalt beim Amtsgericht Dresden die Durchführung eines Planinsolvenzverfahrens. Die beiden neuen Geschäftsführer waren gescheitert.

Schwer erträglicher Zynismus war daher die entsprechende Meldung des Journalisten Bernhard Honnigfort in der *Frankfurter Rundschau*. Unter der Überschrift »Niedergang einer Nervensäge« schrieb er: »In Dresden gibt es Verschwörungstheorien, die darin das teuflische Wirken der CDU-Regierung sehen, nicht die Folge von Auftragsrückgängen«.[45] Über die tatsächlichen Hintergründe verliert er kein Wort. Für Karl Nolle und seine Ehefrau geht jetzt das gesamte Vermögen aus vierzig Jahren gemeinsamer Arbeit verloren, mit dem sie als mittelständisches Unternehmen persönlich haften. Es ist die endgültige Vernichtung eines aufrechten sächsischen Politikers.

Welches Fazit ist aus all diesen unterschiedlichen Erfahrungen und Erkenntnissen zu ziehen? Da erklärte die Neue Richtervereinigung Sachsen:»Der Justizminister, die Regierung im Ganzen, hätten besser dagestanden, wenn sie weder mit Dienstaufsicht noch mit Weisungsrecht die Staatsanwaltschaft beeinflussen könnten. Dass die Regierung ihr genehme Richtersprüche produzieren lässt, glaubt kaum jemand, dass sie auf ihr genehme staatsanwaltschaftliche Einstellungsverfügungen hinwirkt, glauben nicht nur viele Mitglieder des Landtags, wie die Vergangenheit gezeigt hat, nicht ohne Anlass.«[46] Peter Lames, Vorsitzender Richter am Oberlandesgericht Dresden, wagte sich ungemein mutig vor, als er die Situation in Sachsen folgendermaßen beschrieb:»Das Legalitätsprinzip muss aber auch ungebrochen gelebt und praktiziert werden. Da zeigt sich der Rechtsstaat in Sachsen nicht immer von seiner besten Seite.« Und kritisch sieht er besonders die Staatsanwaltschaft.»Staatsanwälte mit Scheren im Kopf wären keine Werbung für den Rechtsstaat. Das gilt umso mehr, als der Rechtsstaat Vertrauen aller Beteiligten guten Willens voraussetzt. Das wird aber strapaziert, wenn, wie im sogenannten Sachsensumpf geschehen, zuerst die Regierung parlamentsöffentlich auf der Grundlage von amtlich erhobenen Informationen die Mafia unter uns sieht und wenig später alles zu einem Missverständnis erklärt wird. Wir sollten uns nicht in die eigene Tasche lügen. Der Rechtsstaat im Osten muss noch mehr Vertrauen gewinnen.«[47] Man könnte auch sagen, er müsste in Sachsen angekommen sein.

Was der Berliner Rechtsanwalt Eisenberg als »paranoid-geschlossenes System« innerhalb von Teilen der sächsischen Staatsanwaltschaft bezeichnet, hat zweifellos seine Berechtigung. Es ist jedoch nicht das zentrale politisch-gesellschaftliche Problem der schleichenden Entdemokratisierung im landschaftlich reizvollen Sachsenland. Vielmehr geht es in Sachsen um den puren Machterhalt einer Partei, in diesem Fall der CDU, und ihrer Profiteure. Sie sind eingebunden in einem schier undurchdringlichen Spinnennetz der Macht. Hier spielen die CDU-Seilschaften sowie das damit verbundene System der miteinander kommunizierenden Röhren in der Justiz, Polizei, einigen Hofberichterstattern und manchmal den Finanzämtern eine fördernde Rolle im Machtsicherungsmanagement.

Urteile der Oberverwaltungsgerichte und des Verfassungsgerichtshofs in Sachsen zeigen glücklicherweise, dass der staatlichen Willkür in den unteren und mittleren Ebenen von Justiz auch Grenzen gesetzt werden können. Doch bis die Betroffenen diese Instanzen angerufen haben – sofern sie finanziell dazu in der Lage sind –, sind sie oft bereits psychisch und/oder finanziell zerstört. Viele sächsische Bürger, ob Arbeitnehmer oder Unternehmer, haben deshalb ihren Widerstand aufgegeben, weil sie sich machtlos fühlen. Für eine lebendige demokratische Kultur ist dieser in Sachsen herrschende undurchsichtige Schleier der Angst und politischen Disziplinierung ein Verhängnis – auch weil die Medien als die Instanz, deren primäre Aufgabe eigentlich sein sollte, die Macht zu kontrollieren, dieser in Sachsen nur noch bedingt nachkommen dürfen, können, wollen – wer weiß das schon. Einige Journalisten spielten jedenfalls im Zusammenhang nicht nur mit dem Sachsensumpf eine zwielichtige Rolle im Dienst einer Staatsregierung – ganz wie einst zu DDR-Zeiten.

Über das Vermögen des Rostocker Paten und seine Freunde

Etwas anders als in Sachsen ist die Situation in Mecklenburg-Vorpommern. Es gilt für viele als Naturparadies. Landschaftlich stimmt das sicherlich, aber gleichzeitig ist das Bundesland vor allem ein Biotop, in dem Kriminalität und die damit verbundene Korruption seit der Wende prächtig gedeihen konnten. Nahe der polnischen Grenze, im Ort Kamminke auf der Insel Usedom, klagen die Bürger über grassierende Diebstähle – und das seit

Jahren. Verfolgen kann die Polizei die Täter nicht. Zum einen braucht sie vom nächstgelegenen Revier in Heringsdorf mindestens vierzig Minuten, und dann fehlt auch noch das entsprechende Personal, um den Bürgern Sicherheit zu garantieren.

Bereits 2008 warnte der Bund Deutscher Kriminalbeamter in einer Presseerklärung davor, dass die Kriminalität im Grenzbereich zunehmen würde. Doch das Innenministerium beruhigte: Nein, das werde nicht geschehen. Die ausgesprochene Warnung hatte Folgen: Der für die Pressemitteilung verantwortliche stellvertretende Landesvorsitzende des BDK wurde in die Polizeiabteilung des Innenministeriums zitiert und ihm wurde ein Disziplinarverfahren angedroht. Gleichzeitig wurde der BDK-Landesvorsitzende Ronald Buck innerhalb des Landeskriminalamts strafversetzt. So macht man nicht nur in Mecklenburg-Vorpommern kurzen Prozess mit dem kritischen Bürger in Uniform. Am besten hält er sich wohl überhaupt aus allen delikaten Angelegenheiten heraus. Vor allem wenn es um die Situation in Rostock und Warnemünde geht.»Dem Problem der fehlenden Aufklärung begegnet man, indem die Dienststellen einfach umbenannt werden. Es gibt keine organisierte Kriminalität mehr, sondern nur noch allgemeine und schwere Kriminalität, deshalb werden die entsprechenden Fachkommissare jetzt Dezernat Bandenkriminalität genannt«, kritisiert Ronald Buck, der BDK-Vorsitzende von Mecklenburg-Vorpommern. Besonders intensiv hatte er sich einst mit dem sogenannten»Paten von Rostock« beschäftigt, der nach seiner Meinung immer noch so eine Art Strippenzieher im Milieu sein soll.

Der Mann, der in den Medien»Pate von Rostock« genannt wurde, ist stadtbekannt. Noch sitzt er im Gefängnis, aber ihm ist es im Vorfeld gelungen, so viel Vermögen anzuhäufen, dass es ihm nach seiner Haftentlassung wohl nicht schwerfallen wird, ein neues Leben zu beginnen. Im Oktober 2006 wurde er zu insgesamt sieben Jahren und drei Monaten Gefängnis verurteilt. Die Anklagepunkte: versuchter Totschlag sowie gewerbs- und bandenmäßiges Einschleusen von Ausländern, räuberische Erpressung in drei Fällen, Diebstahl in besonders schwerem Fall, Anstiftung zur versuchten räuberischen Erpressung, Anstiftung zur Brandstiftung, gefährlicher Körperverletzung und so weiter. Der Pate ist ein vermögender Mann gewesen, einer, auf den man in Rostock gehört hat. Verbrechen lohnte sich in Rostock – das kann man unbedacht äußern. Der ehemalige Pate war in seiner aktiven Zeit mit zwei Cafés und verschiedenen Restaurants in der Stadt geschäftlich verbunden. Darüber hinaus besitzt er laut Hamburger Landgericht noch ein Mehrfamilienhaus und eine Eigentumswohnung. Während seines Gefängnisaufenthalts wurde bereits ein Vorvertrag für ein weiteres Restaurant am Kurhaus Warnemünde unterschrieben. Überhaupt entwickelte er im Gefängnis viele Zukunftspläne.

Sein Plan sei es, wird in einem Beschluss des Landgerichts Hamburg vom 4. März 2010 erwähnt, sich an der Firma seines Vaters finanziell zu beteiligen. Außerdem erwirtschafteten noch im Jahr 2009 eigene Unternehmen des Paten laut Hamburger Landgericht einen Gewinn von 500000 Euro. Unter anderem wegen der Besitzverhältnisse und seiner entsprechenden Verbundenheit damit begründet das Landgericht seinen Beschluss, dass sich »der Verurteilte ganz offensichtlich nicht« an die Bewährungsauflagen zur Aussetzung der Reststrafe gehalten hat. »Der Verurteilte hat gegen die ihm erteilten Weisungen gröblich und beharrlich verstoßen und dadurch Anlass zur Besorgnis gegeben, dass er erneut Straftaten begehen wird (§ 56 f., Abs. 1, Nr. 2 StGB).«[48] Der Beschluss des Landgerichts Hamburg wurde im Oktober 2010 durch das Hanseatische Oberlandesgericht in Hamburg bestätigt.

Ich habe am 5. Februar 2005, noch vor seiner Verhaftung, in einem seiner Restaurants mit dem einstigen Paten von Rostock gesprochen. Damals erzählte er mir, dass er Oberbürgermeister Roland Methling beim Wahlkampf unterstützt habe. Er werde von der Gastronomie stark unterstützt und: »Ich erwarte mir viel von ihm. Er wird mir keine Steine in den Weg legen.« Im Mittelpunkt seines Imperiums stand während seiner Regentschaft in Rostock das Unternehmen Millenium Gastronomie GmbH, an dem er und sein wegen Geldwäsche verurteilter Freund beteiligt waren.[49] Dieser Freund hat inzwischen mehrere Gastronomieunternehmen gegründet beziehungsweise sich an anderen Unternehmen beteiligt. Eines seiner Restaurants ist so attraktiv, dass dort hin und wieder Empfänge der Stadt Rostock stattfinden. Der Lebenspartner einer ebenfalls wegen Geldwäsche Verurteilten, die eng mit dem Paten verbunden war und ist, darf den Landespresseball organisieren. Und ein weiterer mit dem Paten einst eng verbundener Freund, der 2006 wegen Geldwäsche verurteilt wurde, war danach in leitender Funktion eines Immobilienunternehmens beschäftigt, das regelmäßig Aufträge von der Stadt erhalten hat. Das Geld ist ja jetzt sauber, und Vergangenheit ist in Rostock immer auch Gegenwart und Zukunft.

»Auf jeden Fall ist seine Strategie aufgegangen, illegales Geld in den legalen Kreislauf einzuschleusen«, stellt Sybille Bachmann fest, die Fraktionsvorsitzende des Rostocker Bundes und sicher die kritischste Abgeordnete in der Bürgerschaft der Stadt Rostock, was ja schon ein Zeichen dafür ist, wie es um die politische Kultur dieser Stadt bestellt ist. Deshalb wird sie häufig angefeindet und nicht weniger häufig bedroht. Ein Dutzend Verfahren wegen Beleidigung oder Verleumdung wurden gegen sie angestrengt – sie hat alle gewonnen. Sie ließ sich nicht einschüchtern und versucht weiterhin, für saubere demokratische Verhältnisse in Rostock zu sorgen.

In dieser Stadt ist das besonders schwierig, weil hier die alten Stasi-Seilschaften seit der Wende wirtschaftlich großes Gewicht haben. Manche in Rostock erinnern sich noch an den Beginn der Karriere eines Mannes, der als Baulöwe bekannt war. Damals, im März 1990, als SED-Leute noch in vielen Ämtern saßen, stellte er der Stadt die Summe von einer Milliarde Mark in Aussicht. Ein internationales Konsortium wolle, wie er sagte, die Mittel in Rostock zum Kauf der Nördlichen Altstadt investieren. Der damalige Oberbürgermeister Henning Schleif hatte bereits zugestimmt. Doch der Deal platzte, nachdem Rechtsanwalt Peter Schulz, der vom Runden Tisch beauftragt wurde, den Deal zu überprüfen, Ablehnung signalisierte. Das Geschäft sollte über eine Firma des großzügigen Gönners abgewickelt werden, mit der Geschäftsadresse »Warnemünde postlagernd« und der Telefonnummer des geschichtsträchtigen Hotels Neptun in Warnemünde.

Heute ist der einstige Baulöwe einer der großen Immobilienunternehmer, der gewissermaßen die alten Stasi-Seilschaften repräsentiert, die in Rostock bis heute von Bedeutung sind.

Sybille Bachmann kämpft seit Jahren gegen die alten wie die neuen korrupten Beziehungsgeflechte in ihrer Heimatstadt, wobei ihr größter politischer Gegner der parteilose Rostocker Oberbürgermeister Roland Methling ist. Da nimmt sie mir gegenüber auch kein Blatt vor den Mund: »Roland Methling ist ein bauernschlauer Machtmensch. Als Mensch ist Roland Methling nicht in der Lage, kritische Begleitung als Unterstützung in der Sache zu begreifen, für ihn gibt es nur den bedingungslosen Unterstützer oder eben Feind beziehungsweise Verräter, da er nicht sach-, sondern personenbezogen agiert. Wer sich Roland Methling in den Weg stellt, wird bekämpft. Zugleich verfügt Roland Methling über ein beeindruckendes persönliches Netzwerk, das jedoch eher von Zweckgründen denn Freundschaft geprägt scheint.« So viel zur Einschätzung einer Politikerin, deren klare Worte ein politisches Milieu in Rage bringen, das die Bürger nur zu gerne einlullen würde.

Die kriminelle Organisation,
ein Justizirrtum und die hohe Politik

Mit dem Thema Russenmafia beschäftige ich mich in meinen Büchern und Recherchen schon seit vielen Jahren und weise auf deren gefährliches Treiben hin. Als in Stuttgart die Justiz endlich einmal gegen diese kriminelle Organisation vorging, freute ich mich: Endlich wurde sie strafrechtlich verfolgt – und sogar verurteilt. Doch was ich anfangs nicht kannte, waren die mehr als dubiosen Hintergründe dieses Falls, der bis in die höchsten Kreise von Politik und Wirtschaft reicht.

Das Drama begann am Mittag des 18. August 2006 auf der Autobahn A 8 nahe des Stuttgarter Flughafens. Ein schwarzer Mercedes S-Klasse, von Stuttgart nach Garmisch-Partenkirchen unterwegs, wurde von einem Spezialeinsatzkommando (SEK) der Polizei gestoppt, auf den nächsten Parkplatz gelotst, und die beiden Insassen wurden festgenommen. Gegen sie lag ein Haftbefehl wegen Mitgliedschaft in einer kriminellen Vereinigung vor. Sie sollen einer der gefährlichsten russischen Organisation angehören.

In dem Auto saß Katharina Schmidt,[1] die gerade von ihrem Arbeitsplatz, dem Honorarkonsulat der Russischen Föderation für Baden-Württemberg in Stuttgart, in Richtung Garmisch-Partenkirchen unterwegs war. Ihr Chef, der Russische Honorarkonsul Professor Klaus Mangold, hatte ihr trotz des Umzugs – das Konsulat war gerade vom Daimler-Gebäude in ein neues Domizil in Stuttgart gezogen – erlaubt, an diesem Tag zu ihrem Sohn zu fahren. Doch daraus sollte nun nichts mehr werden. Die Frau wurde von SEK-Beamten aus dem Auto gezogen, bekam eine schwarze Kapuze über den Kopf gestülpt und wurde dann in einen Polizeiwagen verfrachtet. Während der Polizeiaktion auf dem Parkplatz dachte sie noch: Ist das hier vielleicht eine Aktion für die Sendung *Verstehen Sie Spaß?* Nein, das war bitterernst. Ihren Exmann Dimitri Schmidt,[2] der zusammen mit ihr den gemeinsamen Sohn in Garmisch-Partenkirchen besuchen wollte, zerrte man ebenfalls aus dem Fahrzeug, warf ihn auf den Boden, und er wurde von mehreren Beamten mit gezogenen Pistolen fixiert. Die Polizisten glaubten schließlich, einen brutalen und gefährlichen russischen Mafioso vor sich zu haben. Zur gleichen Zeit wurden andernorts zwei weitere Männer, die ebenfalls der Russenmafia angehören sollen, verhaftet: Alexander Lust und Alexander Afansiev.

Schon auf der Fahrt zur Haftrichterin teilte ein LKA-Beamter der vollkommen verschüchterten Katharina Schmidt mit, sie müsse nun mit einer langjährigen Haftstrafe rechnen. »In den nächsten fünf Jahren werden Sie Ihren Sohn nicht wiedersehen.« Gegenüber der Haftrichterin bestritt sie den Vorwurf, einer kriminellen Vereinigung anzugehören. Doch im Haftbefehl stand, dass ihr dies aufgrund der Aussage eines Kronzeugen angelastet werde. Da nutzte es wenig, dass sie der Untersuchungsrichterin erzählte, sie müsse zu Hause ihren Hund und eine Maus versorgen. Die Richterin ordnete Untersuchungshaft an. Auf der Fahrt in die Justizvollzugsanstalt Schwäbisch-Gmünd wurde ihr noch nahegelegt, am besten mit den Ermittlern zu kooperieren. Nach Mitternacht sah sie dann an diesem Tag zum ersten Mal in ihrem Leben eine Gefängniszelle. Ihre Zellennachbarin stellte gleich klar: »Jetzt hast du draußen keine Freunde mehr – aber jetzt hast du uns.« Ihr Sohn wurde zwischenzeitlich ins Landeskriminalamt nach Stuttgart gebracht. Ihm sagten die Beamten: »Dein Vater hat falsche Freunde, und deshalb musst du dein bisheriges Leben vergessen. Du darfst nie wieder Eiskunstlaufen, deine Karriere ist damit beendet. Du gehst mit deiner Mutter ins Zeugenschutzprogramm.«

Nach drei Tagen Untersuchungshaft war Katharina Schmidt

körperlich und psychisch am Ende. Sie wurde zur Vernehmung ins Landeskriminalamt gefahren. Der Vernehmungsbeamte beruhigte die verstörte Frau und sagte ihr, er sei ja davon überzeugt, dass sie von allen Männern nur getäuscht und deshalb in deren kriminelle Machenschaften hineingezogen worden sei. Dann erzählte er ihr, dass er konkrete Hinweise habe, dass Afansiev wegen seiner Verhaftung Rache üben wolle und alle Beteiligten umbringen werde; sie und ihre Familie seien deshalb massiv gefährdet. Afansiev habe von der Zentrale der kriminellen Vereinigung in Moskau die Anweisung erhalten, härteste Maßnahmen bis hin zu Mord zu ergreifen. Sie solle sich daher überlegen, ob sie nicht lieber ins Zeugenschutzprogramm gehen wolle. Ihr Exmann Dimitri Schmidt sei froh, im Gefängnis zu sein, da er nur dort vor Afansiev sicher sei.

Katharina Schmidt ist eine gutgläubige Person, die überhaupt nicht verstand, worum es bei der ganzen Sache eigentlich ging. Auf jeden Fall war sie aufgrund der ihr geschilderten Bedrohungssituation bereit, ins Zeugenschutzprogramm zu gehen. Erst viel später sollte sich herausstellen, dass das alles nur ein Bluff war.»Ich hatte eine Woche, nachdem ich im Zeugenschutzprogramm war, gesagt, ich möchte einen Anwalt. Aber sie erklärten mir, ich darf keinen Anwalt anrufen. ›Ihr bester Anwalt ist der Staatsanwalt.‹ Dann bin ich zusammengebrochen, weil ich mich alleingelassen gefühlt habe. Ich habe überhaupt nicht verstanden, was los ist.« Eine der dringlichsten Fragen der Ermittler bei Katharina Schmidts Vernehmung war, ob sie einen Michael Tschernoj und die Ismailowskaja kenne.

Michael Tschernoj ist ein in Israel lebender Multimillionär, der in den neunziger Jahren in Russland im Aluminiumgeschäft mit kriminellen Methoden ein Imperium aufgebaut haben soll. In Deutschland fiel er bereits Anfang 2000 auf. Damals schickten verschiedene Banken, unter anderem die WestLB, eine Verdachtsanzeige an die Staatsanwaltschaft Düsseldorf. Es ging um insgesamt 14 Milliarden Mark, die auf Düsseldorfer Konten überwiesen wurden. Als der Vorgang durch die Ermittlungen der Staatsanwaltschaft bekannt wurde, kam es im Bundeskanzleramt sogar zu einer Krisensitzung: 14 Milliarden Mark – das war eine politisch-strategische Summe. Auf Anraten der Staatsanwaltschaft sollten die betroffenen Banken die Konten nicht kündigen, denn man wollte weitere Erkenntnisse über die Finanzverflechtungen der betroffenen Trans-World Group (TWG) von Michael Tschernoj sammeln, zumal bereits die Genfer Staatsanwaltschaft in der gleichen Sache ermittelte. »Die Verbindung zur WestLB soll ein ranghoher Mitarbeiter der Bank geknüpft haben. Anfang 1997 sei er zu einer Bank auf den Bahamas gewechselt, die der Unternehmensgruppe zugerechnet werde. Zeitweilig soll er die Zugangsberechtigung für Teile des in Düsseldorf angelegten Vermögens gehabt haben.«[3] Da die kriminelle Herkunft des Geldes jedoch nicht aufgeklärt werden konnte (oder sollte, wer weiß das schon), musste der Betrag freigegeben werden und landete auf einem Konto in Israel, bei Michael Tschernoj.

Bei der Ismailowskaja handelt es sich um eine gefürchtete kriminelle Organisation in den neunziger Jahren in Russland, mit der Tschernoj zusammengearbeitet haben soll. Insbesondere jedoch hofften die Ermittler, wichtige Informationen über einen milliardenschweren russischen Oligarchen namens Oleg Deripaska zu bekommen. Auch ihm wurden von internationalen Polizeibehörden enge Beziehungen zu der russischen Mafiaorganisation vorgeworfen. Nachgewiesen werden konnte ihm, wie übrigens auch Michael Tschernoj, bislang aber nichts.

Der Honorarkonsul und der russische Oligarch

Der Russische Honorarkonsul Klaus Mangold ist einer der einflussreichsten deutschen Unternehmer, ein Mann, der weiß, wie man die politischen Strippen zieht. Er hat unter anderem ein gutes, man könnte fast sagen freundschaftliches Verhältnis zu Wladimir Putin. »Du bist mein Gast«, zitierte ihn das *Handelsblatt*, als er Putin 2010 zum Einkauf von Weihnachtsschnitzereien in Berlin einlud.[4] Darüber hinaus ist Mangold Mitglied mehrerer Aufsichts- und Beiräte, unter anderem bei der Metro AG, Alstom S.A., E.ON AG, Continental AG, sowie Aufsichtsratsvorsitzender der TUI AG und der Bank Rothschild GmbH in Frankfurt. 2003 gründete Klaus Mangold die internationale Wirtschaftsberatungsgesellschaft IWB. All das kann man auf der Homepage des Russischen Honorarkonsulats Stuttgart nachlesen.[5] Mangold ist ein Mann mit besten Beziehungen, nicht nur zu Wladimir Putin. Den umstrittenen russischen Aluminium-König Oleg Deripaska, also den Mann, den die baden-württembergischen Ermittler im Visier hatten, scheint er ebenfalls zu kennen. »Oleg reagiert unglaublich stark auf Menschen. Er weiß genau, wer Freund oder Feind ist«, sagt Klaus Mangold, ehemaliger Daimler-Vorstand und jetzt neben Ex-Weltbank-Chef James Wolfensohn und anderen als Honorarkraft für Deripaska unterwegs.[6] Es ist dieser Oligarch, dessen Vermögen auf zwanzig Milliarden US-Dollar geschätzt wird, der im Zusammenhang mit der Festnahme der vier mutmaßlichen Mitglieder einer kriminellen Vereinigung eine bedeutende Rolle spielen sollte. Player aus der Branche werfen Oleg Deripaska, der eine strikt neoliberale Wirtschaftsordnung favorisiert, »gewaltsame Firmenübernahmen in den 1990er Jahren und Verbindungen mit ausgewiesenen mafiösen Gruppen« vor.[7] Er sagt, er sei von ihnen erpresst worden. Auf jeden Fall gilt er als einer der »wohl aggressivsten russischen Oligarchen«, der »bei Firmenübernamen die brutalsten Methoden« anwendet, beschrieb das *Handelsblatt* ihn.[8] Sein Werdegang jedenfalls illustriert, »wie die Grenzen zwischen Wirtschaft und Politik, zwischen Ausbeutung und Fortschritt, Recht und Unrecht in Russland oft fließend waren und sind«.[9]

Im Jahr 2007 erwarb Deripaska einen Anteil von 9,9 Prozent am Baukonzern Hochtief. Zuvor hatte er 30 Prozent am österreichischen Baukonzern Strabag erworben. »In Moskau will Hochtief unter anderem ein Stadion für den Fußballverein Spartak und ein neues Flughafen-Terminal bauen. Der Konzern ist derzeit auch an der Modernisierung des Moskauer Flughafens Scheremetjewo beteiligt. Für den russischen Baumarkt wird 2007 ein Volumen von 62,65 Milliarden Euro erwartet.«[10] Klaus Mangold wiederum saß früher im Aufsichtsrat des österreichisch-kanadischen Zulieferers Magna, der zusammen mit der russischen Sberbank und dem Autohersteller GAZ dabei war, den deutschen Automobilkonzern Opel zu übernehmen. Interessantes Detail: GAZ gehört mehrheitlich Oleg Deripaska. Der Opel-Deal platzte, dafür wird in Zukunft Volkswagen in den Autowerken von GAZ neue Fahrzeuge produzieren lassen. Jährlich sollen 110 000 VW- und Škoda-Modelle in Nischni Nowgorod gefertigt werden.[11]

Oleg Deripaskas kurzzeitiger Mitbesitzer des Weltkonzerns Magna ist übrigens der achtzigjährige kanadisch-österreichische Milliardär Frank Stronach. »Frank Stronach will mit seinen russischen Partnern, Oleg Deripaska und Sberbank, Russland erobern. Dort ist er schon seit 2001 aktiv. Aus dieser Zeit rührt auch die Freundschaft mit Deripaska«, meldete am 4. Juni 2009 die Zeitung *Kurier*. Aus der Eroberung Russlands wurde nichts. Deshalb hat er jetzt in dem korruptionsverseuchten Österreich eine skurrile Partei namens Team Stronach für Österreich gegründet. Sie dürfte aufgrund des millionenschweren Werbeetats von Stronach bei den nächsten Parlamentswahlen ins Parlament gewählt werden. Einige beliebte Aussagen von ihm lauten: »Kennst die goldene Regel? Wer das Gold hat, macht die Regel.« Oder auch: »Wir müssen aufpassen, dass nicht ein paar Reiche daherkommen und sagen: Ich kauf mir alle Wählerstimmen.« Besonders einprägsam ist der Satz, den er bei der Bekanntmachung seiner Parteigründung von sich gab: »Der 27. September 2012, da bin ich sicher, das ist ein sehr wichtiger Tag, der in die Geschichte Österreichs eingehen wird und der auch in die Geschichte der Welt eingehen wird.«[12]

Die einen halten sich einen Fernsehsender, andere wie Frank

Stronach halten sich eine politische Partei. Nun ist Größenwahn und »A-bissl-Verrücktsein« in Österreich nicht unbedingt etwas Unbekanntes, aber noch nie hat so offen ein Milliardär, abgesehen von den USA, direkt versucht, Einfluss auf die Politik zu nehmen. Dabei hatte er doch schon zuvor ehemalige österreichische Politiker auf seiner Gehaltsliste bei Magna stehen. Das scheint ihm nun nicht mehr zu genügen.

Siegfried Wolf, der ehemalige Geschäftsführer von Magna, hat im Jahr 2010 Magna verlassen und ist an die Spitze des Verwaltungsrats beim russischen Autokonzern GAZ gerückt, also ins Imperium von Oleg Deripaska. Ihn favorisiert nun Frank Stronach als nächsten österreichischen Bundeskanzler. »Er wäre der ideale Mann an der Regierungsspitze«, wird Frank Stronach in den Medien zitiert.[13] Kaum ein Konzern ist in Österreich auf ganz legale Art und Weise so mit Steuergeldern angefüttert worden wie die Firma Magna. »Deren Vorstand Siegfried Wolf weiß, wie man die heimische Politik melkt.«[14]

Viele Österreicher hätten ja schon gerne gewusst, wie hoch sein Einkommen tatsächlich ist. Und sie fragen sich auch, warum er gerade im Schweizer Steuerparadies Zug so präsent ist. Licht ins Dunkle zu bringen gelang bisher nicht. Der renommierte Schweizer *Tages-Anzeiger* schrieb über ihn: »Stronach versteht sich als Patriot und macht sich ›grosse Sorgen um Österreich‹. Sein eigenes Vermögen aber bringt er lieber ins Steuerparadies Zug.«[15] Im Kanton Zug zahlen die Holdings 0 Prozent Gewinnsteuer und 0,02 Promille Kapitalsteuer. In der vom Schweizer Wirtschaftsmagazin *Bilanz* jährlich veröffentlichten Liste der 300 Reichsten der Schweiz hat Stronach einen Stammplatz. 2011 lag er mit 1,75 Milliarden Franken Vermögen auf Platz 83. Auf die Frage des Schweizer *Tages-Anzeigers* nach Stronachs Verbindungen in die Schweiz antwortete der Sprecher des Stronach-Instituts: »Es gibt keine, außer dass der Frank ein Fan der Schweiz ist.« Die Bitte der Journalisten, seine Firmenkonstruktion in Zug zu erläutern, wurde nicht mehr beantwortet.[16] Wahrheit und Transparenz, die er als Wahlziele vollmundig in Österreich propagiert, scheinen nicht unbedingt seine Stärke zu sein, wenn es ihn selbst betrifft. Wie schrieb Alexandra Föderl-Schmid in der Tageszeitung *Der Standard* über den »Klein-Berlusconi«[17] Stronach: »Autokratie bedeutet Selbstherrschaft, also eine durch sich selbst legitimierte Herrschaft. Die Diktatur ist nicht weit entfernt.«[18]

Und der ehemalige Geschäftspartner des Milliardärs Frank Stronach, der Oligarch Oleg Deripaska, stand, wie bereits 2011, auch im Jahr 2012 wieder auf der Gästeliste des Weltwirtschaftsforums im schweizerischen Davos. Wer hierher eingeladen wird, darf sich zur internationalen politischen und wirtschaftlichen Elite rechnen. Diesem Forum gibt selbst die Bundeskanzlerin Angela Merkel die Ehre ihrer Anwesenheit. Warum soll man sich angesichts dieser Verflechtungen überhaupt noch empören? Weder die deutschen Ermittler noch ein deutsches Gericht, mögen sie noch so bemüht sein, werden jemals die Protagonisten der kriminellen Zustände in Russland juristisch zur Verantwortung ziehen können, insbesondere wenn sie so einflussreiche Freunde haben, ob gekauft oder nicht, sei einmal dahingestellt.

Wie ein zwielichtiger Unternehmer Kronzeuge wurde

London, 9. Juli 2012. Die Londoner Medien berichten über ein spektakuläres Gerichtsverfahren. Demnach habe der milliardenschwere russische Oligarch Oleg Deripaska enge Verbindungen zur russischen Ismailowskaja. Sein Prozessgegner ist der russisch-israelische Unternehmer Michael Tschernoj, in den neunziger Jahren einer der größten Bosse der russischen Metallindustrie. Gemeinsam mit Oleg Deripaska hatte er sich Mitte der neunziger Jahre die lukrativsten Teile der russischen Aluminiumindustrie einverleibt. Damals herrschte der Aluminium-Krieg, bei dem es viele Tote gab. Dann drängte Oleg Deripaska, der in die Familie

des Ex-Präsidenten Boris Jelzin eingeheiratet hatte, seine einstigen Geschäftspartner aus dem lukrativen Aluminiumgeschäft,
die sich danach aus Russland zurückzogen. Beide kämpften
nun vor dem Londoner High Court um 730 Millionen britische
Pfund. Diese Summe forderte Michael Tschernoj von seinem
einstigen Geschäftspartner und jetzigen Rivalen als Ausgleich für
Aktienanteile an dem russischen Konzern Rusal, dem weltweit
größten Aluminium-Konzern, dessen Besitzer immer noch Oleg
Deripaska ist.

Beide Männer sollen aber auch, so behauptete es in London
einer ihrer ehemaligen Geschäftspartner gegenüber den Medien,
der kriminellen Organisation Ismailowskaja angehören. Erhoben
wurden die Vorwürfe von einem Mann, der vier Jahre zuvor als
Kronzeuge vor dem Landgericht Stuttgart aufgetreten war, als
es um Geldwäsche für genau diese kriminelle Organisation, die
Ismailowskaja, ging. Sein Name ist Dschalol Haydarov – eine
ziemlich undurchsichtige Figur mit sehr persönlichen Interessen.

Rückblick. 11. Januar 2007, 8.30 Uhr. Der 1963 in Taschkent
geborene Dschalol Haydarov, Kronzeuge im Zusammenhang
mit den Ermittlungen gegen die kriminelle Vereinigung Ismailowskaja, wird im Gebäude des Landeskriminalamts Stuttgart
vernommen. Seine Aussagen sind in der Verfahrensakte[19] enthalten. Was er in der mehrtägigen Vernehmung aussagt, bestärkt
die Vermutung der Staatsanwaltschaft, die bereits seit 2003 ermittelte, einer großen kriminellen Organisation in Deutschland
auf der Spur zu sein. In seinen Vernehmungen in Stuttgart belastete Haydarov in besonderem Maße Michael Tschernoj als Top-
Kriminellen, aber auch Oleg Deripaska.

Über Letzteren behauptete er am 12. Januar 2007 bei seiner Vernehmung: »Oleg Deripaska war einer der Partner von Tschernoj
und Malevski.« Anton Malevski war der Chef der Ismailowskaja
und starb im November 2001 bei einem Fallschirmabsprung
in Südafrika. Über Oleg Deripaska sagte er weiter aus: »Er war
verantwortlich für die Aluminiumtransaktionen. Man kann auf

jeden Fall sagen, dass er über die Morde und die Verfahrensweise der Gruppe Bescheid wusste.« Und hinsichtlich Michael Tschernoj behauptete Haydarov: »Die bewaffneten Kämpfer dieser Gruppierung saßen 24 Stunden in unserem Office im 3. Stock. Die unmittelbare Verbindung zu ihnen hatte Mischa Tschernoj.« Wenn irgendwelche Probleme zu lösen waren, so Haydarov, »dann rief ich Mischa Tschernoj an, und Mischa sprach dann unmittelbar mit dem Vertreter der kriminellen Gruppierung Ismailowskaja und löste mit ihnen alle Probleme«.

Haydarov hat jedoch eine eher unrühmliche Vergangenheit, die zur Einordnung seiner Glaubwürdigkeit wichtig ist. Er hatte bereits am 19. Dezember 2000 bei einem New Yorker Gericht Zivilklage eingereicht: gegen Michael Tschernoj, Oleg Deripaska, Anton Malevski und Blonde Investment – ein Unternehmen, an dem Haydarov bis ins Jahr 2000 selbst beteiligt war. Es ist darüber hinaus ein Unternehmen, das unter anderem für hochkomplizierte Geldwäsche bekannt war. In diesen Verfahren in den USA behauptete nun Haydarov, Tschernoj, Malevski und Deripaska hätten sich mit der Ismailovo-Mafia zur Übernahme der russischen Aluminiumindustrie zusammengeschlossen. In der Klageschrift[20] seiner Anwälte vor dem United States District Court for the Southern District of New York steht unter anderem: »Beteiligt waren die Mitglieder einer internationalen russisch-amerikanischen kriminellen Gruppe, angeführt von Michael Tschernoj, mit Beteiligung des Moguls Oleg Deripaska, dem Kopf von Sibirsky Aluminium, sowie der Ismailovo, einer russisch-amerikanischen Mafiagruppe, mit dem Ziel, den russischen Aluminiummarkt sowie andere Metallindustrien zu übernehmen und zu monopolisieren. Die erwähnten Beteiligten des illegalen Schemas sowie ihre Verbündeten und ihre Firmen, die sie dominieren und kontrolliert haben, direkt oder indirekt, haben zahlreiche kriminelle Aktivitäten begangen, einschließlich Mord, Bestechung, Erpressung und Geldwäsche.« Allerdings fehlten entsprechende Beweise für die Anschuldigungen. Es handelte sich um den glücklosen Versuch von Haydarovs Anwälten, den Ruf der Prozessgegner zu beschädigen – wobei die Behauptungen nicht einmal falsch sein mussten. Die Gegenseite wies jedoch in mehreren Schriftsätzen an das gleiche Zivilgericht die schweren Vorwürfe zurück und belastete wiederum Haydarov. Bislang wurden alle diesbezüglichen Zivilklagen in den USA abgewiesen, zuletzt am 10. März 2007. So gesehen waren seine Aussagen als Kronzeuge in der Anklageschrift der Stuttgarter Staatsanwaltschaft, die sich im Wesentlichen auf die Vorwürfe aus der Klageschrift von Haydarov in New York stützten, schlicht wertlos.

Trotz der Niederlagen vor den US-Gerichten wurde Haydarov ein wichtiger Zeuge für die Ermittler weltweit, wenn es darum ging, seine so erfolgreichen alten Geschäftspartner mit der Mafiaorganisation Ismailowskaja in Verbindung zu bringen. Als ihn die israelischen Behörden beschuldigten, 643 Millionen Euro gewaschen zu haben, packte Haydarov dort im Jahr 2004 aus, um einer Strafe zu entgehen. Danach war er begehrter Ansprechpartner aller westlichen Nachrichtendienste und Ermittler. Sie erhofften sich endlich Einblicke in die kriminellen Strukturen der Rohstoffindustrie Russlands. Ihr Pech war: Sie kamen viel zu spät. Das kriminell erwirtschaftete Vermögen war seit langem legal.

Ende 2001 hatte sich die Ismailowskaja bereits weitgehend aufgelöst, sagen Kenner der russischen organisierten Kriminalität wie Grigory Pasko, der Direktor der Foundation for Investigative Journalism in Moskau. Der letzte Bericht von Europol, der sich mit Michael Tschernoj und seinem Bruder Lev beschäftigt, der ebenfalls im Rohstoffgeschäft tätig war, wurde im September 2001 veröffentlicht: »Die Tschernoj-Brüder spielen eine wichtige Rolle in der Ismailowskaja, und zwar als Geldwäscher, und sie benutzten dazu in Russland ihren Einfluss auf Politiker.«[21] Und im Jahresbericht Innere Sicherheit 2001 des Schweizer Bundesamts für Polizeiwesen, der im Juli 2002 veröffentlicht wurde, ist im Kapitel Organisierte Kriminalität und Wirtschaftskriminalität zu lesen: »Die beiden Unternehmer Michael Tchernoj und Oleg Deripaska werden beschuldigt, im Jahr 2000 unter Gewaltanwendung und mit korrupten Mitteln die Novokuznetskij Aljuminievij Zarvod (NKAZ) übernommen zu haben. Für die kriminellen Geschäfte soll das amerikanische Bankensystem missbraucht worden sein.«[22] Bewiesen werden konnte das alles jedoch nicht. Auch in der Schweiz wurde seit 1996 gegen Tschernoj ermittelt, wegen Geldwäsche und Mitgliedschaft in der Ismailowskaja. Vor dem höchsten Berufungsgericht, dem Bundesgericht in Lausanne, wurden im Januar 2008 alle Vorwürfe gegen ihn zurückgewiesen. Ihm wurden sogar 3000 Schweizer Franken als Entschädigung für seine Auslagen zugesprochen.[23]

Aus zweifellos zwielichtigen Konzernchefs, die im blutigen Rohstoffkrieg von Mitte bis Ende der neunziger Jahre durch Erpressung und Hunderte von Auftragsmorden ihre wirtschaftliche Macht sicherten und ausbauten, sind inzwischen ehrenwerte milliardenschwere Oligarchen geworden. Einige kauften sich sogar eine neue Biographie, um ihre kriminelle Vergangenheit auszulöschen. Die westlichen, auch die deutschen Geschäftspartner, ob Banker oder Konzernchefs, hat übrigens die kriminelle Vergangenheit ihrer Partner in Russland sowieso nie interessiert.

Der Prozess gegen eine kriminelle Vereinigung beginnt

Stuttgart, 16. Oktober 2007, Saal 2 des Landgerichts – der erste Tag eines zwei Jahre dauernden, in jeder Beziehung spektakulären Gerichtsverfahrens vor der 5. Großen Strafkammer des Landgerichts Stuttgart. Hundert Ordner, 36 000 abgehörte Telefongespräche und der Kronzeuge, Dschalol Haydarov, sollen zur Wahrheitsfindung beitragen. Dazu ein massives Polizeiaufgebot: Beamte kontrollierten, mit Maschinenpistolen bewaffnet, das Gelände um das Gerichtsgebäude und vor dem Gerichtssaal. Die

Waffenpräsenz wurde bis in den Gerichtssaal und in die Hauptverhandlung ausgedehnt. Die Angeklagten wurden regelmäßig mit Hand- und Fußfesseln streng bewacht in den Gerichtssaal geführt. Während dem Vorsitzenden Richter Polizeischutz gewährt wurde, fuhr der anklagende Staatsanwalt seelenruhig mit der Straßenbahn zum Gericht. So schlimm kann es mit der Bedrohung nicht gewesen sein.

Der Vorwurf der Staatsanwaltschaft lautete: »Die Angeschuldigten verwalteten zwecks Schaffung einer nicht nur vorübergehenden Einnahmequelle Gelder der russischen kriminellen Vereinigung Ismailowskaja und legten sie in Deutschland als vermeintlich aus legal erwirtschafteten russischen Vermögen stammende Gelder an.« Von der Mitgliedschaft in einer kriminellen Vereinigung, wie noch im Haftbefehl stand, war plötzlich keine Rede mehr.

Wer waren die Beschuldigten? Auf der Anklagebank saßen drei Männer und eine Frau. Das Verfahren gegen den fünften Angeklagten, den deutschen Geschäftsmann A.S., der zur Zeit der Verhaftungsaktion in Moskau war, wurde abgetrennt. Offiziell wurde erklärt, er sei geflüchtet – was, wie sich später herausstellen sollte, schlichtweg falsch war. Er hielt sich wegen einer Geschäftsreise in Moskau auf und besaß ein reguläres Rückflugticket. Als er in Russland von der Verhaftung erfuhr, riet ihm sein deutscher Anwalt, zuerst einmal in Russland abzuwarten. Dort blieb er ganz legal.

Die persönlichen Verwicklungen der vier Angeklagten sind etwas kompliziert, daher ist es sinnvoll, sich die Beschuldigten genauer anzuschauen.

Hauptangeklagter war der 43-jährige Alexander Afansiev, in Russland Anfang der neunziger Jahre ein erfolgreicher Sportler. Nachdem er im Januar 1994 in Moskau bei einem Schusswechsel schwer verletzt wurde und sich daraufhin in Deutschland behandeln lassen wollte, beantragte er eine Aufenthaltserlaubnis in Berlin. Diese wurde auch genehmigt, 1998 jedoch wieder rückgängig gemacht – aufgrund falscher Angaben bei der Antragstellung. 2000 beantragte er in Stuttgart im Rahmen der Familienzusammenführung mit seiner dort lebenden Ehefrau Katharina Schmidt erneut eine Aufenthaltserlaubnis. Afansiev konnte so wieder nach Deutschland einreisen und eine aufwendige Hüftoperation durchführen lassen. In Stuttgart sollte ihm ein künstliches Hüftgelenk eingesetzt werden. Doch es war eine Scheinehe.»Ich wollte eigentlich nur einem alten Freund meines Exmanns helfen«, erklärt Katharina Schmidt. Das sollte ihr zum Verhängnis werden.

Angeklagter Nummer zwei und drei waren Katharina und Dimitri Schmidt. Katharina begann 1986 in Moskau ein Jurastudium und arbeitete als Gerichtsvollzieherin. Drei Jahre später, mit 21 Jahren, heiratete sie Dimitri Schmidt, der zu der Zeit an der dortigen Universität arbeitete. Die beiden zogen 1991 nach Stuttgart, und er nahm die deutsche Staatsangehörigkeit an. Er arbeitete zuerst als Masseur und war später bei einem Medienunternehmen in verantwortlicher Position tätig. Katharina Schmidt kümmerte sich in Deutschland ausschließlich um ihren gemeinsamen Sohn Wladimir. Im Jahr 1995 wurde die Ehe geschieden. Vier Jahre später heiratete Katharina Schmidt dann – zum Schein – Alexander Afansiev.

Alexander Lust, der vierte Angeklagte, studierte in Russland Rechtswissenschaft und arbeitete über siebzehn Jahre als Untersuchungsrichter im sibirischen Novokusznesk. Er kam bereits in den achtziger Jahren auf die schwarze Liste des KGB und trat 1988 aus der Kommunistischen Partei aus. Im Jahr 1990 kündigte er seine Stelle aufgrund massiver Repressionen des KGB gegen ihn und kam zusammen mit seiner Ehefrau und den beiden gemeinsamen Kindern nach Deutschland. Da er keine Chance sah, als Jurist zu arbeiten, machte er eine kaufmännische Ausbildung und gründete 1994 eine eigene Firma. Den Hauptangeklagten Afansiev lernte Alexander Lust über den gemeinsamen Freund Dimitri Schmidt kennen.

An der Stelle sei angemerkt: Keiner der vier Angeklagten war bislang vorbestraft. Aber wie es in der ersten Ablehnung der Haftbeschwerde von Alexander Lust seitens des Landgerichts Stuttgart am 25. Oktober 2006 hieß:»Dafür, dass der Beschuldigte die bemakelte Herkunft der Gelder kannte, spricht auch seine eigene Herkunft.«»Bemakelt« meint hier die kriminelle Herkunft der Gelder. Diese Aussage der Richter könnte durchaus von einem ausländerfeindlichen Stammtisch stammen, führte aber dazu, dass der Haftbefehl gegen ihn nicht aufgehoben wurde. Die spannende Frage ist ja, ob die Angeklagten wirklich so gefährlich waren, wie Polizei und Staatsanwaltschaft behaupteten. Oder ging es in Wirklichkeit um etwas ganz anderes? Der Strafverteidiger Professor Ulrich Sommer meint:»In Verletzung rechtsstaatlicher Grundprinzipien wurde das Verfahren nicht von der Justiz, sondern von der Exekutive gesteuert und kontrolliert.« Ein schwerer Vorwurf. Ob da etwas dran ist?

Die Vernehmung des Kronzeugen und die »Technik-Panne«

Am 11. Januar 2008 begann die von der Staatsanwaltschaft beantragte und gerichtlich angeordnete Videovernehmung des Kronzeugen Dschalol Haydarov in den Räumen des Landeskriminalamts Stuttgart. Er sollte über die kriminellen Zustände aus dem Russland der Neunzigerjahre und die damit verbundene Geldwäsche berichten. Nun war er ja in Russland durchaus kein Unbekannter. Die Fragen der Verteidiger nach den offenen Strafverfahren gegen ihn in Russland parierte er damit, dass die Staatsanwälte und Richter dort geschmiert worden seien. Nur wegen des Rachedursts seiner kriminellen Gegner und nicht wegen der Drogen- und Vergewaltigungsvorwürfe gegen ihn habe er Russland schon im Jahr 2000 verlassen müssen. Aber was konnte er zu den Angeklagten sagen?

Haydarov war sich sicher, den Hauptangeklagten Alexander Afansiev vor zehn Jahren schon einmal gesehen zu haben. Damals habe es anlässlich der Hochzeit der Tochter eines der reichsten Männer Russlands in Moskau ein Festessen gegeben. Alexander Afansiev habe damals an einem Tisch abseits der Festtafel gesessen, aber sein Auftreten, so Haydarov, habe keinen Zweifel daran gelassen, dass er der Sicherheitschef der kriminellen Organisation sein musste. Das habe er auch von jemand anderem gehört. Bei der Live-Schaltung in den Gerichtssaal konnte Haydarov die vier Angeklagten, die nebeneinander saßen, sehen. Der Kronzeuge betrachtete kurz die ihm übermittelten Videobilder und war sich sicher: Alexander Afansiev sei der Kriminelle aus dem Moskauer Restaurant von 1999; die anderen Angeklagten im Gerichtssaal kenne er nicht.

Allerdings muss man dabei bedenken, dass zehn Jahre und eine schwere Krankheit das Erscheinungsbild des Hauptangeklagten Afansiev inzwischen massiv verändert hatten: Er trug während des Prozesses einen langen Bart, war extrem abgemagert, schmuddelig irgendwie. Ein weiteres interessantes Detail: Als die Verteidigung Haydarov später nach dem Aussehen der drei anderen, von ihm nicht wiedererkannten Angeklagten befragte – die er nur wenige Tage zuvor bei seiner Videovernehmung gesehen hatte –, konnte er sich nicht mehr an deren Gesichter erinnern. Rechtsanwalt Ulrich Sommer dazu: »Es war für jedermann – und damit auch für den LKA-Beamten – deutlich, dass der Zeuge nicht die geringste Fähigkeit hatte, die erst vor wenigen Tagen sorgfältig betrachteten Personen zu beschreiben.« Das sprach nicht sonderlich für seine Glaubwürdigkeit.

Nun geschah bei der Videovernehmung durch die Verteidigung etwas Ungewöhnliches: Auf der Leinwand im Gerichtssaal erschien unvermittelt groß der Kopf des LKA-Beamten J., der die Technik bediente. Er schob sich vor Haydarov und erklärte, man habe leider technische Probleme. Dann war der Bildschirm schwarz, die Leitung gekappt. Die Vorsitzende Richterin unterbrach die Hauptverhandlung. Wie es zu der Bildstörung gekommen war, konnte nicht erklärt werden. Für die Verteidiger war klar, dass das LKA die Peinlichkeit der Vernehmung des Kronzeugen unterbrach, um ihn in der Pause mit ausreichend Informationen zu versorgen, damit er nach der Unterbrechung die unbeantwortet gebliebene Frage nach dem Aussehen der drei Angeklagten beantworten konnte.

Um ihre Vermutung zu bestätigen, bemühte sich die Verteidigung mehrfach darum, eine Aufzeichnung der Videovernehmung des Zeugen Haydarov zu erhalten. Doch die gab es offiziell nicht. Man habe zwar die technische Ausrüstung, um Videovernehmungen als Übertragung durchzuführen, erklärte der LKA-Beamte dem Gericht, aber nicht die technische Möglichkeit, sie aufzuzeichnen. Die Verteidigung wollte das nicht glauben, daher stellte sie den Antrag, den Präsidenten des Landeskriminalamts hinsichtlich der vorhandenen Ausrüstung mit Videotechnik zu befragen, um so herauszufinden, ob dort Videovernehmungen aufgezeichnet und gespeichert werden konnten. Der Antrag wurde mit der Begründung abgelehnt, dass selbst eine Lüge des Beamten J. für die Kammer »bedeutungslos« sei.

Über die Vernehmung der Verdächtigen und die dürftigen Erkenntnisse

Bei Gericht sind Verdächtige mal mehr, mal weniger auskunftsfreudig. Zwei der Angeklagten, Alexander Afansiev und Dimitri Schmidt, verweigerten jedenfalls Angaben zu ihrer Person und erklärten außerdem, dass es überhaupt keine kriminelle Organisation namens Ismailowskaja gebe. Das war zweifellos Unsinn.

Die Wahrheitssuche gestaltete sich auf jeden Fall mühsam. So war Afansiev in den neunziger Jahren durch einen Kopfschuss massiv verletzt worden. Welche Folgen dies für ihn hatte, sollte der ihn über Jahre behandelnde Arzt dem Gericht schildern.

Der Beweisantrag wurde mit Spekulationen über mögliche Fälschungen der überreichten Krankheitsunterlagen abgewiesen. Als daraufhin die Verteidigung den russischen Arzt auf eigene Kosten einfliegen ließ, verbannte die Kammer ihn vor die Tür des Gerichtssaals und hörte selbst den präsenten Zeugen nicht an. Zur Beurteilung der Schuldfähigkeit bevorzugte man die Ferndiagnose eines deutschen Gerichtsmediziners, der nie mit Afansiev gesprochen hatte.

Insbesondere Afansiev schien damals etwas wirr im Kopf gewesen zu sein. Als Bedrohung gegenüber der Strafkammer wertete das Gericht trotzdem diese Aussage von Afansiev:»Ich möchte nur sagen, das ist nicht der richtige Weg. Ich bin hierher in Frieden gekommen. [...] Hier muss man Gott den Herrn um Verzeihung bitten, Gott erbarme dich. [...] Durch die Reue kommt das richtige Ergebnis. Wenn man die Reue findet, dann erkennt man Schritt für Schritt den richtigen Ausweg. [...] Mit Gottes Hilfe können Sie eine gute Entscheidung treffen. Das ist eine Prüfung auf hoher Ebene, sogar auf internationaler Ebene. Wie der gläubige Shakespeare gesagt hat: ›Sein oder Nichtsein, das ist hier die Frage.‹ Deshalb: Treffen Sie die richtige Entscheidung.« Dieser Erklärung schloss sich der Angeklagte Dimitri Schmidt ausdrücklich an und brüllte bei mehreren Gelegenheiten im Sitzungssaal:»Wir sehen uns wieder. Das ist alles Delirium.«[24]

Solche Aussagen als Bedrohung zu empfinden? Wäre das nicht eher ein Fall für die Psychiatrie? Auf der anderen Seite hatten die Angeklagten während der Gerichtsverhandlung das Gefühl, dass von ihnen ausschließlich Unterwerfung verlangt und im Weigerungsfall sanktioniert wurde.

»Sie haben mich nie über Herkunft von Vermögen und die Finanzierung des Hauses gefragt, weder Gericht noch Polizei«, sagte Katharina Schmidt. Das Haus, in dem sie später mit ihrem Exmann Dimitri Schmidt wohnte, war von Letzterem gekauft worden. Er hatte auch allein die Finanzierung der gesamten Immobilie organisiert. Die Urteilsbegründung gab aber nicht den geringsten Hinweis darauf, dass Katharina Schmidt überhaupt wusste, wie ihr Exmann diese Finanzierung bewerkstelligt hatte. Erst recht gab es keinen belegbaren Hinweis dafür, dass sie annehmen musste, das Geld stamme von einer kriminellen Vereinigung – zu der sie ja selbst keinerlei Beziehung hatte. Trotzdem wird die monatliche Zahlung von 3000 Euro an sie einfach als Belohnung für die Scheinehe mit Afansiev deklariert, ohne dass auch nur mit einem Wort auf die entsprechenden Aussagen ihres Exmanns eingegangen wird. Danach habe er seiner geschiedenen Ehefrau Katharina und ihrem gemeinsamen Sohn Wladimir diesen monatlichen Betrag als einzigen Unterhaltsbetrag zukommen lassen.

Für die Behauptung des Gerichts, die von Afansievs Konto nach Deutschland transferierten Gelder stammten von einer kriminellen Vereinigung, fanden sich ebenfalls keine konkreten Belege. Fest steht nur, dass alle Gelder von ausländischen Konten des Hauptangeklagten Afansiev hierher transferiert wurden. Das Urteil enthielt auch keine Erkenntnisse über konkrete Geldflüsse. Zwar wird im Urteil über Geldanlagen in Liechtenstein berichtet, die jedoch nach entsprechenden Ermittlungen vor Ort keine Hinweise auf Geldwäsche ergaben.

Afansiev ist ein vermögender Mann gewesen, und woher sein Vermögen stammte, konnte das Gericht nicht klären. Ob er ein führendes Mitglied der Ismailowskaja war, ist höchst umstritten. Vieles deutet aber darauf hin, dass er Anfang der neunziger Jahre mit kriminellen Organisationen zu tun hatte. Aber ein führendes Mitglied oder gar Sicherheitchef der Ismailowskaja? Dazu gab es einzig und allein die Aussage von Haydarov. In Russland lag strafrechtlich nichts gegen Afansiev vor. Was allerdings nichts bedeuten muss, da die russische Justiz bekanntermaßen politisch gelenkt und korrupt ist. Ein Einblick in die Akten des Geheimdienstes FSB hätte wohl für mehr Klarheit gesorgt. Völlig unberücksichtigt blieb darüber hinaus die Tatsache, dass ein Großteil des Vermögens der kriminellen Vereinigung ja in den neunziger Jahren generiert wurde, als es in Deutschland überhaupt noch kein Geldwäschegesetz gab, das auf den Fall in Stuttgart anwendbar gewesen wäre. Würde man als Grundlage für Geldwäsche die Herkunft der Gelder aus kriminellen Aktivitäten in den neunziger Jahren in Russland hier in Deutschland nehmen: Die Gefängnisse wären überfüllt, viele Unternehmen pleite und der Immobilienmarkt weitaus entspannter.

Unter den Anstrengungen der Staatsanwaltschaft, den Beteiligten Geldwäsche nachzuweisen, litt insbesondere der Unternehmer Alexander Lust. Mit einem Geschäftspartner hatte er im russischen Kusbass eine VW-Vertretung und in Deutschland ein weiteres Unternehmen aufgebaut, dessen Geschäftsführer er war.

Alexander Lust traf Afansiev zum ersten Mal in Moskau als Freund von Dimitri Schmidt. Sein deutscher Kompagnon hatte die Idee dazu, weil sie überlegten, eine Kohlenzeche im Kusbass zu erwerben. Alexander Lust hatte starke Bedenken, weil, wie er sagt,»ich ums Geld betteln müsste bei einem mir absolut unbekannten Menschen, der mich zum ersten Mal sehen wird. Ich war überzeugt, dass es eine Zeitvergeudung sein wird, dazu noch eine unangenehme, weil ich wie ein Bettler dort stehen würde. Das Treffen war kurz und endete ergebnislos.« Danach holte er Informationen über Afansiev ein, doch es gab von behördlicher Seite nichts Negatives über ihn. Die nächste Begegnung fand ein Jahr später in Stuttgart statt. Der Geschäftspartner von Alexander Lust teilte ihm mit, dass Afansiev gerne mit ihnen essen gehen wolle. Dabei ging es um das Unternehmen, in dem Lust Geschäftsführer war. Über dieses Unternehmen soll das Geld der Ismailowskaja gewaschen worden sein.

In der Anklageschrift heißt es:»[…] in der Absicht, inkriminierte Gelder gewinnbringend in Deutschland zu investieren, transferierte Afansiev seit 1999 stufenweise insgesamt ca. 8 Millionen Euro auf seine Konten bei der Berliner Bank und bei der Commerzbank Esslingen. Zu einem nicht näher feststellbaren Zeitpunkt vor dem 10. August 2000 kam Afansiev mit den Angeklagten Dimitri Schmidt, möglicherweise ebenfalls selbst Mitglied der Ismailowskaja, Lust und dem gesondert verfolgten [A.S.] überein, über die Firma S+L IBA GmbH mit Geldern der Ismailowskaja Immobiliengeschäfte und Geldgeschäfte zu tätigen. Davon sollten Dimitri Schmidt, Alexander Lust und [A.S.] mit den Afansiev hier zur Verfügung gestellten Geldern einen Gewinn von mindestens 10 Prozent erwirtschaften und an Afansiev abführen.« Tatsache ist, dass es überhaupt keine Investitionsvereinbarung gab, sondern einen Vertrag, nach dem Afansiev als Bürge für dieses Unternehmen auftrat. Vergeblich bemühte sich Alexander Lust, die Geldwäschevorwürfe zu entkräften.»Das ganze Zahlenwerk ist eine einzige große Manipulation«, klagte er. In seinem Rechtsgutachten führte Professor Mark Zöller, der Direktor des Instituts für Deutsches und Europäisches Strafprozessrecht und Polizeirecht, am 2. Juli 2010 zu dem Geldwäschevorwurf aus:»In offensichtlicher Verkennung der rechtlichen Anforderungen, die auch für Auslandsvortaten im Sinne von § 261 Abs. 8 StGB[25] gelten, fehlt es in allen vier Tatkomplexen am Nachweis bestimmter Vortaten der Geldwäsche sowie an der Zuordnung der Tatgegenstände zu konkreten Vortaten.«

Hinzu kommt, dass die Akten, die den Verteidigern von der Staatsanwaltschaft zur Verfügung gestellt wurden, unvollständig waren. Das zeigte sich im Verlauf des Prozesses bei der Vernehmung eines der ermittelnden Beamten. Er ließ in seiner Vernehmung keinen Zweifel daran, dass er »keinesfalls zeitnah sämtliche Ermittlungsergebnisse zu den Akten genommen habe. Manches habe er auf ›Zigarettenschachteln‹ notiert, vieles habe er lediglich im Kopf. Im Wesentlichen habe er ihm genehme Ermittlungsergebnisse zu den Akten gebracht«. In der Hauptverhandlung am 4. September 2008 beantragte die Verteidigung daher, sämtliche das Verfahren betreffenden Akten beim Landeskriminalamt zu beschlagnahmen, da es zahlreiche Hinweise darauf gebe, dass die Polizei wichtige Unterlagen unterschlagen habe. Der Antrag wurde mit der Begründung abgelehnt, dass der Aufklärungsgrundsatz das nicht verlange, denn man habe vonseiten des Gerichts durch die Vernehmung des Hauptermittlers alles Notwendige unternommen. Er habe umfangreich auf Fragen geantwortet.

Immerhin wurde im Laufe des Prozesses auch ein BND-Bericht vorgelegt, der die Gefährlichkeit der Ismailowskaja und der Tschernoj-Brüder dokumentierte. Doch was von BND-Berichten zum Teil zu halten ist, damit machte im Jahr 2000 bereits der Innsbrucker Staatsanwalt Kurt Spitzer so seine Erfahrungen. Im November 1999 wurde der BND-Bericht vom 8. April 1999 mit der Überschrift »Die Geldwäsche-Community« bekannt. Darin wurde behauptet, dass im Fürstentum Liechtenstein einflussreiche Politiker, Richter, Treuhänder und Polizeibeamte mit kolumbianischen Drogenkartellen und der Russenmafia kooperieren würden. Um die Vorwürfe zu klären, wurde der Innsbrucker Staatsanwalt Kurt Spitzer Anfang 2000 als Sonderermittler von der Regierung Liechtensteins eingesetzt. Er gilt als erfahrener und unabhängiger Staatsanwalt, der sich in Österreich insbesondere um Wirtschaftskriminalität gekümmert hat.

Während eines Besuchs beim Bundesnachrichtendienst in Pullach durfte er Einblick in dessen interne Unterlagen nehmen. Demnach seien zum Beispiel über eine Treuhandanstalt in Vaduz voll funktionsfähige Aktiengesellschaften bekannten russischen Verbindungsleuten der Tschernoj-Brüder zum Kauf angeboten worden. In den Vermerken des BND wurden konkrete Tarnfirmen, Geldbeträge und Kontonummern in Liechtenstein genannt. Über sie sei bereits seit geraumer Zeit nachweislich ein Teil der für den wirtschaftlichen Aufbau Russlands vom Westen bereitgestellten Kredite nach Liechtenstein transferiert worden, so der BND gegenüber dem Staatsanwalt. Aufgrund der konkreten BND-Daten ließ Kurt Spitzer die Räume der genannten Treuhandfirma durchsuchen. »Ich habe mich dort blamiert«, erzählte er mir. »Die angeführten Kontonummern gab es nicht, die genannten Beträge sind nie einbezahlt worden.« Bei seinen weiteren Ermittlungen wurde Spitzer klar, dass praktisch alle Informationen des BND-Berichts höchst fragwürdig waren. »Das Dossier und die zusätzlichen Informationen waren – bis auf einen einzigen Fall – alle falsch.«

Bereits damals tauchte bei seinen Ermittlungen ein Name auf, der auch im Stuttgarter Prozess die zentrale Figur war: Alexander Afansiev. Demnach habe ein dubioser Liechtensteiner Treuhänder eine Stiftung »betreut«, deren wirtschaftlich Berechtigte eine Earl-Holding mit Sitz in Panama gewesen sei – und hinter der stünde Alexander Afansiev.

Zeugenschutz als Erpressungsinstrument

Katharina Schmidt war über Monate im Zeugenschutzprogramm. Sie, ihr Sohn und ihre vollkommen ahnungslose Mutter erhielten neue Namen. Man versprach ihr, in eine eigene Wohnung ziehen zu können, die sie selbst aussuchen dürfe. Man versprach ihr ein Startkapital von 100 000 Euro und eine berufliche Tätigkeit in einem juristischen Beruf sowie Zeugnisse über ein juristisches Staatsexamen auf ihren neuen Namen, damit ihre berufliche Zukunft abgesichert sei. Versprochen wurde ihr zudem, dass sie überhaupt nicht vor Gericht erscheinen müsse. Selbst der zuständige Staatsanwalt hielt eine Einstellung des Verfahrens gegen sie für richtig, eine Geldstrafe sei möglich. Scheinehe sei schließlich kein schwerer krimineller Straftatbestand.

Als alle Vernehmungen zu Ende waren, verlangte sie die Einlösung der Versprechungen. Eine Wohnung erhielt sie zwar, aber alle anderen mündlichen Zusagen lösten sich in Luft auf. Dazu Katharina Schmidt: »Wenn ich nicht aktiv der Polizei helfe, gibt es keine mildernden Umstände, sagten sie mir. Ich hatte den Beamten vertraut, war verängstigt.« Doch der Ort, an dem sie sich eine neue Existenz aufbauen sollte, wurde in kurzer Zeit mehrmals geändert. Zuerst durfte sie sich in Deutschland eine Stadt aussuchen, aber dann stellte sich angeblich heraus, dass Deutschland zu gefährlich sei. Der nächste Ort war London, doch auch hier gebe es nach Angaben der LKA-Beamten zu viel russische Mafia. Dann sollte es Kanada werden, weil ihr Sohn dort seine Eislaufkarriere fortsetzen könnte. Dieses Land fiel aus dem Rennen, weil es für das Zeugenschutzprogramm zu viel Geld forderte. Italien als neuen Lebensmittelpunkt lehnte Katharina Schmidt aufgrund der sich ergebenden Sprachprobleme ab. Südafrika war auch kurz im Gespräch, und zuletzt stand Irland zur Debatte. Alles war eingefädelt – doch Katharina Schmidt stieg aus dem Zeugenschutzprogramm aus und war nun auf sich allein gestellt.

Was ist von solchen Methoden zu halten? »Die Modi operandi bei der Festnahme entsprechen der Eigenart eines Ermittlungsverfahrens, bei dem noch nicht schrecklich viel verifiziert ist und die Ermittler versuchen, auf dem Wege von ›Bluff-Entertainment‹, an Informationen zu kommen, die sie dann in das Ermittlungsverfahren einbauen können«, kommentierte ein erfahrener Kriminalist aus Baden-Württemberg, der eine Abteilung zur Bekämpfung der organisierten Kriminalität führt, solche Methoden. Dabei wird, gibt er zu, »die rechtsstaatliche Seite völlig ignoriert, […] es kommt nur auf den Erfolg an«. Zum konkreten Fall Katharina Schmidt sagt er: »Der Teilaspekt der Zusage der ›Durchführung von Maßnahmen im Zeugenschutzprogramm‹ muss differenziert betrachtet werden. So waren manche der geschilderten Maßnahmen sicherlich machbar, andere jedoch, wie zum Beispiel das Besorgen von Zeugnissen über Staatsexamina/ neue Identität in Kanada und so weiter, gehören in den Bereich der Fabeleien des Beamten. Diesen Bereich kann man mit einem Begriff überschreiben, der da lautet: Frau Schmidt wurde durch Beamte nach allen Regeln der Kunst über den Tisch gezogen. Sie wurde manipuliert und auf Linie gebracht, bis sie sich fügte, da sie ihnen ja komplett ausgeliefert war. Man wollte hier wohl die

Informationen versuchen zu erlangen, die bislang noch nicht ›greifbar und einzubringen‹ waren.«

Katharina Schmidt landete im Zeugenschutzprogramm, weil sie, ihr Sohn und auch ihre Mutter angeblich mit dem Tode bedroht wurden. Aber hat es diese Bedrohung wirklich gegeben? Dazu wurde im Prozess einiges klarer. Aufgrund eines abgehörten Telefongesprächs zwischen Afansiev und seinem maßgeblichen Ratgeber, einem orthodoxen Priester in Moskau, sprach Afansiev über den drohenden Verlust der in Deutschland von ihm angelegten Gelder. Verantwortlich dafür machte er Alexander Lust und Dimitri Schmidt, die beiden Mitangeklagten. In diesem Gespräch habe der geistliche Berater gesagt:»Du hast meinen Segen dazu, harte Maßnahmen zu ergreifen.« Es ist übrigens eines der wenigen Gespräche, die zum Beleg der Gewalttätigkeit der Ismailowskaja dienten. Das Vorspielen des Telefonats in der Hauptverhandlung führte aber zu einem erstaunlichen Ergebnis, weil die zitierte Äußerung falsch übersetzt wurde. Afansievs geistlicher Berater billigte laut dem abgehörten Telefongespräch ausdrücklich keine harten Maßnahmen, weil so etwas nicht gut sei. Es war ausschließlich dieses Gespräch, das zu der Annahme führte, dass ein Mord gegen Katharina Schmidt und ihre Familie geplant sei. Nur deshalb war sie bereit, ins Zeugenschutzprogramm zu gehen.

Sowohl das Bedrohungsszenario wie auch die Versprechungen der Kriminalbeamten waren irreal. Dass sie letzlich vom LKA benutzt wurde, merkte Katharina Schmidt erst nach einigen Wochen im Zeugenschutzprogramm. Ihr Anwalt sagte:»Als sie in der Hauptverhandlung aufklären wollte, unter welchen Umständen und mit welchem offensichtlich unzutreffenden Inhalt ihre Vernehmungsprotokolle zustande gekommen waren, und hierfür als maßgebliche Indizien Namen und Umstände des Zustandekommens und der Durchführung des Zeugenschutzprogramms benennen wollte, wurde ihr dies vom Vorsitzenden untersagt. Wörtlich sagte er, dass sich Frau Schmidt erneut strafbar machen würde, wenn sie hierüber berichten würde. Durch eine mehr als deutliche gerichtliche Warnung wurde sie damit gehindert, ihre Möglichkeiten der Verteidigung auch tatsächlich wahrzunehmen. Sie gab dem durch diese Drohung verursachten Druck nach.« Der Hintergrund war, dass Katharina Schmidt, als sie noch im Zeugenschutzprogramm war, die Mitangeklagten belastet hatte. Sie habe aber alles nur erfunden, weil sie so große Angst hatte, wieder ins Gefängnis zu müssen.

Die Tatsache, dass das Gericht der Angeklagten mit einem weiteren Strafverfahren drohte und damit die Verwertbarkeit ihrer rechtlich unzulässigen Vernehmung sicherstellte, sieht Strafverteidiger Professor Ulrich Sommer als prinzipiell rechtsstaatswidrig an. Erst als Katharina Schmidt nicht mehr so funktionierte, wie es sich Staatsanwaltschaft und Gericht vorgestellt hatten, wurde ihr massiv mit Strafe gedroht. Das bezieht sich auch auf die Scheinehe und damit den Verstoß gegen das Ausländergesetz. »Obwohl der ihr vorgeworfene Verstoß gegen das Ausländergesetz mit einer selbst im Extremfall maximal denkbaren Freiheitsstrafe von sechs Monaten im Gesetz geahndet wird, ›entdeckte‹ die Kammer plötzlich eine verschärfte gesetzliche Bewertung und bedeutete der Angeklagten in einem schriftlichen Hinweis ›zur Vermeidung von Missverständnissen‹, dass man nunmehr beabsichtige, sie ins Gefängnis zu sperren.« Dem Verteidiger wurde als einzige Begründung genannt, dass Katharina Schmidts Weigerung zur Kooperation in der Hauptverhandlung und der Verwertungswiderspruch ihrer Aussagen gegenüber der Polizei den Prozess um zehn Hauptverhandlungstage verzögert hätten. Obwohl sie, beeindruckt durch die Drohung des Gerichts, ihren Widerspruch gegen die Verwertung ihrer Aussage aus dem Ermittlungsverfahren letztlich zurücknahm, und trotz des Schlussantrags des Staatsanwalts für eine Bewährungsstrafe war die Verärgerung des Gerichts derart groß, dass man Katharina Schmidt zu einer Freiheitsstrafe von insgesamt zwei Jahren und sechs Monaten verurteilte.

Es scheint noch einen weiteren Grund für die unverhältnismäßig hohe Strafe zu geben: die Beziehung zwischen ihr und einer beisitzenden Richterin. Katharina Schmidt erschien immer elegant gekleidet, mit sorgfältig aufgelegtem Make-up und korrekt gezogenem Lidstrich und Lippenstift vor Gericht. Deshalb formulierte die beisitzende Richterin, dass die Angeklagte »äußerst gepflegt und stark geschminkt« in der Hauptverhandlung auftrete. Ihr Anwalt dazu: »Den Eindruck des Übermäßigen teilte niemand, mit dem ich sprach. Für jedermann über viele Verhandlungstage erkennbar, verzichtete die besagte Richterin selbst auf die Verwendung jedes kosmetischen Produkts.« Kann es sein, dass emotionale Faktoren die Urteilsfindung des Gerichts beeinflussten? In den Ländern der ehemaligen UdSSR, insbesondere in den russischen Metropolen, ist die Selbstdarstellung von Frauen einfach anders als in Europa. Unbeeinflusst von kommunistischen Ideen, spielen Pflege und Kosmetik für die moderne russische junge Frau eine besondere Rolle. Professor Ulrich Sommer ordnet das folgendermaßen ein: »Wäre Katharina Schmidt ohne Schminke und in Jeans erschienen, wäre für jeden Beobachter aus ihrem Kulturkreis die Missachtung des Gerichts evident. Sie tat genau das Gegenteil und produzierte so ein grelles Missverständnis, das den Verlust der Freiheit für mehr als zwei Jahre bewirkte.«

Hintergründe eines fragwürdigen Urteils

29. Oktober 2009. Nach insgesamt 134 Hauptverhandlungstagen wurde das Urteil der 5. Großen Strafkammer verkündet. Der Hauptangeklagte Alexander Afansiev wurde wegen gewerbsmäßiger Geldwäsche zu einer Freiheitsstrafe von fünf Jahren und sechs Monaten verurteilt. Obwohl mehr als zwei Drittel der verhängten Haftstrafe bereits durch die Untersuchungshaft verbüßt waren, lehnte das Landgericht Stuttgart eine Aufhebung des Haftbefehls und eine Haftverschonung ab. Staatsanwaltschaft

und Gericht boten Afansiev aber eine sofortige Abschiebung an, falls er gegen das Urteil keine Revision einlegte. Durch die jahrelange Haft körperlich und psychisch nahezu zerstört, nahm dieser das Angebot an und kehrte in seine Heimat Russland zurück.

Dimitri Schmidt wurde wegen gewerbsmäßiger Geldwäsche zu einer Gesamtfreiheitsstrafe von vier Jahren und sechs Monaten verurteilt. Alexander Lust wurde wegen gewerbsmäßiger Geldwäsche zu einer Freiheitsstrafe von zwei Jahren und sechs Monaten verurteilt. Katharina Schmidt wurde wegen zweier Fälle der gewerbsmäßigen Geldwäsche, in einem Fall außerdem wegen gewerbsmäßiger Schleusung – das betraf ausschließlich die Scheinehe mit Alexander Afansiev – zu einer Gesamtfreiheitsstrafe von zwei Jahren und sechs Monaten verurteilt. Der Staatsanwalt hatte bei ihr auf anderthalb Jahre Gefängnis auf Bewährung plädiert.

Bis auf Afansiev legten alle Verurteilten gegen das Urteil Revision ein, die später als unbegründet verworfen wurde. Die nun rechtskräftig Verurteilten sind bis heute davon überzeugt, dass sie zu Unrecht verurteilt worden sind. Vieles spricht für ihre Einschätzung, denn es bestehen viele Unklarheiten. Dazu gehört ihre Verbindung zur Ismailowskaja, sozusagen der Höhepunkt des Verfahrens. Da lohnt ein Blick in das Urteil. Auf Seite 12 steht: »Ein persönliches Verhältnis zwischen den Angeklagten Lust und Afansiev entwickelte sich zu keinem Zeitpunkt.« Auf Seite 61: »Es ergaben sich keine Hinweise darauf, dass die Angeklagten Alexander Lust und Katharina Schmidt Mitglieder der Ismailovskaja waren oder sind […] [und] Afansiev kein Mitglied der Ismailovskaja war/ist.«

Die Mafiaorganisation Ismailowskaja ist zweifellos eine hochkriminelle Vereinigung, die insbesondere in den neunziger Jahren dafür sorgte, dass heute agierende Oligarchen durch Mord und Erpressung zu ihrem Machtmonopol gekommen sind. Und wie gesagt, als ich von dem Prozess und dem Urteil erfuhr, gehörte ich zunächst zu denjenigen, die sagten: Endlich ist es der Polizei, der Stuttgarter Staatsanwaltschaft und sogar einem deutschen Gericht gelungen, den Protagonisten einer russischen kriminellen Vereinigung in Europa das Handwerk zu legen – und das sogar im Zusammenhang mit Geldwäsche hier in Deutschland, auch wenn es nur um maximal 8,5 Millionen Euro ging. Im Vergleich zu der finanziellen Macht der Ismailowskaja in den neunziger Jahren, Anfang 2000, nicht mehr als Peanuts. Dass die Ismailowskaja die Macht hatte, über Teile der russischen Rohstoffindustrie zu herrschen und seinerzeit für unzählige Morde verantwortlich war – alles ist unbestritten. Die Erkenntnisse aus Russland wurden durch europäische Polizeiberichte über die Ismailowskaja und Erkenntnisse des FBI gestützt.

Nicht vergessen werden darf, dass bei dem Verfahren in Stuttgart sowohl der Budapester Repräsentant des FBI als auch ein US-Staatsanwalt anwesend waren. Der FBI-Beamte wurde sogar als Zeuge der Anklage vernommen. Das zeigt, dass das FBI ein besonderes Interesse an diesem Verfahren hatte, wohl um die eigenen vagen Erkenntnisse durch ein deutsches Gericht bestätigen zu lassen.

Nachdem ich den Prozess verfolgt hatte, bezweifelte ich stark, dass das Urteil Bestand haben würde. Ich ging davon aus, dass spätestens der Bundesgerichtshof es kippen würde – etwas anderes war für mich undenkbar. Meine Einschätzung hing insbesondere mit dem Kronzeugen Haydarov zusammen. Mir war seit geraumer Zeit bekannt, dass er von verschiedenen Kriminalisten als eher unglaubwürdig bezeichnet wurde, mal ganz abgesehen von seinen vergeblichen Versuchen, in den USA vor Gericht gegen Tschernoj und Deripaska zu siegen. In der Schweiz erzählte mir der in der Bundesanwaltschaft zuständige Mitarbeiter für Russland, dass»man Haydarov nicht über den Weg trauen dürfe, weil er sein eigenes Süppchen kocht und insbesondere vom amerikanischen FBI instrumentalisiert wird«.

Die 5. Große Strafkammer in Stuttgart war jedenfalls von Haydarovs Glaubwürdigkeit überzeugt, weil er ja einst selbst in kriminelle Machenschaften verstrickt gewesen sei. Die Anwälte hingegen behaupten: »Haydarov ist nicht nur eine ebenso kriminelle wie ›schillernde Figur‹, er ist als maßgebliche Auskunftsperson schon deswegen ungeeignet, weil sein dürftiger Informationsgehalt, aus dem er weitreichende Schlussfolgerungen zu Aktivitäten und Struktur eines hoch komplexen Phänomens ableiten will, nahezu ausschließlich auf Hörensagen beruht. Selbst diese Erkenntnisquelle war für ihn verschlossen, als er im Jahre 2000 Russland verließ.« Das sieht die Staatsanwaltschaft Stuttgart hingegen selbst heute noch ganz anders. »Die Feststellungen zu den Geschehnissen in Russland wurden dadurch erreicht, dass ein Zeuge, der in die Geschehnisse in Russland involviert war, diese glaubhaft geschildert hat, seine Aussagen durch die von der Verteidigung benannten Zeugen nicht erschüttert werden konnten und so zur Grundlage des Urteils wurden.«[26]

Haydarov behauptete darüber hinaus, dass die Ismailowskaja heute noch sehr aktiv sei – was nachweislich Unsinn ist, wie eigentlich selbst jeder einigermaßen kundige Journalist in Moskau weiß. Der abtrünnige Ex-Mafioso, so wird in den Medien berichtet, soll heute in Israel leben, beschützt und bewacht von Polizei und Geheimdiensten gleich mehrerer Länder. Denn sein Wissen über die inneren Strukturen der russischen organisierten Kriminalität sei gar nicht hoch genug einzuschätzen, meint etwa der spanische Journalist und Buchautor Pablo Munoz, den der Journalist Kai Laufen in einer Sendung des SWR noch im Juni 2012 zitiert.[27] Stimmt das tatsächlich? Zweifel sind erlaubt – insbesondere, wenn man sich mit kundigen russischen Journalisten unterhält. Roman Shleynow ist unbestritten einer der wichtigsten unabhängigen russischen Journalisten. Ihn habe ich gefragt, wie er die Glaubwürdigkeit Haydarovs einschätzt. Er hat sich daraufhin mit den entsprechenden Experten in Verbindung gesetzt, die den Fall Tschernoj, Deripaska und Haydarov genau verfolgt haben. Sein Fazit: »Sicher hat Haydarov einige Informationen, aber es ist unmöglich, ihm zu vertrauen, denn der macht Geld mit dem, was er sagt, und dem, was er nicht sagt.« Aber es kommt ja noch viel schlimmer und führt den Prozess ad absurdum, wie die folgende Geschichte zeigt.

23. Januar 2011, Tel Aviv. Am diesem Abend saß zufällig ein russischer Journalist im Café Med des Hilton-Hotels, als Michael Tschernoj dort auftauchte. Nach zehn Minuten betraten zwei Männer das Hotel und gingen sofort an den Tisch von Tschernoj. Einer von ihnen war Dschalol Haydarov. Drohte jetzt die Abrechnung? Schließlich war Tschernoj von Haydarov in Stuttgart bekanntlich schwerster Verbrechen und als einer der gefürchteten Top-Figuren der Ismailowskaja beschuldigt worden. »Sie begrüßten sich wie die besten Freunde, umarmten sich. Man konnte danach festhalten, dass dieses Treffen kein Zufall war. Die Leibwächter von Tschernoj haben ihre Schützlinge verlassen und setzten sich an einen anderen Tisch. Haydarov und Tschernoj blieben alleine und haben sich gestikulierend unterhalten«, stellt der russische Journalist fest. Er wollte das historische Ereignis natürlich gerne dokumentieren. Als er seine Kamera aus einer Tasche holte, wurde ihm jedoch kategorisch untersagt zu fotografieren, weil das eine Verletzung der Privatsphäre der beiden sei.[28] Haydarov, der ach so glaubwürdige Kronzeuge, der von der Mafia mit dem Tode bedroht worden sein soll, umarmte also in aller Öffentlichkeit herzlich seinen vermeintlichen Todfeind? Hätte sich dieses Treffen ein Jahr früher ereignet – der gesamte Prozess wäre wie ein Kartenhaus in sich zusammengefallen.

Meine bisherigen Zweifel an dem Prozess verstärkten sich schließlich, als ich im Mai 2011 drei der Verurteilten näher kennenlernte und zudem Einblicke in bislang unbekannte Details und Hintergründe des Verfahrensablaufs in Stuttgart erhielt. Da taten sich für mich viele neue Fragen auf: Stimmten meine bisherigen Erkenntnisse und Vermutungen, wer hier die Bösen und wer die Guten waren? War das Urteil womöglich sogar ein fataler Justizirrtum? Und stand dieser Justizskandal im Zusammenhang mit einer viel größeren Affäre? Einiges spricht dafür. Und das allein ist schon ein Justizskandal.

Denn nachdem alle von der Staatsanwaltschaft Stuttgart Beschuldigten verhaftet worden waren, nutzten die Ermittler deren Inhaftierung anscheinend, um ihr eigentliches Ermittlungsziel zu erreichen: Informationen über den Oligarchen Oleg Deripaska. Eine andere Erklärung kann es aus folgenden Gründen nicht geben. Katharina Schmidt wurde in einer Kombination aus einer angeblichen Bedrohungssituation und vielen zum Teil falschen Versprechungen für ein zukünftigen sorgenfreien Lebens in ein Zeugenschutzprogramm aufgenommen – im Tausch gegen ihre Aussage.

Dem Hauptangeklagten Alexander Afansiev wurde mehrfach die sofortige Freiheit angeboten, sofern er Angaben über Geldwäsche der Oligarchen Deripaska, Tschernoj und anderer machen würde. Schon wenige Tage nach seiner Verhaftung wurde ihm in Anwesenheit von LKA-Beamten durch einen FBI-Agenten ein solches Angebot übermittelt. Dimitri Schmidt boten die Ermittler mehrfach bei entsprechender Kooperation die sofortige Freilassung an. Er wurde zudem damit unter Druck gesetzt, dass man ihm erst nach einer Kooperation sagen wollte, wo sich sein Sohn aufhalte. Beide lehnten die Angebote ab.

Nach mehr als einjähriger Haft bot die Kammer vor Beginn der Hauptverhandlung Dimitri Schmidt wiederum die Beendigung des Verfahrens und eine Freiheitsstrafe von zwei Jahren an. Seine Zustimmung und ein Geständnis vorausgesetzt, hätte er sofort mit der alsbaldigen Urteilsverkündung und der Entlassung aus der Untersuchungshaft rechnen können. Er weigerte sich wieder, da er sich nicht schuldig fühlte und zu diesem Zeitpunkt noch an den deutschen Rechtsstaat glaubte. Er blieb deshalb bis zur Urteilsverkündung im Gefängnis: drei Jahre und zwei Monate.

Die Anwälte der Angeklagten behaupteten deshalb, dass aus ihrer Sicht eigentlich ein politischer Prozess geführt worden sei. War Oleg Deripaska womöglich das Ziel der langjährigen polizeilichen Ermittlungen, an denen auch das US-amerikanische FBI zumindest indirekt hilfreich beteiligt war? Das gäbe dem

Ganzen eine neue Dimension. Doch bislang fehlten die Beweise, Deripaska kriminelles Verhalten nachzuweisen. Diese hofften die deutschen Ermittler nun endlich bei den Vernehmungen der Verdächtigen in Stuttgart zu finden. Das behaupteten jedenfalls die Anwälte der Beschuldigten später vor Gericht. Rechtsanwalt Wolfram Ziegelmeier, der einen der Angeklagten verteidigte, erzählte mir: »Ein Mann von der Ismailowskaja soll nach der Anklageschrift der Staatsanwaltschaft auch der russische Oligarch Oleg Deripaska sein. Warum wird nicht gegen ihn ermittelt, obwohl er in Stuttgart an einem großen deutschen Unternehmen beteiligt ist? Vielleicht ist das nur ein Ablenkungsmanöver?« Mit dem »großen deutschen Unternehmen« meinte der Rechtsanwalt den Konzern Hochtief, an dem Deripaska bekanntlich zeitweise beteiligt war. Doch es kommt ja noch besser.

Über einen Laptop und seine Geheimnisse

Im Zuge der Ermittlungen wurde auch Katharina Schmidts Büro im Honorarkonsulat der Russischen Föderation Stuttgart durchsucht, Computer und Unterlagen wurden beschlagnahmt. Hier arbeitete sie seit November 2005 als Halbtagskraft, zuständig für den Honorarkonsul Professor Klaus Mangold. Für dessen andere Tätigkeiten war eine Privatsekretärin verantwortlich. Beide Frauen arbeiteten im selben Raum. Und Mangolds Sekretärin verwaltete vieles, unter anderem den Terminkalender ihres Chefs, Geldüberweisungen für Vorträge, Daueraufträge und vieles mehr. Die Sekretärin, erinnert sich die Beschuldigte, sei häufig über ihren Chef verärgert gewesen.

Katharina Schmidt erzählte den Kripo-Beamten einiges. Doch das wird bis heute unter Verschluss gehalten. Und was ergab die Auswertung ihres Computers? Selbst LKA-Beamte, die den Computer später ausgelesen hatten, wurden zum Schweigen verdonnert. »Wir waren doch ein wenig verwundert darüber, auf was wir alles dabei gestoßen sind.« Diese Aussage eines LKA-Beamten, der an den Ermittlungen beteiligt war, bezog sich unter anderem auf einen ehemaligen hohen politischen Würdenträger in Berlin.

Höchst aufschlussreich ist aber auch, was Katharina Schmidt über ihre Erfahrungen im Zeugenschutzprogramm berichtete, und zwar im Zusammenhang mit einem Laptop aus dem russischen Honorarkonsulat in Stuttgart: »Ein Beamter ist mit meinem Arbeitscomputer zu mir gekommen. Sie kommen nicht in die Dateien rein. Ob ich helfen kann. Ich habe sofort geholfen, ihnen das Passwort gegeben. Er ist mit dem Computer dann weggegangen. Ich habe ihn später für kurze Zeit wieder zurückbekommen.« Nachdem Katharina Schmidt im Februar 2007 das Zeugenschutzprogramm verlassen und kein Geld und keine Arbeit mehr hatte, ging sie nach eigenen Angaben ins Konsulat und sprach dort mit Klaus Mangolds Assistenten. »Ich habe ihm alles erzählt, auch dass die Polizei den Computer ausgelesen hat und es um Deripaska gegangen sei, den die Staatsanwaltschaft in Verbindung zur Ismailowskaja gebracht hat.«

Katharina Schmidt traf sich, nachdem die Beamten Zugriff auf den Rechner aus dem russischen Honorarkonsulat hatten, mit dem Ermittlungsführer des LKA in der Cafeteria eines Kaufhauses in Ludwigsburg. »Es war voll, enge Tische im zweiten Stock. Er hat laut gesprochen. Die Leute um uns herum waren plötzlich ruhig. M. und A., meine Zeugenschutzbeamten, saßen am Nebentisch.« Bei diesem Treffen mit dem Ermittlungsführer berichtet sie ihm über die Dateien von Mangold. Bereits zuvor habe sie einem anderen Kripobeamten alles erzählt, auch was ihr die persönliche Sekretärin von Mangold gesagt habe. »Die wissen alles, haben die gesamten Unterlagen, Kontoauszüge, die E-Mails und so weiter. [Mein Zeugenschutzbeamter] hat alles gewusst. Er hat alles aufgeschrieben, ein Protokoll geführt.« Selbst der Terminkalender schien für die Ermittler interessant zu sein. »Mangold hat eine enge Beziehung zu Deripaska.« Und sie schilderte mir noch viele andere Dinge. Unter anderem behauptete sie, dass Mangold an den Ex-Politiker hohe Geldbeträge per Dauerauftrag überwiesen habe. So weit ihre Erinnerung an die damalige Zeit. Aufgrund dieser Angaben fragte ich per Brief am 15. April 2012 bei Claudia Krauth, der Pressesprecherin der Staatsanwaltschaft Stuttgart, nach. Die Anfrage und die Antworten schildere ich hier deshalb auszugsweise, damit keinerlei Missverständnisse entstehen können. »Bei meinen Recherchen habe ich erfahren, dass auch das Büro des russischen Honorarkonsuls Dr. Klaus Mangold in Stuttgart durchsucht und zahlreiche Unterlagen beschlagnahmt wurden, auch Computer. Diese Computer wurden nach meinen Unterlagen spätestens Mitte Oktober 2006 von Beamten des LKA Baden-Württemberg ausgewertet, und zwar unter anderem durch den LKA-Beamten [...]. Demnach wurde dabei von den Beamten, neben vielen anderen Sachverhalten, bei der Auswertung der Computer festgestellt, dass vom Konto des Herrn Dr. Mangold hohe Geldbeträge per Dauerauftrag an Herrn X. überwiesen wurden. Und zwar mindestens im Zeitraum des 1. Halbjahres 2006. Hat es durch die Staatsanwaltschaft Stuttgart oder das LKA Stuttgart daraufhin entsprechende Ermittlungen gegeben? Wenn ja, zu welchem Ergebnis ist die Staatsanwaltschaft Stuttgart dabei gekommen? Wurde zu diesen Vorgängen die ehemalige persönliche Sekretärin von Herrn Dr. Mangold gehört, befragt oder vernommen? Wenn ja, mit welchem Ergebnis?«

Einen Tag später telefonierte ich mit ihr. Die Pressesprecherin sagte mir, dass sie bei der Auswertung des Computers auf E-Mail-Verkehr zwischen Herrn Mangold und dem Ex-Politiker X. gestoßen seien, aber auf keine Daueraufträge. Am 22. April 2012 hakte ich schriftlich nach. Einen Tag später antwortete mir die Pressesprecherin der Staatsanwaltschaft Stuttgart per E-Mail: »Wir haben das Laptop von Frau Schmidt beschlagnahmt und dieses ausgewertet. Neben dem bereits erwähnten E-Mail-Verkehr haben wir, so wie ich es im letzten Telefonat schon sagte, keine Daueraufträge gefunden. Ein anderes Resultat ist mir nicht bekannt […]. Weil sich aus der Auswertung des Laptops keine tatsächlichen Anhaltspunkte für eine Straftat ergeben haben, haben wir kein neues Ermittlungsverfahren eingeleitet. Daher haben wir auch keine weitergehenden Ermittlungen wie zum Beispiel Vernehmungen geführt.«

Ich fragte auch beim russischen Honorarkonsul Klaus Mangold nach:»Im Zusammenhang mit den damaligen Ermittlungsverfahren des Landeskriminalamtes sind am 18. August 2006 auch die Räume im Honorarkonsulat der damaligen Sekretärin des Konsulats durchsucht worden, die ebenfalls zu den Verurteilten gehörte. Dabei wurden Unterlagen und Computer beschlagnahmt, die später vom LKA Baden-Württemberg ausgewertet wurden. Daraus ergeben sich für mich, aufgrund mir vorliegender Informationen, einige Fragen: Hatten Sie in der Vergangenheit Kontakte zu Oleg Deripaska? Ist die Information richtig, dass Sie mit ihm befreundet waren und gemeinsam in Skiurlaub gefahren sind? Hatten Sie in der Vergangenheit Kontakte zu Boris Beresowski und sich für ihn in Deutschland beim Bau und Kauf einer Yacht eingesetzt?« Und natürlich wollte ich auch wissen, ob die Geschichte mit dem Dauerauftrag an einen wichtigen ehemaligen politischen Entscheidungsträger stimmte.

Am 9. Oktober 2012 antwortete er und schrieb unter anderem:»Nur der Vollständigkeit halber möchte ich klarstellen, dass die damaligen strafrechtlichen Ermittlungen allein im Zusammenhang mit (privaten) Handlungen von Frau [Schmidt] standen und kein Bezug zu meinen Tätigkeiten bestand. Ich möchte zudem klar feststellen, dass die Unterlagen im Rahmen der damaligen Durchsuchung nicht beschlagnahmt worden sind. Ich habe von Beginn an mit den Ermittlungsbehörden offen kooperiert und diesen alle benötigten Unterlagen freiwillig überlassen. 1. Ich kenne Herrn Oleg Deripaska seit vielen Jahren, insbesondere aus meiner Tätigkeit als Vorsitzender des Ost-Ausschusses der deutschen Wirtschaft. Es ist nicht zutreffend, dass ich mit Herrn Deripaska befreundet bin. Ich war auch niemals gemeinsam mit ihm im Urlaub oder beim Skifahren. [...] Als sich Herr Beresowski Ende der 90er Jahre mit dem Kauf einer Jacht beschäftigt hat, habe ich ihm die Firma Lürssen in Bremen empfohlen. Ihre letzte Frage habe ich mit Verwunderung zur Kenntnis genommen. Es gab selbstverständlich keinerlei Überweisungen, Geldtransfers oder sonstige Zahlungen für Herrn X. durch mich oder mein Büro. Über Ihre diesbezügliche Fragestellung habe ich vorsorglich Herrn X. in einem Telefonat am 5. 10. 2012 unterrichtet.«

Am 24. Dezember 2011 richtete Katharina Schmidt übrigens ein Gnadengesuch an den baden-württembergischen Justizminister Rainer Stickelberger (SPD). »Nie zuvor hatte ich Kontakt mit der Polizei und der Justiz«, schrieb sie. »Ich bin seit mehr als zwanzig Jahren alleinerziehende Mutter, habe mich nicht um Politik, Geschäfte oder gar kriminelle Angelegenheiten gekümmert. Seit fünf Jahren leide ich an diesem Prozess, allein eine Gnadenbewilligung kann verhindern, dass durch den Haftantritt für mich (insbesondere meinen sicheren Arbeitsplatz) und meinen Sohn (dessen einziger Halt ich bin) alles zur absoluten Katastrophe wird. Die Polizei riss mich aus meinem Leben, beendete die Sportlerkarriere meines Sohnes und brachte mich in ein Zeugenschutzprogramm, weil sie mein Leben als gefährdet einstuften.« Sie wartet bis heute auf die Entscheidung, ob ihr Gnadengesuch angenommen wird oder nicht. Kurz vor Weihnachten 2012 wurde bekannt, dass das Gnadengesuch immer noch beim baden-württembergischen Justizminister Rainer Stickelberger liegt.

Wenn das Bundesverfassungsgericht einem Anwalt nicht haltbare Verschwörungstheorien vorwirft

Sowohl gegen das Urteil des Landgerichts Stuttgart vom 29. Oktober 2009 wie den Beschluss des Bundesgerichtshofs vom 11. Januar 2011 legte der Strafverteidiger Professor Ulrich Sommer im Auftrag der drei Verurteilten am 17. Oktober 2011 Verfassungsbeschwerde in Karlsruhe ein. Darin legte er ausführlich dar, warum einige der prozessualen Fehlentscheidungen der Strafkammer des Landgerichts Stuttgart aus Sicht der Verurteilten nicht nur gegen das Strafgesetzbuch und die Strafprozessordnung verstießen, sondern darüber hinaus die besonderen Anforderungen an eine Verletzung grundrechtlich geschützter Positionen enthielten. Hierzu gehörte insbesondere die Rüge, dass aufgrund unzulässig zurückgewiesener Befangenheitsanträge das verfassungsrechtlich geschützte Recht auf den gesetzlichen Richter verletzt war, dass »außerdem durch die Anwendung des Geldwäschetatbestands in Verbindung mit dem Tatbestand der kriminellen Vereinigung die Grenzen der verfassungsrechtlich tolerablen Bestimmtheit von Strafnormen gesprengt wurden, sowie die zahlreichen Verstöße während der sehr umfangreichen Hauptverhandlung Dimensionen erreichten, die das Fair-Trial-Gebot des Artikel 6 der Menschenrechtskonvention verletzten«, so der Strafverteidiger in seiner Verfassungsbeschwerde.

Diese gibt außerdem Einblick, wie der Bundesgerichtshof teilweise mit Revisionen gegen Urteile umzugehen scheint. Nach Verkündung des Urteils des Landgerichts Stuttgart am 29. Oktober 2009 wurden die schriftlichen Urteilsgründe den Verteidigern erst sieben Monate später zugestellt, Anfang Juni 2010. In der letzten Juni-Woche 2010 gingen die Revisionsbegründungen beim Landgericht Stuttgart ein. Die für Katharina Schmidt umfasste 376 Seiten, die für ihren Exmann Dimitri Schmidt sogar 1110 Seiten. Darüber hinaus wurde zu der Frage, ob überhaupt der Geldwäschetatbestand zuträfe, ein Gutachten des Rechtswissenschaftlers Professor Mark Zöller von der Universität Trier mitgeliefert. Das Gutachten umfasste 34 Seiten.

Dem folgte eine Flut von Stellungnahmen der einen wie der anderen Seite: Die Staatsanwaltschaft Stuttgart verlautbarte, dass die von den Verteidigern dargestellten verfahrensmäßigen Umstände allesamt zutreffend seien; der Generalbundesanwalt äußerte sich mit drei verschiedenen Schriftsätzen dazu. Daraufhin nahmen die drei Verteidiger durch ihre Revisionsanwälte nochmals Ergänzungen vor. Anfang November wurden diese Unterlagen, zusammen mit den mehrere Dutzend Bände umfassenden Gerichtsakten, dem Ersten Strafsenat des Bundesgerichtshofs vorgelegt. Dann zog sich alles etwas hin, denn die Unterlagen blieben dort zunächst unbearbeitet. Die Revisionsverteidiger erfuhren in der Woche vor Weihnachten, dass die Akten nach wie vor beim stellvertretenden Vorsitzenden lagen, da der Vorsitzende selbst gerade im Urlaub war. Die Unterlagen sollten an den Berichterstatter des Senats weitergeleitet werden. Dann kamen die Weihnachtsfeiertage und Neujahr dazwischen. Endlich, am 11. Januar 2011, trat der Erste Senat erstmals zur Beratung der Revisionsanträge zusammen.

Nun ging es aber plötzlich sehr schnell, denn noch am gleichen Tag wurden die Revisionsanträge abgewiesen. »Allein aufgrund des zeitlichen Ablaufs erscheint den Beschwerdeführern evident, dass ihr verfassungsmäßig verbürgtes Recht auf rechtliches Gehör verletzt ist«, heißt es dazu in der Verfassungsbeschwerde.

Die Verfassungsbeschwerde[29] wurde von der 1. Kammer des Zweiten Senats durch die drei Verfassungsrichter Andreas Voßkuhle, Michael Gerhardt und Herbert Landau nicht zur Entscheidung angenommen. In dem zweiseitigen Beschluss vom 24. März 2011 schrieben die Hüter der Verfassung: »An keiner Stelle der umfangreichen Verfassungsbeschwerde zeigt der Beschwerdevorgang die konkrete Möglichkeit einer Verletzung spezifischer Verfassungsrechte auf. Stattdessen ist der Vortrag gekennzeichnet durch Pauschalisierungen, Worthülsen und Floskeln, die Ausbreitung einer offensichtlich nicht haltbaren Verschwörungstheorie bis hin zum Falschvortrag.« Und weil das so von den drei Bundesverfassungsrichtern gesehen wurde, setzten sie gegen den Antragsteller Ulrich Sommer eine Missbrauchsgebühr in Höhe von 1000 Euro fest.

Das konnte Strafverteidiger Sommer nicht auf sich sitzen lassen. Am 7. April 2011 schrieb das ehemalige Vorstandsmitglied des Deutschen Anwaltsvereins und Vorstandsmitglied der Arbeitsgemeinschaft Strafrecht der Bundesrechtsanwaltskammer daher an den Verfassungsrichter Andreas Voßkuhle: »Dem Hohen Gericht sei versichert, dass auch von der Warte eines kritischen Strafverteidigers die angebrachten Rügen nur da besten Gewissens vorgetragen wurden, wo der notwendige Bezug zu dem verletzungsspezifischen Verfassungsrecht gesehen wurde. Da angesichts der außergewöhnlichen Fülle des Materials einerseits und der Kürze der zur Verfügung stehenden Prüfungszeit andererseits diese Bewertung nur kursorisch erfolgen konnte, sollte aus meiner Sicht dieser Kritikpunkt des Gerichts relativierbar sein. […] Als ehrenrührig muss ich allerdings den Hinweis von drei Verfassungsrichtern auffassen, ich würde mich gegenüber dem Hohen Gericht zu einem Falschvortrag hinreißen lassen. Worauf sich dieser Vorwurf bezieht, weiß ich nicht.«

Ulrich Sommer beantragte daher bei der Sühnebehörde in Karlsruhe die Anberaumung eines Sühnetermins zur Durchführung des Sühneversuchs. Demnach ist eine Klage, unter anderem wegen Beleidigung, erst zulässig, nachdem von einer durch die Landesjustizverwaltung zu bezeichnenden Vergleichsbehörde die Sühne erfolglos versucht worden ist.[30] Da die von ihm geforderte Klarstellung wegen der gegen ihn gerichteten Vorwürfe vom Bundesverfassungsgericht verweigert wurde, erstattete er am 9. Juni 2011 bei der Staatsanwaltschaft Karlsruhe Strafanzeige wegen Rechtsbeugung, Beleidigung und übler Nachrede. Der Strafanzeige wurde – wie zu erwarten war – »keine Folge«

geleistet. Daraufhin legte er Beschwerde ein, die ebenso selbstverständlich von der Generalstaatsanwaltschaft Karlsruhe zurückgewiesen wurde. Wer legt sich schon mit dem Bundesverfassungsgericht an?

Die Missachtung seiner Persönlichkeit durch die drei Verfassungsrichter, schreibt Professor Ulrich Sommer,»ergibt sich aus ihren Äußerungen wegen der Verfassungsbeschwerde«. Besonders hart trafen ihn die Vorwürfe der Pauschalierungen, Worthülsen und Floskeln, die Ausbreitung einer offensichtlich nicht haltbaren Verschwörungstheorie durch nicht belegte Manipulationsvorwürfe bis hin zum Falschvortrag. Der Antrag auf Durchführung des Sühneverfahrens wurde am 30. Januar 2012 abgelehnt und Ulrich Sommer der Rat gegeben, doch einfach eine Privatklage zu erheben. Die erhob er am 20. Februar 2012. Die Privatklage ist nach wie vor ohne erkennbare Fortschritte beim Amtsgericht Köln anhängig.

Eine notwendige Nachbetrachtung

Drei Jahre sind vergangen, seitdem das Landgericht die vier Angeklagten verurteilt hat. Katharina Schmidt wartet immer noch auf eine Entscheidung, ob ihr Gnadengesuch angenommen wird. Ihr Leben ist stehengeblieben, eine Zukunft kann sie nicht planen. Ihre anfallenden Gerichts- und Anwaltskosten belaufen sich auf über 100 000 Euro. Dimitri Schmidt ist psychisch krank und obdachlos. Alexander Lust leidet an unheilbarem Krebs. Alexander Afansiev hat Deutschland verlassen und lebt vereinsamt in einem kleinen Dorf in der Nähe Moskaus. Seine religiösen Überzeugungen haben sich, nach Beobachtungen von Bekannten, dem Wahnsinn genähert. Ungeklärt bleibt, warum Beamte des LKA Stuttgart, die den Computer des russischen Honorarkonsuls in Stuttgart durchsuchten, so große Angst haben, darüber zu sprechen, auf wen und was sie dabei gestoßen sind. Würde es das

Image ehrenwerter Kreise in der Politik beschädigen? Auch die Stuttgarter Staatsanwaltschaft sowie die Ermittler des Landeskriminalamts in Stuttgart sollten sich fragen, ob sie womöglich blind einem Kronzeugen vertraut haben, weil sie nur das Ziel vor Augen hatten, einmal einen großen Mafiaprozess zu führen – koste es, was es wolle. Vielleicht trifft hier das zu, was der US-Kulturkritiker Michael Ventura folgendermaßen beschrieb: »Wenn eine Kultur teilweise durch Nichtsehen oder durch die Leugnung verschiedener Arten zu sehen eine gewisse Macht gewonnen hat, dann wird sie versuchen, dieses Nichtsehen mit allen Mitteln zu verteidigen.«[31]

Und Oleg Deripaska, der milliardenschwere russische Oligarch, der im Stuttgarter Prozess wie ein riesiger Schatten sowohl über den Ermittlungen der Kriminalisten wie der Anklage der Staatsanwaltschaft schwebte? Ihn zu finden wäre ja an sich kein Problem, schließlich hält er sich häufiger in Deutschland, Österreich und der Schweiz auf. Aber er ist halt ein anderes Kaliber als die in Stuttgart Verurteilten. Ein Kaliber, an das sich nie und nimmer ein deutscher Staatsanwalt oder gar ein deutsches Gericht wagen würde, allein der außenpolitischen Konsequenzen wegen. Und noch eine Frage: Kann man wenigstens ansatzweise ethisches Verhalten bei dem russischen Honorarkonsul Klaus Mangold oder dem kanadisch-österreichischen Milliardär Frank Stronach einfordern, was ihre russischen Freunde angeht? Ja, würde ich sagen – und stünde dabei auf hoffnungslos verlorenem Posten.

Naiv ist es, ein Urteil wie das in Stuttgart zu fällen und selbstgefällig und womöglich ernsthaft zu glauben, man habe auch nur einen Hauch von organisierter Kriminalität bekämpft und so die Demokratie vor Schaden bewahrt. Die vier Verurteilten glauben heute jedenfalls mit Sicherheit weder an den Rechtsstaat noch an demokratische Verhältnisse in Deutschland. Und irgendwie kann ich sie verstehen.

Über Behördenwillkür und die Psychiatrie

Es ist in totalitären Systemen *das* Instrument lautloser politischer Disziplinierung: Um unliebsame Oppositionelle auszuschalten, werden sie zu einem Fall für die Psychiatrie. Damit sind sie für immer neutralisiert. »Die Psychiatrie kommt mehr und mehr auf die schiefe Ebene«, sagte mir der renommierte deutsche Psychiater Friedrich Weinberger, Vorsitzender der Gesellschaft für Ethik in der Psychiatrie. Er meint Deutschland. »Viele in der politischen Klasse haben ein Interesse, die Psychiatrie noch mit dem Anschein der Mildtätigkeit und der Wissenschaft zu benutzen, um Menschen einfach wegzuräumen, mundtot zu machen, wenn sie stören.« Bekannt ist so etwas aus China oder Russland. Aber kann es denn tatsächlich sein, dass ein harmloser, ganz normaler Bürger hier in Deutschland zu einem psychiatrischen Fall wird, weil er zu unbequem für Institutionen des Staates wurde? Bislang handelt es sich hierzulande bisher eher um Einzelfälle, aber »so deutlich politisch eingefärbt, dass sich gerade darüber der Eindruck verdichtete, es handele sich auch hier bereits um ein politisch betriebenes System«.[1] Gefälligkeitsgutachten von Psychiatern, um unliebsame Beamte (Querulanten) zu neutralisieren, sind jedenfalls inzwischen ein gern angewandtes Instrument. Und ist es nicht bedenklich, dass ein früherer Stasi-Psychiater heute als Gutachter für Rententräger tätig ist und über Ansprüche von Opfern des DDR-Regimes entscheidet?

Am 18. Juni 2011 erhielt ich eine E-Mail. »Diese Nachricht soll ich Ihnen von einem Bekannten von mir schicken. Er kann Ihnen nicht persönlich schreiben, da er im Bezirkskrankenhaus Bayreuth untergebracht ist.« Die Nachricht kam von einem Gustl

Mollath, von dem ich bislang weder etwas gehört noch gelesen hatte. Das Bezirkskrankenhaus Bayreuth hingegen ist bekannt. Es ist das, was man am Stammtisch immer noch gerne eine Irrenanstalt nennt. Ein Teil des Bezirkskrankenhauses ist die Klinik für Forensische Psychiatrie, zuständig für den psychiatrischen Maßregelvollzug im Regierungsbezirk Oberfranken in Bayern. Der Maßregelvollzug ist eine juristisch angeordnete Zwangsmaßnahme, die auch in einem psychiatrischen Krankenhaus durchgeführt werden kann. Üblicherweise werden hier Sittlichkeitsverbrecher, Mörder und Gewalttäter eingesperrt, weil sie infolge ihres psychischen Zustands nach Verbüßung einer Gefängnisstrafe für die Allgemeinheit immer noch gefährlich bleiben.

Was wollte mir also dieser Mann aus dem Bezirkskrankenhaus Bayreuth mitteilen? »Sie schreiben immer wieder über die mafiösen Strukturen in Deutschland. Diese Variante sollte Sie interessieren. Ich bitte Sie höflich um Kontaktaufnahme. Zu den Zuständen, denen ich ausgeliefert bin, verweise ich auch auf einen Aufsatz von Alice Halmi: ›Zwangspsychiatrie: Ein durch Folter aufrechterhaltenes System‹.« Mein Gott, dachte ich sofort instinktiv abwehrend, wieder so ein Spinner, der einfach nur die Öffentlichkeit sucht! Das weite Feld der Psychiatrie ist bekanntlich ein menschliches Minenfeld, das nach Möglichkeit nicht betreten werden sollte. Vielleicht war ja aber doch etwas dran. Im Laufe der Recherchen fiel mir das Flugblatt einer Bürgerinitiative in die Hand, die sich für Gustl Mollath einsetzt. Sie schrieb unter anderem: »Wir betrachten die Inhaftierung von Gustl Mollath in diversen forensischen psychiatrischen Kliniken als unrecht- und vollkommen unverhältnismäßig. Sie ist eine Menschenrechtsverletzung, welche die Rechtssicherheit aller der bayerischen Justiz unterworfenen Bürger gefährdet.« Stimmt das, was in dem Flugblatt behauptet wurde? Meine weiteren Nachforschungen führten mich zu dem Ergebnis, dass Gustl Mollath von jeder Warte aus betrachtet in den Mühlen der Justiz und der Psychiatrie in Deutschland zerrieben wurde. Ein Alptraum, weil ihm Jahre seines Lebens aufgrund höchst strittiger Maßnahmen gestohlen worden sind. Ist er ein bedauerlicher Einzelfall? Tatsächlich gibt es in Deutschland immer mehr Menschen, die bedingt durch ihre Ausweglosigkeit, ihre Ohnmacht und soziale Isolation irgendwann zu einem Nervenbündel und daher gesellschaftlich an den Rand gedrängt werden. Niemand nimmt sie mehr ernst.

Der 1956 in Nürnberg geborene Gustl Mollath zählte einst zur Nürnberger Schickeria, fuhr einen flotten Ferrari und nahm an Motorsportrennen teil. Bei Freunden galt er als Träumer und Lebenskünstler, dessen politische Einstellung als eher links eingeordnet werden kann. Im Jahr 1991 war er noch ein glücklicher Mensch. Er heiratete eine Angestellte einer Nürnberger Großbank, die er 1978 kennengelernt hatte. Zu ihrer Aufgabe gehörten die Vermögensverwaltung und die Kontakte zu den Tochterbanken in der Schweiz. Sie stieg in der Bank auf, wurde Top-Vermögensberaterin.

Irgendwann in den neunziger Jahren begann sie dann damit, Bargeld deutscher Steuerkrimineller – teilweise persönlich – über die Grenze in die Schweiz zu bringen, kutschiert von ihrem Ehemann Gustl. Gemeinsam nahmen sie 1996 sogar an einem Seminar über Geldanlagen in der Schweiz teil. Sie selbst veranstaltete sogenannte »Fortbildungsseminare«, um den Mitarbeitern für den Fall einer Entdeckung die »richtigen« Alibis anzutrainieren. Ein Freund der Familie erinnert sich:»Sie mir hat angeboten, wenn ich Geld anlegen möchte, dann würde sie die 100 000 Mark, das war damals noch im D-Mark-Bereich, in die Schweiz verbringen.«[2]

Eines Tages wurden Gustl Mollath die Geldtransfers zuwider, viele Millionen Mark hatten sie bereits in die Schweiz gebracht. »Ich konnte keine Nacht mehr schlafen, bin schweißgebadet aufgewacht, habe versucht, sie davon abzubringen, ihr erklärt, dass dieses Tun nicht nur uns, sondern auch die Welt ins Unglück stürzt.« Und er befürchtete zudem, dass sie früher oder später an der deutsch-schweizerischen Grenze auffliegen würden. Deshalb verbot er seiner Frau, weitere Geldtransfers mit seinem Auto durchzuführen. Sie hingegen setzte ihn unter Druck, damit er schwieg und weiterhin mitspielte. Ihre einst harmonische Ehe war zu diesem Zeitpunkt bereits zerrüttet, es kam immer wieder zu heftigen Auseinandersetzungen. Ein langjähriger Freund Gustl Mollaths erinnert sich an das, was ihm Gustls Ehefrau damals sagte: »Wenn Gustl meine Bank und mich anzeigen sollte, mache ich ihn fertig. Den lasse ich auf seinen Geisteszustand überprüfen. Ich weiß schon, wie ich das mache«, wird er in einem Beitrag von *Report Mainz* zitiert. Und genau so kam es dann.

Im Mai 2002 wurde Mollaths Unternehmen »Augusto M. – Motorradreifen und Zubehör« aus dem Handelsregister gelöscht, gleichzeitig zog seine Ehefrau aus der gemeinsamen Nürnberger Villa aus und zu ihrem Freund nach Berlin, einem Manager der Immobiliensparte der HypoVereinsbank-Gruppe. Sie warf ihrem Ehemann jetzt vor, er habe sie im Jahr 2001 schwer misshandelt, was dieser vehement abstreitet. Seinen Worten stand das Attest einer Ärztin gegenüber, die unter anderem eine Wunde mit Abdruck von Ober- und Unterkiefer bei der Ehefrau feststellte. Der Befund soll eindeutig sein, obwohl das entsprechende Attest erst zehn Monate nach der mutmaßlichen Misshandlung ausgestellt wurde. Im August 2002 faxte seine Ehefrau dieses Attest kommentarlos an Gustl Mollath, der dies als eindeutigen Erpressungsversuch deutete.

Er ließ sich davon aber nicht beeindrucken, sondern schrieb im Spätsommer 2002 an die Bankvorstände der Bayerischen HypoVereinsbank, der Credit Suisse und einer weiteren Schweizer Bank, der Bank Leu, um sie über die Machenschaften seiner Frau aufzuklären. »Mir ist seit Jahren nicht möglich, meine Frau zu einem Ausstieg oder zu einem durchweg legalen Handeln zu bewegen. […] Da meine umfangreichen Versuche erfolglos sind, muss ich Sie um Hilfe und Rat bitten.« Er beschrieb, wie seine Frau hinter dem Rücken ihres Arbeitgebers zahlreiche Kunden mit ihren Vermögenswerten an Schweizer Banken vermittelt habe. Antwort erhielt er unter anderem vom Vizepräsidenten der Bank Leu:»Den von Ihnen geschilderten Sachverhalt haben wir zur Kenntnis genommen, und wir werden ihn einer sorgfältigen Prüfung unterziehen. Aufgrund des schweizerischen Bankgeheimnisses ist es uns jedoch nicht möglich, Ihnen gegenüber inhaltlich dazu Stellung zu nehmen.«

Gustl Mollath suchte seinen Schwager auf. Dieser sollte auf seine Schwester einwirken, mit den krummen Geschäften aufzuhören. Doch er habe ihn beschimpft und zusammengeschlagen. Daraufhin zeigte Mollath seinen Schwager wegen Körperverletzung an. Wenig später erhielt er einen Anruf seiner Frau: »Wir machen dich fertig.« Mollaths Ehefrau reagierte auf seine Aktion im November 2002 mit einer Anzeige wegen Körperverletzung – mehr als anderthalb Jahre *nach* der angeblichen Misshandlung. Im Januar 2003 meldete sie zudem der Nürnberger Polizei, dass ihr Ehemann über scharfe Waffen verfüge – ohne erforderliche Waffenbesitzkarte. Am 19. Februar 2003 wurde auf Beschluss des Amtsgerichts Nürnberg Mollaths Haus von zwölf Beamten durchsucht; gefunden wurde lediglich ein Luftgewehr, für das man keine Genehmigung benötigt.

Drei Monate später erhob die Staatsanwaltschaft Nürnberg-Fürth gegen Gustl Mollath Anklage wegen Körperverletzung, nachdem Mollath einem Strafbefehl in Höhe von 1000 Euro widersprochen hatte.»Als ich diesen Strafbefehl bekam, war ich entsetzt. Hätte ich den bezahlt, wäre es zwar zu keiner Gerichtsverhandlung gekommen, aber ich hätte wohl zugegeben, was ich gar nicht getan hatte!«

Hätte er damals nur die 1000 Euro bezahlt – vieles wäre ihm erspart geblieben. Von nun an sollten die umstrittenen Schwarzgeldtransporte seiner Frau in die Schweiz bei allem, was nun in Gang gesetzt wurde, die Schlüsselrolle spielen, auch wenn das bis heute von der bayerischen Justizministerin Beate Merk vehement dementiert wird.

Mollaths Frau reichte zudem die Scheidung ein. Ihr Anwalt legte dazu ein Gutachten einer Ärztin vor. Demnach leide ihr Ehemann mit großer Wahrscheinlichkeit an einer ernstzunehmenden psychiatrischen Erkrankung. Das Gutachten beruht ausschließlich auf den Angaben der Ehefrau. Die Hauptverhandlung vor dem Amtsgericht Nürnberg fand am 25. September 2003 statt. Die Anklage lautete auf schwere Körperverletzung. Das Gericht beschloss jedoch die Aussetzung des Verfahrens und beauftragte einen Sachverständigen, ein psychiatrisches Gutachten zu erstellen. Gustl Mollath legte sofort Widerspruch ein und übergab dem Gericht erste Unterlagen über die kriminellen Geldtransfers seiner Frau. Doch das Gericht sah in seinen Unterlagen »keinerlei erkennbaren Zusammenhang mit den Anklagevorwürfen«, so steht es im Urteil vom 8. August 2003. Mollath weigerte sich in der Folge, zu der vom Gericht angeordneten Begutachtung zu erscheinen. Vielmehr erstattete er am 9. Dezember 2003 Strafanzeige bei der Staatsanwaltschaft Nürnberg-Fürth auch gegen seine Frau, benannte konkret die ihm bekannten Vorgänge der Steuerhinterziehung, Schwarzgeldschiebereien und Insidergeschäfte im Umfeld der Bank, bei der seine Frau arbeitete.

Am 22. März 2004 wurde dann die unterbrochene Verhandlung wegen schwerer Körperverletzung vor dem Amtsgericht Nürnberg fortgesetzt. Ein anwesender Sachverständiger, der Gustl Mollath bei der Verhandlung beobachtete, gab an, dass beim Angeklagten eine gravierende psychische Erkrankung vorliege. Die Prognose sei ungünstig, weil bei ihm »keinerlei Krankheitseinsicht« vorhanden sei. Daraufhin beschloss das Amtsgericht, ihn ins Bezirkskrankenhaus Bayreuth einzuweisen, wobei die Entlassung zu erfolgen habe, sobald der Untersuchungszweck erreicht sei. Aufgrund des gerichtlichen Einweisungsbeschlusses wurde Gustl Mollath am 30. Juni 2004 festgenommen und ins Bezirkskrankenhaus verbracht, wie es in der Amtssprache heißt. Er durfte weder telefonieren noch etwas mitnehmen. Niemand wusste, wo er sich aufhielt – er war einfach verschwunden. Sieben Tage später wurde die Einweisung wieder aufgehoben, da der ausgewählte Gutachter sich für befangen erklärte. Er war ein früherer Kunde von Mollaths Ehefrau und der HypoVereinsbank. Gustl Mollath war für kurze Zeit wieder frei. Ein neuer Beschluss wurde zwei Monate später gefasst. Diesmal sollte der Chef der Forensik untersuchen, ob der Verdächtige schuldfähig ist oder eine erheblich verminderte Schuldfähigkeit vorliegt. Mollaths Beschwerde gegen diesen Beschluss wurde wieder abgelehnt. Am 2. Februar 2005 wurde er bis zum 21. März 2005 in die psychiatrische Anstalt Bayreuth eingewiesen, doch er wehrte sich gegen die Begutachtung durch den gerichtlich beauftragten Sachverständigen. Anfang Juli 2005 lag schließlich das Gutachten von Klaus Leipziger von der Klinik für Forensische Psychiatrie vor. Demnach habe der Angeklagte »in mehreren Bereichen ein paranoides Gedankensystem entwickelt. Hier ist der Bereich der Schwarzgeldverschiebung zu nennen, in dem der Angeklagte unkorrigierbar der Überzeugung ist, dass eine ganze Reihe von Personen aus dem Geschäftsfeld seiner früheren Ehefrau, diese selbst und […] weitere Personen, in dieses komplexe System der Schwarzgeldverschiebung verwickelt wären«. Nur zur Erinnerung: Das Gutachten entstand ohne ein einziges persönliches Explorationsgespräch mit Mollath.

Aufgrund dieses Gutachtens beschloss das Amtsgericht wegen der zu erwartenden Unterbringung des Angeklagten in der Psychiatrie, den Fall an das dafür zuständige Landgericht Nürnberg-Fürth zu verweisen. Dieses erließ am 1. Februar 2006 gegen den angeblich gemeingefährlichen Mann einen einstweiligen Unterbringungsbeschluss für ein psychiatrisches Krankenhaus. Drei Wochen blieben Gustl Mollath noch in Freiheit. Am 27. Februar 2006 wurde er dann in die Klinik für Forensische Psychiatrie eingewiesen – auch aufgrund seiner Wahnvorstellungen über die Schwarzgeldverschiebungen, von denen er partout nicht abzubringen war.

Am 8. August 2006 fand dann die Hauptverhandlung vor dem Landgericht Nürnberg-Fürth statt. Die Richter stellten fest, er habe im August 2004 seine damalige Ehefrau mehrfach grundlos geschlagen und bis zur Bewusstlosigkeit gewürgt, sie am 31. Mai 2002 etwa anderthalb Stunden in ihrer Wohnung festgehalten, und er habe zwischen Dezember 2004 und Mai 2005 Kraftfahrzeuge mehrerer Personen beschädigt. Juristisch gesprochen: gefährliche Körperverletzung, Freiheitsberaubung sowie Sachbeschädigung mit Vorsatz. Gustl Mollath wies diese Vorwürfe stets zurück.

Viel bedeutsamer war jedoch die zentrale Aussage der Richter. Sie sollte ihm zum Verhängnis werden. »Er habe fixe Ideen entwickelt und sei davon überzeugt gewesen, dass seine Ehefrau, die seit 1990 bei der HypoVereinsbank in Nürnberg arbeitete, bei einem riesigen Schwarzgeschäft von Geldverschiebungen in der Schweiz beteiligt gewesen sei.« Begründet wurde diese Feststellung mit dem Gutachten des Sachverständigen Klaus Leipziger, dem Direktor der Klinik für Forensische Psychiatrie in Bayreuth. Dieser kam in seinem Gutachten zu dem Schluss, dass Gustl Mollath seit Jahren unter einer »paranoiden Wahnsymptomatik leide, die sein Denken und Handeln bestimme«. Das Urteil: Da er vermindert schuldfähig war, sprach ihn das Gericht zwar frei, ordnete jedoch die Unterbringung in einem psychiatrischen Krankenhaus an. Das Urteil des Landgerichts Nürnberg sollte später vom Oberlandesgericht bestätigt werden.

Unterdessen hatte das Amtsgericht Bayreuth eine vorläufige Betreuung, das heißt Entmündigung, durch eine einstweilige Anordnung gegen Gustl Mollath beantragt. Vom Gericht bestellte Betreuer können zum Beispiel gegen den Willen der Entmündigten über deren finanzielle Angelegenheiten bestimmen – oder wie im Fall Mollath: sein Haus auflösen. Von Entmündigung durch solch eine »Betreuung« sind sowohl jüngere Erwachsene als auch Senioren betroffen – ein in Deutschland inzwischen prinzipiell großes Problem, von dem kaum etwas an die Öffentlichkeit dringt. Es vergingen Monate. Anfang April 2007 forderte Gustl Mollath seine Entlassung aus der Betreuung. Dem hielt das BKH Bayreuth entgegen, dass er immer noch eine »ausgeprägte wahnhafte Störung« habe, bezogen auf die Schwarzgeldgeschäfte seiner Exfrau. Daraufhin bat Gustl Mollath die zuständige Amtsrichterin in Straubing um Beiordnung eines Rechtsanwalts seines Vertrauens. Am 21. September 2007 sprach sich in einem von ihr beauftragten Gutachten der Oberarzt am Bezirksklinikum Mainkofen gegen eine rechtliche Betreuung von Mollath aus. Er kam zu dem Schluss, dass es keinen Grund für eine Betreuung gebe, da Gustl Mollath »mit Sicherheit keine schizophrentypischen Wahnideen« habe und es »keine Hinweise auf psychotische Erkrankung« gebe, auch »keine Affektstörungen oder formalen Denkstörungen«. Daraufhin wurde die zwangsweise rechtliche Betreuung aufgehoben.

Dieses Gutachten fand jedoch bei keinem Richter, weder beim Landgericht noch beim Oberlandesgericht Nürnberg, Beachtung. Denn andere Gutachten bestätigten die Auffassung des Erstgutachters. Immer und immer wieder wird in diesen Gutachten von den Wahnvorstellungen Mollaths als zentralem Argument für den weiteren Aufenthalt in der Bayreuther Klinik gesprochen, zum Beispiel in der Beurteilung eines Professors aus Ulm. Dieser kam am 12. Februar 2011 zu dem Ergebnis, dass die Einweisungsdiagnose einer wahnhaften Störung auch heute noch gelte. Denn Gustl Mollath sei nicht bereit, das therapeutische Angebot in Anspruch zu nehmen, wie zum Beispiel die Teilnahme an der Arbeitstherapie, nutze unter anderem die Sporttherapie lediglich zur körperlichen Ertüchtigung, und psychopathologisch zeige er ein völlig rigides Festhalten an seinen Verschwörungstheorien gegenüber dem behandelnden Psychiater. Einem medikamentösen Behandlungsversuch stehe der Verurteilte, der sich psychisch für völlig gesund halte, rigoros ablehnend gegenüber.

Das hat zur Folge, dass Gustl Mollath seit Jahren in einer geschlossenen Anstalt leben muss, zusammen mit, wie er schreibt,

»Mehrfachmördern, Kinderschändern, Kindermördern, Betrügern, Drogenhändlern und selbst einem Nekrophilen«. Unter diesen Umständen wäre jeder Normalbürger früher oder später zu einem Fall für die Psychiatrie geworden. Zu dem Vorwurf, dass Gustl Mollath sich in der geschlossenen Anstalt nicht kooperativ verhalte, bekundeten später der Psychiater Friedrich Weinberger und Professor Klemens Dieckhöfer: »Gewiss nicht jedermann, aber gerade ein charakterstarker Mensch wird in ähnlicher Situation ähnlich handeln. Die Therapie-Angebote der Klinik haben unter den Vorzeichen, unter denen sie Mollath unterbreitet werden, den Charakter von Erpressung und Nötigungsversuchen.« Professor Klemens Dieckhöfer selbst hat jahrzehntelang forensische Gutachten für Gerichte erstellt. Er kanzelte die Gutachten, die Mollath als »vom Wahn befallen« bezeichnen, als »unwissenschaftlich« ab, denn sie stellten in ihrer »diagnostischen Zuordnung ein Falsch- bzw. Gefälligkeitsgutachten dar«. Eines dieser vom Gericht angeforderten Gutachten »verbiege geradezu wissenschaftlich fundiertes Denken«.[3]

Nun endlich – im Jahr 2011 – schien eine Wende möglich, nachdem es einem engagierten Unterstützerkreis[4] für Gustl Mollath gelungen war, den renommierten Psychiater und Neurologen Friedrich Weinberger für ein Gegengutachten zu gewinnen. Weinberger wurde als Vorsitzender der Gesellschaft für Ethik in der Psychiatrie schon 2006 wegen seines »unschätzbaren ehrenamtlichen Beitrags zum Kampf für die Menschenrechte« mit dem Bundesverdienstkreuz ausgezeichnet. Nach intensiven Gesprächen mit dem Probanden gelangte er zu vollkommen gegensätzlichen Schlussfolgerungen als die vom Gericht beauftragten Gutachter. An Befunden stellte er unter anderem »gutes Erinnerungsvermögen fest«. Gustl Mollath gab »bereitwillig auf alle Fragen ruhig und ausführlich Auskunft. Er zeigte sich dabei um Genauigkeit bemüht, nicht aber pedantisch aufs Detail, nicht eifernd und schon gar nicht fanatisch. […] Dominierend bleiben Trauer und stille Wehmut über all die Verluste der letzten

Jahre an Lebenswert, Hab und Gut. Der Gedankenablauf war flüssig und unkompliziert, formal geordnet. Es kamen keine Hinweise für Sinnestäuschungen auf. [...] Er ist bereit, seine Erlebnisse immer wieder auf den Prüfstand zu stellen. Es ist in seinen Äußerungen also nichts da von der Wahngewissheit eines Wahnkranken.« Weinbergers eindeutiges Fazit:»In keiner Weise passt mithin die Gustl Mollath aufgedrückte Diagnose. Für eine Wahnerkrankung, eine ›wahnhafte Störung‹, eine ›paranoide Schizophrenie‹ oder ›organisch wahnhafte Störung‹ fanden sich keine Hinweise.«

Doch auch diese klaren Worte des renommierten Psychiaters finden vor Gericht kein Gehör. Das Gutachten wird schlichtweg nicht anerkannt – weil der Auftraggeber eben Mollaths Unterstützerkreis war.

Über Schwarzgeld, Steuerkriminalität und Wahnvorstellungen

Als Grundlage der Gefährlichkeitsprognose, die sowohl das Landgericht wie auch das Oberlandesgericht Nürnberg sahen, wurde stets das bei Gustl Mollath bestehende Wahnsystem genannt: Seine angeblich fixe Idee, seine Frau habe Schwarzgeldverschiebungen in die Schweiz in vielfacher Millionenhöhe durchgeführt. Michael Kleine-Cosack aus Freiburg ist Fachanwalt im Bereich der Europäischen Menschenrechtskonvention und des Verfassungsrechts. Verfassungs- und Menschenrechtsbeschwerden bilden daher einen Schwerpunkt seiner Tätigkeit. Er hat inzwischen den Fall Mollath übernommen und sagt:»Man kann Angaben über solche Schwarzgeldverschiebungen nicht als Wahnvorstellungen einstufen, wenn man diese Angaben nicht überprüft hat. Eine solche Überprüfung haben weder die Nürnberger Gerichte noch die Sachverständigen, auf deren Votum sie sich stützen, jemals vorgenommen. Die Staatsanwaltschaft habe solche Überprüfungen sogar mehrfach ausdrücklich verweigert.«

Deshalb lohnt es, einmal genauer den Vorwürfen nachzugehen, die Gustl Mollath im Zusammenhang mit den Schwarzgeldgeschäften der Bank und seiner Frau erhoben hat. Im Juni 2003 zeigte er gegenüber einem Amtsrichter und einem anwesenden Staatsanwalt die Schwarzgeldaffäre seiner Frau und beteiligter Banker mit entsprechenden Beweisen an. Doch »das interessierte die Herren gar nicht. Offenkundig war die Anzeige unbequem und unerwünscht. Richter H. behauptete, er wäre nicht zuständig«. Fairerweise muss man dazusagen, dass Mollath seine Vorwürfe in einer Schriftform vorgebracht hatte, die nicht unbedingt den Maßstäben eines normalen Briefs entsprach: Alles war etwas wirr geschrieben, mal klein, mal in sehr großen Lettern, etwas durcheinander – aber die Vorwürfe waren deshalb trotzdem nicht so einfach wegzuwischen. Denn Mollath lieferte beweiskräftige Dokumente über die kriminellen Geldtransfers gleich mit, unter anderem die schriftlichen Anweisungen, wie und auf welche Konten in der Schweiz das Geld transferiert werden sollte. Die Staatsanwaltschaft Nürnberg-Fürth antwortete ihm am 19. Februar 2004, dass der Strafanzeige nicht Folge geleistet werde. Denn »ein Ermittlungsverfahren wegen verfolgbarer Straftaten« sei nur einzuleiten, »wenn hierfür zureichende tatsächliche Anhaltspunkte vorliegen. Diese seien jedoch der Anzeige nicht zu entnehmen.«

Tatsächlich? Selbst für Normalbürger wären einzelne konkrete Angaben leicht überprüfbar. So schreibt Gustl Mollath in seiner Anzeige: »Mindestens monatlich ist der Schweizer Kontaktmann R.F. in Deutschland in der ganzen Republik: Flüge nach München, Nürnberg, Frankfurt, Berlin. Dann mit am Flugplatz angemieteten Leihwagen zu den Kunden.« In der Schweizer Datenbank Moneyhouse steht dieser Mann unter: »Aktuell tätig für UBS AG. Früher für Anlage- und Kreditbank AKB, Bank Leu AG.« Es sind genau die Banken, die Mollath auch in seiner

Strafanzeige genannt hat. In einem anderen Fall gab er sogar das Aktenzeichen beim Arbeitsgericht Berlin an, weil aufgrund seiner Schreiben an die Bankvorstände ein Mitarbeiter entlassen worden sei.

Besonders brisant: Der ehemalige Richter Rudolf Heindl wies in einer eidesstattlichen Versicherung, die dem Gericht vorlag, darauf hin, er habe erfahren, dass die Strafanzeige des Mollath von der zuständigen Staatsanwaltschaft aufgrund einer Anordnung, die ihr aus der Politik zugegangen sei, nicht weiterverfolgt wurde und der Name des entsprechenden Spitzenpolitikers in einem vorliegenden Schreiben genannt worden sei. Die Staatsanwaltschaft Nürnberg wies diese Vorwürfe zurück. Ein Laienrichter, der an dem Gerichtsverfahren gegen Gustl Mollath beteiligt gewesen war, sprach von einem Fehlurteil. »Ich habe damals die Unterlagen nicht zu sehen bekommen, die ich heute kenne«, sagte der frühere Schöffe, »wo immer diese seinerzeit auch waren.«[5]

Auch der ehemalige hessische Steuerfahnder Rudolf Schmenger, einst zuständig für Steuerkriminalität der deutschen Großbanken, hat die Strafanzeige und die Dokumente geprüft. Was war sein Eindruck von der Strafanzeige Mollaths?, will ich vom Ex-Steuerfahnder wissen: »Hätte ich diese Unterlagen gehabt, ich hätte aus dem Stand heraus Durchsuchungsbeschlüsse erwirkt und die Bank durchsuchen lassen. Jeder mittelmäßige Berufsanfänger in der Steuerfahndung ist in der Lage, innerhalb von wenigen Minuten diese beweiserheblichen beigefügten Unterlagen zu erkennen und danach professionell lehrbuchhaft zu behandeln. Da muss man kein Top-Fahnder sein.« Handelte die Staatsanwaltschaft schlichtweg mit Vorsatz? »Es wäre auf jeden Fall zwingend erforderlich gewesen, mit einer Kurzmitteilung die Steuerfahndung einzubinden. Sie leitete das jedoch nicht weiter, obwohl Beweismittel dabei waren. Es ist einfach eine Sauerei, dass die Staatsanwältin die Unterlagen nicht an die Steuerfahndung weitergeleitet hat.«

Das Interessante an diesem Fall ist, dass sich hier ein Kreis schließt. Rudolf Schmenger und drei seiner Kollegen konnten in einem Bereich, bei dem die Großbetriebsprüfung des Finanzamts Frankfurt keinen Handlungsbedarf sah, bei den Banken durch mühselige Arbeit hohe Steuernachzahlungen durchsetzen. Irgendwie ähnelte das den Vorgängen mit Schwarzgeldtransporten in Nürnberg: Hessische Banken hatten ihren zahlungskräftigen Kunden geraten, ihre Gelder nach Luxemburg, in die Schweiz oder nach Liechtenstein zu transferieren. Die Steuerfahnder blieben hartnäckig und erreichten, dass das Steueraufkommen bundesweit um über eine Milliarde Mark stieg. Sie ermittelten auch im Spendenskandal der CDU. Bis sie im Jahr 2006 wegen einer »paranoid-querulatorischen Entwicklung« in die Zwangspensionierung gezwungen wurden – und zwar aufgrund eines psychiatrischen Gutachtens des inzwischen wegen dieses fachlich falschen Gutachtens berufsgerichtlich verurteilten Psychiaters T.M. Ein halbes Jahr nach seiner Zwangspensionierung wurde zum Beispiel Rudolf Schmenger vom Oberarzt der Psychiatrischen Universitätsklinik Frankfurt als psychisch vollkommen gesund befunden. »Diese Psychiatrisierung von Staatsdienern, die greift ja umso wilder um sich, weil bisher keiner präventiv abgestraft wurde. Und solange keiner hier die Verantwortung übernehmen muss, fühlen sich natürlich die handelnden Akteure in ihrem Handeln bestätigt.«[6] Wie man sieht, sind Steuerfahnder, die ihren Job ernst nehmen und Steuersünder verfolgen wollen, vor einer Psychiatrisierung nicht gefeit, während unbescholtene Bürger, die Unrecht anzeigen – wie Gustl Mollath –, einfach in eine psychiatrische Klinik eingewiesen werden. Man braucht nur die entsprechenden Gutachten.

Was sagt eigentlich die Staatsanwaltschaft heute zu den Vorwürfen, nicht korrekt ermittelt zu haben? Auf meine entsprechende Anfrage teilte mir Oberstaatsanwältin Antje Gabriels-Gorsolke, die Pressesprecherin der Staatsanwaltschaft, mit: »Grundsätzlich ist gemäß § 152 Abs. 2 StPO ein Ermittlungsverfahren nur dann einzuleiten, wenn hierfür zureichende tatsächliche Anhaltspunkte vorliegen. Diese müssen es nach kriminalistischen Erfahrungen als möglich erscheinen lassen, dass eine verfolgbare Straftat vorliegt. Bloße Vermutungen und durch nichts belegte Behauptungen rechtfertigen es dabei nicht, jemandem eine Tat zur Last zu legen. Unter Anwendung dieser Grundsätze würde auch heute bei der Staatsanwaltschaft Nürnberg-Fürth auf eine Anzeige wie jener des Herrn Mollath vom 09. 12. 2003 kein Ermittlungsverfahren eingeleitet.«[7]

Über neun Jahre nach Gustl Mollaths Anzeige leitete die Staatsanwaltschaft Nürnberg Vorermittlungen wegen des Verdachts der Steuerhinterziehung gegen die HypoVereinsbank ein. »Wolfgang Träg, Sprecher der Staatsanwaltschaft, bestätigte [...] unserer Zeitung, dass seine Behörde am Mittwoch einen Brief an die Bank abgeschickt hat. Darin werde ›zeitnah‹ um die Beantwortung einer Reihe von Fragen gebeten. [...] Anlass für die Aktivitäten ist, so der Sprecher, eine Stellungnahme der Zentrale der HypoVereinsbank in München gegenüber den Nürnberger Nachrichten vor fünf Wochen. [...] Darin hieß es, ›diverse Schreiben‹ von Ferdl G.[8] hätten schon damals zu internen Untersuchungen geführt. Dabei habe man festgestellt, dass sich Mitarbeiter im Zusammenhang mit Schweizer Bankgeschäften ›weisungswidrig‹ verhalten haben. Die Verantwortlichen der Bank haben daraufhin bei mehreren Mitarbeitern ›persönliche Konsequenzen‹ gezogen.«[9] Auf Anfrage der Münchner Zeitung *tz* erklärte ein Banksprecher: »Es wurde festgestellt, dass sich Mitarbeiter im Zusammenhang mit Schweizer Bankgeschäften [...] weisungswidrig verhalten hatten. Frau M. sei gekündigt worden.«[10]

Und was ist aus dieser Angelegenheit geworden? Dazu schrieb mir am 10. September 2012 die Pressesprecherin der Staatsanwaltschaft Nürnberg-Fürth: »Nachdem Ende 2011 in den Medien eine Stellungnahme der HypoVereinsbank wiedergegeben wurde, wonach sich Mitarbeiter im Zusammenhang mit Schweizer Bankgeschäften weisungswidrig verhalten haben, ist die

Staatsanwaltschaft Nürnberg-Fürth an die Bank herangetreten und hat eine Stellungnahme angefordert. Die Bank hat daraufhin der Staatsanwaltschaft einen Sonderrevisionsbericht und eine chronologische Zusammenfassung der gezogenen Konsequenzen übersandt. Ein Anlass zur Einleitung eines staatsanwaltschaftlichen Ermittlungsverfahrens hat sich nach Auswertung dieser Unterlagen nicht ergeben.« Aber diesmal hat die Staatsanwaltschaft den Revisionsbericht der Bank wenigstens als Kontrollmitteilung an die Finanzbehörden weitergeleitet, »da einzelne dort erwähnte Sachverhalte bei einigen Mitarbeitern und Kunden der Bank unter Umständen steuerlich von Bedeutung sein könnten. Soweit diese Überprüfungen steuerstrafrechtliche Erkenntnisse ergeben sollten, werden sie von der Bußgeld- und Strafsachenstelle des Finanzamts in eigener Zuständigkeit verfolgt oder der Staatsanwaltschaft zur Prüfung der Evokation – d.h. der Strafverfolgungsübernahme – vorgelegt werden.« Na, immerhin.

Es muss für die Staatsanwaltschaft ein Schlag ins Gesicht gewesen sein, was der bekannte Hamburger Strafverteidiger Gerhard Strate Ende November 2012 in einem Gutachten zu Mollaths Anzeige erklärte. Er kommt zu dem Ergebnis, dass die Staatsanwaltschaft »rechts- und pflichtwidrig« handelte, weil sie Mollaths Strafanzeige verworfen habe.[11]

Wie reagierte die bayerische Politik?

Die Auseinandersetzung um Gustl Mollath wurde erst durch die Aktivitäten einer Bürgerinitiative öffentlich und führte schließlich unter anderem im Rechtsausschuss des Bayerischen Landtags am 8. März 2012 zu einer lebhaften Debatte, nachdem in *Report Mainz* ein kritischer Bericht über die Umstände seiner Psychiatrisierung gesendet worden war. Die Abgeordneten sahen jedoch keinen Handlungsbedarf. Justizministerin Beate Merk (CSU) verteidigte das Vorgehen der Nürnberger Staatsanwaltschaft. In ihrer Stellungnahme vor den Abgeordneten betonte sie, alle Behauptungen, Gustl Mollath sei weggesperrt worden, weil er illegale Bankgeschäfte angezeigt habe, seien völlig absurd. Er sei vielmehr psychisch krank, habe seine Frau misshandelt, weitere Straftaten begangen und stelle nach Gerichtsentscheidungen eine Gefahr für die Allgemeinheit dar.

Der Journalist Michael Kasperowitsch von den *Nürnberger Nachrichten* hat die Debatte verfolgt. »Die Angaben von Gustl Mollath in seiner damaligen Anzeige nannte der SPD-Abgeordnete Franz Schindler ›unkonkret‹. In der Debatte widersprach die Abgeordnete Inge Aures (SPD) der Behauptung, Mollaths Anzeige sei ›sehr unkonkret‹ gewesen. Sie sei im Gegenteil mit umfangreichen Unterlagen gestützt worden. Florian Streibl (Freie Wähler), der sich als Parlamentarischer Geschäftsführer seiner Fraktion dafür eingesetzt hatte, den Fall im Parlament zu behandeln, übte Kritik an Schindlers Diskussionsführung im Ausschuss. ›Die war der vollen Aufklärung eher hinderlich und er sei seinen eigenen Fraktionskollegen in den Rücken gefallen.‹ Und die Abgeordnete Christine Stahl (Grüne) erinnerte daran, dass in den Jahren 2006 bis 2008 immerhin ›370 Menschen zu Unrecht verurteilt worden‹ seien. Auch bei der Einweisung in eine psychiatrische Klinik könne es Fehler geben, so wie (andererseits) Menschen aufgrund falscher Gutachten fälschlich aus der Psychiatrie entlassen werden mit oft schlimmen Folgen.«[12] Für den Psychiater und Gutachter Friedrich Weinberger war der Verlauf der Debatte bestürzend, insbesondere aufgrund der »Schnoddrigkeit, Unbekümmertheit der Exekutive wie vieler Volksvertreter unterschiedlicher Parteien bei der Behandlung psychiatrisch relevanter, Einzelne wie das Gemeinwesen betreffender Fragen«.

Anfang November 2012 gab Justizministerin Beate Merk eine Erklärung ab, wonach sie den Rechtsausschuss des Landtags umfassend informiert habe. Und sie erklärte erneut, dass die bankinternen Untersuchungen, gemeint ist der Sonderrevisionsbericht der HypoVereinsbank vom März 2003, die Vorwürfe

Mollaths gerade nicht bestätigt hätten.[13] Das ist eine kühne Behauptung. Denn der Sonderrevisionsbericht listet sehr genau auf, was Gustl Mollath behauptet hat und was von seinen Vorwürfen zutrifft. Und siehe da, seine Vorwürfe haben sich überwiegend als richtig herausgestellt. Also keine Erfindungen. So heißt es in dem Bericht unter anderem in Bezug auf das Bankhaus Leu in der Schweiz:»Die dortigen Ermittlungen der Revision haben die Vorwürfe des Herrn Mollath bestätigt.« Und in der Zusammenfassung heißt es:»Die Anschuldigungen des Herrn Mollath klingen in Teilbereichen zwar etwas diffus, unzweifelhaft besitzt er jedoch ›Insiderwissen‹. Alle nachprüfbaren Behauptungen haben sich als zutreffend herausgestellt.«[14] Wie erklärte noch einmal Justizministerin Beate Merk vor dem Rechtsausschuss des Landtags:»Die von Herrn Mollath erhobenen Vorwürfe hat der Revisionsbericht jedenfalls für die Zeit nach 1998 nicht bestätigt.«[15] Doch auch der Sonderrevisionsbericht wirft Fragen auf: Warum blieb er so lange unter Verschluss, selbst dann noch, nachdem Mollath in die Psychiatrie abgeschoben wurde? Sollten etwa bekannte Personen aus dem politischen Raum, die in die Schwarzgeldaffäre verstrickt waren, geschont werden? Einiges spricht dafür.

Jetzt muss sich wohl das Bundesverfassungsgericht mit Gustl Mollath beschäftigen. Sein Rechtsanwalt Michael Kleine-Cosack reichte bereits am 11. Januar 2012 eine Verfassungsbeschwerde ein. Der Anwalt sieht das Grundrecht auf rechtliches Gehör und den elementaren Maßstab der Verhältnismäßigkeit bei Gustl Mollath »grob verletzt«. In seiner Verfassungsbeschwerde schreibt er außerdem – und damit werden viele der Widersprüche im Gerichtsurteil gegen Mollath beim Namen genannt:»Die weitere Unterbringung muss als eklatant unverhältnismäßig angesehen werden, da die von Sachverständigen befürchteten bloßen Beleidigungsdelikte nicht der Bedeutung des Grundrechts Rechnung tragen.« Und was die schwere Körperverletzung seiner Ehefrau anbelangt,»von der er zwischenzeitlich geschieden ist, scheidet eine Wiederholungsgefahr aus; auch sind mildere Mittel wie Auflagen und Führungsaufsicht gegeben. Soweit die Gerichte schließlich auch die von Mollath vorgenommenen Sachbeschädigungen an Kraftfahrzeugen zum Anlass für eine weitere Unterbringung nehmen, ist das Gebot der Verhältnismäßigkeit erst recht nicht gewahrt.«

Wie sieht es zum Schluss der Psychiater Friedrich Weinberger: »Zusammenfassend stehen wir im Fall von Gustl F. Mollath vor einem neuen Justiz- und Psychiatrieskandal, der sich an ungut jüngst bekannt gewordene Fälle anschließt und doch alles Bisherige übersteigt, weil er weit noch ins Politische reicht.« Und Gustl Mollath? »Mir ist nichts geblieben. Nicht einmal die persönliche Habe. Nicht einmal ein Bild meiner Mutter hat man mir gelassen.« Sollte Gustl Mollath irgendwann entlassen werden, steht er vor dem Nichts. Alles, was ein Menschsein ausmacht, abgesehen von der bloßen Existenz, ist vernichtet worden. Unterdessen hat sich sogar die Menschenrechtsbeauftragte der bayerischen Landesärztekammer mit dem Fall Mollath beschäftigt. In den *Nürnberger Nachrichten* wird Maria Fick, die frühere Vize-Präsidentin der Landesärztekammer, mit den Worten zitiert:»Die Würde des Nürnbergers wurde ›in all den Jahren mit Aufenthalten in der Forensik mit teils Schwerstverbrechern, primitiven und real psychisch kranken Menschen mit Füßen getreten‹, betonte die Ärztekammer-Funktionärin. Sein Leben sei mehr oder weniger zerstört, weil ›mögliche Gefälligkeitsgutachten‹ den Vorzug bekamen. Sie, Dr. Fick, werde versuchen, die Expertisen prüfen zu lassen, ›denn Gutachten dieser Art sind nach unserer ärztlichen Berufsordnung strafbar‹.«[16]

Und wie reagiert die Politik in Bayern auf diesen Skandal, bei dem eine Justizministerin problemlos die Wahrheit verdrehen kann? Die Freien Wähler forderten im November 2012 ihren Rücktritt. Denn, so der Landtagsabgeordnete Florian Streibl, die Justizministerin Beate Merk habe die »Unwahrheit« gesagt und man fühle sich schlicht und ergreifend belogen. »Wenn sie

Anstand hätte, müsste sie jetzt ihren Hut nehmen.«[17] In Bayern scheint das etwas zu viel verlangt. Da spielt Anstand nicht unbedingt die erste Geige im politischen Orchester der Rechthaber. Immerhin wurde nach einer massiven Medienkampagne im November 2012 durch die Justizministerin veranlasst, dass der Vorgang neu aufgerollt und ein Antrag auf die Wiederaufnahme des Verfahrens gestellt wird.

Anfang Dezember 2012 schaltete sich sogar Bayerns Landeschef Horst Seehofer ein. Es müsse so schnell wie möglich Klarheit geben, »ob die Unterbringung von Herrn Mollath in der Psychiatrie auch unter Berücksichtigung aller neuen Informationen gerechtfertigt ist«. Durchbrochen wurde das bisherige positive Medienecho durch Artikel in *Spiegel-Online* (»Warum der Justizskandal doch keiner ist«)[18] und in der *Zeit* (»Ein Kranker wird Held«).[19] Tenor der Berichterstattung: Mollath seit zu Recht in der Psychiatrie und die bayerische Justiz habe keine Fehler gemacht. Mollath habe sogar das Angebot von Strafverteidiger Gerhard Strate, ihn in einem Wiederaufnahmeverfahren zu vertreten, abgelehnt. Dazu schreibt die *Zeit*: »Will Mollath etwa keine Wiederaufnahme? Hat er sich in der Rolle des Märtyrers der bayerischen Strafjustiz eingerichtet?« Alles Unsinn, erwiderten sowohl Mollath als auch Rechtsanwalt Strate – »und wundern sich über *Die Zeit*, denn die Vollmacht wurde bereits Tage vor der Veröffentlichung erteilt«.[20] Richtig ist jedoch auch, dass das Berliner Arbeitsgericht bereits im Jahr 2003 befand, Geld im Ausland zu haben sei keine Straftat. Das bezog sich auf Mollaths Ex-Ehefrau. Am 16. September 2003 wurde daher die außerordentliche Kündigung durch die Bank aufgehoben, und sie erhielt knapp 20 000 Euro Abfindung. Über die vielen Widersprüche in den beiden Artikeln berichtete der renommierte Justiz-Blog blog.deligibus. com unter der Überschrift: »Wenn die Welle des Journalismus bricht«.[21]

Doch ohne die kritische Medienberichterstattung und seine Unterstützer wäre Gustl Mollath ohne jede Chance, vielleicht irgendwann ein Leben in Würde führen zu können. Für einen demokratischen Rechtsstaat ist der Fall Mollath jedenfalls eine Schande.

Über das vermeintliche Kindeswohl, die Verwaltung und die Justiz

Ein sonniger Tag ist in einer Kleinstadt bei Leipzig zu Ende gegangen. Es ist Dienstag, der 22. Mai 2012. In einem der Einfamilienhäuser ist die zweieinhalbjährige Annegret[22] eingeschlafen, nachdem ihr Vater ihr eine Gute-Nacht-Geschichte vorgelesen hat. Seit Anfang des Jahres leben die beiden hier, bei Annegrets Großeltern. In wenigen Minuten soll die Ruhe ein jähes Ende, dafür ein juristischer Kampf seinen vorläufigen Höhepunkt finden.

Kurz nach 20 Uhr stehen eine Gerichtsvollzieherin, zwei Mitarbeiter des Jugendamts, ein Mann vom Schlüsseldienst und acht Polizeibeamte vor der Tür. Sie wollen Annegret abholen – notfalls mit Gewalt –, um sie zu ihrer Mutter nach Nürnberg zu bringen. Aus welchem Grund? Ist das Kind misshandelt, missbraucht oder entführt worden – was einen solchen Einsatz gerechtfertigt hätte? Nein. Alles geht nur seinen bürokratisch vorgestanzten Weg. Denn die in Nürnberg lebende Mutter hat beim dortigen Amtsgericht in einer juristischen Fehde mit dem Vater das alleinige Sorge- und Aufenthaltsbestimmungsrecht erwirkt. Die gemeinsame Tochter soll also nicht beim Vater leben, sondern nur von ihr erzogen werden.

Anfangs entbrennt vor der Haustür zwischen der Gerichtsvollzieherin, den Angestellten des Jugendamts, dem Vater und den Großeltern eine heftige Diskussion darüber, ob der Beschluss des Amtsgerichts Nürnberg rechtens ist und ob man nicht an erster Stelle an das Wohl des kleinen Kindes denken muss. Annegrets Vater ruft seinen Rechtsberater, den Ex-Richter Rudolf Heindl an und berichtet ihm, was gerade passiert. Daraufhin will Heindl mit der Gerichtsvollzieherin sprechen.«Sie machte mich mit dem Inhalt des Beschlusses bekannt, zu dessen Vollstreckung sie erschienen war. Sie wies abschließend darauf hin, dass sie die Rechtmäßigkeit des Beschlusses und insbesondere die Frage, wem von den beiden Eltern das Aufenthaltsbestimmungsrecht zustände, nicht beurteilen könne und auch nicht beurteilen dürfe. Sie müsse erst einmal von der Rechtmäßigkeit des Beschlusses ausgehen, den sie zu vollziehen habe. Das sei ihre Amtspflicht«, erinnert sich der Ex-Richter. Er entgegnet ihr, es sei doch die Pflicht eines jeden Beamten, Handlungen zu unterlassen beziehungsweise zurückzuweisen, die offensichtlich rechtswidrig sind, und Handlungen zu unterlassen, mit denen er andere Menschen körperlich verletzt oder die Menschenwürde verletzt – und das sei hier der Fall. Doch es nutzt alles nichts. Die schlafende Annegret wird von einer Mitarbeiterin des Jugendamts aus dem Bett gezogen, die Großmutter soll das Kind anziehen. Dann wird ihr das weinende Kind aus den Armen genommen und – wie es so schön heißt –»in Obhut der Behörde genommen«. Annegrets Vater, Daniel K.,[23] der nach eigenen Angaben nur passiven Widerstand leistet, wird mit Handschellen gefesselt, in das Polizeiauto geschleppt und noch im Polizeifahrzeug mit Pfeffergas besprüht.

Der Beschluss des Familiengerichts Nürnberg war damit durchgesetzt, und ein langer Kampf zwischen Jugendamt, Gerichten, Gutachtern, Anwälten sowie dem Vater und der Mutter von Annegret fand ein Ende. Ein Kampf, der sich so auf die eine oder andere Art und Weise in Deutschland täglich hundertfach abspielt – aus den unterschiedlichsten Gründen. Der Kampf eines Vaters und einer Mutter um das immer beschworene Wohl des Kindes – er endete im Fall Annegret für den Vater als Niederlage, bescheinigt von einem bayerischen Familiengericht. In der Regel gibt es dabei nur verzweifelte Verlierer – und das Kind, um dessen Wohl es eigentlich hauptsächlich gehen sollte, spielt in den teilweise erbitterten juristischen Auseinandersetzungen meist nur eine Statistenrolle.

Bei vielen dieser Kämpfe geht es aber auch um die Macht der Jugendämter in Deutschland, die viele Eltern zur Verzweiflung treibt. Kritisiert wird von vielen betroffenen Elternteilen, dass das Jugendamt auf Verdacht hin wegen einer vermeintlichen Gefahr im Verzug die Kinder ihren Eltern entziehen kann und die Eltern dieser Übermacht hilflos gegenüberstehen. Da in eventuell anstehenden Verfahren beim Familiengericht Eltern nicht die gleichen Rechte wie in einem normalen Gerichtsverfahren haben, denn sie können keine Zeugen oder unabhängige Gutachter laden, gibt es auch keine Beweispflicht der Jugendämter für ihr Handeln: Es reicht die Empfehlung des Jugendamts gegenüber dem Gericht, um Kinder den Eltern zu entziehen. Zugegeben: Oft genug handeln die Jugendämter hier in der Tat im Sinne des Kindeswohls. Aber es kommt nicht selten vor, dass ein Kind den Eltern zu Unrecht genommen wird. Das Wohl des Kindes und die Rechte der betroffenen Eltern bleiben dabei auf der Strecke. »Die Gerichte entscheiden zugunsten des Jugendamts«, heißt es in einer Petition betroffener Eltern an den Petitionsausschuss des Bundestags, »wir, die Eltern, haben kaum eine Chance.« Kurzum: »Ein Elternteil soll geschlagen beziehungsweise gemaßregelt werden, getroffen aber wird das Kind«, kommentiert der Diplom-Psychologe Professor Wolfgang Klenner diese Konflikte.

Bereits am 19. Januar 2009 beschäftigte sich der Petitionsausschuss des Europäischen Parlaments mit dem Thema »Angeblich diskriminierende und willkürliche Maßnahmen von Instanzen der Kinder- und Jugendhilfe in bestimmten Mitgliedstaaten und insbesondere der Jugendämter in Deutschland«. Eine Gruppe von Petitionen betraf Fälle, in denen Kinder auf Beschluss des Jugendamts von den Eltern getrennt wurden, weil diese angeblich physisch oder psychisch nicht in der Lage seien, die Verantwortung für deren Erziehung zu übernehmen. Viele Petenten gaben an, »dass das Problem der Diskriminierung aus Gründen der Nationalität eine Folge der Verfahrensweise der deutschen Jugendämter sei, die bei Trennung binationaler Ehen den nichtdeutschen Ehepartner diskriminieren, indem sie ihm in Fällen, in denen lediglich ein begleiteter Umgang gestattet wird, den Kontakt zum Kind erschweren oder gar unmöglich machen.« Bei den Treffen wache der Vertreter des Jugendamts darüber, dass der betreffende Elternteil mit dem Kind Deutsch spricht. Falls das Kind oder der Elternteil eine Sprache verwende, die der Umgangsbegleiter nicht versteht, werde das Gespräch rücksichtslos unterbrochen.

»Es steht völlig außer Zweifel«, heißt es in dem Arbeitsdokument des Petitionsausschusses vom 19. Januar 2009, »dass jede Petition, in der sich betroffene Eltern über deutsche Jugendämter beschweren, einen persönlichen Appell für Gerechtigkeit darstellt und zugleich Ausdruck tiefer Verzweiflung ist. Es trifft auch zu, dass der Petitionsausschuss derartige Appelle von Eltern erhalten hat, die das Gefühl haben, dass ihnen insbesondere die Jugendämter das verweigern, worauf sie Anspruch haben – darunter eine faire und ausgewogene Behandlung durch die Beamten.«

Das Spinnennetz der Bankenmacht

Damals, im Jahr 1284, kam in die von Mäusen und Ratten geplagte Stadt Hameln ein Fremder und bot den Bürgern an, sie von der schrecklichen Rattenplage zu befreien. Die Bürger von Hameln waren erfreut. Der Fremde spielte auf seiner Flöte eine wunderschöne Melodie, die alle Ratten und Mäuse anlockte. Dann marschierte er, die Flöte weiter spielend, hin zur Weser, die Ratten und Mäuse folgten ihm und stürzten in den Fluss, in dem sie ertranken. Als der Rattenfänger nun seinen Lohn einforderte, weigerten sich die Bürger. Wütend verließ er Hameln, kehrte später jedoch wieder zurück. Jetzt lockte er, wieder Flöte spielend, 130 Kinder aus Hameln hinaus, wo er mit ihnen verschwand. Diese Sage wird jedes Jahr von Mai bis September in der Hamelner Altstadt von ehrenamtlichen Darstellern nachgespielt.

Nicht nur in Hameln treiben die modernen Rattenfänger, die Banker und Finanzierungsvermittler, mit ihren vielen schillernden Angeboten und Versprechungen ihr Unwesen, auch wenn in der Folge von Familie Meissner aus Hameln die Rede sein wird, die sich blindlings auf die Zusagen des Filialleiters ihrer Bank verlassen hat. Ihre Geschichte ist stellvertretend für viele andere. In den letzten Jahren sind den modernen Rattenfängern Hunderttausende von Bürgern gefolgt – und in den Ruin gestürzt.

Das Haus von Familie Meissner sticht heraus. Es versprüht schon von außen Lebendigkeit. Ein bunter Briefkasten, naturbelassene Sträucher und im Garten ein kleiner Fischteich, eine kleine Gartenhütte und ein mit vielen Blumen bestückter Garten, überdacht von einem riesigen, schattenspendenden 50-jährigen

Kirschbaum. Hier wohnen Maritta und Viktor Meissner, beide 61 Jahre alt, mit ihrer 13-jährigen Tochter Victoria und deren weiß-schwarzer Hausratte. Mittlerweile gehört ihnen das schöne Haus nicht mehr. Die Familie steht vor dem finanziellen Aus und sitzt mehr oder weniger auf der Straße. »Wir lebten und leben ständig in Angst vor allen möglichen Gläubigern.«

Wie eine Familie zerstört wurde

Viktor und Maritta heirateten im Jahr 1977. Nach langen Jahren des Wartens bekamen sie am 8. Januar 1998 endlich den langersehnten Nachwuchs, ihre Victoria. Damals verdiente Viktor Meissner als Angestellter im öffentlichen Dienst etwa 3000 Mark netto, dazu kamen monatliche Zinsen aus einem geerbten Wertpapierdepot seiner Frau. Denn Maritta Meissners Vater war seinerzeit durch ein Uhren- und Goldgeschäft relativ vermögend geworden. Die Meissners wohnten in einem der beiden kleinen schuldenfreien, ererbten Häuser, die sie miteinander verbunden hatten. Es ging ihnen gut, sie hatten finanziell keinerlei Probleme.

Viktor Meissner erzählte mir, dass sie die einzigen Angehörigen von Victoria seien. Deshalb suchten sie nach einer – zumindest finanziell stärkeren – Absicherung für ihre Tochter und dachten an eine Rendite-Immobilie. Als Viktor Meissner diesen Gedanken zufällig im Sommer 1998 anlässlich eines Bankgeschäfts in der Filiale ihrer damaligen Hausbank in Hameln erwähnte, bekam das der Filialleiter mit und sprach ihn an. Er hätte da etwas, und Viktor Meissner solle gleich mal in sein Büro kommen. Der Filialleiter erzählte ihm, er kenne jemanden in Hannover, der nach geeigneten Objekten Ausschau hielte, die den Bankkunden dann angeboten und durch die Bank finanziert würden. Die Bank selbst würde dafür keine Courtage erheben, aber an diesen Günther K. sei eine »geringe Summe« als Aufwandsentschädigung zu zahlen. Später stellte sich heraus, dass

15 000 Mark an den Herrn K. für ein »Gutachten« zu zahlen waren, das die Meissners aber nie zu sehen bekamen.

Der Familie wurden verschiedene Objekte angeboten, alle weit über dem Limit von 600 000 Mark, das sie sich gesetzt hatten. Schließlich entschieden sie sich doch, auf permanentes und eindringliches Zureden der Bank hin, für ein großes Wohn- und Geschäftshaus in Hannover-Nordstadt. Der Kaufpreis war mit insgesamt 2,3 Millionen Mark so hoch, dass große Zweifel bestanden, ob das Objekt bei ihrer finanziellen Situation nicht ein »paar Nummern zu groß« sei. Außerdem bestand Maritta Meissner auf einer kompletten Fremdfinanzierung. Viktor Meissner erzählte mir über die Vorgehensweise der Banker: »Unsere vielfach, insbesondere von meiner Frau gegenüber Herrn B. von der Bank geäußerten Bedenken wurden von diesem stets ›weggeredet‹: Das Objekt würde sich hervorragend zur Absicherung der Tochter eignen, und was die Fremdfinanzierung angehe, da stünde ja das Objekt selbst gegenüber, das sicher mehr wert sei als der ›geringe‹ Kaufpreis.« Der Bankangestellte legte den Eheleuten auch einen von ihm handschriftlich verfassten Zettel mit der Finanzierungsberechnung vor, wonach das Objekt monatlich zirka 15 000 Mark erbringen würde, nach Abzug aller Verbindlichkeiten verblieben dann 1700 Mark »zur freien Verfügung«, die sie aber sicherheitshalber für Eventualitäten ansparen sollten. Den Meissners kam diese Rücklage angesichts der Größe des Objekts zwar etwas klein vor, es wurde von dem Bankberater aber immer wieder bestätigt, dass die Finanzierung absolut korrekt sei, er hätte alles genauestens berechnet, und vor allem wäre es eine reine Fremdfinanzierung, auf die Maritta Meissner besonderen Wert gelegt hatte, um die beiden kleinen Häuser in Hameln und das Wertpapierdepot zu schützen.

Am 31. Dezember 1998 sollte aus »Steuergründen« der Kaufvertrag noch unbedingt unterschrieben werden. Viktor Meissner erinnert sich noch genau daran, was als Nächstes geschah. »Als ich in der ersten Woche des neuen Jahres wieder zur Bank ging,

Herrn B. sagte, dass wir nun den Kaufvertrag unterschrieben hätten und er bitte die Zahlung veranlassen solle, um keine Verzugszinsen aufkommen zu lassen, traf mich fast der Schlag! Denn er meinte, so schnell ginge das nicht, jetzt müsse er erst mal eine Liquiditätsberechnung machen!« Plötzlich forderte der Banker Grundbuchauszüge ihres Hauses sowie einen Auszug des Wertpapierdepots. Davon war vorher nie die Rede gewesen, und darauf hätte sich Frau Meissner auch nie eingelassen. Schließlich wurde das Ehepaar, das ohnehin keinen Ausweg mehr sah, »überzeugt«, das Haus in Hannover sowie das Wertpapierdepot zu verpfänden und außerdem über fünf Jahre jährlich 30 000 Mark für einen zweiten Kredit über 150 000 Mark aufzubringen. Dieser sollte »für die Nebenkosten des Hauskaufs« aufgenommen werden und aus den versprochenen, aber nie eingetroffenen Steuerersparnissen zurückgezahlt werden. Der Vorgesetzte von Herrn B., den Maritta Meissner mehrfach wegen des Finanzierungsvertrags um Hilfe bat, äußerte sich ihr gegenüber später per Telefon: »Der B. ist ein kleines Arschloch, das hätte der nie mit Ihnen machen dürfen. Ich hätte diese Finanzierung abgelehnt.«

Bereits nach dem ersten Geschäftsjahr teilte die Hausverwaltung den Meissners im Abschlussbericht mit, dass sie mit dem Haus und dieser Finanzierung ein jährliches Minus von etwa 17 000 Mark erwirtschafteten. Das und die immer mühsamer aufzubringenden jährlichen 30 000 Mark brachten die Familie schnell ins finanzielle Aus, so dass sie bereits ab 2001 mit einer Mitarbeiterin der Zentrale ihrer Bank Verhandlungen wegen tragbarerer Konditionen führen mussten. Auf ihr Anraten verkauften sie einzelne Wohnungen ihres Hauses in Hannover, um damit den Kredit schneller zurückzahlen zu können. In Wirklichkeit verschärfte sich dadurch aber ihre finanzielle Situation, da sie nun weniger Einnahmen hatten, die Rückzahlungsraten im Gegenzug jedoch nur geringfügig gesenkt wurden. Die Probleme wuchsen: Die Meissners konnten keine notwendigen Reparaturen mehr durchführen, normale Zahlungsverpflichtungen wie Strom, Müll oder Telefon konnten kaum noch oder teilweise überhaupt nicht mehr bedient werden. Das wiederum führte zwangsläufig zu zermürbenden Klageforderungen und Zwangsandrohungen – und letztendlich zur Zwangsversteigerung ihres Hauses in Hannover. Beim Versteigerungstermin sagte der Bankvertreter im Hinblick auf das von Maritta Meissner vorgelegte Attest, dass sie krank sei:»Macht nichts, so einen Fall hatten wir auch in einer anderen Stadt. Die Frau haben wir in die Psychiatrie gesteckt und dann das Haus versteigert.«

Familie Meissner berichtet von ihren Ängsten in der ausweglosen Situation:»Wir scheuten den Gang zum Briefkasten, bei jedem Telefonanruf schreckten wir zusammen, auch das Klingeln an der Haustür war und ist für uns bedrohlich, es könnte ja wieder mal der Gerichtsvollzieher oder ein anderer Gläubiger sein.« Schließlich stellte man ihnen den Strom ab, mit der Konsequenz, dass sie einen der schlimmsten Winter ihres Lebens erlebten.

Dann kam der nächste Schicksalsschlag: Im Frühjahr 2010 hielt ihre damals 11-jährige Tochter Victoria den zermürbenden Nervenkrieg, den ihre Eltern mit der Bank und den Gläubigern führten, nicht mehr aus. Die Mutter bedauert:»Wir hatten für unser Kind kaum noch Zeit, sie schloss sich einer ›Freundin‹ an, gegen die wir starke Vorbehalte hatten.« Victoria rebellierte, wollte ihre beste Freundin noch öfter sehen, bei ihr übernachten, anstatt für die Schule zu lernen. Am 16. April tauchte sie mit ihrer Freundin bei einer Polizeidienststelle auf und behauptete, von ihren Eltern geschlagen worden zu sein und deshalb sogar blaue Flecken zu haben. Die Beamten vermerkten allerdings in ihrem Bericht:»Victoria machte nicht den Eindruck, dass sie sehr betroffen von ihrer Situation war, sondern war ständig am Herumkichern.« Erst einmal passierte nichts. Dann wiederholte sie ihre Vorwürfe gegenüber einer Lehrerin und einem Schulsozialarbeiter. Jetzt griff das Jugendamt ein und steckte das Mädchen in ein Heim, mit der Begründung, die Eltern würden

Victoria schlagen und sie wolle daher ihre Familie nicht mehr wiedersehen.

Das Gegenteil war jedoch der Fall. Während sie ihre kleine Hausratte in der Hand hält, erzählt Victoria mit leiser Stimme: »Meine Geschichte war eine ausgedachte Geschichte. Ich wollte nur, dass jemand mit meinen Eltern spricht, damit ich meine Freundin behalten kann.« Sie wollte nach kurzer Zeit im Heim unbedingt zu ihren Eltern zurück, doch das Jugendamt blockte. Fünfeinhalb Monate blieb sie dort untergebracht. All ihre Beteuerungen und Hilferufe, sie wolle zu ihren Eltern zurück, nutzten nichts. Nur weil sie aus dem Heim ausbrach und zu ihren Eltern flüchtete, ist die Familie jetzt wieder vereint. Ein langwieriger Prozess folgte, um das Sorgerecht zurückzuerhalten, das den Eltern zwischenzeitlich abgesprochen worden war. »Wir lernten dabei sehr gründlich die Unmenschlichkeit und Verlogenheit in manchen Behörden kennen. Wir beobachteten auch einen sehr einvernehmlichen Klüngel zwischen Gericht und Jugendamt«, sagt Viktor Meissner verbittert.

Wie die Bank sich aus der Verantwortung stehlen konnte

Der Versuch, die Bank juristisch zur Verantwortung zu ziehen, scheiterte. Ihr Anwalt war der Verbraucheranwalt Rainer Fuellmich aus Göttingen. Er sollte Familie Meissner vor der Zwangsvollstreckung schützen. Das Landgericht Hannover erließ deshalb einen Beweisbeschluss zum Thema: Hat Herr B. von der Bank die Eheleute beraten? Hat er ihnen tatsächlich vorgerechnet, dass das Geschäft für sie rund 17 000 Mark pro Jahr Überschuss erwirtschaften würde? Und war diese Berechnung des Herrn B. kausal für den Entschluss der Eheleute, sich auf das Geschäft einzulassen?

Viktor Meissner schüttelt den Kopf, wenn er über das Verfahren und den Anwalt der Gegenseite erzählt.»Der Anwalt der Bank log, dass sich die Balken bogen, und behauptete, Herr B. habe mit nichts etwas zu tun gehabt, wir hätten uns schlicht verspekuliert.« Zur Überraschung aller Verfahrensbeteiligten, offenbar auch zur Überraschung des Gerichts, sagte der Filialleiter B. jedoch aus, dass alles genauso gewesen sei, wie von Familie Meissners Rechtsanwalt Rainer Fuellmich dargestellt. Er habe sie mit dem Ergebnis beraten, dass pro Jahr zirka 17 000 Mark Überschuss verblieben, dass damit die Tochter bestens abgesichert sei und dass sich erst daraufhin die Eheleute zu dem Geschäft entschlossen hätten. Zur noch größeren Überraschung des Gerichts zog er sogar sein schriftliches Berechnungsbeispiel aus der Tasche und bestätigte, dass er damit den Eheleuten Meissner alles erklärt habe. Rechtsanwalt Rainer Fuellmich:»Damit stand schon mal fest, dass die Bank den ganzen Rechtsstreit über gelogen hatte. Zu ergänzen ist, dass ich zum Beweis dafür, dass die (absurden) Berechnungen des Filialleiters B. von Anfang an falsch waren, Hausverwalterabrechnungen übergeben hatte und einen für die Hausverwaltung zuständigen Zeugen benannt hatte.« Eigentlich war der Fall für die Familie gewonnen. Dennoch wies das Gericht die Klage ab – genauso wie später das Oberlandesgericht Celle. Das Gericht spekulierte in seinem Urteil, dass die Berechnungen des Filialleiters vielleicht richtig gewesen seien und nur nachträglich irgendetwas – was genau, konnte das Gericht auch nicht so recht erklären – geschehen sei, das zum Eintritt der Verluste geführt habe.

Bei dem Prozess war auch ihre Tochter mit dabei. Der Vater erinnert sich:»Unsere Tochter hat das gesamte Drama mitbekommen. Sie hat mitbekommen, wie dort gelogen wurde. Deshalb ist es jetzt ihr Wunsch, Jura zu studieren.« Maritta Meissner sagt:»Wir haben in der Bank etwas Ehrenhaftes gesehen. Das war eine Institution, der man vertrauen kann. Dass sich das geändert hat, dass es nicht ehrlich war, das haben wir nicht gesehen.« Rechtsanwalt Rainer Fuellmich ist davon überzeugt, dass hier Prozessbetrug und Rechtsbeugung vorliegen, und schrieb mir dazu:»Ich habe danach ein Strafverfahren gegen die Bank und ihren Anwalt wegen (versuchten) Prozessbetruges und gegen die Richter wegen Rechtsbeugung in Gang gesetzt und (auf Prozesskostenhilfebasis) eine neuen Rechtsstreit zur Durchbrechung der Rechtskraft des Vorprozesses wegen dieser beiden Delikte in Gang gesetzt. Bislang ohne Erfolg.« Der Streit mit der Bank kam die Meissners finanziell zusätzlich teuer zu stehen. Für die Klage vor dem Landgericht Hannover gegen die Bank hatten die Meissners eine Hypothek auf das bislang unverschuldete zweite Haus in Hameln aufnehmen müssen. Damit bezahlten sie die dringendsten Schulden, zum Beispiel bei den Versorgungsunternehmen, oder die Gerichtskosten. Dann war das Geld endgültig alle. Viktor Meissner musste eine Gehaltspfändung hinnehmen, weil die Familie mit den Zinszahlungen in Rückstand geraten war, was schließlich zu einer Kontopfändung führte. Gepfändet wurde auch sein Sparvertrag, damals noch auf Basis des 924-Mark-Gesetzes, der nächstes Jahr fällig wird. Seit dem 29. Juni 2012 liegt eine erneute Kontopfändung auf einem von der Stadt Hameln neu eingerichteten Gehaltskonto vor, diesmal von den Stadtwerken Hannover wegen des mittlerweile zwangsversteigerten Wohn- und Geschäftshauses.

Und was ist heute?»Wir leben mit einem Minimum und haben schon vor etlichen Jahren damit begonnen, Hausrat und persönliche Sachen auf Antik- und Flohmärkten zu verkaufen. Neben meinem Hauptberuf sind wir fliegende Händler geworden – jeden Samstag ab circa 4.00 Uhr früh auf Achse.« Mit diesen Einnahmen bezahlen sie, soweit es überhaupt geht, Schuldrückstände und dringende Kleininvestitionen. Doch jetzt wurde auch ihr Wohnhaus, vor dem wir bei unserem Gespräch sitzen, versteigert. Die Familie weiß nicht mehr weiter.»Das Haus ist vollgestopft mit den letzten Erinnerungen an die Großeltern und Tanten unserer Familie, Erinnerungsstücke, mit denen meine Frau für unsere Tochter die verstorbenen Verwandten lebendig werden lässt«, erzählt Viktor Meissner. »Nun leben wir in unserer mittlerweile zerbrochenen Welt mit unseren Tieren in einem Haus, das uns rechtlich nicht mehr gehört, da am Freitag um 12.00 Uhr mittags der Zuschlag erfolgte und die Ersteigerer noch in der folgenden Nacht um 0.15 Uhr bei uns klingelten.«

Das Ganze hat die Meissners krank gemacht, Maritta Meissner nimmt mittlerweile starke Psychopharmaka. Ihr Mann erklärt: »Bei Aufregung schnürt sich ihr etwas in der Taille ab, und ihre Beine werden bewegungslos, die Arme lahm. Ihr Körper war voll Wasser, der Kreislauf zusammengebrochen. Ich selbst leide unter massiven Magenbeschwerden und kann ohne Medikamente nicht auskommen. Bisweilen habe ich massive Kreislaufprobleme – habe ich früher nie gekannt.« Das Vollstreckungsgericht schickte seine Frau aufgrund ihrer massiven Ängste an den »sozialpsychiatrischen Dienst«. »Sie hat tatsächlich Angst, in die Psychiatrie gesperrt zu werden. Ich habe nach wie vor solche Schmerzen. Wie ich davon runterkommen kann, weiß ich nicht.« Die Hoffnung auf ein Gespräch mit der Bank, um irgendeinen Vergleich zu erzielen, wurde von dem zuständigen Sachbearbeiter der Bankzentrale in Berlin eiskalt abgewürgt: »Kapieren Sie endlich, dass das Haus weg muss. Was glauben Sie, was uns die zehn Jahre gekostet haben? Und kommen Sie uns nicht mit der Welle, wir treiben Sie in den Tod und Sie sind krank.« Daraufhin antwortete ihm Maritta Meissner: »Ich habe ein Kind, aber ich habe Angst, dass ich seelisch sterbe.«

Was sich bei der Familie Meissner in Hameln abspielte, ist in vielen anderen Fällen ähnlich abgelaufen: zuerst jede Menge wohlfeiler Versprechungen – und am Ende die Existenzvernichtung. Zwei Tage vor Weihnachten 2012 erhielt Familie Meissner den Räumungsbefehl zum 5. Januar 2013.

Wenn der Bundesgerichtshof die Banken schützt

Bei vielen Entscheidungen spielt der XI. Zivilsenat des Bundesgerichtshofs, auch Bankensenat genannt, eine entscheidende Rolle. Es fällt dem unbefangenen Beobachter auf, dass in der Rechtsprechung Banken durchaus verlieren, vor allem wenn die Streitwerte noch erträglich und die Rechtsfragen vereinzelt sind. Kommt jedoch eine große Anzahl von Prozessen auf die Gerichte zu und drohen die Kosten der verlorenen Prozesse dann in große Höhe zu wachsen, scheint die Rechtsprechung des Senats plötzlich bankenfreundlicher zu werden.»Man staunt über diese Art des Verhaltens gegenüber einer fast einhellig aufbegehrenden Phalanx unterer Gerichte, welche die Parteien selbst angehört haben. In der verdünnten Atmosphäre des BGH verklingen die bitteren Beschwerden der verarmten Betrogenen«, kommentiert Professor Karl-Joachim Schmelz.

Ein Beispiel dafür: Vollkommen überraschend hob der XI. Senat des BGH im Juni 2012 acht Urteile auf, die zuvor zwei Senate des Oberlandesgerichts Oldenburg – am 28. Februar 2011 und am 10. März 2012 – gegen die Deutsche Bank gefällt hatten. Zum Hintergrund: Wie sich herausstellte, sollten die Darlehensnehmer der Deutschen Bank für die Vermittlung einer Immobilie eine Provision in Höhe von insgesamt 36 Prozent bezahlen – bezogen auf den entscheidenden reinen Kaufpreis, also den Gesamtkaufpreis bereinigt um die weiter kalkulierten Provisionen für»Mietgarantie«,»Zinsgarantie«,»Nebenkostengarantie« und so weiter. Das war den Bankkunden jedoch nicht klar, denn ihnen wurden davon lediglich»normale« 3,42 Prozent offengelegt, die restlichen rund 33 Prozent der fälligen Provision aber gezielt verheimlicht. Das OLG Oldenburg entschied nach umfangreicher Beweisaufnahme, dass die Deutsche Bank ihren Darlehensnehmern Schadenersatz wegen Täuschung über die wahre Höhe der zu zahlenden Immobilienvermittlungsprovision schulde, und erklärte die von der Deutschen Bank angedrohte beziehungsweise schon durchgeführte Zwangsvollstreckung für unzulässig. Der Bundesgerichtshof hob die Urteile auf und verwies das Verfahren zur weiteren Beweisaufnahme zurück an das OLG Oldenburg.

Wie aber konnte der Bundesgerichtshof das tun? Aufgrund einer Presserklärung des BGH, aber auch nach dem Ablauf der mündlichen Verhandlung ist Rechtsanwalt Rainer Fuellmich überzeugt,»dass der Bankensenat verfassungswidrig handelte«. Unter anderem weil nach Überzeugung des Anwalts Fuellmich der XI. Senat Tatsachenfeststellungen eines Instanzgerichts, also des OLG Oldenburg – noch dazu wenn sie auf umfassender Zeugenvernehmung beruhen –, nicht in ihr Gegenteil verkehren darf. Er darf das Urteil des OLG lediglich auf Rechtsfehler überprüfen. Der Vorwurf: Der Schutz der Verbraucher spielt schon seit Jahren beim XI. Senat eher eine untergeordnete Rolle.

»Deutschland ist wegen mangelhafter Verbrauchergesetze und häufig verbraucherfeindlicher Rechtsprechung des XI. Senats des BGH ein echtes Traumparadies für Kapitalanlagebetrüger und ein wahrer Alptraum für Bürger, die zur privaten Altersversorgung getrieben und dabei zu Millionen oft massiv ohne Chance zur Gegenwehr betrogen werden«, steht auf der Webseite von Immobetrug, der Interessenvereinigung von Opfern durch Immobilienbetrug.[1] »Wie ist das allgemeine Schweigen zu erklären«, fragt der Wirtschaftsjurist Professor Karl-Joachim Schmelz, »angesichts Zigtausender, über die Jahre ergangener und ›rechtskräftig‹ gewordener Urteile bundesdeutscher Gerichte aller Instanzen, die nach zweimaligen Entscheidungen des EuGH und nach der am 16. Mai 2006 erfolgten Korrektur seiner bisherigen Rechtsprechung durch den XI. BGH-Zivilsenat offensichtlich falsch und rechtswidrig sind?«

Die Erklärung ist so naheliegend wie einfach, ohne einer Verschwörungstheorie zu verfallen: Es ist ein perfektes Spinnennetz, in dem Richter, Hochschullehrer, Medien und Banker die Interessen der Verbraucher missachten. Der Geist der Rechtsprechung des Bankensenats wird in einer Äußerung von Erhard Bungeroth deutlich, der ehemals dessen stellvertretender Vorsitzender war: »Es wäre schön, wenn es eines Tages gelänge, der legislativen Hydra des Verbraucherschutzes, deren ungehemmtes Wachstum allen Betroffenen zu schaffen macht, einige besonders hässliche Köpfe abzuschlagen.« Und er schrieb auch: »Der Tropfen sozialistischen Öles, den Otto von Gierke[2] im ersten Entwurf des Bürgerlichen Gesetzbuches vermisst hatte, ist inzwischen so überreichlich nachgeliefert worden, dass man von einer Ölverschmutzung des Privatrechts sprechen kann.«[3]

Ganz im Sinne dieser Ideologie urteilt der Bankensenat bis zum heutigen Tag allzu oft contra Verbraucher und pro Kreditinstitute. Professor Karl-Joachim Schmelz fragt sich deshalb: »Welch Geistes Kind sind Politiker und Justizminister, die angesichts eines solchen massenhaft begangenen und von einem Spruchkörper des höchsten deutschen Zivilgerichts geförderten Unrechts hirnlos verkünden, ›das deutsche Recht‹ (was die Rechtsprechung inkludiert) sei ›europarechtskonform‹ und gesetzgeberische Aktivitäten seien ›nicht erforderlich‹?«

Ein Mann, dem die Banken am Herzen liegen

Ein Mann hat vieles von dem zu verantworten, was bis zum heutigen Tag die Rechtsprechung des Bankensenats des Bundesgerichtshofs prägt. Sein Name ist Dr. h. c. Gerd Nobbe. Er wurde im Jahr 1999 von damaligen Bundespräsidenten zum Vorsitzenden des für Bank- und Börsenrecht zuständigen XI. Zivilsenats ernannt,[4] im Jahr 2009 trat er in den Ruhestand. Seine Rechtsprechung lässt sich bis zum heutigen Tag heranziehen, wenn es darum geht, Banken und andere Finanzdienstleister zu schützen.

Gerd Nobbe ist bis heute Vorstandsmitglied der Bankrechtlichen Vereinigung – Wissenschaftliche Gesellschaft für Bankrecht e. V. Das ist die Interessenvertretung der deutschen Banken und Sparkassen. Neben ihm im Vorstand sitzen der Chefsyndikus der Deutschen Bank sowie der Direktor des Instituts für deutsches und internationales Recht des Spar-, Giro- und Kreditwesens an der Johannes-Gutenberg-Universität Mainz. Nobbe ist zudem Mitherausgeber der Zeitschrift *Bank- und Kapitalmarktrecht*, sitzt im Herausgeberbeirat der Zeitschrift für *Bankrecht und Bankwirtschaft*, ist Mitautor im *Bankrechts-Handbuch* sowie Autor zahlreicher Aufsätze zum Bank- und Kapitalmarktrecht und Referent in bankrechtlichen Seminaren. Damit prägte er entscheidend juristische und gesellschaftliche Normen in Deutschland, von denen unzählige Bürger betroffen waren und immer noch sind.

Nachdem er im Jahr 2009 in Pension gegangen war, äußerte Gerd Nobbe wiederholt Kritik an einigen neuen anlegerfreundlichen Entscheidungen seiner früheren Kollegen. Inzwischen ist er Ombudsmann bei der Bundesvereinigung Kreditankauf und Servicing (BKS). Diese vertritt im Rahmen ihrer Satzung die Interessen ihrer Mitglieder gegenüber Öffentlichkeit, Politik und Behörden. Sie greift dabei nach eigenen Angaben »aktuelle Themen aus Politik und Öffentlichkeit auf und bringt sich mit dem Know-how ihrer Mitglieder in die fachbezogene Diskussion ein«. Bundesvereinigung Kreditankauf und Servicing e. V. klingt ja zunächst harmlos – tatsächlich geht es den Mitgliedern darum, »notleidende« Kredite günstig aufzukaufen und dann gewinnbringend zu verwerten.

Präsident der BKS ist Marcel Köchling. Von Mitte 2007 bis Ende 2011 war er bei Lone Star Deutschland tätig und verantwortete unter anderem den Bereich Investitionen in notleidende Kredite und Immobilien im deutschen Markt. Beispielsweise kaufte man sich in die notleidende IKB Mittelstandsbank ein, die sich 2007 in den USA auf dem Immobilienmarkt verspekulierte und vor dem Zusammenbruch stand. Bekanntlich durfte für die Rettung der Bank der deutsche Steuerzahler tief in die Tasche greifen: Zehn Milliarden Euro sollte es uns alle kosten. Im Aufsichtsrat der Bank »waren gestandene Manager wie der frühere E.ON-Chef Ulrich Hartmann, Ex-Tchibo-Boss Dieter Ammer oder der ehemalige Präsident des Bundesverbands der Deutschen Industrie Michael Rogowski. Ulrich Hartmann saß 2007 auch im Aufsichtsrat der Deutschen Bank, die der IKB lange Jahre verbriefte Ramschhypotheken verkaufte.«[5] Im Aufsichtsrat saßen zudem der ehemalige nordrhein-westfälische Finanzminister, spätere Ministerpräsident und aktuelle Kanzlerkandidat Peer Steinbrück sowie der damalige Staatssekretär Jörg Asmussen, der heute im Direktorium der Europäischen Zentralbank (EZB) sitzt. Natürlich haben sie alle keine Schuld, und keiner wurde wegen mangelnder Aufsichtspflicht in Regress genommen. Was sind auch schon mehr als zehn Milliarden Euro, die der Steuerzahler deshalb löhnen durfte?

Für »angeblich 100 bis 150 Millionen Euro«[6] kaufte im August 2008 der Finanzinvestor Lone Star 90 Prozent der Aktien der IKB. Herbert Schui, der wirtschaftspolitische Sprecher der Fraktion Die Linke, erklärte damals, es sei kein gutes Geschäft für den Staat, erst Milliarden zuzuschießen und dann das gesunde Mittelstandsgeschäft zu verschenken. Als Kleinaktionäre erfahren wollten, wer für die existenzbedrohende Krise bei der IKB verantwortlich war, und eine Sonderprüfung forderten, stoppte Lone Star diese.[7] Erst durch ein Urteil des Oberlandesgerichts Düsseldorf vom September 2009 wurde die Bestellung des Sonderprüfers bestätigt. Inzwischen versucht Lone Star, die IKB wieder zu verkaufen. Mit Gewinn natürlich. All das ist einem positiven Image der gesamten Branche nicht förderlich gewesen. Dieses ramponierte Image soll nun Gerd Nobbe als Ombudsmann aufpolieren, schließlich verkörpere er, so der BKS-Präsident, »absolute Unparteilichkeit«.[8] Glauben kann man das, muss es jedoch nicht unbedingt. Denn was die Unabhängigkeit des Mannes, der die bundesdeutsche Rechtsprechung entscheidend geprägt hat, angeht, bestehen durchaus gewisse Zweifel.

Das demonstrieren seine Äußerungen, als er noch der Vorsitzende Richter im Bankensenat war. »Höchstrichterliche Rechtsfortbildung hat nicht nur ihre naheliegenden Auswirkungen auf das Verhalten von Bürgern zu berücksichtigen und die ökonomischen Folgen abzuschätzen, sondern, wo dies möglich ist, zu gesunden volkswirtschaftlichen Verhältnissen beizutragen.« So sprach's Gerd Nobbe am 21. Januar 2009 in einem Festvortrag, anlässlich der feierlichen Eröffnung des Instituts für Deutsches und Internationales Bank- und Kapitalmarktrecht der Leipziger Juristenfakultät zum Thema »Der Bundesgerichtshof – Innenansichten zur Struktur, Funktion und Bedeutung« über die Untergerichte, also das OLG oder die Landgerichte. Als Professor Karl-Joachim Schmelz diese Aussage zu Ohren kam, blieb ihm regelrecht die Spucke weg. Für den ehemaligen Richter am Landgericht und Berater des Finanzausschusses des Deutschen Bundestags war es unglaublich: »Das ist wahrlich ein neuer Ansatz in Rechtsdogmatik und -methodenlehre. Die Rechtsfortbildung der Bundesgerichte orientiert sich also nicht nur an rechtlichen Vorgaben (der Gesetze, der Verfassung) sondern auch an ›gesunden volkswirtschaftlichen Verhältnissen‹? Welche Kompetenz haben Bundesrichter, die ›Gesundheit der Volkswirtschaft‹ zu beurteilen?«

Und es gibt noch weitere Fundstellen, die deutlich machen, welchen Geist der Bankensenat beziehungsweise dessen Vorsitzender so entscheidend prägte. In dem bereits erwähnten Festvortrag führte Nobbe weiter aus: »Entscheidungen des Bundesgerichtshofs werden von den Instanzgerichten in aller Regel mit mehr oder weniger anerkennenden Formulierungen nachvollzogen. Wo dies nicht geschieht, ist meistens menschliche Faulheit oder Bequemlichkeit am Werk, nur ganz selten Rebellion.« Ist das juristischer Größenwahn? Der wäre ja erträglich, wenn durch seine Urteile nicht Hunderttausende Menschen, die von den Banken geschädigt wurden, in den Ruin getrieben worden wären.

Schon gar nichts hält Gerd Nobbe anscheinend von der

Rechtswissenschaft, die sich kritisch mit dem Banken- und Finanzsystem auseinandersetzt: Nach seinen Erkenntnissen gibt es zunächst »die Auftragsarbeit, in der der Verfasser ›auf die Schnelle‹ eine Anmerkung abliefert und mehr oder weniger lustlos an einer BGH-Entscheidung ›herumnölt‹. Dann gibt es die Anmerkung, der man die Lust anmerkt, dem Bundesgerichtshof – notfalls mit Hilfe einer kleinen Verdrehung des Sachverhalts – am Zeuge zu flicken und durch vermeintlich Scharfsinniges den eigenen Ruf zu mehren. Und schließlich sind da die ganz der Sache Hingegebenen.«

Professor Karl-Joachim Schmelz fällt angesichts dieser Schmähungen nichts mehr ein: »Solche Aussagen lassen doch auf ein extrem gestörtes Verhältnis dieses Vorsitzenden Richters am BGH zu den ›Untergerichten‹ und insbesondere zur ›Rechtswissenschaft‹ schließen – über die möglichen soziologischen und psychologischen Ursachen und Motive möchte der Verfasser nicht spekulieren (im Gegensatz zu dem Herrn Vorsitzenden, der ungewöhnlich respektlos und ungehörig über ›Unterrichter‹ und ›Rechtswissenschaftler‹ schwadroniert).« »Aber«, so sagt Nobbe weiter, »abweichende Ansichten und Stellungnahmen aus der Wissenschaft werden von vielen Richtern am Bundesgerichtshof bei der Arbeit am Fall höchstens noch gerade zur Kenntnis genommen, aber je nach Temperament, Stimmungslage und Arbeitsdruck amüsiert, mit einem müden Lächeln oder einem bloßen Kopfschütteln quittiert.«

Karl-Joachim Schmelz wertete in einer ausführlichen Studie zirka tausend Erwerber-Fälle seit 1999 systematisch aus, die zahlreiche Objekte, Verkäufer (Bauträger), Geschäftsbesorger (›Treuhänder‹), Vertriebe (Vermittler) und Kreditinstitute[9] betreffen. Er führte außerdem über Jahre hinweg zahlreiche Gespräche mit Käufern von Schrottimmobilien, ehemaligen Vermittlern und Mitarbeitern von Strukturvertrieben und Bankmitarbeitern und begleitete zahlreiche Gerichtsverfahren. Ein weiterer Schwerpunkt seiner Untersuchungen lag für ihn in der Auseinandersetzung mit der einschlägigen Rechtsprechung, insbesondere des XI. BGH-Zivilsenats.

Bereits die Suche nach einschlägigen untergerichtlichen Urteilen, die im Hinblick auf die Sachverhalte für eine»sachgerechte« Begutachtung unverzichtbar sind, bereitete ihm erhebliche Mühe. Denn von Ausnahmen abgesehen, wurden in den juristischen Fachzeitschriften, die aufgrund ihres Abonnentenkreises und ihrer Preise im Gegensatz zu den verbraucherorientierten Zeitschriften über eine komfortable finanzielle Ausstattung verfügen, überwiegend für die Banken günstige Urteile veröffentlicht. Eine seiner Erkenntnisse:»Für die Banken ungünstige Urteile der Tatsachen-Instanzen werden in den bekannteren Zeitschriften kaum veröffentlicht.« Seine Sammlung von über 1200 einschlägigen Entscheidungen aller Instanzen»enthält gleichwohl Hunderte Entscheidungen zugunsten von Erwerbern, für die es dem Verfasser nur selten gelungen ist, Fundstellen in juristischen oder sonstigen Publikationsorganen zu finden. Dieser Umstand ist fatal, denn nach der Arbeitsweise von Richtern und sonstigen Juristen bilden oft (nur) in den üblichen (›anerkannten‹) juristischen Publikationen veröffentlichte Entscheidungen die Arbeitsgrundlage für rechtstatsächliche Analysen und rechtliche Beurteilungen.« Er berichtet, dass er bei seiner Forschungsarbeit viel Angst erlebte, insbesondere bei den Protagonisten der ehemaligen Strukturvertriebe.»Hier mussten in einzelnen Fällen Zusagen zum Quellen-Schutz gemacht werden, weil sonst wichtige Informationen und Unterlagen nicht hätten erlangt werden können.«

Das Fazit seiner Forschung:»Zwar wussten Kreditinstitute häufig, dass die Vermittler ihren Kunden bedenkenlos unhaltbare Versprechungen machten und auch arglistig täuschten, dennoch sprachen viele Gerichte sie von jeglicher Verantwortung frei. Sie zogen so mit einer Mehrheit von Politikern aller Richtungen einen ›Schutzwall‹ aus Urteilen und Paragraphen um die ›deutschen Banken‹.« Was die Auswertung aller Quellen der Rechtsprechung des Nobbe-Senats angeht, kommt Professor Schmelz zu folgender Schlussfolgerung: »Die Rechtsprechung des vorwiegend zuständigen XI. BGH-Zivilsenats (nicht ohne Hintersinn ›Bankensenat‹ genannt) seit Ende der 1990er Jahre hat den verbraucherschützenden Vorschriften der EU und der Bundesrepublik teilweise offen die Gesetzestreue verweigert, die Schutzbedürfnisse der einkommensschwächeren Anlegerschichten sträflich vernachlässigt und so – angeblich unter ›Berücksichtigung volkswirtschaftlicher Gründe‹ – vorwiegend zum Wohle der Banken‹ und einen vermeintlich (aus Sicht der Banken: ganz sicher) ›überzogenen Verbraucherschutz gestutzt‹.«

Die Folgen sind für Millionen Verbraucher verheerend. »Die Ignoranz insbesondere (nicht nur) des XI. BGH-Zivilsenats gegenüber diesen Tatsachen, ja das Bemühen, diese unübersehbaren Strukturen per ›höchstrichterlicher Leitlinien‹[10] für die Instanzgerichte sozusagen ›wegzudekretieren‹, hat dazu geführt, dass nicht nur breite Bevölkerungskreise jegliches Vertrauen in die Rechtsprechung dieses Senats verloren haben, sondern auch zahlreiche Rechtswissenschaftler (und Ex-Bundesrichter) kopfschüttelnd diese unverständliche Rechtsprechung beobachten, der Europäische Gerichtshof immer wieder korrigierend eingreifen muss (wo er kann) und manche Betroffene sogar Gerechtigkeit vor amerikanischen Gerichten suchen.« Ferner habe der XI. BGH-Zivilsenat nicht einmal angedeutet, beklagt sich Professor Karl-Joachim Schmelz, »wie das von dem Bankensenat und damit Gerd Nobbe verursachte Unglück ganzer Bevölkerungskreise und der angerichtete Super-GAU des Rechtsstaats, nämlich die Existenz von Tausenden von rechtskräftigen Falsch-Urteilen aller Instanzen, beseitigt werden könnte.« Gerd Nobbe wird das sicher ganz anders sehen.

Wie ein milliardenschwerer Finanzdienstleister hochkarätige Ex-Politiker einkauft

Eigentlich ist sie eine dieser unauffälligen deutschen Durchschnittsfamilien: verheiratet, ein Kind. Diese normale deutsche Familie wurde – wie viele Hunderttausende andere Bundesbürger – durch perfide Versprechungen ihrer Bank ruiniert. Doch selbst das scheint in diesen Zeiten durchaus normal zu sein, man hört ja ständig solche Geschichten. Was die Familie in den letzten vierzig Jahren an Vermögen für ihre Alterssicherung und die Versorgung ihres Kindes aufgebaut hat, hat sich in einen gewaltigen, schier unüberwindbaren Schuldenberg verwandelt. Ihr kleines Haus, in dem sie seit vierzig Jahre leben, gehört jetzt der Bank. Nun droht die Zwangsräumung. Aus ihrer Ohnmacht heraus entwickelte sich blanker Hass. »Ich habe inzwischen Verständnis dafür, dass Leute im Gerichtsaal – das hört sich erschreckend an – den Richter abknallen. Man entwickelt so einen Hass«, offenbart mir die Ehefrau.

Was kann ich diesen Verzweifelten in ihrer ausweglosen Situation entgegnen? Ruhe bewahren? Alles wird sich regeln? Die Gerechtigkeit triumphiert … irgendwie? Der gepriesene deutsche Rechtsstaat lässt Rechtsbeugung und Existenzzerstörung nicht zu, er wird euch schützen? Wohl kaum.

Verloren stehen sie am Straßenrand, als ich fahre. Sie winken mir zum Abschied. Welchen Sinn hat es, mich bei der Bank zu informieren, ob alles stimmt, was sie mir erzählt haben? Oder beim Gericht nachzufragen, warum das Urteil so und nicht anders gefällt wurde? Sicher wird jeder seine eigene – mehr oder weniger plausible – Erklärung aus dem Hut zaubern. Offen gesagt interessiert mich ihre Stellungnahme daher auch herzlich wenig. Ich habe die Konsequenzen ihrer Entscheidungen gesehen: eine finanziell und psychisch zerstörte Familie. Und sie ist nicht die einzige, auf die ich bei meinen Recherchen für dieses Buch gestoßen bin, zum Beispiel bei der mit führenden deutschen Ex-Po-

litikern geschmückten Deutsche Vermögensberatung (DVAG) –
einem der vielen Spinnennetze der Macht.

Wenn ein Bankensenat des BGH unter Gerd Nobbe, ideologisch gesehen, schon so gute Beziehungen zur Finanzindustrie hatte, dürfen die Vermögensberater mit ihren Netzwerken
auf der anderen Seite nicht fehlen. Sie verkaufen den Kunden
Lebensversicherungen, Bausparverträge, Riester-Renten oder
andere Finanz- und Versicherungsprodukte. Bis zum heutigen
Tag spielen diese Strukturvertriebe, manche nennen sie bösartig
Drückerkolonnen, bei der Vermögensbildung – andere würden
sagen Vermögensvernichtung – eine zentrale Rolle. Ein Strukturvertrieb ist eine pyramidenartig aufgebaute Organisation, die
aus unzähligen selbständigen Handelsvertretern besteht, auch
Strukkis genannt, die selbst Untervertreter anwerben können;
diese Untervertreter wiederum können genau das Gleiche tun –
so entsteht eine riesige Vertreterpyramide. Opfer solcher Emp-
fehlungspyramiden wissen heute nicht mehr weiter, weil sie finanziell ruiniert sind.

Bei meinen Recherchen über die unterschiedlichen Spinnennetze der Macht bin ich auf eine Komplizenschaft zwischen der
politischen Elite und einem milliardenschweren Konzern gestoßen, die derart selbstverständlich zu sein scheint, dass sich
niemand darüber aufregt – oder es allenfalls unter der verharm-
losenden Rubik Lobbyismus abheftet. Es geht um die größte und
erfolgreichste deutsche Vermögensberatungsgesellschaft: das
inhabergeführte Familienunternehmen Deutsche Vermögensberatung Holding GmbH (DVAG). Vorsitzender des Vorstands
ist Professor h. c. Reinfried Pohl. Er schrieb in einem Brief vom
14. Juli 2008 an seine Vermögensberater, besser gesagt die für ihn
arbeitenden Handelsvertreter:»Wir sind kein normales Unternehmen, von denen es Millionen in aller Welt gibt. Wir sind eine
berufliche Familiengemeinschaft, von der es in dieser Form nur
eine gibt – nämlich uns.«

Firmenchef Reinfried Pohl, die *Bildzeitung* nannte ihn »Finanzpapst«, begann seine Karriere in den sechziger Jahren bei einem großen internationalen Strukturvertrieb, dem IOS (Investors Overseas Service). Für den Durchbruch von IOS in Deutschland sorgte, dass es dem schillernden Bernie Cornfeld 1968 gelang, einen FDP-Politiker für sich zu gewinnen: Erich Mende, den ehemaligen Vize-Bundeskanzler. Der wurde, gegen den Rat vieler liberaler Parteifreunde, Vorsitzender des Verwaltungsrats der IOS Deutschland. Er machte die Firma in Deutschland salonfähig. IOS verkaufte mit der Parole »Unser Geschäft ist es, armen Leuten zu Reichtum zu verhelfen« an deutsche Kunden Investmentzertifikate – bis das Unternehmen zusammenbrach und das gesamte Vermögen der Anleger vernichtet wurde. Der Traum vom Reichtum war ausgeträumt. Die großen Gewinner waren Bernie Cornfeld selbst und seine Mitarbeiter. Danach machte sich Reinfried Pohl zusammen mit über hundert IOS-Beratern selbständig. Inzwischen ist er Milliardär. Im Jahr 2007 erhielt er vom damaligen hessischen CDU-Ministerpräsidenten Roland Koch sogar den Titel eines Ehrenprofessors verliehen. Ein Jahr später gab er seine absolute Mehrheit an der DVAG-Holding an seine beiden Söhne Andreas und Reinfried ab, der Senior selbst bleibt mit 48 Prozent weiter an der Holding beteiligt.

Natürlich haben Reinfried Pohl und seine »berufliche Familiengemeinschaft« nur die Interessen der Kunden im Sinn, damit den Bürgern geholfen wird, ein Vermögen aufzubauen, um so zu mehr Sicherheit im Alter zu kommen. Deshalb wird, das ist im DVAG-Geschäftsbericht 2011 nachzulesen, »auf Menschlichkeit als Zeichen höchster Professionalität« geachtet. Hingegen kritisierte ihn der *Spiegel* im Jahr 1995 als einen »steinreichen Scharlatan«[11]. Und Rechtsanwalt Kai Behrens, der viele ehemalige Handelsvertreter der DVAG vertritt, interpretiert sein System als »eine moderne Form der Leibeigenschaft«.[12] Böse Vorwürfe also.

Was die Strukturvertriebe am Laufen hält

Was verbirgt sich hinter Pohls DVAG nun wirklich? Als der lang-jährige DVAG-Mitarbeiter Wolfgang Dahm seinen Erfahrungen 1996 in dem Buch *Beraten und verkauft*[13] veröffentlichte, wurde er von der DVAG verklagt, doch die Gerichte gaben ihm recht. Der Konzern klagte weiter, bis vor das Bundesverfassungsgericht. Das entschied am 18. Februar 2004, die Verfassungsbeschwer-de des Konzerns gegen die Urteile des Landgerichts, des Ober-landesgerichts Frankfurt am Main und des Bundesgerichtshofs nicht zur Entscheidung anzunehmen, mit der Begründung, dass das Bundesverfassungsgericht die Meinungsfreiheit höher ein-schätze als eine eventuelle Geschäftsschädigung durch die kri-tische Berichterstattung des Autors. »Die Gerichte haben ferner das Vorliegen von Schmähkritik verneint. Es lässt keinen ver-fassungsrechtlichen Fehler erkennen, dass die Gerichte bei der daher erforderlichen Abwägung zwischen dem Persönlichkeits-schutz und der Meinungsfreiheit zugunsten letzterer entschieden haben.«[14]

In seinem Buch beschreibt Wolfgang Dahm die Tricks und Finessen, wie Mitarbeiter geködert und Kunden übertölpelt werden. Die DVAG ähnele nach seinen Erfahrungen in vielen Bereichen mehr einer Sekte als einem Unternehmen. »Großver-anstaltungen mit mehreren hundert oder tausend Menschen sind bei Strukturvertrieben an der Tagesordnung. Entscheidendes hat sich bis heute nicht geändert. Neben dem Gemeinschaftsgefühl sollen den Teilnehmern hier gezielte Botschaften verkauft wer-den. Sie sollen an das Unternehmen gebunden und wie bei den Sekten vom Unternehmen abhängig gemacht werden. Schließ-lich sollen die Teilnehmer dafür dankbar sein, dass sie überhaupt für dieses Unternehmen arbeiten dürfen.«[15] Ein Handelsvertre-ter, ein Strukki, gilt nur dann als erfolgreich, »wenn er viele Ge-schäfte vermittelt und viele neue Mitarbeiter anwirbt. Das nennt sich auch ›Loyalität der Gemeinschaft gegenüber‹.«[16] Tatsächlich sammeln sich an der Spitze der DVAG große Vermögen an. Denn das System ist ein Pyramidensystem: Es beginnt ganz unten beim Eigengeschäft, danach folgt das Gruppengeschäft. Hier gibt es die Regionalgeschäfts- und die Geschäftsstellenleiter. Als Nächstes folgen der Hauptgeschäfts-, der Regionaldirektions- und schließlich der Direktionsleiter. Und von unten nach oben werden dann die Provisionen geteilt.

Auffällig ist, dass Vermögensvermittler der DVAG nach anfänglicher Euphorie, das große Geld zu verdienen – schließlich bedeutet jeder abgeschlossene Versicherungsvertrag eine Provision –, die DVAG wieder verlassen. Sie sind eigentlich selbständige Handelsvertreter, die jedoch nur für die DVAG arbeiten dürfen. Ihre Tätigkeit besteht im Verkauf von Lebensversicherungen, insbesondere der Riester-Rente, oder Bausparverträgen auf Provisionsbasis. Die Kunden werden bei Hausbesuchen zu den einzelnen Versicherungsprodukten beraten, wobei die Auswahl an Versicherungen auf die des Generali-Konzerns begrenzt ist. Und der ist nicht selten der teuerste Anbieter.»Aufgrund dieser Vorgehensweise wurde das Unternehmen von Kritikern bereits 1995 als ›größte Drückerkolonne Deutschlands‹ bezeichnet.«[17] Glaubt man Vertretern bzw. ehemaligen Vertretern der DVAG, soll sich bis heute an diesen Strukturen nicht besonders viel verändert haben.

Bernd Brinschwitz gehörte auch zu den Strukkis. Im November 2009 kündigte er aber seinen Job bei der DVAG. Er schrieb mir:»Die Vorgehensweise dieser Firma ist ganz einfach: Sie bringen Menschen sehr schnell in die Abhängigkeit. Wenn sie dann dabei sind und alle ihre Bekannten und Verwandten als Kunden gewonnen haben, und sie aber dann keine neuen Kunden gewinnen, was bleibt dann noch? Entweder sie machen so weiter, haben aber nur geringe Einkommen, oder sie entscheiden sich aufzuhören. Dann verlieren sie vielleicht auch Freunde und Bekannte, und sie haben das Pech, in den finanziellen Ruin getrieben zu werden.«

Was die DVAG so außergewöhnlich macht – abgesehen von ihren 37 000 Mitarbeitern, die laut dem Geschäftsbericht 2011 über eine Milliarde Euro Umsatzerlöse erzielten und Lebensversicherungen in Höhe von 14,1 Milliarden Euro abgeschlossen hatten –, sind die Politiker, die gerne bei DVAG-Veranstaltungen auftreten, und insbesondere Ex-Politiker, die bei der DVAG einen schönen Posten erhalten haben. Man könnte es auch den politischen Streichelzoo nennen, den sich ein Milliardär leistet. Doch das wäre zu harmlos, denn im Aufsichtsrat oder dem Beirat der DVAG sitzen oder saßen unter anderem: Ex-Finanzminister Theodor Waigel (CSU); Petra Roth, die ehemalige Frankfurter Oberbürgermeisterin (CDU); der hessische Ex-Finanzminister Karl Starzacher (SPD); Ex-Ministerpräsident Bernhard Vogel (CDU); Wolfgang Schüssel, der Ex-Bundeskanzler Österreichs (ÖVP); Ministerialdirektor a. D. Horst Teltschik (CDU) und Theo Zwanziger, der Ex-Präsident des Deutschen Fußball-Bundes. Als Guido Westerwelle noch nicht Außenminister war, stand er dem Finanzdienstleister beratend zur Seite.

Nirgendwo wird so deutlich wie hier, wie die politischen Interessen einer neoliberalen Pressure-Group mit den Profitinteressen eines Unternehmens harmonieren. Alle Beteiligten des finanziellen Versorgungsmonopolys sind mehr oder weniger Repräsentanten der neoliberalen Politik, die sich unter dem Dach der DVAG ein erfolgreiches Interessengeflecht aufgebaut haben. Denn Reinfried Pohl wird die zahlreichen Ex-Politiker sicher nicht in den Aufsichtsrat oder Beirat geholt haben, weil er ihnen am Ende ihrer politischen Laufbahn aus reiner Menschenliebe einen warmen Posten verschaffen wollte. Die Vermutung liegt nahe, dass die Profitinteressen der höchst umstrittenen Finanzdienstleistungsbranche politisch abgefedert werden sollen. Da kann man dann auch als sozialer Wohltäter auftreten. Und das wiederum sieht die Politik gern.

So erhielt Reinfried Pohl (CDU) vom damaligen Bundeskanzler Helmut Kohl (CDU) im Jahr 1998 das große Verdienstkreuz des Verdienstordens der Bundesrepublik Deutschland. Nach seiner Kanzlerschaft wurde »der enge Freund von Reinfried Pohl«[18] im Herbst 2000 Vorsitzender des Beirats der DVAG. In der *Welt am Sonntag* wurde aus einem Brief von Helmut Kohl an den DVAG-Chef Reinfried Pohl zitiert: »[...] weiß ich Ihr Angebot, in den Beirat der Deutschen Vermögensberatung AG einzutreten und dort den Vorsitz zu übernehmen, ganz besonders zu schätzen. Ich nehme Ihr Angebot hiermit gerne an.«[19]

Friedrich Bohl, der ehemalige Kanzleramtsminister unter Helmut Kohl, ist heute Mitglied des DVAG-Vorstands. Nach der verlorenen Bundestagswahl 1998 schied er am 26. Oktober 1998 aus der Bundesregierung aus. Bohl wurde vorgeworfen, »dass in seiner Zeit als Chef des Bundeskanzleramts vor allem im Zusammenhang mit den sogenannten Bundeslöschtagen Akten vernichtet wurden, darunter auch Dokumente, die über Kohls Parteispendenaffäre Aufklärung hätten bringen können. [...] Jedenfalls fehlen nun in großem Umfang gerade jene Akten, nach denen der parlamentarische Untersuchungsausschuss zur Aufklärung – ja: des Verdachts auf Regierungskriminalität sucht[e].«[20] Der Vorwurf eigenhändiger vorsätzlicher, systematischer oder widerrechtlicher Aktenvernichtung konnte Bohl ebenso wenig gemacht werden wie strafrechtlich relevante Vorwürfe.

Seiner Karriere sollten der Rummel und die Verdächtigungen jedoch keineswegs schaden, denn in der DVAG fand er einen neuen Arbeitgeber. Und für ihn dürfte er, so wie viele andere einst hohe Politiker, viel Gutes getan haben. Da schreibt Friedrich Bohl anlässlich der Neuregelung der Vermittlerrichtlinien, die im Mai 2007 verabschiedet wurden: »Wir haben die gesetzliche Richtlinie in Brüssel und später in Berlin immer konstruktiv begleitet. Und die Interessen des von Herrn Dr. Pohl geschaffenen Vermögensberaterberufes stets effektiv wahren können. Denn in der Praxis bedeutet das Gesetz für Sie als Vermögensberater, dass Sie sich als sogenannter gebundener Versicherungsvermittler in einer ganz besonders privilegierten Situation befinden. [...] Viele

Mitbewerber beneiden Sie darum.«[21] In diesen neuen Vermittlerrichtlinien steht unter anderem:»Der so genannte gebundene Vermittler ist von der Verpflichtung befreit, eine Sachkundeprüfung abzulegen.« Gut für die Vermittler, schlecht für die Kunden.

Und als im Deutschen Bundestag im Jahr 2010 der Gesetzesentwurf eines Anlegerschutz- und Funktionsverbesserungsgesetzes beraten und schließlich verabschiedet wurde, machte die Lobby der Finanzdienstleister mächtig Druck. Damit hat Guido Westerwelle sicher nichts zu tun. Er war es, der am 23. Februar 2010 auf einer DVAG-Veranstaltung geradezu frenetisch bejubelt wurde. In einer DVAG-Broschüre wurde Wert darauf gelegt, dass es der Vizekanzler und Außenminister der Bundesrepublik Deutschland war, der es sich nicht nehmen ließ, eigens aus Berlin einzufliegen, um den annähernd 15 000 Vermögensberatern seine Positionen zu verdeutlichen.»In seiner Rede macht er deutlich, wie wichtig es ist, dass sich in unserem Land Leistung lohnen muss.«[22] Es ist nicht sein erster Auftritt bei der Branche gewesen. Bereits zur Jahreshauptversammlung des Bundesverbandes Deutscher Vermögensberater im Mai 2004 trat er auf. In der Mitgliederzeitschrift der Deutschen Vermögensberatung *Unser Weg* war zu lesen, dass der damalige FDP-Vorsitzende für eine »stärkere steuerliche Entlastung der Bürger und für mehr Eigenverantwortung plädierte – eine altbekannte Forderung von Unternehmensgründer Dr. Reinfried Pohl«. In der gleichen Ausgabe verkündeten Pohl und seine beiden Söhne:»Das neue Jahr führt uns in eine neue Ära der privaten Altersversorgung. Das Datum 1. Januar 2005 ist der Startschuss für das Alterseinkünftegesetz, das ein wahres Vermögensberatungsfördergesetz wird!«

Über die Gemengelage von Politik und der DVAG schreibt das angesehene Internetportal abgeordnetenwatch.de:»Der Deutsche Bundestag berät über einen Gesetzesentwurf, der die Finanzdienstleister direkt betrifft. Die Deutsche Vermögensberatung AG schüttet in zehn Monaten 400 000 Euro an die Regierungsparteien aus.«[23] Im Laufe eines langwierigen Gesetzgebungsverfahrens, klagte der SPD-Bundestagsabgeordnete Carsten Sieling am 9. Februar 2011, »wurde das ohnehin nicht ehrgeizige Vorhaben durch die Anstrengungen einer Lobby deutlich verwässert, die sich mit ihrem Erfolg öffentlich brüstet«.[24] Auf meine Frage, ob er heute noch zu seiner Kritik stehe und dabei bleibe, dass kräftig Lobbyarbeit geleistet wurde, antwortete er: »Ja, durch verschiedene Akteure damals direkt beim damaligen Wirtschaftsminister Brüderle.«[25]

Bei der Einweihung des neuen Zentrums für Vermögensberatung der DVAG am 8. November 2011 im hessischen Marburg sprach beim Eröffnungsakt Ex-Bundeskanzler Helmut Kohl. Viele Parteifreunde von der CDU und FDP sowie der Oberbürgermeister der Stadt (SPD) nahmen an der feierlichen Zeremonie teil. In Marburg befindet sich das neue Schulungszentrum in der Straße, die nach Pohls Frau benannt wurde. Sieht man sich dann die Spendenliste der Parteien an, die von Reinfried Pohl beziehungsweise der DVAG finanziell unterstützt wurden, weiß man auch warum. Laut Lobbypedia erhielt die CDU in den Jahren 2005 bis 2010 Parteispenden von insgesamt 1 025 250 Euro, die FDP im gleichen Zeitraum insgesamt 494 000 Euro, die SPD von 2009 bis 2010 75 000 Euro und die Grünen im Jahr 10 000 Euro. Nicht enthalten sind die Spenden der Tochterunternehmen und des Vorstandsvorsitzenden Reinfried Pohl. »Berücksichtigt man diese Spenden, kommen erheblich höhere Summen zusammen; 2010 an die CDU 491 000 Euro, an die FDP 300 000 Euro und an die SPD 85 000 Euro.«[26]

Opfer gibt es auf beiden Seiten

Einer der wichtigsten Kooperationspartner der DVAG ist die Deutsche Bausparkasse Badenia.[27] Deren Ruf wurde in der Vergangenheit ziemlich lädiert. Nicht ohne Grund gibt es schließlich die Anja-Schüller-Stiftung e. V. Benannt ist sie nach der siebenundzwanzigjährigen Krankenschwester Anja Schüller, die sich am 17. September 2004 das Leben nahm, weil Pfändungen und andere Zwangsmaßnahmen für eine überteuerte Immobilie der Badenia Bausparkasse sie ruiniert hatten und sie in einer ausweglosen Situation war. Ziel der Stiftung ist es, »die Hintergründe des bundesweiten Handels und Betruges mit minderwertigen bzw. überteuerten Immobilien (›Schrottimmobilien‹) aufzuklären und zugleich präventiv zu wirken«. Auch die Rolle namhafter deutscher Kreditinstitute, die mit kriminellen Bauträgern und Immobilienvertrieben wissentlich zum Schaden ihrer ahnungslosen wie gutgläubigen Kunden kooperieren, will sie in den Fokus öffentlichen Interesses rücken. Mit der Webseite will man Anja Schüller gedenken und ihr Schicksal mit dem Hunderttausender anderer Menschen in ganz Deutschland verbinden, die dem bundesweiten Immobilienbetrug seit Jahren zum Opfer gefallen sind, ohne dass Politik und Justiz dagegen richtig vorgegangen wären. »Die Badenia«, schreiben sie, »ist nur eines von vielen Kreditinstituten, die dabei schwere Schuld auf sich geladen haben.«

Nicht nur in den finanziellen, sondern den totalen Abgrund wurde die einst erfolgreiche 46-jährige Vermögensvermittlerin Valentina Gusch aus Bad Ems getrieben. Inzwischen ist sie zusammen mit ihrer schwerstbehinderten Tochter im Rollstuhl auf einem Foto zu sehen, das sie auch an Professor Reinfried Pohl geschickt hat. Auf einem handgeschriebenen Plakat steht etwas unbeholfen: »Deutsche Vermögensberatung. Macht Mitarbeiterin mit Schwerstbehinderter Tochter durch Betrug und Korruption Mittel und Obdachlos. Beweiße vorhanden auf Nachfrage.« Schwerwiegende Vorwürfe – eine Reaktion aus der Firmenzentrale ihnen gegenüber gab es nicht.

Valentina Gusch kam in den neunziger Jahren aus Kasachstan nach Deutschland. Sie arbeitete erfolgreich für die DVAG, wurde sogar in der Mitgliederzeitschrift des Strukturvertriebs im Jahr 2004 als erfolgreiche Vermögensvermittlerin gelobt und stand mehrfach in den internen, nach Leistung und Umsatz erstellten Ranglisten regional auf Platz eins. Sie wollte, sagt sie, immer die Interessen der Kunden wahrnehmen, die zu ihr deshalb auch großes Vertrauen aufgebaut hatten. Bereits am 10. Januar 2007 schrieb sie an Reinfried Pohl, um ihn über ihrer Meinung nach nicht rechts- und regelkonforme Vorgänge in Kenntnis zu setzen. Darin beschwerte sie sich zum einen, dass ihr zustehende Provisionen nicht vergütet worden seien. Die DVAG bestritt das. Aber auch das stand in dem Brief: »Bei meinen eigenen Versicherungsverträgen erhielt ich später Nachfragen durch die Aachen-Münchener Versicherung wegen Unstimmigkeiten bei den Gesundheitsfragen. Ich musste feststellen, dass die Unterschriften bei diesen Fragen nicht von mir stammen. […] Auch höre ich immer wieder, dass Unterschriften gefälscht werden. Sehr geehrter Herr Professor Dr. Pohl, ich bitte Sie um Ihre Hilfe, denn die Deutsche Vermögensberatung ist für mich wie ein zweites Zuhause geworden, welches ich nicht verlieren möchte.« Eine Antwort habe sie nicht erhalten, sagt sie.

Hingegen zeigte sich Reinfried Pohl seiner Mitarbeiterin gegenüber finanziell sehr großzügig. In einem Briefumschlag kamen zum Beispiel am 12. September 2010 1000 Euro an. »Eine ganz private erste Hilfe«, schrieb er dazu. Am 20. September 2010 erhielt sie, nachdem sie sich immer wieder über unsaubere Methoden beschwert hatte, erneut ein Schreiben von Professor Reinfried Pohl. Er freute sich darüber, dass sie nicht aufgehört habe, sich ihre Ziele zu setzen und die nächsten Schritte als Vermögensberaterin und als Gruppenleiterin zu planen. »Ganz bewusst möchte ich Sie in Ihrer aktuellen Situation mit dem gewährten Darlehen in Höhe von 9000 Euro, einer Zahlung aus der Unterstützungskasse in Höhe von 5000 Euro und einem weiteren Aufbauzuschuss von monatlich 1000 Euro für sechs Monate unterstützen.«

Doch sie konnte keine Änderung der von ihr kritisierten Verhältnisse erkennen. Deshalb schrieb Valentina Gusch am

19. Februar 2011 erneut an Professor Pohl. »Nun stehe ich in Kürze mit meiner schwerstbehinderten Tochter auf der Straße. Und das nur, weil in der Gesellschaft einige Mitarbeiter mit Mitteln arbeiten, die gegen alle Statuten der DVAG verstoßen. Ich bin mir sicher, dass Sie, wenn Sie das alles wüssten, dagegen vorgehen würden. Doch man vertuscht es bewusst vor Ihnen.« Keine Antwort. Daraufhin wandte sich am 13. März 2011 eine »Interessengemeinschaft Valentina Gusch« an Professor Reinfried Pohl. »Wir kennen auch die Gründe für Ihr Vorgehen, da nicht wenige von uns den Strukturaufbau Ihrer Gesellschaft kennen. [...] [D]as führt dazu, dass Frau Gusch sich erneut in stationärer Behandlung seit dem 11. März 2011 befindet. Mit der Diagnose eines Nervenzusammenbruchs und einer akuten Suizid-Gefahr.«

Einen Tag später erhielt sie die fristlose Kündigung, da »wichtige Gründe« vorlagen, welche die Zusammenarbeit unzumutbar machten. Von einem Tag auf den anderen verlor sie ihren bisherigen Kundenstamm, ihre Konten wurden gesperrt – sie stand vor dem Nichts. Gekoppelt an die fristlose Kündigung war die sofortige Rückzahlung des von Reinfried Pohl einst gewährten Darlehens in Höhe von 9000 Euro. »Ich habe mein ganzes Leben kein Geld vom Staat bekommen, und als ich es im Job-Center beantragen wollte, hat mich eine Sachbearbeiterin angeschrien.« Die einst erfolgreiche Vermögensberaterin ist mittlerweile schwerkrank. Alleine kann sie sich überhaupt nicht mehr bewegen, da sie häufig in Ohnmacht fällt. Ohne ihren Lebensgefährten, der eine kärgliche Rente bezieht, wäre sie überhaupt nicht überlebensfähig. Inzwischen wurde auch ihr Haus zwangsvollstreckt. Die Nassauische Sparkasse in Wiesbaden hatte den Kredit gekündigt, als zwei Raten in Höhe von 1200 Euro ausstanden. Trotz flehentlicher Bitten um ein wenig Geduld zeigte sich die Bank zu keinerlei Lösungsmöglichkeiten bereit. Irgendwie hat die Nassauische Sparkasse nicht den besten Ruf, obwohl sie doch eine Sparkasse, also gemeinnützig, ist. Warum sonst gibt es eine

Interessengemeinschaft geschädigte Kunden der Naspa. Interessant ist auch die Anekdote, was geschah, als der eingetragene Verein ein Bankkonto eröffnen wollte. »Das wurde sehr schwer. Keiner wollte dem Verein, der ja gegen die Naspa gerichtet ist, ein Konto eröffnen. Banken im Rhein-Main-Gebiet, hauptsächlich Sparkassen, fanden die tollsten fadenscheinigen Ausreden, sich gegen eine Kontoeröffnung zu sperren. Ein Beispiel zu dem Thema freie Bankenwahl!«

Valentina Gusch und ihr Lebensgefährte stehen jetzt mit einer schwerstbehinderten Tochter auf der Straße. »Wir wissen nicht, wie es weitergeht«, sagen sie zum Abschied.

Die potemkinschen Dörfer der Inneren Sicherheit

Vormittags, am 27. Januar 2012. In der Hessischen Hochschule für Polizei und Verwaltung in Mühlheim/Main findet eine feierliche Veranstaltung statt: Sechzig Polizeibeamte und -beamtinnen werden nach zweijährigem Pauken ihr Diplom erhalten und zu Kommissaren beziehungsweise Kommissarinnen ernannt – ihr Traumberuf. Viele Freunde und Angehörige sind gekommen, der Veranstaltungssaal ist überfüllt, die jungen erfolgreichen Studierenden, alle in perfekt sitzender schwarzer Uniform mit gestärkten weißen Hemden, sitzen in der zweiten Reihe, vor ihnen die Führungspersönlichkeiten der hessischen Polizei.

Was soll ihnen der Festredner erzählen? Soll er sie von Anfang an mit der Realität konfrontieren, also den Schwierigkeiten, denen sie in Zukunft ausgesetzt sein werden? In einer Welt, in der Werte wie Ehrlichkeit, Vertrauen und Glaubwürdigkeit nicht unbedingt zu den allgemeingültigen Wertmaßstäben gehören? Sollte er ihnen erzählen, dass sie in der Regel nicht mit Menschen zu tun haben, die Interesse an einem harmonischen gesellschaftlichen Miteinander haben, dass sie beleidigt oder angegriffen werden und trotzdem die Verhältnismäßigkeit wahren, eine professionelle Distanz halten müssen? Das alles sagt der Festredner auch, und er betont, dass der Bürger von ihnen Sicherheit und soziale Kompetenz erwartet. Sicherheit für sein Leben, für seine Gesundheit, für das gesellschaftliche und soziale Miteinander, das eine Gesellschaft erst lebenswert macht. Werteverluste führen zwangsläufig zu erhöhter Kriminalität – und was können sie, die jungen Polizeibeamten, daran ändern? Sind sie wirklich nur Vollstrecker staatlicher Gewalt?

Diese Festrede ist mit der Realität, mit der sich diese jungen Kriminalkommissare in Zukunft konfrontiert sehen werden, nur schwer in Übereinstimmung zu bringen. Sind sie wirklich darauf vorbereitet, dass sich die Wut und Frustration der Bürger aufgrund der sozialen Spannungen einmal so entladen können wie in Spanien oder Griechenland und sie – als Stellvertreter des verhassten Systems – dann den Konflikt lösen sollen? Was würden sie dazu sagen, dass in bestimmten Bundesländern, zum Beispiel Baden-Württemberg, die Beamten ihre Streifenwagen nur noch »anlassbezogen« benutzen dürfen, aber nicht mehr, um vorbeugend zu agieren? Oder dass in vielen Bereichen der Polizei ein Klima der leeren Kassen das polizeiliche Vorgehen bestimmt? Und wer zur Kriminalpolizei gehen will, wird noch schneller an seine Grenzen stoßen. Rainer Bruckert ist ein langgedienter Kriminalist aus Niedersachsen. Er wird Ende 2012 in Pension gehen. »Bestimmte Dinge können sie heute doch überhaupt nicht mehr machen. Das liegt nicht daran, dass wir von der Polizei nichts machen wollen, das liegt an der Politik«, meint er. Soll man ihnen von Baden-Württemberg berichten, wo durch eine neue Polizeireform OK-Dienststellen kurzerhand aufgelöst werden und die langjährige erfolgreiche Arbeit der Kriminalisten vor Ort damit zunichtegemacht wird? Die Gangster jubeln dort jedenfalls.

Wie schrieb mir doch ein bayerischer Verfassungsschützer: »Fakt ist, dass die bundesdeutschen Ermittlungsbehörden sofort in der Lage wären, den Handlangern und Bossen in vielen Bereichen den Hahn zuzudrehen. Ist das gewollt? Keineswegs.« Wenn die jungen Polizisten eine einigermaßen bezahlbare Wohnung in Frankfurt am Main suchen sollten, werden sie aufgrund der hohen Mieten wenig Chancen haben. Ein Grund für die horrenden Mietpreise ist, dass dubiose Strukturen den alten Wohnungsbestand aufkaufen, luxussanieren und dann an diejenigen vermieten, die locker ein paar Tausend Euro Miete bezahlen können.

Wie die Mafia den Frankfurter
Wohnungsmarkt monopolisiert

Das führt uns auch zur kalabrischen 'Ndrangheta. Sie ist bekanntlich kein katholischer Sozialverein, sondern gilt als eine der einflussreichsten kriminellen Organisationen weltweit. Im Jahr 2010 kam es zu einer großen Polizeiaktion der italienischen Justizbehörden unter der Bezeichnung Operazione Crimine, die zur Festnahme von 304 Personen in Italien führte. Die Ermittlungen zeigten auch Verbindungen nach Deutschland auf, vom Frankfurter Immobilienmarkt bis hin zu einem großen Versicherungskonzern. Versicherungen zahlen bekanntlich für einen Schaden, wenn er eingetreten ist – oder auch nicht. Zuständig dafür sind die Schadensabteilungen. Dass Versicherungen hingegen auch mit kriminellen Strukturen kooperieren, teilweise mit Wissen einiger Vorstandsmitglieder, das ist eher unbekannt.

Die Ziele der von den italienischen Ermittlern aufgedeckten Organisation sind eindeutig: direkter oder indirekter Erwerb der Leitung und/oder der Kontrolle über wirtschaftliche Tätigkeiten, im Besonderen in der Immobilien- und Baumaschinenbranche sowie der Gastronomie. Die Locale[1] wurden von den verhafteten 'Ndrangheta-Bossen Bruno Nesci und Domenico Oppedisano angeführt, die auch entsprechende Stützpunkte in Singen und Frankfurt am Main aufgebaut hatten. Beide investierten weltweit mit Hilfe einiger Komplizen illegale Einnahmen aus dem Drogenhandel, der Eintreibung von Schutzgeldern und Wucherzinsen unter anderem in Deutschland.

Einer der »Geschäftsführer« dieser Organisation ist Marco M. Er kam 2004 nach Deutschland und zog in den weinseligen Rheingau, wo er im Haus seines Onkels wohnt. Gegenüber einem italienischen Journalisten machte der Mann aus dem Rheingau folgende Bemerkung: »Wenn jemand von unserem Gespräch Wind bekommt, dann sitze ich in der Scheiße, du bist aber tot.«

Und er erzählte, welcher deutsche Versicherungsmanager mit ihnen zusammenarbeitet und wie und wo sie das Geld investieren:»Ich kenne sie, weil wir mit ihnen gute Geschäfte machen, vor allem über unseren Freund, der uns mittlerweile geholfen hat, Immobilien im Wert von über 50 Millionen Euro zwischen Frankfurt und dem Rhein zu erwerben. Die Leute vom Verfassungsschutz kennen mich, viele andere Freunde und Verwandte aus Italien. Viele von uns leben aber hier im Raum Mainz, weil wir Politiker kennen, die uns gern haben.«

Mario M. berichtete von großen Versicherungskonzernen, »die in der Lage sind, fiktive Schäden zu bezahlen, ohne große Untersuchungen zu veranstalten und ohne aufzufallen. Das Geld wird immer zur A. Bank gebracht, weil wir dann die Gewinne nach Italien nicht cash, sondern in Goldketten oder sonstigen Juwelen zurückbringen, die dann in Italien auf dem legalen Markt verkauft werden.« Im Mittelpunkt stehe eine kriminelle Struktur in Rheinland-Pfalz, die seit Jahren durch erfundene Schäden von Personen und Firmen dafür sorge, dass die jeweiligen Versicherungsnehmer »unbürokratisch« die Erträge dieser illegalen Operationen auf diverse ausländische Konten verschoben: in die Karibik, nach Panama, auf die Britischen Jungferninseln, in die Dominikanische Republik und nach Puerto Rico. »Vermittler hierfür sind verschiedene Banken, und vor allem die Frankfurter Filiale der A. Bank, mit der allem Anschein nach alle Mitglieder der kriminellen Gruppe ein stabiles (Handels-)Verhältnis haben«, heißt es in einem Bericht der Abteilung Organisierte Kriminalität der Carabinieri aus Genua.[2]

In diesem Bericht vom 16. Juli 2011 wird zu Marco M. Folgendes festgestellt: »Marco M. ist einer der Geschäftsführer für Bruno Nesci und Domenico Oppedisano, vor allem in den Bereichen Gastronomie und Landwirtschaft; er kümmert sich sogar um Import und Export typisch kalabrischer Produkte und beliefert die Restaurants in den Gebieten, die von der Locale von Frankfurt beherrscht werden.« Damit nicht genug. »Der Kopf des 'Ndrangheta-Clans Nesci kann neben den Diensten des Marco M. auch auf die Dienste des A.B. zählen, ein sizilianischer Unternehmer, der in Frankfurt am Main wohnt.« Recherchiert man in den Frankfurter Zeitungen nach diesem A.B., finden sich dort nur positive Nachrichten über ihn und seinen Partner. Demnach haben sie Tausende Euro für soziale Einrichtungen gespendet, sie zählen zu den etablierten Machern in der Frankfurter Immobilienszene, und sie bedienen den Markt für Luxuswohnungen in Frankfurt. Ob im Westend oder im Ostend – er und sein Geschäftspartner spielen bis heute im Frankfurter Immobilienmarkt eine zentrale Rolle.

Der von den italienischen Ermittlern erwähnte Sizilianer A.B. und sein Geschäftspartner, die sich unterdessen der 'Ndrangheta angeschlossen haben, investieren nach den Erkenntnissen der italienischen Ermittler »mit den Geldern der kalabrischen, mailändischen [Mafia] und der 'Ndrine[3] in Genua, im großen Stil in Hessen.« Dazu gehören derzeit mehr als zehn Immobilien- und Vermögensfirmen in und um Frankfurt am Main, die alle im Handelsregister zu finden sind. Jetzt wird es erst richtig spannend. »Es wäre unmöglich für den A.B., seine Machenschaften durchzuführen«, schreiben die Carabinieri, »wenn er nicht eine solide, unterstützende Struktur hinter sich hätte, die aus Personen besteht, die ihn und seine kriminellen Aktivitäten kennen, die sich dazu bereit erklären, mit ihm und im Namen seiner Mandanten Schwarzgeld zu investieren. Diese Personen kennen außerdem sehr gut die deutsche Gesetzeslage, sie sind bestens mit dem Handel und der Lokalpolitik vertraut und in diese integriert beziehungsweise involviert.« Über den Partner von A.B., einen Rechtsanwalt, fanden die italienischen Ermittler heraus, dass er Mitglied einiger Verwaltungsräte der Gesellschaften des A.B. ist und »Zugang zu einem beachtlichen Kapital hat, welches augenscheinlich durch ein komplexes System von Versicherungsbetrug entstanden ist.« Gemeinsam mit einem kroatischen Unternehmer »vermischen sie die Gelder der 'Ndrangheta in Frankfurt mit den Einnahmen aus dem Versicherungsbetrug, um sie dann in Immobilien zu investieren«.

Der Betrug ist an sich sehr einfach. Die Versicherungsmanager, die zuständig für die Schadensregulierung sind, kontaktieren einige ihrer Kunden, die sich in einer finanziell heiklen Lage befinden, und empfehlen ihnen, einen Unfall zu inszenieren. Die Manager versichern ihren Kunden, dass die Versicherungsprämien ohne großartige Kontrollen oder bürokratischen Aufwand ausbezahlt werden; die Kunden wiederum investieren einen gewissen Anteil dieser ausbezahlten Prämien in die Finanzgesellschaften der 'Ndrangheta. Die wiederum unterstützen mit großen Bargeldsummen die Immobiliengeschäfte der Gruppe. Am Ende jeder einzelnen Operation bekommen die Versicherungsmanager der beteiligten großen Versicherung, Filiale Rheinland-Pfalz, einen gewissen Prozentsatz zurück, abhängig vom Gesamtwert der Operation.

Was sagt diese Geschichte? Suspekte Netzwerke haben in Frankfurt und Umgebung ein Geflecht von Immobilienfirmen aufgebaut, die teilweise den Wohnungsmarkt in Frankfurt beherrschen. Sie sorgen zum Beispiel im Westend dafür, dass die alteingesessenen Bürger die hohen Mieten nach den Luxussanierungen nicht mehr zahlen können.

Was den Bürgern an Sicherheiten versprochen wird

Das Schöne ist ja, dass uns Bürgern trotzdem vorgegaukelt wird, die Polizei könne uns schützen. Geschützt werden hingegen ganz andere. Diese Entwicklung gilt sicher nicht für alle, aber bestimmt für die meisten Bundesländer. »Im Vergleich von vor zehn Jahren werden immer mehr Verfahren nicht geführt, wenn es um einflussreiche Persönlichkeiten geht«, klagte mir gegenüber ein hessischer Kripo-Chef. Und das läuft so: »Man wird ins

Innenministerium gebeten und hört dann, die Fortführung des Verfahrens ist unerwünscht. Schriftliches gibt es nicht.«

Engagierte Ermittler zu frustrieren funktioniert vor allem mit der beliebten Methode, aus politischen Gründen die kriminellen Hintermänner zu schützen, insbesondere wenn sie einflussreiche Politiker sind. Ein Präzedenzfall betrifft den internationalen Zigarettenschmuggel, gegen den der Zollfahnder Günther Hermann über zehn Jahre ermittelte. Die Zigaretten wurden aus Montenegro von der italienischen Mafiaorganisation Camorra nach Italien transportiert und dann auf dem Schwarzmarkt in der EU verkauft. Der Steuerschaden für die EU lag bei 10 Milliarden Euro. Der Zollfahnder stieß im Zuge seiner Ermittlungen auf den hochkarätigen Zigarettenschmuggler Srecko Kestner. Im Oktober 2012 wurde diesem vor dem Landgericht Hof dann endlich der Prozess gemacht. Das Ergebnis: eine Bewährungsstrafe von 18 Monaten und eine Geldstrafe von 30 000 Euro.

Und was hält der inzwischen pensionierte Zollfahnder Günther Hermann von dem Urteil gegen Kestner? »Ich bin frustriert.« Der Angeklagte hatte Milo Djukanovic, der in Zukunft in Brüssel mit am Tisch der EU-Regierungschefs sitzen wird, zuvor als Drahtzieher des damaligen Zigarettenschmuggels beschuldigt. Dennoch fragte weder die Staatsanwaltschaft noch das Gericht bei der Verhandlung nach Kestners Hintermännern.[4] »Das stinkt mir als Bürger wie als ehemaliger Ermittler.«[5] Sowohl Günther Hermann als auch der einst ermittelnde Staatsanwalt sprachen davon, dass es in der Vergangenheit aus politischen Gründen keine Anklage gegeben habe,[6] der Regierungschef von Montenegro, Milo Djukanovic, also geschützt wurde. Warum interessierte sich in Hof niemand für Djukanovic? Nun, die Bundesregierung will unbedingt, dass Montenegro in die EU aufgenommen wird. Milo Djukanovic ist heute der Ministerpräsident dieses Landes und pflegt beste Beziehungen zur Bundesregierung.

In Mecklenburg-Vorpommern wiederum wurde es Kriminalisten des LKA untersagt, gegen ein großes Unternehmen in

Warnemünde Ermittlungen zu führen. Schließlich ginge es um die Rettung von Arbeitsplätzen. Ein anderes Beispiel: Das Referat für Organisierte Kriminalität im Münchner Landeskriminalamt wollte in seinem Jahresbericht 2007 über Organisierte Kriminalität (OK) die Schmiergeldaffäre bei Siemens als Fallbeispiel aufführen. Im Innenministerium wurde diese Passage jedoch kurzerhand aus dem Bericht gestrichen. Josef Geißdörfer war in dieser Zeit noch der zuständige Dezernatsleiter im Münchner Landeskriminalamt, heute genießt er seine Pension. Er bleibt dabei: »Das ist für mich organisierte Kriminalität gewesen!«

Die Entwicklung lässt sich auch rein auf die Personalstärke der Polizei bezogen feststellen. Auf der einen Seite werden die Aufgaben der Polizei immer vielfältiger, auf der anderen Seite fehlt einfach das Personal, um diese Aufgaben einigermaßen sinnvoll zu erfüllen. So wurde die Personalstärke der Bundespolizei seit 2009 um mindestens 400 Stellen verringert. Beim Zoll, der ebenfalls in sicherheitssensiblen Bereichen arbeitet, sind seit Jahren mehr als 3600 Stellen nicht besetzt. Allein in der Bundespolizei, so die Gewerkschaft der Polizei (GDP), können täglich 3000 Beschäftigte krankheitsbedingt nicht ihrer Arbeit nachgehen, wegen extremer Überlastung und Burnout. »Die Kripo«, so die eher konservative Deutsche Polizeigewerkschaft, »hatte die letzten Jahre den steigenden Ermittlungsdruck beklagt (zusätzliche Aufgaben, steigende Fallzahlen, komplexere und schwierigere Sachverhalte). Ermittlungsverfahren waren dadurch oft kaum mehr befriedigend durchführbar, die individuellen Belastungsgrenzen waren überschritten, ganze Dienststellen teilweise an der Grenze des sinnhaften Betriebs angekommen.«

In Berlin, wo die Einsparungen bei der Schutz- und Kriminalpolizei besonders vorangetrieben wurden, ruft man daher jetzt nach der Bürgerpflicht. »Es ist die Pflicht der Politik, dafür zu sorgen, dass wir in die Lage versetzt werden, die Bürger zu schützen und Kriminalität zu bekämpfen«[7] – und eben nicht umgekehrt. Bei der Berliner Polizei wird augenscheinlich nicht nur an qualifiziertem Personal gespart, auch an der langjährigen Erfahrung von Mitarbeitern zeigt man dort kein Interesse. Tief enttäuscht musste im September 2012 der leitende Kriminaldirektor Bernd Finger, ein europaweit anerkannter Experte für organisierte Kriminalität, das Landeskriminalamt verlassen. Er hatte sein Pensionsalter zwar erreicht, wollte aber seinen Dienst noch verlängern, um mit seinen Erfahrungen und seinem Wissen zur Bekämpfung der grassierenden Kriminalität in der Hauptstadt beizutragen. Doch der Innensenator und der Polizeipräsident lehnten ab. Finger schrieb in einem Abschiedsbrief an seine Kolleginnen und Kollegen:»Meinem Antrag auf Hinausschiebung des Ruhestandes wurde von der Behördenleitung nicht entsprochen, weil, wie mir die Behördenleitung schrieb, kein dienstliches Interesse an meiner Weiterverwendung bestehe. Ich kann also mit meiner Berufs- und Lebenserfahrung nicht mehr helfen.«

Der Bund Deutscher Kriminalbeamter (BDK) verkündete in einer Presseerklärung vom 24. Juni 2012, nachdem wieder einmal eine neue Organisationsstruktur in Rheinland-Pfalz durchgesetzt werden sollte:»Das ist keine Optimierung, sondern eine Bankrotterklärung. So oder ähnlich äußern sich immer häufiger auch Dienststellen- und Behördenleiter über die durch das Innenministerium veranlasste Organisationsoptimierung. Weit über 1,7 Millionen Überstunden, steigende krankheitsbedingte Ausfälle, abnehmende Dienstfähigkeit insbesondere bei älteren Kolleginnen und Kollegen. Das ist die erschreckende Realität bei der rheinland-pfälzischen Polizei und nicht die Schönrederei von Innenminister Roger Lewentz (SPD) über tolle Aufklärungsquoten und bessere Schutzwesten. Wer Personal abbaut, Fachkommissariate auflöst und damit Fachkompetenz vernichtet, macht nichts besser, sondern riskiert Chaos.«[8] Dafür werden aber zum Beispiel rasende Radfahrer besonders intensiv verfolgt. In Baden-Württemberg erzählt ein Leiter der Kriminalinspektion:»Die Stimmung ist miserabel, die Arbeit hängt vielen zum Hals heraus. Ermitteln können wir nur noch die preisgünstigen Verfahren, nach haushaltspolitischen Gesichtspunkten. Besonders schlimm ist es bei der Telefonüberwachung. Weil die Dolmetscher zu teuer sind, können wir bestimmte Verfahren nicht lange durchhalten.« Nach seinen Erfahrungen werden, wie er resignierend betont,»die Ermittler systematisch plattgemacht«.

Ein Grund für diese Entwicklung ist, neben der katastrophalen Haushaltslage, dass die Polizei immer stärker politisiert wird. Rainer Bruckert sagt, und die meisten Kriminalisten an der Basis bestätigen seine Erfahrung:»Verheerend ist, dass wir eine Führungselite in der Polizei haben, die glaubt, dem Minister von den Lippen ablesen zu müssen, was er denkt. Unsere Führungseliten glauben uns dann sagen zu müssen, was der Minister denkt.« Doch selbst die Kriminalisten in führender Position dürfen öffentlich nichts sagen, auch nicht darüber, dass die Politiker – von Ausnahmen abgesehen – keine Ahnung haben, wenn es um Fragen der Polizei geht.»Die können die dümmsten Sachen behaupten – wir dürfen, weil wir Beamte sind, aber nichts dazu sagen, müssen den Mund halten«, sagte mir einer der höchsten Beamten des Bundeskriminalamts.

Rolf Rainer Jaeger war jahrelang stellvertretender Vorsitzender des Bunds Deutscher Kriminalbeamter (BDK) in Nordrhein-Westfalen und 26 Jahre lang Leiter einer kriminalpolizeilichen Dienststelle bei der nordrhein-westfälischen Polizei, bis er Ende 2012 in den Ruhestand trat. Seit langem warnt er schon vor Stellenkürzungen und Verknappung der Ressourcen bei der Polizei.
»In den letzten sechsundzwanzig Jahren hat man die Professionalität der Kripo demontiert, man hat fast die Zerstörung der Kripo in Kauf genommen.« Warum, will ich von ihm wissen – obwohl ich glaube, die Antwort schon zu kennen.»In der Innenpolitik hat sie keine Lobby. Ich erkenne nicht, dass die Politik bereit ist, die richtigen Entscheidungen für die Kriminalitätsbekämpfung zu treffen. Bisher verhallten sie in der Politik ungehört, gleichgültig bei welcher Partei.« Er beklagt, dass es kaum eine Auf-

hellung von Strukturen der organisierten Kriminalität (OK) wie im Bereich Wirtschaftskriminalität gebe und dass im Bereich Cyber-Kriminalität ein schwarzes Loch herrsche. »Man hat das Gefühl, die Innenpolitik wird von Lieschen Müller gemacht, und der Schutzmann an der Ecke soll das Rezept der Zukunft sein, er soll der Sicherheitsgarant sein. Der garantiert gar nichts, der garantiert allenfalls das Sicherheitsgefühl für eine alte Oma an der Ecke. Es ist eine fatale Bevölkerungsberuhigung.« Sein Fazit am Ende seiner Dienstzeit bei der Polizei in Nordrhein-Westfalen ist frustrierend: »Die Politik will die wahre Bedrohung nicht wahrnehmen. Die Streifentätigkeit führt nicht zur Veränderung von Kriminalität, das wird aber von der Politik so verkauft. Seit 1995 gibt es bei uns nur inhaltsgleich ausgebildete Beamte. Weder organisierte Kriminalität noch Wirtschaftskriminalität oder Korruption wird an den Fachhochschulen unterrichtet, allenfalls am Rande. Aber wir brauchen Buchhalter, Informatiker, Leute mit abgeschlossener Hochschulausbildung. Diese Entwicklung wird hier bewusst verschlafen. Derjenige, der Kriminalitätsbekämpfung nicht wirklich gelernt hat, kann nur gegen örtliche Dorfdeppen vorgehen. Das ist ungewollte Strafvereitelung im Amt, für die die Innenminister verantwortlich sind.«

Es ist durchaus üblich, dass viele Arbeitsfelder der Kriminalpolizei inzwischen von privaten Dienstleistern übernommen werden. Der Bekämpfung der Wirtschaftskriminalität widmen sich beispielsweise große Anwaltskanzleien, Sicherheitsunternehmer und Wirtschaftsprüfer, weil der Polizei die Ressourcen dafür fehlen – oder besser gesagt nicht bereitgestellt werden. »Wir verkaufen Produkte, die müssen messbar sein«, sagt ein Ermittlungsleiter im Frankfurter Polizeipräsidium. »Wir brauchen Beurteilungen, es muss alles angepasst sein. Das hat bei der Polizei viel verändert. Insbesondere herrscht im gesamten höheren Dienst diese ausschließlich auf Kosten und Nutzen ausgerichtete Denkweise. Was ich im höheren Dienst festgestellt habe, die sind unheimlich abhängig von ihrem Vorgesetzten, die sind karrierebewusst. Was zur Folge hat, dass nicht mehr die Besten oben sind, sondern die Stromlinienförmigsten.«

Aus Schleswig-Holstein berichtete mir ein führender Ermittler:»Die Polizei hat zwei Probleme hier: Einmal sind sie völlig überarbeitet und mangelhaft ausgestattet. Und sie haben keine Aussichten auf Beförderung. Die müssen dreißig Jahre warten, bis Anerkennung auf die Schulter kommt.« Immerhin sei die politische Beeinflussung geringer als in anderen Bundesländern. »Die Polizei hier ist auch beeinflusst von der Politik, aber nicht so finster drauf wie in Hamburg, Sachsen oder Berlin.« Na, das sind ja schöne Aussichten, was die Innere Sicherheit von Deutschland angeht.

Das Land der Frühaufsteher: Sachsen-Anhalt und der Fördermittelklüngel

Der Zusammenhang zwischen der Ressourcenkürzung bei den Kriminalisten und korrupten und kriminellen Strukturen wird besonders in Sachsen-Anhalt deutlich, einem Bundesland mit knapp 2 317 000 Einwohnern und mit 22,6 Milliarden Euro Schulden. Damit ist es Rekordhalter in Ostdeutschland. Jedes Jahr fallen 80 Millionen Euro allein für Zinsen an.

Auf der Internetseite des LKA Sachsen-Anhalt steht:»Hauptanliegen der Polizeiarbeit ist es, unsere Bürger vor Gefahren für die öffentliche Sicherheit und Ordnung zu schützen. Immer wenn Leben, Gesundheit, Freiheit und Eigentum bedroht oder beeinträchtigt sind, ist unsere Polizei gefordert.« So weit die Theorie, die den Bürgern in Sachsen-Anhalt vorgegaukelt wird. Die Wirklichkeit schätzen Polizeibeamte in Sachsen-Anhalt ganz anders ein. »Wir sind zwanzig Jahre stolz darauf gewesen, gegen allen politischen Wirbel, dass die Kriminalitätsbekämpfung in einer Hand lag. Mittlerweile haben wir zunehmend Kollegen mit Schild und Schwert in Uniform«, klagt ein Kriminalist aus Magdeburg.

Und er fügt hinzu: »Organisierte Kriminalität hat in Sachsen-Anhalt in der Zielsetzung noch nie einen Stellenwert gehabt. Es gibt kaum noch Leute, die dort arbeiten. Es ändert sich leider nichts. Die Italiener sind hier flächenmäßig vertreten. Und wenn es fünf griechische Kneipen in Magdeburg gibt, dann wissen wir, dass im Hintergrund die Italiener sind. Und bei den Firmenbestattern, das ist ein hochkriminelles Geschäft, macht niemand etwas. Das interessiert hier bei uns niemanden.« Als Firmenbestatter werden die Leute bezeichnet, die ihre Dienste anbieten, wenn ein Betrieb pleite ist und der Besitzer eigentlich den Gang zum Amtsgericht antreten müsste, um Insolvenz anzumelden. Der Unternehmer überträgt nun einfach seine Gesellschaftsanteile auf eine Person, die in der Regel im Ausland sitzt und für die deutsche Justiz unerreichbar ist. Auf einen Schlag ist der Unternehmer seine Schulden los, die Arbeitnehmer bleiben auf der Strecke und der neue Besitzer macht dann den Betrieb endgültig dicht. Die Gläubiger haben das Nachsehen. Der Schaden, der von diesen Firmenbestattern angerichtet wird, beläuft sich – nach vorsichtigen Schätzungen – auf jährlich fünf Milliarden Euro.

Ein leitender Kriminalbeamter aus Magdeburg, der nicht namentlich genannt werden will, sieht in dem Nichtermitteln ein System: »Man hat gar keine Leute, um alles zu bearbeiten. Die Staatsanwaltschaft macht auch nichts. Ermittlungen werden einfach langsam eingestellt. Wir sind hilflos.« Olaf März, stellvertretender BDK-Landesvorsitzender in Sachsen-Anhalt, meint: »Wir müssen zusehen, dass die Polizei in Sachsen-Anhalt wieder nach vorne schauen kann. Im Moment tut sie das aus meiner Sicht überhaupt nicht mehr. Es herrscht in vielen Dienststellen ein eisiges bis resignierendes Klima, gepaart mit ›Dienst nach Vorschrift‹.« Viele Kriminalisten, so auch Hanno Schulz, der Landesvorsitzende des BDK in Sachsen-Anhalt, sagen, dass das Landeskriminalamt aufgrund fehlender Ressourcen nicht mehr in der Lage sei, Wirtschaftskriminalität, Korruption oder gar organisierte Kriminalität nachhaltig zu bekämpfen.

Das verwundert nicht sehr, schaut man sich diejenigen an, die beim Landeskriminalamt und beim Landesamt für Verfassungsschutz an der Spitze stehen. Volker Limburg war LKA-Direktor und ist jetzt Verfassungsschutzchef. Der stellvertretende Verfassungsschutzchef Jürgen Schmökel wiederum wurde LKA-Direktor. Der Jurist wechselte 1991 vom Verteidigungsministerium (Rechtsberater/Wehrdienst, Disziplinaranwalt) in den Landesdienst Sachsen-Anhalt. Er arbeitete siebzehn Jahre als Referatsleiter im Innenministerium, zuletzt als stellvertretender Abteilungsleiter Verfassungsschutz. Seit 2008 ist er Direktor des Landeskriminalamts Sachsen-Anhalt. Üblicherweise trennen die Arbeit des Verfassungsschutzes und der Polizei Welten, insbesondere was die kriminalistische Qualifikation angeht. Dabei wäre doch gerade diese in Sachsen-Anhalt im Kampf gegen Wirtschaftskriminalität und Korruption besonders gefragt.

Mord abseits der Rennbahn

Am Abend des 28. September 2001 wurde Paul Saib, der Vizepräsident der IHK Magdeburg, in seinem Haus in Theeßen, rund dreißig Kilometer von Magdeburg entfernt, erschossen. Der Täter konnte unerkannt entkommen. Die Tatwaffe, ein Jagdgewehr Typ Merkel 211, wie die Ermittler später feststellten, ist bis heute genauso unauffindbar wie der Killer. Paul Saibs Auto, einen VW Sharan, fand die Polizei kurz nach dem Mord abgeschlossen, jedoch mit eingeschalteten Scheinwerfern vor der Rennwiesen GmbH in Magdeburg. Auf jeden Fall stand für die ermittelnden Beamten schnell fest: Das war eindeutig ein Auftragsmord.

Der ehemalige Fruchthändler Saib brachte es vor seinem Tod zum Gesellschafter und Geschäftsführer mehrerer Firmen, unter anderem der Rennwiesen GmbH. Der Sitz des Unternehmens ist idyllisch gelegen, Herrenkrug nennt sich dieser Teil von Magdeburg. Gegenüber der Villa, in dem das Unternehmen residiert, steht ein nobles Hotel, eingebettet in ein Erholungsgebiet mit viel Wald, einer Rennbahn und einem Golfplatz in der Nähe. Paul Saib und die Spitzen der Gesellschaft waren hier häufiger anzutreffen.

Wenige Tage vor seiner Ermordung sollte Saib bei einer staatsanwaltlichen Anhörung zum Vorwurf des Fördermittelbetrugs gegen ihn und sein Unternehmen befragt werden. Der Hintergrund: Das Land Sachsen-Anhalt hatte der Rennwiesen GmbH Fördermittel in Millionenhöhe bewilligt, ohne jemals die Liquidität des Unternehmens sorgfältig zu überprüfen. Nach dem Mord wurde das entsprechende Ermittlungsverfahren sofort eingestellt. Im Zusammenhang mit der Rennwiesen GmbH und dem Fördermittelbetrug fand der Journalist Arndt Ginzel heraus: »Die Rennbahn war die Drehscheibe für teilweise undurchsichtige Beziehungen. Man hatte den Bauminister, den Chef des Länderförderinstituts, den Rennverein, den Sparkassenchef, die Sparkasse war Finanzier der Rennwiesen GmbH. Dann gibt es den Golfplatz innerhalb der Rennbahn, da sind auch Fördergelder reingeflossen.« Das Unternehmen war permanent von Insolvenz bedroht, obwohl es in großem Umfang Fördergelder erhielt. Eine kundige Journalistin aus Magdeburg, die namentlich nicht genannt werden will, erzählte mir in einem kleinen Café vor dem Magdeburger Domplatz von ihren Erkenntnissen über die Hintergründe des Mords: »Es ging in Richtung Rennbahn. Das war offenbar ein Umschlageplatz. Nach meinem Dafürhalten war es so, dass Unternehmen einerseits Kredite/Fördergelder gewährt bekommen haben und andererseits gespendet haben. Paul Saib wollte auspacken. Es gab Ermittlungen.«

Diese Ermittlungen führte die Mordkommission Stendal äußerst intensiv, doch plötzlich wurde deren Leiter unter fadenscheinigen Gründen abgezogen. Ein leitender Kripobeamter, der eng mit dem Leiter der damaligen Mordkommission zusammengearbeitet hat, beschrieb ihn mir gegenüber so: »Er war ja eine Persönlichkeit. Heute traut er keinem Menschen mehr.

Jetzt geht er in Rente. Man hat ihm unterstellt, im Rotlichtmilieu mit Dienstwagen aufgefallen zu sein. Daraufhin wurde für die Ermittlungen ein junger Kollege eingesetzt, und damit war die Angelegenheit erledigt.« Jahre nach dem Mord an Paul Saib wurden im März 2004 die Geschäftsräume der Magdeburger Rennwiesen GmbH durchsucht. Kurz zuvor hatte der Geschäftsführer des Unternehmens Insolvenz beantragt. Es ging immer noch um den Vorwurf des Fördermittelbetrugs. Unter den beschlagnahmten Unterlagen fand sich auch das Konto der Rennwiesen GmbH bei der Magdeburger Sparkasse. Es war ein Darlehenskonto, für das sowohl Paul Saib als auch sein Geschäftspartner verantwortlich zeichneten. Am 28. Juli 1999 wies das Konto ein Sollsaldo von 1 997 788,83 Mark aus, einen Tag später erfolgte bereits eine Gutschrift in der Höhe von 1 997 789,00 Mark, so dass das Konto ausgeglichen war. Das Geld stammte aus einem Kredit der Sparkasse, der zweckgebunden für die Errichtung eines Neun-Loch-Golfplatzes mit Nebenanlagen bestimmt war. Dann wurden wieder 212 000 Mark auf das Konto überwiesen, ein Betrag, dessen Herkunft nicht geklärt werden konnte.

Aufgeklärt ist die Sache des mutmaßlichen Fördermittelbetrugs bis heute nicht. Überhaupt ist das so eine Sache mit den Fördermitteln in Sachsen-Anhalt. Im November 2010 geriet der damalige Wirtschaftsminister und heutige Ministerpräsident Reiner Haseloff in die Kritik: Der Landesrechnungshof kam in einem Prüfbericht zu dem Schluss, dass die Investitionsbank des Landes von 2003 bis 2005 an zwei Forschungsinstitute zu Unrecht jährlich eine Grundförderung ausgereicht habe. Der Betriebsratschef eines der beiden Institute war der CDU-Fraktionsvorsitzende im Landtag.

Über das Prinzip der Seilschaften wusste in einem anderen Bereich, dem Sport, ein Handball-Nationalspieler zu berichten. So sei nach Heimspielen des SC Magdeburg regelmäßig ein illustrer Kreis »aus Funktionären, Lokalpolitikern und Mittelständlern zu Gruppenreisen in polnische Bordelle aufgebrochen. [...]

Anderswo hieße so was nämlich ›Bestechung‹. In Magdeburg hieß es offenbar jahrelang ›Kontaktpflege‹.«[9] Irgendwie scheint es in Sachsen-Anhalt auch zum guten Ton zu gehören, dass bei der teils millionenschweren Vergabe von Bauaufträgen, zum Beispiel durch die Gesellschaft zur Förderung des Leistungssports (gGFL), ungewöhnlich häufig die gleichen Planungsbüros und Baufirmen auftauchen.

Und nicht gerade selten taucht der Name Manfred Maas auf. Er soll einer der mächtigsten Männer in Sachsen-Anhalt sein. Die Journalistin Annette Schneider-Solis zu seinem Einfluss in Sachsen-Anhalt:»Die Machtstrukturen hier in Sachsen-Anhalt? Da ist Maas der Dreh- und Angelpunkt. Er ist in den neunziger Jahren aus dem Saarland gekommen, zusammen mit dem späteren Wirtschaftsminister Horst Rehberger. Er ist der Herr der Fördergelder, und er hat sich verselbständigt. Der schaltet und waltet weitgehend wie er will, denke ich.« Ende November 2010 meldeten die Medien, dass die Staatsanwaltschaft Magdeburg gegen Manfred Maas, den Chef der Investitionsbank, und weitere Verantwortliche der Bank wegen Untreue ermitteln würde. Zwei Monate später wurde das Verfahren, schrieb mir die Staatsanwaltschaft Magdeburg,»aus Mangel an Beweisen gemäß § 170, Absatz 2 der Strafprozessordnung eingestellt«.

Es scheint sinnvoll, sich diesen Mann einmal genauer anzusehen. Manfred Maas (FDP) war von 1990 bis 2000 stellvertretender Staatssekretär im Magdeburger Wirtschaftsministerium, danach Staatssekretär. Am 1. Januar 2004 wurde er beurlaubt und wechselte als Sprecher der Geschäftsleitung in die Investitionsbank Sachsen-Anhalt, eine Tochter der Norddeutschen Landesbank. Er war außerdem von 1999 bis 2004 Aufsichtsratsvorsitzender der Innovationsbeteiligungsgesellschaft Sachsen-Anhalt (IBG), deren Rolle bei der Vergabe von Fördermitteln besonders auffällig war.

Wenn Unternehmensförderung zum Patentklau wird

Die IBG ist eine landeseigene Risikokapitalfirma, die es sich zur Aufgabe gemacht hat, junge Unternehmen in Sachsen-Anhalt zu fördern und das Land in der Mitte Deutschlands technologisch auf die Höhe zu bringen. Da überrascht es dann, wenn zu hören ist, dass neugegründete, innovative Unternehmen sich von der IBG bedrängt sehen und am Ende in der Insolvenz landen. Der Unternehmer Karl-Heinz Wiemers z. B. beschwerte sich darüber, dass ihm sein Patent von der IBG »gestohlen« worden sei. Deshalb schrieb er auch an den damals zuständigen Wirtschaftsminister Reiner Haseloff. »Bezugnehmend auf unser persönliches Gespräch im Landtag sowie auf unsere diversen Briefwechsel bis zum 28. März 2007 bin sicherlich nicht nur ich über die Dreistigkeit und Freiheit der Verbundfördergruppe erstaunt, die sich mit einem von mir widerrechtlich erworbenen Patent ein Förderprojekt Ihres Ministeriums über die IBG erschlich und trotzdem dieses Förderprojekt fortführen konnte.«

Ich treffe den Unternehmer in Magdeburg. Der ältere grauhaarige Mann hat einen Packen Unterlagen mitgebracht. Seine Firma Wiemers Innovative Technik gibt es nicht mehr, sie ging am 1. Oktober 2003 in die Insolvenz. Die IBG saß als Kapitalgeber mit im Boot. »Die IBG griff«, so Karl-Heinz Wiemers, »massiv in die Leitung des Unternehmens ein. Die hat gesagt: ›Klar, das machen wir. Wir werden Sie mit dem entsprechenden Geld unterstützen, und wir garantieren Ihnen, dass wir dann auch Ihre Technologie durchbringen, wenn Sie entsprechend mitmachen.‹ Die Schrauben wurden immer enger gedreht. Die großen Unternehmer waren interessiert. Dann bekamen wir die Forderung: ›Jetzt müssen Sie nochmals Geld dazugeben. Sie haben ja schon Mittel bekommen. Sie müssen das Stammkapital erhöhen.‹ Alles, was betrieben wurde, ging in Richtung Patente.« Sein Anwalt habe ihn in der Zwischenzeit bereits darauf hingewiesen, dass Investoren und ihre Innovationen häufig nicht zum Zuge gekommen sind, weil sie zuvor Insolvenz anmelden mussten und dann die Patente in die Insolvenzmasse fielen. Das bedeutet, derjenige, der die Patente erarbeitet hat, hat verloren. Im August 2003 kam das große Finale: Die IBG legte nach einjähriger Arbeit Wiemers' Unternehmen einen Sicherungsübereignungsvertrag für die Patente vor. Er verweigerte die Unterschrift. »Der war so gestaltet, dass er von meinem Rechtsberater als sittenwidrig bezeichnet wurde, und er hat mir empfohlen, diesen nicht zu unterschreiben. Und das habe ich an dieser Stelle nicht getan, und dementsprechend wurden mir die Gelder abgedreht, und zwei Monate später war das Unternehmen insolvent.«

Es scheint aber, als habe die IBG zu diesem Zeitpunkt bereits die Patente auf dem internationalen Markt angeboten. Besonders tragisch: Auf dem internationalen Markt war man zu diesem Zeitpunkt bereits auf die Patente aufmerksam geworden. Karl-Heinz Wiemers berichtete mir vom Anruf eines Mitarbeiters eines US-amerikanischen Marktforschungsunternehmens aus London. Man interessiere sich für die Weltneuheit. Karl-Heinz Wiemers, der seit vier Jahren um sein Recht kämpft, konstatiert bitter: »Ausgerechnet dann, wenn die Situation mit dem Angebot auf dem internationalen Markt nahezu perfekt ist, gibt man dem Innovator hier im Land nicht mehr die weiteren Mittel, er wird insolvent und fällt in die Hände der IBG.«

Die Magdeburger Journalisten Annette Schneider-Solis und Andreas Tempelhof sind einem ähnlichen Fall nachgegangen und stießen dabei auf den ersten Innovationspreis der Stadt Halle im Jahr 2005. Den Preis erhielt die Firma ACGT ProGenomics, die ein neues Testverfahren für die Behandlung der Alzheimer-Krankheit entwickelt hatte. Knapp anderthalb Jahre später findet die Erfolgsgeschichte ein jähes Ende. Am 7. August 2006 wurde die Eröffnung des Insolvenzverfahrens beim Amtsgericht Halle-Saalekreis beantragt.

Ein Rückblick: Im Jahr 1999 ließ Gerald Böhm sein Verfahren

zur Alzheimerfrüherkennung patentieren und gründete ACGT ProGenomics. Einer der Kapitalgeber wurde Ende 2002 die Innovations- und Beteiligungsgesellschaft des Landes Sachsen-Anhalt (IBG). Gerald Böhm übernahm mit dem Eintritt der IBG hohe Bürgschaften und musste nach langen Verhandlungen auch seine Patente als Sicherheit der IBG übereignen. Ein Antrag auf Produktionsaufbau bei ACGT wurde seitens der IBG abgelehnt, man beauftragte einen Gutachter mit der Untersuchung der Marktreife des Verfahrens. Dieser hielt weitere Studien für nötig. Gerald Böhm drängte jedoch auf ein Gutachten des renommierten Hannover Clinical Trial Center. Die IBG stimmte zu. Gutachter Professor Heiko von der Leyen kam zu einem positiven Urteil: Der Test funktioniere. Er empfahl die Beantragung der Zulassung. Ungeachtet dessen drängte die IBG hartnäckig auf den Verkauf der Technologie, vorrangig ins Ausland, erklärte Böhm. ACGT fand einen Schweizer Investor, der die IBG-Anteile übernehmen und den Aufbau der Produktion finanzieren wollte. Die Verhandlungen der IBG mit den Schweizern scheiterten am 7. August 2006. Am gleichen Tag musste ACGT Insolvenz anmelden – nur einen Monat vor dem geplanten Börsengang.

Professor Reinhard Neubert, seinerzeit Prorektor für Forschung an der Universität Halle und Aufsichtsratsmitglied der ACGT, verstand die Welt nicht mehr. Gegenüber den Journalisten Annette Schneider-Solis und Andreas Tempelhof erklärte er:»Eine Firma in die Insolvenz zu entlassen, die ein hochinnovatives Produkt in der Pipeline hat, das kurz vor der Markteinführung ist – ich spreche von einem halben bis dreiviertel Jahr –, das sind ja bei Biotechfirmen kleinere Zeiträume, die brauchen ja so fünf, sechs, sieben, zehn Jahre, um ein marktreifes Produkt zu bekommen, ist also ein kleiner Zeitraum – also kurz vor der Markteinführung diese Firma in die Insolvenz zu entlassen ist unverantwortlich.« Die Patente wechselten letztlich in den Besitz der landeseigenen IBG. Diese verkaufte sie an eine Münchner Firma, die insolvente Unternehmen aufkauft – für rund 70 000

Euro. Der wahre Verkaufswert wird von Böhm, der das Verfahren patentieren ließ, auf 2,6 Millionen Euro geschätzt. Allein sechs Millionen Euro öffentlicher Mittel flossen von 2000 bis 2006 in die ACGT. Der ehemalige Firmenchef und Patentinhaber hat heute 1,8 Millionen Euro Schulden aus den Bürgschaften für seine Firma und musste daher Privatinsolvenz beantragen.

Frank Thiel, der wirtschaftspolitische Sprecher der Linkspartei im Landtag von Sachsen-Anhalt, hielt die Vorgänge rund um die IBG für »merkwürdig«. Die Firma Icon Genetics sei zum Beispiel an Bayer verkauft worden, Synthacon an die Beteiligungsholding ICIG. Am 17. Februar 2006 fragte Frank Thiel im Landtag nach dem Verbleib der Patente der in die Insolvenz getriebenen Unternehmen. Der damalige Wirtschaftsminister Horst Rehberger sei ihm die Antwort schuldig geblieben, klagte der Abgeordnete. Im Herbst 2006 erfuhr das Parlament, dass das Management der IBG privatisiert werden sollte, erinnert sich Frank Thiel:»Na ja, die parlamentarische Kontrolle war ja immer etwas schwierig an der Stelle, weil: Wir haben ja vonseiten des Parlamentes relativ spät mitbekommen, was da eigentlich passiert. Das hat mich eigentlich stutzig gemacht, dass so eine Art geräuschlose Übergabe in private Hände erfolgen soll. […] Dann wurde im Jahre 2006 der Rechnungsprüfungsausschuss überrascht mit dem Hinweis, dass jetzt ein öffentliches Verfahren stattfindet, europaweite Ausschreibung. Die Kollegen waren verdutzt, haben nachgefragt, dann wurde ihnen im September eine Auskunft erteilt, da lief das Verfahren schon lange durch.«

Am 19. Oktober 2006 war die Privatisierung des IBG-Managements Thema im Landtag von Sachsen-Anhalt. Die IBG, in die seit 1996 laut Wirtschaftsministerium rund 152 Millionen Euro an EU- und Landesmitteln geflossen waren, verwaltete im Oktober 2006 rund 140 Millionen Euro öffentliche Mittel beziehungsweise Unternehmensbeteiligungen. Inzwischen ist sie privatisiert und heißt Goodvent Beteiligungsmanagement Verwaltungs GmbH. Diese ist wiederum Eigentümer der Goodvent

Beteiligungsmanagement GmbH & Co. KG, die gleichzeitig an der Cedrus Private Equity Verwaltungs GmbH beteiligt ist. Die ausländische Muttergesellschaft der Cedrus hat ihr Hauptquartier auf den Cayman-Inseln – wegen der dort herrschenden Stabilität, wie auf der Webseite der Muttergesellschaft zu erfahren ist.[10] Die Heuschrecken haben zugeschlagen.

Skandal um die Kloake Deutschlands

Neben dem damaligen Staatssekretär im Wirtschaftsministerium Manfred Maas taucht im Zusammenhang mit problematischen Vorgängen um Fördermittel Reiner Haseloff (CDU) auf. Er war im Jahr 2002 quasi der Nachfolger von Manfred Maas als Staatssekretär im Wirtschaftsministerium, bis er 2006 zum Wirtschaftsminister und am 19. April 2011 zum Ministerpräsidenten des Landes Sachsen-Anhalt gewählt wurde. In seiner Amtszeit als Wirtschaftsminister ereignete sich der größte Müllskandal seit dem Deponierungsverbot im Jahre 2005. Es waren Bürger und die Medien, die aufdeckten, dass in großem Umfang Mischabfälle in mehrere Kiesgruben und Tonschächte verbracht wurden, anstatt sie zu verbrennen. Insgesamt waren illegale Müllablagerungen in vier Landkreisen entdeckt worden. Und die damalige Umweltministerin Petra Wernicke (CDU) sagte den Journalisten von *Frontal 21*, dass sie dem damaligen Wirtschaftsminister Haseloff »Brandbriefe« aus ihrem Ministerium geschrieben habe, die jedoch nicht hinreichend beachtet wurden. Damit wollte sie auf die illegale Ablagerung von Hausmüll in Deponien aufmerksam machen.

Die Sanierung hat den Steuerzahler bislang 30 Millionen Euro gekostet. Am 18. April 2008 gab es im Landtag von Sachsen-Anhalt deshalb eine heftige Debatte. Der Vorsitzende des Umweltausschusses Gerry Kley zeigte sich erschrocken über den Imageschaden, den Sachsen-Anhalt durch die Medienberichte erlitten hat. »Ich bin entsetzt, dass wir die Kloake Deutschlands sein sollen«, so Kley. Und: »Hier tickt eine Zeitbombe für zukünftige Generationen.« Ein Untersuchungsausschuss hat schließlich versucht, die Verantwortlichkeiten ausfindig zu machen. Das war vergeblich, weil die regierende CDU/SPD-Regierung einen Abschlussbericht vorlegte und damit weitere intensive Untersuchungen abrupt ein Ende fanden. Nach den Ergebnissen der Zeugenvernehmungen hatte der juristische Dienst des Landtags die Verantwortlichkeit bei dem Wirtschaftsministerium und verschiedenen Kommunen ausgemacht. Reiner Haseloff und sein Staatssekretär, als Verantwortliche im Ministerium, wurden anscheinend nicht ausreichend unterrichtet. Ein Referatsleiter habe die Brisanz des gesamten Vorgangs falsch eingeschätzt, hieß es.

Nach vier Jahren Ermittlungen gelang es bislang der Justiz nur, Anklage gegen den parteilosen Lothar Finzelberg zu erheben, den Landrat des Landkreises Jerichow. Er soll im Untersuchungsausschuss des Landtags nicht die volle Wahrheit gesagt haben, was er bestreitet. Er ist der einzige Angeklagte, das klassische Bauernopfer. »Man konzentriert sich lieber auf eine angebliche Falschaussage und einen parteilosen Landrat, als in der Hauptsache öffentliche Anklage wegen illegaler Müllentsorgung zu erheben.«[11] So blieben dem damaligen Wirtschaftsminister und heutigen Ministerpräsidenten Haseloff einige brisante Fragen erspart. Wie schwer sich Justiz und Politik in Sachsen-Anhalt in dieser Sache mit der Wahrheitsfindung tun, zeigt ein Vorfall während eines der Verhandlungstage gegen Lothar Finzelberg.

Eine Zeugin sollte vernommen werden. Dann wurde bekannt, dass sie im Vorfeld von einem SPD-Abgeordneten und zwei seiner Kollegen aus der CDU-Fraktion am Rande der letzten Landtagssitzung auf ihre Vernehmung vor Gericht »eingestimmt« worden war. Der eine CDU-Abgeordnete war der Vizevorsitzende der CDU-Landtagsfraktion, der andere ließ dem Jerichower Landrat Sitzungsprotokolle des Untersuchungsausschusses zukommen, und der SPD-Abgeordnete saß für seine Fraktion im Kreistag von Jerichow. Die Verantwortlichen der sogenannten »Müllmafia« blieben bislang unbehelligt. Das Bauernopfer Landrat Finzelberg wurde zehn Tage vor Weihnachten 2012 zu 14 Monaten Haft auf Bewährung sowie einer Geldstrafe von 12000 Euro verurteilt. Er wird gegen das Urteil in Berufung gehen.

Gutes Geld für Dessau

Oder ein anderer Vorgang: Da sollen 3,6 Millionen Euro Fördermittel von Bund, Land und EU veruntreut worden sein, die Unternehmer in den Jahren 2005 bis 2007 für »Scheinbildungsmaßnahmen« eingesteckt hatten. Dafür hätten sie rund 6000 Euro an den CDU-Kreisverband Dessau-Roßlau überwiesen. In den Strudel der Ermittlungen geriet auch Reiner Haseloff, dessen Wahlkreis Dessau-Roßlau ist. Als damaliger Wirtschaftsminister habe er zweimal persönlich darauf gedrängt, Projekte für Unternehmer vorrangig zu bewilligen. Er zeigte sich empört über die Vorwürfe, denn er habe nur nach Recht und Gesetz gehandelt und er lasse sich seine persönliche Integrität nicht zerstören.

Überhaupt dauerte es ziemlich lange, bis die zuständige Staatsanwaltschaft in die Gänge kam. Seit 2008 dümpelte der Fall vor sich hin, bis die Ermittlungen Fahrt aufnahmen. Dazu sagte im Juli 2012 Wulf Gallert, der Fraktionschef der Linkspartei im Parlament von Sachsen-Anhalt: »Wir müssen hier die Rolle der Justiz hinterfragen, die bis heute kein greifbares Ergebnis vorgelegt hat – im Gegensatz zum Landesverwaltungsamt, das bereits Gelder zurückfordert.« Zwölf Tage nach der Debatte im Landtag wurde der für das Verfahren zuständige Staatsanwalt versetzt. Er habe sich in einem normalen Verfahren auf eine neue Stelle beworben und durchgesetzt, argumentierte das Justizministerium. Anfang August 2012 wurden immerhin drei der Angeklagten verurteilt.

Cornelia Lüddemann, die Landesvorsitzende von Bündnis 90/ Die Grünen, sagte zur Dessauer CDU-Subventionsaffäre:»Ich bin bestürzt. Jeden Tag treten neue Aspekte zutage über mögliche Verstrickungen der Dessauer CDU und der Landes-CDU in eine unsachgemäße Fördermittelverwendung. […] Was bezweckte der heutige Ministerpräsident Haseloff mit seinem Einsatz für den Raum Dessau-Wittenberg, in dem er heute seinen Wahlkreis hat? Es macht mir große Sorgen, dass sich die Regierungspartei CDU nicht von den Vorgängen distanziert. Korruption ist der Anfang vom Ende demokratischen Handelns. Die Vertreter der CDU arbeiten damit dem Negativimage der Politik zu. Politikerinnen und Politiker sind dem Volk verpflichtet und müssen jederzeit Rechenschaft über ihr Tun, Einnahmen und Ausgaben geben.«[12] Ende November 2012 nahm ein Untersuchungsausschuss zur Aufklärung der Dessauer Fördermittelaffäre seine Arbeit auf. Er soll klären, inwieweit»Fördermittel für die Qualifizierung von Arbeitnehmern in Millionenhöhe in dunklen Kassen verschwunden sind«.[13] Es ist der 13. Untersuchungsausschuss in der Geschichte des Landtags von Sachsen-Anhalt. Ob er die Wahrheit herausfinden wird, darf bezweifelt werden.

Kann Korruption auch Biogasanlagen befeuern?

In guter Erinnerung ist auch vielen, was im Jahr 2006 für Aufregung sorgte. Damals gingen bei der Staatsanwaltschaft Magdeburg mehrere anonyme Anzeigen ein. Der Vorwurf lautete auf Korruption beim Betreiben einer Biogasanlage im Norden Sachsen-Anhalts. Eine dieser Anzeigen, diejenige vom 15. Oktober 2006, nannte konkrete Details: Firmennamen, Anschriften und Telefonnummern. Was machte die Staatsanwaltschaft Magdeburg? Sie ließ sofort das Haus des Hauptpersonalrats im Landwirtschaftsministerium stürmen. Er sollte die anonymen Anzeigen nämlich geschrieben haben.

Die Biogasanlage wurde in Partnerschaft mit dem Land Sachsen-Anhalt betrieben. Der private Partner war ein hochrangiger CDU-Funktionär in Sachsen-Anhalt, der öffentliche Partner das Landwirtschaftsministerium. Das soll, so der anonyme Anzeiger, dem Betreiber finanzielle Vorteile eingeräumt haben. Der zuständige (CDU-)Staatssekretär im Landwirtschaftsministerium »soll sich, laut der anonymen Anzeige, angeblich für seinen Parteifreund, den Betreiber der Biogasanlage, eingesetzt haben. Die beiden kennen sich seit Jahren. Beide wiesen die Vorwürfe von sich. Der Betreiber sollte auch der Landwirtschaftsministerin Petra Wernicke (CDU) nicht ganz fremd gewesen sein.«[14]

Das alles war für die Staatsanwaltschaft kein Grund, intensive und sofortige Ermittlungen zu führen, gerade im Hinblick auf die ausgezeichneten Konditionen, die die Betreiber der Biogasanlage erhalten hatten: Das Land garantierte die Abnahme der produzierten Bioenergie für 15 Jahre, außerdem lieferte es einen Teil der Rohstoffe. »Die Ministerin hält die Vorwürfe für absurd: ›Es hat sich das Parlament, der Agrarausschuss, mit diesem Vertragswerk befasst und hat diese vertragliche Regel als korrekt bezeichnet. Und hat keinen Vorteil für wen auch immer daraus geschlussfolgert.‹ Doch der Vorsitzende des Agrarausschusses widersprach – er wollte die Verträge nie gesehen haben. Im Interview mit *Frontal 21* sagt er im Oktober 2007, die Liefer- und Leistungsverträge, insbesondere die Vereinbarungen zwischen dem Betreiber und der Gemeinde, seien dem Ausschuss bisher nicht vorgelegt worden.«

Doch wie kam es nun zu der Hausdurchsuchung bei dem Vorsitzenden des Hauptpersonalrats im Landwirtschaftsministerium, über die die Medien in Sachsen-Anhalt kaum berichtet hatten, wohl aber die ZDF-Sendung *Frontal 21*? Laut des polizeilichen Ermittlungsberichts habe der Hauptpersonalrat ein »sehr angespanntes Verhältnis zur Hausleitung« und benutze auf seiner Schreibmaschine »das Schriftbild Times New Roman«, mit dem die Briefe verfasst worden sind. Dem schlauen Ermittler fällt außerdem auf: »[Der Beschuldigte] habe linksbündige Gliederung gewählt.« Das reichte dem zuständigen Oberstaatsanwalt, um dessen Wohnung durchsuchen zu lassen. Nach der Hausdurchsuchung klagte der Mann gegen den Beschluss der Staatsanwaltschaft. Das Landgericht Magdeburg gab ihm recht: Die Auswahl einer Standardschrift, die weltweit millionenfach täglich benutzt werde, begründe keinen ausreichenden Tatverdacht, so der Richter. Die Durchsuchung sei daher nicht rechtmäßig gewesen. Nach über zehn Monaten wurde das Verfahren mangels Tatverdacht eingestellt.

Was von den eigentlichen Korruptionsvorwürfen tatsächlich wahr ist und was nicht, das bleibt – wie so vieles in Sachsen-Anhalt – ungeklärt. Es ist nach wie vor erstaunlich, wie ignorant in Sachsen-Anhalt mit dem Thema Subventionsbetrug mit Fördermitteln in der Vergangenheit umgegangen wurde. Viele Details und Zusammenhänge sind zwar bekannt, werden jedoch schlicht nicht zur Kenntnis genommen. Diese Vorgehensweise ist seit Jahren anscheinend Teil der Wirtschaftspolitik Sachsen-Anhalts. »Da agieren selbst Ermittlungsbehörden relativ hilflos«, schrieb mir Anfang Januar 2013 einer der Ermittler, der es wissen muss. »Nun hat das neue Jahr begonnen und der Untersuchungsausschuss wird seine eigentliche Arbeit aufnehmen. Ohne auch unangenehme Wahrheiten über die sehr komplexen Vorgänge und vor allem darüber, wer alles beteiligt war und daraus Nutzen zog, wird das nicht erfolgreich zu erledigen sein. Es bleibt die Hoffnung, dass es unserem rechtsstaatlichen System nun endlich gelingt, alles aufzuklären.«

Abschied vom Sozialstaatsprinzip

Natürlich ist es ein Klischee zu sagen: die Armen da unten und die Skrupellosen und Machtgierigen da oben. Das Teuflische ist, dass dieses Klischee zutrifft, genauso wie das, dass die Armen immer ärmer, die Reichen immer reicher werden. Das zeigt sich unter anderem an den blanken Zahlen: Das private Nettovermögen in Deutschland wird auf 7 Billionen Euro geschätzt. Das reichste Hundertstel verfügt über mehr als ein Drittel dieses Vermögens, das reichste Zehntel über mehr als zwei Drittel.[1] Auf der anderen Seite besitzt die untere Hälfte der Bevölkerung 1,4 Prozent des deutschen Reichtums. Also quasi nichts. Insgesamt gab es in Deutschland im Jahr 2010 rund 7,3 Millionen Geringverdiener, die auf zusätzliche staatlichen Hilfen oder einen zweiten und manchmal sogar auf einen dritten Job angewiesen sind.

Nein, ganz so schlimm ist es doch nicht – ist zumindest einer Studie des arbeitgeberfreundlichen Instituts für Wirtschaftsforschung (DIW) zu entnehmen. Der Höhepunkt der Einkommensungleichheit sei überschritten, steht in der von Markus Grabka Ende Oktober 2012 veröffentlichten Studie.[2] Der gleiche Wissenschaftler hatte zwei Jahre zuvor aber noch erklärt: »Die Ungleichheit überrascht mich immer aufs Neue. 2007 hatten die reichsten zehn Prozent der Bevölkerung, also Leute, die mindestens 220 000 Euro haben, einen Anteil am gesamten Vermögen von mehr als 60 Prozent. Die reichsten ein Prozent, die mindestens 800 000 Euro haben, besaßen sogar fast ein Viertel des ganzen Vermögens in Deutschland. Am anderen Ende hat mehr als die Hälfte der Bevölkerung kaum etwas oder ist sogar verschuldet.«[3] Doch was verbirgt sich im Windschatten der öffentlichen Wahrnehmung wiederum hinter diesen abstrakten Zahlen? 60 Prozent der deutschen Bevölkerung erleben ihre finanzielle Situation als ständige Gratwanderung, 40 Prozent sehen ihre Gesundheit als bedroht an, 60 Prozent glauben, dass in Deutschland die Häufigkeit sozialer Notlagen deutlich zunehmen wird, und 30 Prozent befürchten eine Erosion ihrer sozialen Netze. Das ist das Ergebnis einer Befragung von 1200 repräsentativ ausgewählten Bundesbürgern über 18 Jahren, die im Auftrag der Universität Kassel und des Hamburger Instituts für Sozialforschung durchgeführt wurde.[4]

Und noch eine abstrakte Zahl: »Drei Millionen Menschen in Deutschland können von ihrem Verdienst nicht leben«, schätzt der Soziologe Philip Büttner vom Kirchlichen Dienst in der Arbeitswelt.[5] Laut einer Studie des Instituts für Arbeit und Qualifikation der Universität Duisburg-Essen sind etwa 23 Prozent – fast ein Viertel – der Beschäftigten im Niedriglohnsektor tätig. Sie erhielten im Durchschnitt im Jahr 2010 einen Stundenlohn von 6,68 Euro im Westen und 6,52 Euro im Osten. 4,1 Millionen dieser Beschäftigten erhielten weniger als 7 Euro, 2,5 Millionen weniger als 6 Euro und knapp 1,4 Millionen weniger als 5 Euro pro Stunde.[6]

Übrigens veröffentlicht das Bundesarbeitsministerium alle vier Jahre eine amtliche Auswertung zu den Einkommensverhältnissen in Deutschland, den sogenannten Armutsbericht. Im Entwurf für den Armutsbericht 2013, der im Herbst 2012 bekannt wurde, waren bemerkenswerte Sätze zu lesen. Unter anderem heißt es dort, dass die aktuelle Einkommensentwicklung das Gerechtigkeitsempfinden der Bevölkerung verletze und den gesellschaftlichen Zusammenhalt gefährden könne. Oder: Die Privatvermögen in Deutschland sind sehr ungleich verteilt. Doch dann intervenierte das FDP-Wirtschaftsministerium im Namen der Bundesregierung. Die beiden oben genannten Sätze wurden kurzerhand gestrichen. Gestrichen wurde auch der Satz: »Allerdings arbeiteten im Jahr 2010 in Deutschland knapp über vier Millionen Menschen für einen Bruttostundenlohn von unter sieben Euro.« Und die Krone der politischen Vertuschung von sozialpolitischen Realitäten: Jetzt wird in dem neuen Entwurf sogar verkündet, dass der Niedriglohnsektor wesentlich zum Beschäftigungsaufbau der vergangenen Jahre beigetragen habe und vielen Geringqualifizierten eine Chance gegeben hätte, auf dem Arbeitsmarkt Fuß zu fassen. Das heißt übersetzt, dass die Armutslöhne für Millionen Bundesbürger als politischer Erfolg gewertet werden. Eine derartig dreiste Vertuschung der Wirklichkeit kennt man ansonsten nur aus totalitären Staaten. Wie kommentierte doch Thomas Lutze, Bundestagsabgeordneter der Linken:»Der geschönte Armutsbericht der Bundesregierung zeigt, wie die Öffentlichkeit belogen wird. Es ist das Ergebnis von Täuschern, Tricksern und Taschenspielereien, die die Wahrheit nicht hören und erst recht nicht den Menschen in diesem Lande sagen wollen.«[7]

Bereits 1845 schrieb Friedrich Engels in seinem Buch *Die Lage der arbeitenden Klasse in England*:»Der Arbeiter kommt müde und erschlafft von seiner Arbeit heim, [...] er muss etwas haben, das ihm die Arbeit der Mühe wert, die Aussicht auf den nächsten sauren Tag erträglich macht; seine abgespannte unbehagliche und hypochondrische Stimmung, die schon aus seinem ungesunden Zustand entsteht, wird durch seine übrige Lebenslage, durch die Unsicherheit seiner Existenz, durch seine Abhängigkeit von allen möglichen Zufällen und sein Unvermögen, selbst etwas zur Sicherstellung seiner Lage zu tun, bis zur Unerträglichkeit gesteigert.«[8] Zu dem Wort Arbeiter braucht man heutzutage nur noch das Wort Angestellte hinzuzufügen, und es könnte eine Zustandsbeschreibung einiger Länder Europas und in Teilbereichen auch Deutschlands sein.

Fast 500 Bürger der saarländischen Stadt Merzig (31 000 Einwohner) sind auf die Merziger Tafel angewiesen.»Vor 25 Jahren wären wir für verrückt erklärt worden, wenn wir wieder Suppenküchen eingerichtet hätten, heute ist das Realität«, kommentierte

Oberbürgermeister Alfons Lauer diesen erbärmlichen Zustand.[9] In anderen deutschen Städten ist die Situation nicht anders. Derzeit gibt es fast 900 dieser Tafeln in Deutschland, alle sind gemeinnützige Organisationen. Bundesweit versorgen sie regelmäßig über 1,5 Millionen bedürftige Personen mit Lebensmitteln – knapp ein Drittel davon Kinder und Jugendliche.[10] Armenspeisung nannte man das früher – ein sozialpolitischer Skandal ebenso wie die Kinderarmut, von der mindestens 1,5 Millionen Kinder betroffen sind.

Nicht weniger skandalös sind Teile der Medienöffentlichkeit, die davon sprechen, dass sowohl »die Oberschicht wie die Unterschicht unser Land ruiniert«.[11] Diejenigen, die sich wissenschaftlich mit dem Problem der Armut beschäftigen, werden dann konsequenterweise diffamiert.»Sozialwissenschaftler, die den unteren Rand der Gesellschaft erforschen, nennen sich in Deutschland meist ›Armutsforscher‹. Die Festlegung auf nur eine Erklärung von gesellschaftlicher Benachteiligung, nämlich die ökonomische, ist damit nicht das Ergebnis ihrer Forschung, sondern der Grund ihrer Berufung.«[12] Das ist insofern blanker Unsinn, als die sogenannten Armutsforscher schon seit Mitte der siebziger Jahre stets auch auf die Nichtteilhabe am kulturellen und gesellschaftlichen Leben als ebenso wichtigen Bestandteil von Armut hinweisen.»Der Blick auf die materielle Situation darf nicht den Blick verstellen für die nicht-materiellen Entbehrungen und die Entrechtung von Menschen. Armut heißt, dass Start-, Entfaltungs- und Teilhabechancen, Lebenschancen insgesamt ungerecht verteilt sind. Sie bringt Demütigung, Ausgrenzung und Erniedrigung des Menschen mit sich, wird als Aussichtslosigkeit und gesellschaftlich zugefügte Verletzung empfunden.«[13]

Wäre man Zyniker, würde man die Armen gar als besonders produktiv für die Gesellschaft bezeichnen, wie in den siebziger Jahren, als der amerikanische Soziologe Herbert J. Gans die »positiven Funktionen der Armut« für die USA beschrieb. Demnach sorgt die Armut dafür, dass schmutzige, gefährliche, geringgeachtete und niedrigbezahlte Arbeit von denen übernommen wird, denen keine andere Wahl bleibt, und die Armen so unabsichtlich dafür sorgen, dass die Wohlhabenden von vielen ihrer Aktivitäten profitieren und ihr Leben angenehm gestalten können. Die Armut gibt einigen Berufssparten wie Polizei, Justiz, Drogenhändlern, Sozialarbeitern, Prostituierten oder Pfandleihern die Existenzgrundlage.»Zwar spielen die Armen als Argumentationsfiguren in den politischen Auseinandersetzungen eine große Rolle. Sie selbst sind aber weitgehend vom politischen Prozess als Akteure ausgeschlossen beziehungsweise beteiligen sich nicht.«[14]

Hartz IV: eine soziale Abwärtsspirale

Es ist jetzt knapp 35 Jahre her, da sprach der damalige Bundestagsvizepräsident Richard Jäger (CSU):»Wird in einem Staat wie diesem erst eine Wohlfahrt gewährt, folgt zugleich eine zweite und so weiter. Eine einmal gewährte Wohlfahrt bekommt man nur durch einen Weltkrieg wieder weg.«[15] Und schließlich sei an eine Aussage des Übervaters von Gerhard Schröder und Peer Steinbrück erinnert, an den heute gefeierten ehemaligen Bundeskanzler Helmut Schmidt. Der Wirtschaftspublizist Georg Schneider zitierte ihn im Jahr 1977 in seinem Dossier *Hintergründe aus Wirtschaft und Politik* folgendermaßen:»Japan ist uns in Sachen Beschäftigung überlegen und macht uns ja auch deutlich zu schaffen beim Stahl oder den Kugel- und Wälzlagern oder beim Schiffbau oder bei der Feinmechanik-Optik, weil das japanische Volk offenbar bereit ist, mit sehr viel niedrigeren Löhnen und Sozialleistungen auszukommen.«[16] Der später von Altbundeskanzler Helmut Schmidt gerühmte SPD-Bundeskanzler Gerhard Schröder exekutierte das Ziel, mit geringen Löhnen und weniger sozialen Sicherheit auszukommen, mit der Agenda 2010. Ein Ergebnis davon, so die Autoren Tom Schimmeck und

Thilo Guschas in einer Untersuchung über den »Sklavenmarkt Deutschland«: »Wir nennen es nicht Sklaverei. Wir reden von Minijobs, Ein-Euro-Jobs, 400-Euro-Jobs. Wir sprechen von Illegalen, Tagelöhnern, Leiharbeitern, Aufstockern.«[17] Diese unwürdigen Arbeitsverhältnisse hängen mit einem Namen zusammen, den Hartz-IV-Gesetzen.

Peter Hartz, einer der einst mächtigsten Personalmanager Deutschlands, wurde am 22. Februar 2002 von Bundeskanzler Gerhard Schröder im Hauruck-Verfahren beauftragt, die bisherige Arbeitsmarktpolitik zu reformieren. Ein Motiv dürfte dabei eine Rolle gespielt haben: Gerhard Schröder wollte die Bundestagswahlen am 22. Oktober 2002 gewinnen. »Nach seinem Sieg rief er mich am Montagmorgen aus dem SPD-Präsidium an, um sich zu bedanken. Er erreichte mich in einer Vorstandssitzung. Mit leicht verkaterter Stimme sagte er: ›Ich sitze hier im Präsidium und rufe jetzt ein paar Leute an, die mir geholfen haben, die Wahl zu gewinnen. Da gehörst du dazu.‹«[18]

Am 24. Dezember 2003 wurde das nach Peter Hartz benannte Hartz-IV-Gesetz im Bundestag verabschiedet. Es führte mit Wirkung zum 1. Januar 2005 die bisherige Arbeitslosenhilfe und die bisherige Sozialhilfe im neugeschaffenen Sozialgesetzbuch Zweites Buch (SGB II) in Form einer einheitlichen, bedürftigkeitsabhängigen Grundsicherung für Erwerbsfähige und die mit ihnen in einer Bedarfsgemeinschaft lebenden Personen zusammen. Danach erhalten erwerbsfähige Hilfebedürftige Arbeitslosengeld II und die mit ihnen in einer Bedarfsgemeinschaft lebenden, nicht erwerbsfähigen Angehörigen, insbesondere Kinder vor Vollendung des 15. Lebensjahres, ein Sozialgeld. Die Hilfen werden nur gewährt, wenn ausreichende eigene Mittel, insbesondere Einkommen oder Vermögen, nicht vorhanden sind.

Die Regelleistung für Alleinstehende legte das SGB II zum Zeitpunkt seines Inkrafttretens für die alten Bundesländer einschließlich Berlin (Ost) auf 345 Euro fest. Die Regelleistung für die übrigen Mitglieder der Bedarfsgemeinschaft bestimmte es als prozentuale Anteile davon. Danach ergab sich zum 1. Januar 2005 für Ehegatten, Lebenspartner und Partner einer eheähnlichen Gemeinschaft ein Betrag von 311 Euro, für Kinder bis zur Vollendung des 14. Lebensjahrs ein Betrag von 207 Euro und für Kinder ab Beginn des 15. Lebensjahrs ein Betrag von 276 Euro. Im Vergleich zu den Regelungen nach dem früheren Bundessozialhilfegesetz (BSHG) wurde die Regelleistung nach dem SGB II weitgehend pauschaliert; eine Erhöhung für den Alltagsbedarf ist ausgeschlossen. Einmalige Beihilfen werden nur noch in Ausnahmefällen für einen besonderen Bedarf gewährt. Der Bedürftige wird zum Bittsteller – eine enorme qualitative Veränderung.

Der Hartz-Kommission gehörten fünfzehn Mitglieder an, neben dem Manager Peter Hartz unter anderem Klaus Luft von Goldman Sachs und Peter Kraljic von McKinsey, ein Vertreter der Roland Berger Strategy Consultants, ein Vorstandsmitglied der Deutschen Bank, ein Kommunalpolitiker und zwei Wissenschaftler. Betriebsräte und Vertreter von Arbeitsloseninitiativen fehlten. Immerhin waren zwei Gewerkschaftsmitglieder dabei: der IG-Metall Bezirksleiter Peter Gasse aus Nordrhein-Westfalen und Isolde Kunkel-Weber aus dem Verdi-Bundesvorstand. In der WDR-Talkshow *Westart-Talk* erzählte sie am 2. September 2012 einiges über das Innenleben der Kommission: »Wir hatten Hunderte von Aktenordnern gelesen, haben uns mit kleinsten Details beschäftigt. Die Situation auf dem Arbeitsmarkt sollte verbessert werden. Das erste Gesetz, der Umbau der Bundesagentur, ist gut gelungen. Aber was dann kam, ist in die Mühlen der Politik und der Kompromissfindung geraten, und vieles ist auch dann auf der Bühne des faulen Kompromisses geopfert worden.« Wie man 345 Euro beschließen könne, wurde sie gefragt. »Wir haben das nicht beschlossen. Wir haben kein Gesetz gemacht. Die rot-grüne Regierung hat die Schraube nach unten angezogen. Das war nicht das, was die Hartz-Kommission wollte. Das Gesetzgebungsverfahren ist ein sozialpolitischer Skandal gewesen. Wir müssen trennen, was im Kommissionsbericht steht und was daraus gemacht wurde.«

Peter Hartz war über die konkrete Umsetzung der Vorschläge seiner Kommission enttäuscht, denn »nicht überall, wo Hartz draufsteht, ist auch Hartz drin«, wird er zitiert.[19] Die Schleusen für den Abstieg in die Armut waren dadurch geöffnet. Armut wurde, wie der Politikwissenschaftler Christoph Butterwegge konstatiert, »zur Normalität«.[20] Die Forderungen der liberalkonservativen Bundesratsmehrheit gingen weit über den von der Hartz-Kommission abgesteckten Rahmen einer Deregulierung des Arbeitsmarkts hinaus. Doch sowohl die SPD wie die Grünen strebten einen Konsens an. »Folglich wurde das Reformprojekt auch in seinen nicht zustimmungspflichtigen Teilen im Laufe eines langwierigen Vermittlungsverfahrens radikalisiert. Das betraf die Ausweitung und die Entbürokratisierung der sogenannten Mini- und Midi-Jobs ebenso wie die Kürzung von Transferleistungen und die Möglichkeit, Zeitarbeiter schlechter zu entlohnen als Stammbeschäftigte der entleihenden Firmen.«[21]

Selbst die mickrigen Sozialleistungen für die Arbeitslosen waren so manchem noch zu üppig. Der Chemnitzer Finanzwissenschaftler Professor Friedrich Thießen erklärte anhand einer seiner Studien von 2008 ohne Skrupel, dass 132 Euro plus Wohngeld als Hartz-IV-Satz ausreichend seien. Der aktuelle Regelsatz in Höhe von 345 Euro sei daher zu hoch. »Schon jetzt müssen Arbeitslose mit gerade einmal 10 Euro pro Tag auskommen, ich nehme nicht an, dass das der Herr Professor ein halbes Jahr durchhält«, kommentierte dies Bernhard Jirku, der bei Verdi die Interessen der Erwerbslosen in der Bundeszentrale bündelt. Thießens Studie bewertet Jirku als unseriös – und bekommt sogar Beistand aus der Bundesregierung. »Eine solche rein ökonomische Betrachtung hat nicht viel mit dem wirklichen Leben zu tun«, erklärte Christian Westhoff, Sprecher von Bundesarbeitsminister Olaf Scholz (SPD).[22] Der CDU-Wirtschaftsexperte und Ex-Bundestagsabgeordnete Friedrich Merz verkündete hingegen wenig später auf einer Klausurtagung der FDP-Bundestagsfraktion in Wiesbaden, dass Union und FDP mehr Zuspruch erhalten würden, wenn »wir nicht über die Ausweitung, sondern über die Begrenzung des Sozialstaates reden würden«. Und es sei bedauerlich, dass die Chemnitzer Studie, die einen Hartz-IV-Satz von 132 Euro als ausreichend sieht, so schnell abgekanzelt wurde.[23] In die gleiche Kerbe schlug Volker Fassbender, Hauptgeschäftsführer der Vereinigung der hessischen Unternehmerverbände. Er wandte sich gegen eine »Anspruchshaltung« von Arbeitnehmern auf »gute Arbeit, denn »der Kampf gegen Arbeitslosigkeit sei nur dann zu gewinnen, wenn auch schlecht entlohnte und befristete Jobs akzeptiert würden«.[24]

All das passt zur Aussage des Soziologen Wilhelm Heitmeyer vom Institut für interdisziplinäre Konflikt- und Gewaltforschung an der Universität Bielefeld: »In der ökonomischen Sphäre scheint weiterhin eine Mentalität bei Besserverdienenden vorzuherrschen, die von der grundgesetzlichen Maxime, laut der Eigentum verpflichtet, wenig wissen will und der sozialen Spaltung Vorschub leistet. Zivilisierte, tolerante, differenzierte Einstellungen in höheren Einkommensgruppen scheinen sich in unzivilisierte, intolerante – verrohte – Einstellungen zu wandeln.«[25] Wie recht er hat, zeigen die folgenden Meldungen. Auf der einen Seite haben im laufenden Jahr 2012 bereits Hunderttausende Bezieher von Hartz IV Strafen erhalten. »Jobcenter haben erstmals binnen eines Jahres mehr als eine Millon Mal Leistungen von Langzeitarbeitslosen gekürzt.«[26] Dabei ging es überwiegend um geplatzte Termine und andere Versäumnisse. Sanktionen heißt, dass die mageren Hartz-IV-Leistungen gekürzt oder ganz gestrichen wurden. Kaum ein Politiker hat sich zu diesem Skandal geäußert, abgesehen von Katja Kipping, der Linken-Vorsitzenden. Sie sagte, dass diese Sanktionen eine Schande für Deutschland und verfassungswidrig seien.[27] Gleichzeitig hält fast jeder zweite Bundesbürger die Arbeitssuchenden für faul, schlecht ausgebildet und bei der Jobsuche zu wählerisch.

Diese Zahlen ergab eine repräsentative Umfrage im Auftrag der Bundesagentur für Arbeit.[28]

Zehn Jahre nach Verabschiedung der Hartz-IV-Gesetze erklärte das Bundesverfassungsgericht das Hartz-Gesetz in Teilen für verfassungswidrig. »Der Erste Senat des Bundesverfassungsgerichts hat entschieden, dass die Vorschriften des SGB II, die die Regelleistung für Erwachsene und Kinder betreffen, nicht den verfassungsrechtlichen Anspruch auf Gewährleistung eines menschenwürdigen Existenzminimums aus Art. 1 Abs. 1 GG in Verbindung mit Art. 20 Abs. 1 GG erfüllen.«[29] Von denjenigen Abgeordneten, die dieses Gesetz beschlossen hatten, also für den Bruch der Verfassung und das Elend insbesondere der kinderreichen Familien mitverantwortlich waren, gab es dazu keine Stellungnahme. Dafür kann man dann auf dem Internetportal www.gegen-hartz.de nachlesen, wie die Behörden gnadenlos Arbeitslose unter Druck setzen und nicht einmal davor zurückschrecken, sogar Schulden der Eltern bei deren minderjährigen Kindern einzutreiben. Berichtet wird das unter anderem aus Lübeck von einem Achtjährigen: Das Kind bezieht die kargen Hartz-IV-Leistungen. Weil seine Eltern Schulden haben, wurde der Junge aufgefordert, innerhalb von einer Woche insgesamt 2163 Euro an das Lübecker Jobcenter zu zahlen. Für die Tilgung der Schulden wurden tatsächlich von den Hartz-IV-Leistungen des Kindes noch 75 Euro abgezogen. Und das sei »nur die Spitze des Eisbergs«, erklärte dazu Rolf Kinkel, der Fraktionsvorsitzende der Grünen in Lübeck.[30] Soziale Verelendung und willkürlichen, unbarmherzigen Behördenentscheidungen ausgesetzt – das ist das Ergebnis der Agenda 2010. Denjenigen, der dafür mitverantwortlich war, Ex-Bundeskanzler Gerhard Schröder, muss das nicht mehr kümmern. Er fährt vielleicht in einem seiner sieben luxuriösen gepanzerten Fahrzeuge, vom Steuerzahler finanziert, an der sozialen Tristesse vorbei, zum Beispiel ins noble Lech am Arlberg.

Einblicke in eine andere Welt

Im österreichischen Lech am Arlberg, einem Nobel-Skiort 1444 Meter über Meereshöhe, gastiert im Winter üblicherweise die globale High Society, für die materielle Not ein Fremdwort ist. So gesehen ist es der richtige Ort für einen Verein mit dem Namen Philosophicum Lech. Er versteht sich als übernationales Zentrum für philosophische, kultur- und sozialwissenschaftliche Reflexion, Diskussion und Begegnung.[31] Der Verein veranstaltet jährlich ein Philosophicum – und zwar im Herbst, wenn die noblen Gäste fehlen und Tristesse in Lech herrscht. Es soll eine geistige Verschnaufpause sein.

Im September 2010 wurde das Thema »Wie viel Herrschaft braucht der Mensch?« debattiert. Anwesend war zeitweise auch Ex-Bundeskanzler Gerhard Schröder. Einer der Referenten war Professor Hans-Hermann Hoppe, Philosoph und Ökonom des Ludwig von Mises Institute in Wien, einer Kaderschmiede für Hardcore-Liberale.[32] Zu Beginn seines Vortrags bat er die Teilnehmer, sich zurückzulehnen und »meinen Gedankengängen ruhig zu folgen«. Mit wohlfeilen Worten trug er dann 56 Minuten lang das vor, was er unter Gedankengängen versteht: Die Sozialpolitik der europäischen Wohlfahrtsstaaten sei »Diebstahl und Hehlerei«, der »Staat eine ungerechte Einrichtung«, notwendig seien »die schrankenlose Konkurrenz im Wirtschaftsleben« und die »flächendeckende Bewaffnung der Bevölkerung mit den Worten: ›more guns, less crime‹«.[33] Für den Professor liegt die Lösung aller politischen und wirtschaftlichen Probleme in einer Privatrechtsgesellschaft. Die Produktion von Sicherheit (Recht und Ordnung) sieht er zum Beispiel durch frei finanzierte Dienstleistungsunternehmen wie »private Polizei-, Versicherungs- und Schlichtungsagenturen gewährleistet. Was eine Gesellschaft braucht, um Recht und Ordnung aufrechtzuerhalten, ist kein Staat und keine Demokratie, sondern eine Privatrechtsordnung.«[34]

Seiner These wurde in der anschließenden Diskussion zwar heftig widersprochen, doch sie ist in Wirklichkeit nichts anderes als die auf die Spitze getriebene, bis heute die Welt regierende neoliberale Ideologie. Die Nutznießer sind die internationalen Konzerne und deren Vollstrecker in der Politik. Ist das auch nur ein Klischee? Der kluge und unabhängige Michael Spreng, obwohl ehemaliger Wahlkampfmanager von Edmund Stoiber, schrieb: »Man muss kein Linker sein, um von der drohenden Weltherrschaft des internationalen Finanzkomplexes zu sprechen. Das Primat der Politik ging Anfang des 21 Jahrhunderts verloren, werden einst die Historiker diagnostizieren.«[35] Übertreibt er vielleicht?

»Wir müssen uns von allen Dogmen befreien, ungeachtet ob es sich um Verschwörungstheorien oder um die freien Märkte handelt. Unsere Analyse basiert auf Tatsachen«, erklärte James Glattfelder von der Eidgenössischen Technischen Hochschule in Zürich im Zusammenhang mit einer besonders aufschlussreichen Studie.[36] Veröffentlicht wurde die Studie »The network of global corporate control« von den Wissenschaftlern Stefania Vitali, James B. Glattfelder und Stefano Battiston von der Eidgenössischen Technischen Hochschule Zürich im renommierten Wissenschaftsjournal *Public Library of Science*.[37] Ausgewertet wurden 37 Millionen Einzeldaten internationaler Unternehmen und Investoren aus dem Jahr 2007. Die Zahl der multinationalen Konzerne wurde mit 43 060 angegeben. Danach wurden die Querverbindungen analysiert. Durch sogenannte Holdings und andere Netzwerke ergab sich, dass jeder dieser Konzerne im Durchschnitt an zwanzig anderen beteiligt ist. Daraus ergab sich wiederum, dass es lediglich 1318 Konzerne sind, die den Kern dieser verschachtelten Besitzverhältnisse bilden.

Doch damit war die Analyse noch lange nicht zu Ende. Auch in diesem »harten Kern« zeigte sich eine Struktur von Querverbindungen. In dessen Zentrum fanden sich nicht mehr als 147 Unternehmen, meist Banken, die letztendlich das Schicksal von 40 Prozent der gesamten Weltwirtschaft bestimmen. An der Spitze fand sich die Bank Barclays PLC mit Sitz in London. Auf den Plätzen zwei und drei folgten US-Investmentholdings, von denen bislang nur Eingeweihte etwas gehört hatten: Capital Group Companies Inc. und Fidelity Management and Research Corporations (FMR). Letztere hat eine Niederlassung im noblen Kronberg im Taunus und verwaltet von dort ein Gesamtvermögen von 23,5 Milliarden Euro. Auch die Deutsche Bank, UBS, Goldman Sachs, JP Morgan Chase und Merrill Lynch & Co. lagen im Spitzenfeld.

Nicht in der Rangliste enthalten war die Verflechtung dieser globalen Konzerne mit der Politik. »In den USA schafften es vor allem ehemalige Mitarbeiter von Goldman Sachs in der US-Regierung und dem Parlament sowie Wall-Street-Lobbyisten, eine echte Kontrolle des Finanzmarktes zu verhindern. […] Auch in England, der Schweiz oder Deutschland ist hier bisher wenig geschehen.«[38] Das ist Finanzkapitalismus pur. Davon profitieren ausschließlich jene, für die – wie Bundeskanzlerin Angela Merkel sagte – die demokratische Mitbestimmung so gestaltet werden soll, »dass sie trotzdem auch marktkonform ist«. Die SPD folgert daraus: »Eine marktkonforme Demokratie also. Dies bedeutet nichts anderes, als dass nicht mehr allein Bürger als Wähler bestimmen sollen, sondern Spekulanten, Finanzmärkte, Hedgefonds und Banken. Und das in einer Zeit, in der sich sowieso die Bürger massenhaft von der Politik abwenden.«[39]

Kann man unter diesen Umständen überhaupt soziale Verantwortung und Ethik in der Wirtschaft einfordern? Nein, meint Professor Bernd Klees. Denn in Anbetracht der sich verschärfenden Konkurrenzbedingungen in der Weltwirtschaft ist das Konstrukt der Weltwirtschaftsethik eine leere Begriffshülse, die mehr verbirgt, als sie erhellt. »Die schleichende Umformung von multinationalen zu transnationalen Unternehmen erfordere sowohl einen nationalen als auch einen internationalen Ordnungsrahmen, der politisch gestaltet werden müsste. […] Ansonsten würde man einer gänzlichen Privatisierung der Weltpolitik die Hand reichen, die von verdeckten machtvollen (Geheim-)Gesellschaften gesteuert würde, so dies nicht jetzt schon in erheblichem Umfange der Fall sein sollte.«[40]

Was passiert, wenn man diesen theoretischen Ansatz von Professor Bernd Klees mit der Wirklichkeit konfrontiert? Dabei stößt man zwangsläufig auf die unterschiedlichen Denkfabriken, Stiftungen, Anwaltskanzleien oder Beratungsunternehmen, die im Gewand der Unabhängigkeit die ideologischen Positionen des Finanzkapitalismus bis zum heutigen Tag in praktische Politik umsetzen. Es sind die von Bernd Klees erwähnten »machtvollen Gesellschaften«, die in der Tat auch häufig geheim oder nur einem besonders exklusiven Teilnehmerbereich zugänglich sind. Zu unterscheiden sind dabei die offenen und die nur für die Elite zugänglichen Netzwerke.

Wenn über Bundespolitik, Parteipolitik, internationale Politik im kleinen Zirkel debattiert werde, dann finde das rund um den Gendarmenmarkt statt, sagt ein intimer Kenner der Szene, Professor Jörg Hafkemeyer. »Es war im Preußentum so, im Kaiserreich, in Weimar, bei den Nazis, bei den Kommunisten und jetzt wieder. Nur Angela Merkel entzieht sich dem. Die macht das nicht.« Für ihn gilt das Restaurant Borchert als die Informations- und Verhandlungsbörse, vom Präsidenten bis zum Möchtegern. »Wichtiger jedoch ist das Einstein Unter den Linden. Da sitzen sie alle: Ob Antje Vollmer alleine sitzt, Schröder Schily trifft, ob Korrespondenten Politiker treffen, ob Jörges oder Wickert Hof halten. Das ist das Nebenkanzleramt. Oder die Paris-Bar. Da treffen sich junge und alte Politiker im Sommer abends auf der Terrasse.«

All das ist mehr oder weniger offen einsehbar und daher auch transparent. Doch es ist die Fassade. Dahinter verbergen sich jene Institutionen, die nur einem exklusiven Kreis zugänglich sind. Dort sind die Vertreter der normalen Bürger nicht zu finden. Für das Geschäftsmodell dieser Institutionen ist es von zentraler Bedeutung, Beziehungsnetze in die Politik hinein zu knüpfen. »Dann schlägt die Stunde all der Leute, die gerade noch Spitzenpolitiker oder Spitzenministeriale waren, nun aber in die Industrie gehen oder zum Verband, zu Unternehmensberatungen, wirtschaftsberatenden Anwaltskanzleien und PR-Agenturen wie die WMP Eurocom oder Wiese Consult wechseln.«[41] Sich näher mit diesen PR-Agenturen zu beschäftigen, gleicht einer Entdeckungsreise durch den Dschungel promiskuitiver Beziehungen der politischen Elite.

Über den Dschungel promiskuitiver Beziehungen

Das Kapital der Unternehmensgruppe WMP-Eurocom, so steht es auf der Firmen-Webseite unter der Überschrift »Das Netzwerk«, »sind die hochrangigen Persönlichkeiten im Vorstand, im Aufsichtsrat und im Beraterstab. Sie haben sich im Laufe ihres beruflichen Lebens eine Reputation durch herausragende Leistungen erworben.«[42] Manchmal setzt sich der Vorstandsvorsitzende vom WMP-Eurocom Hans-Hermann Tiedje sogar persönlich für einen in der Öffentlichkeit kritisierten Politiker ein, wie etwa am 9. Oktober 2012 in der *Bildzeitung*. In einem Kommentar schrieb er über Peer Steinbrück: »Peer Steinbrück hat bei seinen Vortragshonoraren offenkundig nichts falsch gemacht. Er hat nicht gelogen, er hat nichts verschwiegen, er hat niemanden betrogen.« In dem Kommentar steht nicht, dass Hans-Hermann Tiedje Vorstandsvorsitzender von WMP-Eurocom ist. Und schon gar nicht, dass Peer Steinbrück einst im Auftrag seiner Firma im Jahr 2010 einen Vortrag gehalten und dafür einen Betrag von mindestens 7000 Euro erhalten hat.[43]

Bei der WMP-Eurocom sitzt im Aufsichtsrat zum Beispiel Roland Berger, der Gründer und Ehrenvorsitzende der Roland Berger Strategy Consulting GmbH. Er ist darüber hinaus unter anderem noch Chairman der RiverRock European Capital Partners LLP, einer Investmentgesellschaft, und der in London registrierten Investmentgesellschaft Berger Lahnstein Middelhoff und Partners LPP. Engagiert ist er zudem in der vom Arbeitgeberverband Gesamtmetall finanzierten Initiative Neue Soziale Marktwirtschaft. Ebenfalls im Aufsichtsrat von Eurocom waren beziehungsweise sind der Unternehmer Ulrich Marseille, der Ex-Bundesfinanzminister Hans Eichel (SPD) oder der Unternehmer Wendelin Wiedeking, Ex-Vorstandsvorsitzender der Porsche AG, zu finden.

Es gibt noch mehr Beispiele. Etwa die Wiese Consult in Berlin, die national und international agierende Unternehmen, Institutionen und Verbände »mit einem umfassenden und effizienten Netzwerk« berät. Geschäftsführer ist Heino Wiese, der langjährige Landesgeschäftsführer der SPD Niedersachsen. Als Partner des Unternehmens wird Franz Knieps genannt. Dieser leitete bis Dezember 2009 die Abteilung Gesundheitsversorgung, Krankenversicherung, Pflegesicherung im Bundesministerium für Gesundheit. Ein weiterer Partner ist Gerd Andres (SPD), bis 2009 Mitglied des Deutschen Bundestags. Er verfügt, so preist ihn Wiese Consult an, »über ausgezeichnete Kenntnisse der politisch-parlamentarischen Abläufe«.[44]

Eine andere politisch bedeutsame Beratungs- und PR-Firma ist die Berliner Consultum Communications GmbH & Co. KG mit einer Bilanzsumme von 421 425,92 Euro im Jahr 2010. Auch ihr Netzwerk verspricht, die Tür zu den politischen Entscheidungsträgern zu öffnen. Ihr Hauptkapital seien die Verbindungen zu Politikern und den Medien, schreibt das Internetportal Lobbypedia. Auf der Internetseite des Unternehmens ist zu lesen: »Wir bieten deutschen und internationalen Unternehmen und Verbänden sowie ausländischen Regierungen umfassende Dienstleistungen in den Bereichen Kommunikation, Pressearbeit, Wirtschafts- und Verbandspolitik, Public Affairs, Corporate Publishing und Verlags- und Redaktionsberatung.«[45] Vorsitzender der Geschäftsführung ist der ehemalige *Bild*-Reporter

Hans-Erich Bilges, was zweifellos ein Qualitätsprädikat ist. Dementsprechend prominent waren oder sind auch die Beiratsmitglieder: Hans-Dietrich Genscher, Ex-Außenminister und FDP-Ehrenvorsitzender, Dieter Stolte, Ex-Intendant des ZDF, oder der Bundestagsabgeordnete und Bundeswirtschaftsminister a. D. Michael Glos (CSU). Er sei für das Beratungsunternehmen unentgeltlich tätig, sagt er, und es gebe hier »nur zwei oder drei Mal im Jahr ein Essen«.[46] Ein wichtiger Grundpfeiler von Consultum Communications ist die Vermittlung von Gesprächen. Das hört sich so harmlos an. »Bei den Consultum Gesprächen kommen führende Vertreter von Wirtschaftsunternehmen, Regierungen, ausländischen Botschaften, Parlamentarier und Verbandsvertreter sowie Journalisten miteinander ins Gespräch.«[47] Unter den Gästen bei diesen illustren Gesprächen, zum Beispiel am 28. Februar 2009, waren Hans Jochen Henke, Generalsekretär beim Wirtschaftsrat der CDU, und Dr. Wolfgang Kischlat, Leiter des Bereichs Außenpolitik im Bundespräsidialamt, die Politiker Walther Leisler Kiep, Ehrenvorsitzender der Atlantik-Brücke, und Volker Hassemer vom Vorstand der Stiftung Zukunft Berlin sowie Dr. Gary Smith, Direktor der American Academy. Ferner Hans-Olaf Henkel, der ehemalige Präsident des Bundesverbands der Deutschen Industrie, Helmut Sendlmeier, Chairman und CEO von McCann Erickson, und Jörg Woltmann, Alleingesellschafter der Königlich Preußischen Porzellanmanufaktur, sowie zahlreiche Kommunikationschefs großer Unternehmen von Air Berlin bis Vattenfall. Dabei sind die informellen, intimen Gespräche untereinander für viele Teilnehmer wichtiger als die Vorträge selbst. Ein Spinnennetz eben.

Gespräche organisieren, um das Spinnennetz zu festigen, ist das eine. Das andere ist, wen das Unternehmen berät. Einen schönen Batzen Geld dürfte die Imagewerbung für den totalitären Staat Aserbaidschan eingebracht haben, in dem die Presse- und Meinungsfreiheit minimalste Bedeutung hat und im

Wesentlichen der Clan des Präsidenten Alijew von den Milliarden aus den reichhaltigen Ölvorkommen profitiert.[48] Für dieses Geschäft mit dem »Despoten von Baku«, wie die Bildzeitung am 23. Mai 2012 schrieb, war Michael-Andreas Butz verantwortlich, von 1992 bis 2001 Sprecher des Berliner Senats. Schließlich, so erklärte er Kritikern des Engagements für den Alijew-Clan, »gibt es selbst im demokratischen Deutschland Einschränkungen bei politischen Freiheitsrechten, wie zum Beispiel bei Demonstrationen und Meinungsfreiheiten. In diesem Zusammenhang nannte ich auch den Fall Mahler [ein verurteilter rechtsradikaler Ex-Anwalt]. [...] Und er hob hervor, dass er [Mahler] sich selbst streng genommen auch für einen politischen Gefangenen hält.«[49] Hinsichtlich der Proteste der Bürger in Baku gegen den Herrscher Alijew erklärte der Chef von Consultum Communications Hans-Erich Bilges: »Zu fragen ist, welche Motive und wer hinter den perfekt organisierten und gefilmten Demonstrationen mit in der Regel immer den gleichen wenigen Kritikern steckt.«[50] Das hat er nicht als Witz gemeint, sondern sprach aus tiefster Überzeugung. Toll für die Imagewerbung des aserbaidschanischen Regimes war sicher auch der aserbaidschanische Abend in Davos anlässlich des Weltwirtschaftsforums im Januar 2012, an dem besonders gerne die Chefs von Schurkenstaaten teilnehmen, weil sie dort hofiert werden. Über diesen aserbaidschanischen Abend schrieb das Handelsblatt: »Fünf Tage lang trifft sich auf engem und abgeschiedenen Raum die politische und wirtschaftliche Elite der Welt. Berater Bilges ist deshalb mit vor Ort, und freut sich sichtlich, als viele – rund 400 – und einflussreiche Gäste zur aserbaidschanischen Nacht (in den Schweizerhof) kommen. Deutsche-Bank-Chef Josef Ackermann und sein designierter Nachfolger Jürgen Fitschen geben sich die Ehre, Heinrich Hiesinger von Thyssen-Krupp ebenso, sowie Jürgen Großmann und Leonhard Birnbaum von RWE.«[51] Vielleicht hätten der Ex-Bild-Mann und die versammelte wirtschaftliche »Elite« einmal die Dokumentationen des Institute for Reporters' Freedom and Safety in Baku

306

über die Pressefreiheit in Aserbaidschan lesen sollen. Darin heißt es: »Die Autoritäten setzen ständig die Gewalt, Folter, Misshandlung und die illegale Verhaftung von Journalisten in eklatanter Verletzung der internationalen Menschenrechte und der Freiheit der Meinungsäußerung fort.«[52] Doch wen kümmern solche Petitessen schon? Typisch ist vielmehr folgender Vorgang: Als die in Basel ansässige aserbaidschanische Nichtregierungsorganisation Recht und Gerechtigkeit auf dubiose Machenschaften des Alijew-Clans in der Schweiz hinwies, kündigte die Baseler Kantonal Bank kurzerhand ihre Konten. Auf entsprechende Nachfragen wurde kein Grund für die Kontenauflösung genannt.[53]

Wer Erkenntnisse über die Verletzung elementarer Menschenrechte negiere, habe auch wenig Probleme, zur Imagepflege ähnlich strukturierter politischer Systeme beizutragen, wie zum Beispiel des Diktators von Weißrussland, meldete das Internetportal Lobbypedia.[54] Natürlich immer mit dem Ziel, die Diktaturen auf den Pfad der harmonischen Wirtschaftsbeziehungen zu führen. Da organisierte Consultum Communications eine Journalistenreise nach Minsk, sicher im Interesse der Regierung, die deutsche Wirtschaftsinvestitionen in Weißrussland fördern wollte. Später veranstaltete die Consultum Communications in Abstimmung mit dem Ostausschuss der Deutschen Wirtschaft des BDI im Herbst 2010 einige sogenannte Pressegespräche im Rahmen der Frankfurter Finance Week. Dabei ging es um eine, wie es der Chef der Agentur nennt, »Wirtschaftsförderungsaktion«. Der damalige Bundeswirtschaftsminister Brüderle habe zu einem verstärkten Informations- und Wirtschaftsaustausch zwischen der Bundesrepublik und Weißrussland aufgerufen. Das dient, damit liegt man sicher nicht falsch, als schamlose Legitimation, um ein totalitäres System zu hofieren. Auch Kasachstan war Kunde – ebenfalls ein diktatorisch regierter Staat. Dort herrscht seit über zwei Jahrzehnten der Familienclan des Despoten Nursultan Nasarbajew. Consultum Communications organisierte auch dorthin eine Journalistenreise.[55]

Und dann gibt es in diesem Dschungel promiskuitiver Beziehungen das Unternehmen The European Experience Company GmbH in Potsdam. Geschäftsführerin ist Petra Erler. Sie war zuvor Mitglied im Kabinett von EU-Kommissar Günter Verheugen (SPD). Im April 2010 gründete sie gemeinsam mit Verheugen ein eigenes Unternehmen, dessen Aufgaben unter anderem das Briefing von Führungskräften in öffentlichen und privaten Institutionen oder im einzelnen Unternehmen, Hintergrundanalysen und Strategieempfehlungen in europapolitischen und anderen politischen Angelegenheiten umfassen. Auf der deutschen Webseite des Unternehmens wird Günter Verheugen »ehrenamtlicher Geschäftsführer« genannt.[56] Im Firmenprofil von Hoppenstedt, einer Wirtschaftsauskunft, wird er als Geschäftsführer und mit einem 50-Prozent-Anteil als Gesellschafter des Unternehmens bezeichnet. Der Bilanz des Abschlussjahrs 2010 ist zu entnehmen, dass die GmbH eine eher magere Bilanzsumme von 199 635 Euro auswies. Etwas hämisch schrieb die *Frankfurter Allgemeine Zeitung*: »Am Mittwoch hat die Kommission nach Anhörung des mit der Prüfung von Interessenkonflikten betreuten EU-Ethikausschusses beschlossen, Verheugen bis auf weiteres jeglichen direkten Kontakt mit früheren Mitarbeitern der zuständigen Generaldirektion der Kommission zu verbieten. Außerdem darf er keine Aufträge von Kunden übernehmen, die Nutznießer der Dienststelle, zum Beispiel als Empfänger von EU-Fördermitteln waren.«[57] Seine langjährige Mitarbeiterin in der EU-Kommission und jetzige Mitgesellschafterin hingegen scheint davon nicht betroffen zu sein.

Von diesen »Beratungsfirmen« abgesehen gehören zum Spinnennetz der Macht noch exklusive Vereine, zum Beispiel das American Council on Germany (ACG), in dessen Programm zu lesen ist: »Das American Council on Germany will der nächsten Generation von Entscheidungsträgern und Meinungsführern die helfende Hand reichen, indem es Konferenzen organisiert, um sie mit transatlantischen Schlüsselthemen bekannt zu machen und um sie in die Lage zu versetzen, ein Netzwerk von Kontakten über den Atlantik zu errichten.«[58] Die diversen Akademien, Foundations und Panels betonen, unabhängig zu sein, tatsächlich werden hier die deutschen Politiker und Meinungsmacher überwiegend im Sinne neoliberaler und neokonservativer US-Interessen ausgebildet. Das ist ihr gutes Recht. Auffällig ist jedoch die Intransparenz. Einer dieser jungen Führer des ACG war der ehemalige Verteidigungsminister Karl Theodor Freiherr von und zu Guttenberg, ebenso wie Ex-Verkehrsminister Matthias Wissmann oder Friedbert Pflüger, der Ex-Staatssekretär im Verteidigungsministerium.

Ein weiteres dieser exklusiven Netzwerke ist die Deutsche Gesellschaft für Auswärtige Politik (DGAP). Sie versteht sich als das nationale Netzwerk für Außenpolitik:»Als unabhängiger, überparteilicher und gemeinnütziger Verein fördert die DGAP seit mehr als 50 Jahren die außenpolitische Meinungsbildung in Deutschland.«[59] Man kann es auch als Hirnmassage auf hohem Niveau bezeichnen. Schaut man sich die Mitgliederliste der DPAG an, findet sich dort eine Mischung aus einflussreichen Politikern, Wirtschafts- und Bankenbossen sowie Medienrepräsentanten. Dazu gehörten beziehungsweise gehören der in vielen Netzwerken auftauchende Roland Berger, der SPD-Rechte Klaus von Dohnanyi, der Unternehmer Klaus Mangold ebenso wie Friedbert Pflüger oder Günter Verheugen. Schatzmeister ist Christopher Freiherr von Oppenheim, der Top-Banker des einst ehrwürdigen Kölner Bankhauses Sal. Oppenheim.

Vor dem Ruin musste die einst größte europäische Privatbank Anfang 2010 wegen Fehlspekulationen und Milliardenverlusten von der Deutschen Bank gerettet werden.»Mit den Jahren entstand ein umfangreiches Netzwerk gegenseitiger Abhängigkeiten, mit dem Hang zum Luxus und der Lust, andere dafür bezahlen zu lassen.«[60] Christopher Freiherr von Oppenheim gehört inzwischen zu jenen Mitgliedern der einstigen Spitzenriege der Bank, die von der Staatsanwaltschaft Köln wegen Untreue angeklagt worden sind. Das Gerichtsverfahren gegen die Banker ist noch nicht eröffnet, bewiesen ist bislang überhaupt nichts, und so gilt hier natürlich die Unschuldsvermutung. Er selbst bestreitet die Vorwürfe. »Diese Anklage«, sagt der zuständige Kölner Staatsanwalt, »ist aber nur ein kleiner Ausschnitt«. Die Junge DGAP soll an dieser Stelle nicht unerwähnt bleiben. Als Nachwuchsorganisation der DGAP soll sie dem außenpolitischen Nachwuchs den Einstieg in das Netzwerk erleichtern und »richtet sich an all jene, die Interesse an internationaler Politik haben und nach Möglichkeiten suchen, nicht nur ihr Wissen in themenorientierten Veranstaltungen zu erweitern, sondern auch aktiv an der Entwicklung eines Generationendialoges teilzunehmen.«[61]

Ein »guter« Finanzinvestor und sein Spinnennetz der Macht

Besonders hehre Ziele verfolgt das Berggruen Institute, das vom milliardenschweren Investor Nicolas Berggruen, dem Besitzer der Berggruen Holdings, finanziert wird. Als er noch klein war, erzählte er in einem Interview, habe er auf der Seite der Französischen Revolution gestanden, bemühe sich aber heute um »eine ausgewogene Haltung«. Denn schließlich gebe es »nicht mehr die Fronten von Arbeitern und Bossen«. Man könnte auch sagen, seine Milliarden auf dem Konto vernebelten den Geisteszustand.

In Deutschland wurde Nicolas Berggruen einer breiten Öffentlichkeit erst bekannt, als er als Heilbringer des insolventen Kaufhauskonzerns Karstadt gefeiert wurde, als ein integrer Finanzinvestor. Im Herbst 2010 erhielt er den Zuschlag für den Konzern. Der Investor musste dabei nicht einmal Geld investieren. »Kein eigenes jedenfalls. Einen Euro hat er damals bezahlt für den Konzern, zudem fünf Millionen Euro für den Markennamen. Das Darlehen über 65 Millionen Euro, das er gab, ist längst an ihn zurückgeflossen.«[62] Und das Versprechen der Bestandsgarantie für die Arbeitnehmer ist auch nicht sicher. Mitte Juli 2012 verkündete das Kaufhaus, 2000 Stellen zu streichen. Das erinnert ein wenig an eine andere Investition in den USA, welche die beiden ZDF-Journalisten Lutz Ackermann und Christian Esser überprüft haben. Es geht um eine Ethanolfabrik in Oregon. Der Bundesstaat investierte 25 bis 30 Millionen Dollar im Jahr 2009 in die Infrastruktur, gewährte Steuernachlässe und gab einen Subventionskredit von über 20 Millionen Dollar. Knapp vier Wochen war die Firma in Betrieb, bis es technische Probleme gab. Berggruen ließ sie pleitegehen, Investitionen und Kredite sind verloren und der Landkreis hat jetzt kein Geld mehr, so dass Behörden und Gerichte freitags geschlossen bleiben.[63]

Ex-Bundeskanzler Gerhard Schröder beispielsweise sieht in ihm hingegen einen Mann, der sinnvoll investieren will. Und Schröders Parteikollege Martin Schulz, Präsident des EU-Parlaments, lobte in einem Interview sogar »die hohe politische Verantwortung« von Nicolas Berggruen.[64] Irgendwie zweifelt man am Verstand so mancher heute gefeierter Top-Politiker.

Bei der Imagepflege hilft ihm – als einem der reichsten Männer der Welt – ja noch sein intellektuelles Spielzeug, das 2009 gegründete Berggruen Institute. Auf dessen Webseite ist zu lesen: »Es gibt zahlreiche Think Tanks, die Forschung betreiben, und das machen sie auch sehr gut. Aber sie veröffentlichen Papiere und können nicht selbst dementsprechend agieren. Wir wollen beides: gute Ideen generieren und sie in der wirklichen Welt realisieren.« In einem Interview mit der *Frankfurter Allgemeinen Zeitung* wird er auf die Webseite seines Instituts angesprochen. Dort wurde darüber nachgedacht, dass sich die eher autoritär geführten asiatischen Staaten und der funktionsunfähig gewordene westliche Liberalismus austauschen und wechselseitig bereichern könnten. »Ich denke, dass der Mittelweg die Lösung sein könnte. Der Osten ist stark darin, staatliche Dienste durchzuführen und im Interesse des Ganzen harmonisch zusammenzuarbeiten. Dem liegt eine lange Tradition des auf Harmonie ausgerichteten

Konfuzianismus zugrunde.«[65] Eines seiner Projekte konzentrierte sich auf den US-Bundesstaat Kalifornien:»Ginge es nach Berggruen, dann hat er auch Ideen, wie einen unpolitischen Senat, neue Wahlgesetze und -prozesse. Und er sagt, dass man ›sich im Interesse zügiger Veränderungen auf politische Strukturen und Institutionen konzentrieren muss. Das ist das Ziel des Instituts.‹«[66]

Berggruen spricht übrigens davon, dass seinem Institut auch Gewerkschaftsführer und Bürgersprecher angehören würden, weil sie ebenfalls wichtig seien. Doch deren Namen suchte ich bis zur Manuskriptabgabe vergeblich auf der Webseite des Instituts. Dafür strotzt zum Beispiel die Rubrik »Zukunft für Europa« vor Namen führender europäischer Politiker, Ex-Politiker und Wirtschaftsführer. Dazu zählen Ex-Bundeskanzler Gerhard Schröder, der österreichische Ex-Bundeskanzler Franz Vranitzky (SPÖ) oder Guy Verhofstadt, der belgische Ex-Premierminister und Vorsitzender der liberalen Fraktion im Europäischen Parlament, Roman Prodi, der ehemalige Präsident der Europäischen Kommission, und Tony Blair, der ehemalige britische Premierminister. Außerdem gehören dazu Max von Bismarck, der Vorstandsvorsitzende der Investmentfirma SkyBridge Capital, Marek Belka, der Präsident der polnischen Nationalbank, und Mohamed A. El-Erian, Vorstandsvorsitzender von Pimco, einem der weltweit größten Fondsanbieter. Alle Politiker auf der Liste sind in ihren Heimatländern mehr oder weniger Repräsentanten der neoliberalen politischen Elite gewesen.

Auf der Liste »Zukunft für Europa« ist noch ein anderer Mann zu finden – und mit ihm rundet sich das wahre Bild dieser Denkfabrik ab: Es ist Otmar Issing, auf eine gewisse Art das personalisierte Spinnennetz der Macht. Von 1988 bis 1990 war er Mitglied des Sachverständigenrats zur Begutachtung der gesamtwirtschaftlichen Entwicklung in Berlin. Aus diesem Gremium schied er im September 1990 aus, als er ins Direktorium der Deutschen Bundesbank berufen wurde. Dort übernahm er den Posten des Chefvolkswirts. Ab 1. Juni 1998 war er eines von sechs Mitgliedern im Direktorium der Europäischen Zentralbank (verantwortlich für die Generaldirektionen Forschung und Wirtschaft) sowie deren Chefökonom. Seit dem 1. Januar 2007 ist er International Advisor der Investmentbank Goldman Sachs, von der viele sagen, sie sei ein Staat im Staat. Und dieser Mann übernahm im Oktober 2008 den Vorsitz einer Expertengruppe, die im Auftrag der Bundesregierung Vorschläge für eine Reform der internationalen Finanzmärkte erarbeiten sollte.[67]

Wie sahen in der Vergangenheit seine Netzwerke aus? Von 1987 bis 1990 war Issing Mitglied des Netzwerks Kronberger Kreis, ein Zusammenschluss wirtschaftsliberaler deutscher Hochschulprofessoren der Wirtschafts- und Rechtswissenschaften. Außerdem gehörte er dem wissenschaftlichen Beirat der wirtschaftsliberalen Denkfabrik Stiftung Marktwirtschaft an, der überwiegend wirtschaftsliberale Wirtschaftswissenschaftler angehören. Übrigens ist er seit Juni 2006 Präsident des Center for Financial Studies (CFS) an der Universität Frankfurt. CFS betreibt offiziell unabhängige und international orientierte Forschung in allen wesentlichen Themenfeldern der Finanzmärkte, Finanzinstitutionen und monetären Ökonomie: von Finanzstabilität und Bankenregulierung über Wertpapierhandel und -bewertung auf Finanzmärkten bis hin zu Portfolioentscheidungen von Haushalten, Recht und Ökonomie von Finanzorganisationen und der Geldpolitik und Ökonomie von Finanzmärkten. »Das CFS leistet, unter Verwendung relevanter Erkenntnisse aus den Forschungsbereichen, mit seiner wissenschaftlich fundierten Politikberatung einen Beitrag zu politischen Debatten und Analysen.«[68] Was die offizielle Webseite nicht verrät, ist, dass das Frankfurter CFS von den Spenden und Mitgliedsbeiträgen unter anderem von Banken, Versicherungen, Beratungsfirmen und Konzernen lebt. Da darf man, was die Unabhängigkeit angeht, doch durchaus gewisse Zweifel anmelden.

Vorstandsvorsitzender des Fördervereins des CFS ist Rolf E. Breuer, der ehemalige Chef der Deutschen Bank. Michael Spreng berichtet bis heute in seinem Blog Sprengsatz.de über einen Vorgang, den er einst miterlebte. »Mein Urerlebnis mit Top-Managern der Finanzindustrie hatte ich 2002. Damals war ich Wahlkampfmanager von Edmund Stoiber. Roland Berger hatte für Stoiber im Hotel Vier Jahreszeiten in München ein intimes Treffen mit den Vorstandschefs der größten deutschen Unternehmen arrangiert. […] Dabei waren auch zwei Vertreter der Finanzindustrie: Rolf Breuer, Chef der Deutschen Bank, und Henning Schulte-Noelle, Vorstandsvorsitzender der Allianz. Diese beiden Männer erlebt zu haben, prägt mich bis heute. Denn Breuer und Schulte-Noelle interessierten sich weder für Stoibers gesellschaftspolitische Ansichten noch für seine wirtschaftspolitischen Vorstellungen. Desinteressiert rutschten sie auf ihren Sesseln herum, bis das einzige Thema, das sie bewegte, zur Sprache kam: die von Stoiber im Fall eines Wahlsieges angekündigte Rücknahme der Steuerfreiheit von Veräußerungsgewinnen. Da wurden Breuer und Schulte-Noelle plötzlich wach. In aggressivem Ton, herrisch und arrogant forderten sie Stoiber auf, diese Ankündigung zurückzunehmen. Denn die beiden waren gerade dabei, ihre milliardenschweren Industriebeteiligungen steuerfrei zu verkaufen.«[69]

Der gemeinsame Nenner: Keine dieser Beratungsfirmen, Stiftungen, Denkfabriken, privaten Universitäten und exklusiven Gesprächsrunden setzt sich bedingungslos für die Durchsetzung der allgemeinen Menschenrechte oder die Arbeitnehmerrechte in ihren Ländern ein. Auch der Verbraucherschutz, der Kampf gegen Korruption oder strenge soziale und ökologische Kriterien haben bei ihren Investitionen keine Priorität. Ihre Themen decken vielmehr weitgehend die besonderen Interessen der Finanzindustrie und der herrschenden politischen Elite ab. Was außerdem fast alle auf die eine oder andere Weise verbindet, ist die Nähe zum Finanz- und Bankensektor der Wall Street. Dieser geballten Macht großer kapitalstarker nationaler Spinnennetze steht die Ohnmacht der überwiegenden Mehrzahl der Bevölkerung, der Arbeitnehmer und mittelständischen Unternehmen gegenüber.

Über einige Politiker und ihre Netzwerke

Nicht zu vergessen sind die vielen Politiker und Ex-Politiker, die entweder alles daran setzen, dass sich an den real existierenden Machtverhältnissen nichts ändert, oder die nun jede Gelegenheit wahrnehmen, vom Vermögen dieser wirtschaftlichen Machtelite zu profitieren. Sie lassen sich ihr politisches Machtwissen, ihre dabei aufgebauten persönlichen Beziehungen, ihre Netzwerke, die sie während ihrer politischen Karriere sorgfältig geknüpft haben, ihrem Marktwert entsprechend teuer bezahlen. Oder anders formuliert: Einst verkauften sie sich als die Vertreter der gesamten deutschen Bevölkerung, jetzt vertreten sie die Profitinteressen von Banken, Investmentfonds und Konzernen.

In diesem Zusammenhang fallen ungewöhnlich viele Namen auf. Ob Gerhard Schröder (SPD), Roland Koch (CDU) oder Josef Fischer (Die Grünen): Sie sind sicher die Prominentesten in der Gilde der Ex-Politiker, die endlich ihre eigenen Interessen wahrnehmen können und gegenüber der Öffentlichkeit keine Rechenschaft mehr ablegen müssen. Dazu zählen unter anderem auch Ex-Ministerpräsident Dieter Althaus (CDU), Vizepräsident beim Autozulieferer Magna, Hildegard Müller (CDU), Hauptgeschäftsführerin beim Bundesverband der Energie- und Wasserwirtschaft, Reinhard Klimmt (SPD), Beauftragter des Vorstands der Deutschen Bahn, Ole von Beust (CDU), Senior Advisor bei der Unternehmensberatung Roland Berger, Walter Riester (SPD), Aufsichtsrat bei Union Investment und Berater der MaschmeyerRürüp AG, Ex-Innenminister Otto Schily (SPD), Aufsichtsrat beim Sicherheitstechnologie-Anbieter Safe ID Solutions, Matthias Berninger, einst Staatssekretär im Verbraucherschutzministerium, jetzt beim Süßwarenhersteller Mars verantwortlich für die Nachhaltigkeit von Schokoriegeln. Marianne Tritz, die ehemalige grüne Bundestagsabgeordnete, führt den Deutschen Zigarettenverband; Ex-Verkehrsminister Matthias Wissmann ist zum Cheflobbyisten der Autoindustrie geworden; Florian Gerster (SPD), ehemaliger Direktor der Bundesagentur für Arbeit, wurde beim US-Beteiligungsfonds Fortress eingestellt. Rudolf Scharping, ehemaliger SPD-Vorsitzender, ist Berater bei der Private-Equity-Gesellschaft Cerberus. Cerberus trat in Deutschland vor allem durch Immobilienkäufe im großen Stil in Erscheinung. Friedrich Merz, der ehemalige stellvertretende Vorsitzende der CDU/CSU-Bundestagsfraktion, ist Partner der Anwaltssozietät Mayer, Browen, Rowe & Maw geworden. Hans-Martin Bury (SPD), ehemaliger Staatsminister im Bundeskanzleramt, war Managing Director bei der skandalumwitterten Investmentbank Lehman Brothers und dort für den Bereich Privatisierung öffentlicher Infrastruktur zuständig; nach dem Zusammenbruch der Bank wurde er 2009 Mitglied des Senior-Teams der Unternehmensberatung Hering Schuppener Consulting. Er fokussiert sich, laut Firmenwebseite des Consulting-Unternehmens, auf die »strategische Beratung und Positionierung von Unternehmen sowie Stakeholder-Kommunikation im Zusammenhang mit Kapitalmarkttransaktionen«.[70]

Vom Engagement im Ehrenamt

Das ist die eine Seite. Noch spannender für die Bürger dürfte sein, wie viele führende Politiker sich nach dem Ende ihrer politischen Karriere, finanziell gut versorgt, mit ihrem Wissen und ihren Beziehungen sozialen Institutionen oder Gewerkschaften zur Verfügung gestellt haben beziehungsweise sich dort engagieren wie zum Beispiel Heiner Geißler (CDU) bei Attac. Es gibt ja auch Netzwerke von Gewerkschaften, Basisbewegungen, Umwelt- und entwicklungspolitische Organisationen und Menschenrechtsgruppen, für die mehr politischer Einfluss für den Bestand der Demokratie dringend notwendig wäre. Meine konkrete Frage an einige ausgewählte Politiker sowie an die verschiedenen deutschen Gewerkschaften, an Caritas, Arbeiterwohlfahrt oder Paritätischen Wohlfahrtsverband war daher: Kennen Sie führende Politiker, die nach ihrer Amtsaufgabe für Gewerkschaften oder soziale Institutionen ohne Entgelt beziehungsweise mit geringer Aufwandsentschädigung gearbeitet haben?

Die angesprochenen Bundestags- beziehungsweise Landtagsabgeordneten haben prompt geantwortet. Wolfgang Kubicki, der Fraktionsvorsitzende der FDP in Schleswig-Holstein:»Ich könnte Ihnen etliche FDP-Politikerinnen und -Politiker nennen, die ganz selbstverständlich während, aber auch nach Beendigung ihrer Abgeordnetentätigkeit ehrenamtlich für soziale Organisationen tätig sind. Viele engagieren sich in den Vereinen und Verbänden in ihren Gemeinden und Kreisen direkt vor Ort – nur eben nicht unter dem Flutlicht öffentlichkeitswirksamer Scheinwerfer.« Er erwähnt die ehemaligen Landtagsabgeordneten Jens-Uwe Dankert und Günther Hildebrand:»Jens-Uwe Dankert engagierte sich seit Jahren für die Opferhilfsorganisation Weißer Ring. Günther Hildebrand ist neben seiner beruflichen Tätigkeit ehrenamtlicher Bürgermeister der Gemeinde Elterbek. Er kümmert sich in dieser Funktion auch um die Belange von Freiwilliger Feuerwehr, DRK und Kirche. Auch der ehemalige Bundesjustizminister Edzard Schmidt-Jortzig engagiert sich in vielzähligen Projekten. Er ist unter anderem Vorsitzender des Deutschen Ethikrates der Evangelischen Synode. Es gibt viele Beispiele mehr.«

Nils Schmidt, Vorsitzender der SPD Baden-Württemberg und stellvertretender Ministerpräsident von Baden-Württemberg, ist davon überzeugt, dass die meisten Abgeordneten schon während ihres Mandats Ehrenämter, darunter auch viele im sozialen Bereich, übernehmen. Der CDU-Bundestagsabgeordnete Jürgen Klimke weiß nichts Genaues:»Bürger, die ihr politisches Mandat beenden, sind frei in ihrer Berufswahl und in ihrem folgenden Engagement. Es ist wichtig, dass nach dem Mandat keine direkten Verbindungen zum neuen Beruf entstehen. Ich persönlich kenne viele Kollegen, die sich neu orientiert haben, führe darüber aber keine Liste.«

Weniger rosig sehen es jedoch die angesprochenen sozialen Institutionen und die Gewerkschaften. Claudia Beck, Pressesprecherin von Caritas: »Uns ist nichts bekannt.« Ulrich Schneider vom Paritätischen Gesamtverband schreibt, dass als ehrenamtliche Vorsitzende Barbara Stolterfoht, die ehemalige Sozialministerin des Landes Hessen, und Heide Merk, ehemalige Sozialministerin von Niedersachsen, im Gesamtverband nach Beendigung ihrer Amtszeit tätig gewesen seien, und im Paritätischen Landesverband Mecklenburg-Vorpommern sei Klaus Gollert, der ehemalige Sozialminister, als ehrenamtlicher Vorsitzender tätig. Beim Deutschen Roten Kreuz gibt es nach Angaben von Dieter Schütz, dem Pressesprecher des Deutschen Roten Kreuzes, immerhin einen einzigen Ex-Politiker, der sich ehrenamtlich zur Verfügung gestellt hat. »Zu Ihrer Anfrage kann ich Ihnen mit Blick auf den DRK-Bundesverband mitteilen: Seit 2003 ist Dr. Rudolf Seiters, ehemaliger Bundesinnenminister und ehemaliger Vizepräsident des Deutschen Bundestages, Präsident des Deutschen Roten Kreuzes.«

Dem IG-Metall-Vorstand wiederum sind gerade mal drei Politiker bekannt, die sich ehrenamtlich für die Industriegewerkschaft engagiert haben. »Es sind drei frühere Bundesarbeitsminister, die gemeinsam mit der IG Metall im Rahmen eines breiten gesellschaftlichen Bündnisses, um den Missbrauch von Leiharbeit zu stoppen, engagieren: Herbert Ehrenberg, Norbert Blüm und Walter Riester.« Von konkreter ehrenamtlicher Mitarbeit kann da aber wohl keine Rede sein, was von dem aufrechten Herbert Ehrenberg aufgrund seines Alters auch nicht erwartet werden kann. Und gerade Walter Riester hat ja genug mit seinen anderen geschäftlichen Interessen für die Finanzindustrie zu tun.

Rüdiger Stolzenberg vom DGB-Bezirk Hessen-Thüringen ist »keine einzige führende PolitikerInnen aus unserem Kreis bekannt«. Der Gewerkschaft Erziehung und Wissenschaft Baden-

Württemberg ist »nichts bekannt«. Silkor Otwein, Regionalsekretärin der DGB-Region Nordwürttemberg: »Leider fällt uns hier beim DGB Büro Heilbronn (unser regionales Betreuungsgebiet ist die Region Heilbronn, Franken und Ludwigsburg) keine einzige Person ein, die als ehemaliger Politiker sich nun sozial bzw. gewerkschaftlich engagieren würde. Schön wär's – scheint aber ne rare Spezies zu sein.« Vom DGB-Bezirk Niedersachsen-Bremen-Sachsen-Anhalt kommt eine ähnliche Antwort: »Uns sind keine führenden PolitikerInnen bekannt, die für unseren Bezirk unentgeltlich oder gegen geringen Aufwand gearbeitet haben.« Für die Eisenbahn- und Verkehrsgewerkschaft EVG lässt Hans-Peter Hurth, der Geschäftsstelleiter, mitteilen: »Von der EVG leider Fehlanzeige.«

Buckeln oder aufstehen?

Fazit: Das geballte Machtwissen von Politikern aus ihrer Regierungszeit, ob auf Landes- oder Bundesebene, ist extrem einseitig verteilt. Die weitverbreitete Wahrnehmung, dass wesentliche Leistungen der Gesellschaft wie gut bezahlte Arbeit, sichere Alters- oder Gesundheitsversorgung nicht mehr für alle da sind, habe zur Folge, dass sich viele Menschen von der Gesellschaft ausgeschlossen fühlen, so der Sozialpsychologe Professor Ernst-Dieter Lantermann von der Universität Kassel. Ähnlich sieht das Erhard Eppler, der ehemalige Vorsitzende der SPD-Grundwertekommission. Er verweist darauf, dass drei Viertel der Deutschen der Ansicht seien, die Politik in ihrem Land sei ungerecht, und kommentiert das mit den Worten: »Das hält keine Demokratie aus.«[71] Der Vater der Katholischen Soziallehre, Professor Oswald von Nell-Breuning, feierte seinen hundertjährigen Geburtstag, als er rückblickend sagte:»Vielleicht braucht es einhundert Jahre, damit sich in der Gesellschaft wirklich etwas zum Positiven hin ändert.«

Aber wollen die Menschen wirklich noch so lange warten? Die Bürger erleben stetige ethische Verfallsprozesse und eine politische und wirtschaftliche Elite, die auf die eine oder andere Art und Weise Komplizen geworden sind. Sie erfahren, dass sich korrupte Allianzen zwischen einzelnen Machtcliquen in Politik und Wirtschaft sowohl in Deutschland wie in Europa gebildet haben, denen jegliche demokratische Legitimation fehlt. Da stellt sich zwangsläufig die Frage, wann die Verantwortlichen für die Vernichtung gesellschaftlichen Vermögens und die Zerstörung der Lebenschancen ganzer Generationen endlich zur Rechenschaft gezogen werden.

Immerhin engagieren sich inzwischen immer mehr Bürger, sie sind das Warten leid. Zum Beispiel das Bündnis Umfairteilen, in dem sich über 300 sozial und politisch engagierte Organisationen, von Gewerkschaften über Parteien, Wohlfahrtsverbände, Migrantenverbände bis hin zu Attac, zusammengeschlossen haben. In über vierzig Städten gingen Ende September 2012 über 40 000 Menschen auf die Straße, um ihre Wut über Sozialabbau und Ungerechtigkeit öffentlich zu machen. Allein in Bochum demonstrierten über 6000 Menschen, in Köln über 4000. Rechtsanwalt Markus Schollmeyer, Leiter des Instituts für Gerechtigkeitsforschung, erklärte: »Der Eindruck, dass die Profite der Banken und die Wirtschaft im Allgemeinen vor den Menschen und ihren Bedürfnissen stehen, wird in allen Bevölkerungsschichten immer stärker und führt zu einem Gefühl der Ohnmacht, das nun allmählich in Wut umschlägt und ein Ventil sucht.«[72]

Was wird wohl geschehen, wenn eines Tages nicht 40 000, sondern 400 000 Bürger auf die Straße gehen? An dieser Stelle will ich noch einmal die Worte von Gesine Schwan wiederholen, die für diese Aussage heftig kritisiert worden ist: »Ich habe schon vor Jahren zwar nicht soziale Unruhen als kollektive Aktion sozusagen vorhergesagt, wohl aber, dass die Wut bei denen sich steigern wird, die sich als hoffnungslos abgehängt betrachten.« Wolfgang Hetzer, ein ehemaliger hoher Beamter aus Brüssel und Buchautor, prophezeit denn auch inzwischen bei seinen Vorträgen bei der Polizei:»Wenn die von der internationalen Ökonomie erzielten Profite nicht gleichmäßiger und gerechter verteilt werden, dann müssen sich die Nationen dieser Erde auf einen Ansturm der Gewalt gefasst machen, der das 20. Jahrhundert noch friedlich erscheinen lässt.« Denn, so sieht es auch der Soziologe Ulrich Beck:»Wir befinden uns in einem schwierigen historischen Augenblick.« Und er bezieht sich dabei auf die Definition des Begriffs Krise des italienischen Philosophen Antonio Gramsci.»Demnach ist die Krise der Moment, in dem die alte Weltordnung abstirbt und eine neue gegen Widerstände und Widersprüche erkämpft werden muss. Genau das erleben wir heute.«[73]

Oder kommt es am Ende ganz anders, weil niemand weiß, wie eine neue Weltordnung einmal aussehen könnte und die internationalen wie nationalen Spinnennetze der Macht jeglichen Widerstand gegen das real existierende Herrschaftssystem im Keim ersticken werden, so wie es jetzt bereits in Spanien, Portugal, Italien oder Griechenland höchst effizient praktiziert wird? Es war im Jahr 1978, als der Dramatiker Heiner Müller in seinem Revolutionsstück *Der Auftrag* schrieb:»Die Welt wird, was sie war. Eine Heimat für Herren und Sklaven.«[74] Die Herren haben sich inzwischen trotz aller Proteste, Demonstrationen und Streikmaßnahmen in Europa und in Deutschland etabliert und scheinen unangreifbar. Heiner Müller ging im gleichen Stück zuvor auf die befreiten Sklaven ein:»Auf Barbados ist ein Plantagenbesitzer erschlagen worden zwei Monaten nach der Aufhebung der Sklaverei. Sie kamen zu ihm, seine Befreiten. Sie gingen auf den Knien wie in der Kirche. Und weißt du, was sie wollten? Zurück in die Geborgenheit der Sklaverei.«[75] Lassen wir uns also überraschen. Und hoffen wir im Interesse künftiger Generationen, dass Heiner Müller nicht recht behält.

Anhang

Zertrümmerte Hoffnungen: eine Einleitung

1 NDR Info, 11. August 2011.
2 Wilhelm Heitmeyer: »Wutgetränkte Apathie«, *Der Spiegel*, 3. April 2010.
3 www.solidarische-moderne.de/de/article/304.ein-neuer-modus-des-politischen-antworten-auf-die-demokratiekrise.html.
4 Bernd Greiner, zitiert nach Detlef Grumbach: »Re-Feudalisierung und Privatisierung der Macht«, dradio.de, 2. Juni 2010.
5 Zitiert nach Andreas Zielcke: »No-Go-Area am oberen Ende«, *Süddeutsche Zeitung*, 7. Oktober 2010, S. 13.
6 Bundeskanzler war Gerhard Schröder.
7 *Der Spiegel*, 4. März 2009.
8 http://de.wikipedia.org/wiki/Initiative_Neue_Soziale_Marktwirtschaft.
9 *Plusminus*, ARD, 13. Oktober 2005.
10 Geoffrey Geuens: »Die Absahner«, *Le Monde diplomatique*, 8. Juni 2012.
11 Hans Herbert von Arnim: *Das System. Die Machenschaften der Macht*, München 2001, S. 19.
12 Christine Bauer-Jelinek: Gespräch, Salzburg, 9. Oktober 2012.
13 Colin Crouch: *Das befremdliche Überleben des Neoliberalismus*, Berlin 2011, S. 221.
14 Der Begriff bedeutet die Einhaltung gesetzlicher Bestimmungen, regulatorischer Standards und der durch das Unternehmen selbst bestimmten ethischen Standards und Anforderungen.
15 Bernd Klees: »Wirtschaftsethik der Globalität«, http://prof-dr-bernd-klees.de/page5.php.
16 Wolfgang Kersting: *Kritik der Gleichheit. Über die Grenzen der Gerechtigkeit und der Moral*, Weilerswist 2002, S. 297.

Das Demokratieprinzip oder Eindrücke über die verschiedenen Spinnennetze der Macht

1 Uwe Krüger, zitiert nach Detlef Grumbach: »Re-Feudalisierung und Privatisierung der Macht«, dradio.de, 2. Juni 2010.

2 Jan-Eric Peters, *Die Welt*, 11. November 2012.

3 Deutscher Bundestag: Plenar-Protokoll, 17. Wahlperiode, 163. Sitzung, Berlin, 2. März 2012.

4 *Der Spiegel* 14/2011, S. 79.

5 www.freitag.de/autoren/der-freitag/die-zocker-von-der-kieler-forde.

6 Christoph Giesen, Susanne Hofmann, Klaus Ott:»Zitronen, die süchtig machen«, *Süddeutsche Zeitung*, 13. Oktober 2012.

7 Ebd.

8 www.abgeordnetenwatch.de, 18. September 2012.

9 www.proplanta.de/Agrar-Nachrichten/Agrarpolitik/Kauder-ist-Bier-Botschafter-des-Jahres_article1272014102.html.

10 Geschäftszeichen III B 7 – V 2544/10/1001.

11 Klaus Ott:»Eintracht im Stadion«, *Süddeutsche Zeitung*, 4. Juni 2012.

12 Grit Hartmann, Uwe Müller, *Die Welt*, 30. Okt8ober 2007, S. 4.

13 www.landtag.sachsen.de/de/abgeordnete_fraktionen/abgeordnete/abgeordneter.do/870.

14 *Leipziger Volkszeitung*, 27. August 2012.

15 www.grk-golf-charity-masters.de.

16 »Die Wahrheit des Utz Claassen«, *Die Zeit*, 2. August 2012, S. 24.

17 Gespräch mit dem Autor, Salzburg, 9. Oktober 2012.

18 www.stroebele-online.de/upload/parteispenden_bericht.pdf, S. 96.

19 »Bewertung durch den Untersuchungsausschuss ›Parteispenden‹ der 14. Wahlperiode«, Berichterstatter Joachim Stünker (SPD), Gabriele Fograscher (SPD), Hans-Christian Ströbele (Bündnis 90/Die Grünen), Berlin, 11. Juni 2002, S. 78.

20 Michael Jürgs:»Das Schweigen«, *Frankfurter Allgemeine Sonntagszeitung*, 19. August 2012.

21 *Süddeutsche Zeitung*, 5. Dezember 2012.

22 *Welt online*, 30. Juni 2012.

23 www.zeit.de/2012/29/Gerhard-Schroeder.

24 Ebd.

25 *Spiegel online*, 28. September 2012.

26 Christian Siedenbiedel:»Bankenschreck?«, *Frankfurter Allgemeine Sonntagszeitung*, 30. September 2012.

27 http://martinschledde.wordpress.com/2008/01/14/der-politikskandal-2007.

28 *Frankfurter Allgemeine Zeitung*, 8. August 2012.

29 *Frankfurter Rundschau*, 22. August 2012.

30 Jakob Augstein, *Spiegel online*, 1. Oktober 2012.

31 *Der Tagesspiegel*, 23. Juli 2012.

32 *Frankfurter Rundschau*, 13. August 2012.

33 *Neue Zürcher Zeitung*, 26. Juli 2012.

34 Deutscher Bundestag: Plenar-Protokoll, 17. Wahlperiode, 188. Sitzung, Berlin, 29. Juni 2012.

35 www.frei-gesagt.de/2010/03/die-kraft-der-politischen-bewegung.

36 www.frei-gesagt.de/?s=Fiedler.

37 Ebd.

38 http://pressemitteilung.ws/node/178813.

39 *Braunschweiger Zeitung*, 15. November 2009.

40 *Stuttgarter Zeitung*, 25. Juli 2011.

41 Volker Hildisch: »Eine national-liberale Spielgemeinschaft«, *Stuttgarter Zeitung*, 25. Juli 2010.

42 Vgl. *Die Tageszeitung*, 11. Juli 2011.

43 www.frei-gesagt.de/2010/04/aufbruch-in-die-freiheit-deutschland-braucht-einen-echten-dritten-weg.

44 www.frank-franz.de/about.

45 www.endstation-rechts.de/index.php?option=com_k2&view=item&id=7052:npd&Itemid=387.

46 www.skylla.at/impressum.html.

47 http://tomrohrboeck.at/impressum.

48 http://tomrohrboeck.at/2012/04/20/florian-rentsch-neuer-hessischer-wirtschaftsminister.

49 http://www.frei-gesagt.de/2012/01/herr-stadler-was-ist-mit-dem-euro/stadlertom.

50 http://tomrohrboeck.at/2011/08/23/vsp-financial-services-mehr-als-gold-und-silber.

51 www.frei-gesagt.de/2012/09/bayerischer-abend-der-fairvesta-immobilienhandelsgruppe.

52 Fonds & Co., 1. Mai 2009, S. 24.

53 www.hr-online.de/website/rubriken/kultur/index.jsp?rubrik=5984&key=standard_document_46472759.

54 Hessischer Verwaltungsgerichtshof: Urteil, Rz. 301, 11 C 227/08.T, 21. August 2009.

55 Marc Widmann: »Bis über beide Ohren wütend«, *Süddeutsche Zeitung*, 20. Dezember 2011.

56 www.projektwerkstatt.de/gen/konzerne.htm.

57 www.prwatch.org/prwissues/1996Q1/silicone10.html.

58 *The Guardian*, 8. Januar 2012.

59 Marta Gurvich: »Argentina's Dapper State-Terrorist«, *The Consortium Magazine*, 19. August 1998.

60 *Frankfurter Rundschau*, 21. Februar 2012.

61 »Bewertung durch den Untersuchungsausschuss ›Parteispenden‹ der 14. Wahlperiode«, Berlin, 11. Juni 2002, S. 118.

62 *Welt online*, 15. Juli 2012.

63 www.civil.bilfinger.com/de/Verkehrswegebau/Referenzen/Flughaefen/Structure-Doc/Flughafen-Frankfurt-Main-Landebahn-Nordwest.

64 Jens Berger: www.spiegelfechter.com/wordpress/4396/vom-schwarzen-landesfursten-zum-mietkoch.

65 Pit von Bebenburg, Matthias Thieme: »Kameraden an der Macht«, *Frankfurter Rundschau*, 27. August 2010.

66 Christian Bommarius, *Frankfurter Rundschau*, 18./19. August 2012.

Das Rechtsstaatsprinzip oder die Zerstörung des Vertrauens in den Rechtsstaat

1 www.stern.de/politik/deutschland/nsu-untersuchungsausschuss-eklat-um-neue-mad-akte-1892924.html, 11. September 2012.

2 Marcus Hammerschmidt: »Schalldämpfer«, *Telepolis*, 30. Juli 2012.

3 Antrag der CDU-Fraktion: Äußerungen von Ministerin Öney über einen »Tiefen Staat« in Deutschland, Landtag von Baden-Württemberg, Drucksache 15/1809, 11. Juni 2012.

4 www.institut-fuer-gerechtigkeitsforschung.de/pressemitteilungen/580-das-drama-von-dachau-die-gefahr-der-wiederholung.html.

5 Schreiben des Bundesvorstands der Neuen Richtervereinigung an Thomas Hammarberg, Menschenrechtskommissar des Europarats, 21. November 2006.

6 Neue Richtervereinigung, Hessen: Presseerklärung, 28. Oktober 2010.

7 Neue Richtervereinigung, Mecklenburg-Vorpommern: Presseerklärung, 1. Februar 2011.

8 Neue Richtervereinigung: Presseerklärung, 21. November 2006.

9 Ulrich Sommer: Auszug aus Verfassungsbeschwerde, Zeichen 1038/07S07.

10 Neue Richtervereinigung: Presseerklärung, 21. November 2006.

11 Wolfgang Hetzer: »Kapitalisten oder Kapitalverbrecher?« *Die Kriminalpolizei* 1/2012, S. 14.

12 http://stiftung-zivilcourage.de/preistraeger.html.

13 www.kanzlei-lewkowitz.de/index.html.

14 *Mitteldeutsche Zeitung*, 27. Oktober 1999.

15 *Chemnitzer Morgenpost*, 18. Dezember 2003.

16 *Bildzeitung*, Leipzig, 27. Juni 2011.

17 www.investmentpresse.de/?p=61795.

18 Antwort des Sächsischen Staatsministeriums der Justiz auf den Antrag der PDS-Fraktion vom 30. November 2000.

19 Steffen Könau: »Störenfried im Fadenkreuz«, *Mitteldeutsche Zeitung*, 16. Juli 2002.

20 www.spiegel.de/politik/deutschland/a-90341.html.

21 *Der Spiegel*, 28. August 2000.

22 *Die Welt*, 25. August 2000.

23 Ebd.

24 *Der Spiegel*, 2. April 2001.

25 »Filz und Korruption der CDU in Sachsen. Eine Dokumentation der SPD-Landtagsfraktion«.

26 15. Tätigkeitsbericht des Sächsischen Datenschutzbeauftragten, Sächsischer Landtag, 31. März 2011.

27 *Sächsische Zeitung*, 8. Oktober 2010.

28 www.l-iz.de/Wirtschaft/Metropolregion/2010/12/Sondersitzung-zur-Sachsen-LB.html.

29 Sandro Poggendorf, Alexander Roth:»Verantwortliche Politiker bewusst vor Regress geschützt«, *MDR-exakt*, 6. Juni 2012.

30 Ebd.

Das lähmende Klima der Angst:
Sittenbild eines Bundeslandes

1 *Sächsische Zeitung*, 16. September 2011.

2 Andreas Förster:»Machtbewusste Spitzenbeamtin«, *Berliner Zeitung*, 22. Februar 2010.

3 *Der Spiegel*, 4. Mai 2009.

4 Gespräch des Autors mit Karl Nolle.

5 *Der Spiegel*, 1. August 2011, S. 25.

6 *Süddeutsche Zeitung*, 29. Juli 2011.

7 Schreiben von Rechtsanwalt Johannes Eisenberg, Berlin, 23. Januar 2011: Antrag die Eröffnung des Hauptverfahrens abzulehnen.

8 Ebd.

9 *Focus*, 4. Juni 2007.

10 *Frankfurter Allgemeine Zeitung*, 29. April 2008.

11 *Frankfurter Allgemeine Zeitung*, 1. Mai 2008.

12 Bernhard Honnigfort, *Frankfurter Rundschau*, 20. Juni 2009.

13 Pressemitteilung des Bundesgerichtshofs, Karlsruhe, 31. Mai 2006.

14 *Frankfurter Allgemeine Zeitung*, 25. August 2007.

15 Sächsischer Landtag: Protokoll des 2. Parlamentarischen Untersuchungs-ausschusses, 15. Februar 2012.

16 *Die Tageszeitung*, 6. Juni 2007.

17 *Focus*, 6. August 2007.

18 Sächsischer Landtag: Stenographisches Protokoll des 2. Parlamenta-rischen Untersuchungsausschusses, Vernehmung Simone Henneck, 26. Januar 2009, S. 55.

19 *Frankfurter Rundschau*, 27. Januar 2009.

20 Sächsischer Landtag: Stenographisches Protokoll des 2. Parlamentari-schen Untersuchungsausschusses, 26. Januar 2009, S. 19.

21 Presseagentur DAPD, 20. Juni 2012.

22 Ebd., S. 11.

23 Sächsischer Landtag: Stenographisches Protokoll des 2. Parlamentari-schen Untersuchungsausschusses, 26. Januar 2009, S. 10.

24 www.dradio.de/dlf/sendungen/dlfmagazin/1020598.

25 *Frankfurter Rundschau*, 5. Juli 2007.

26 Andreas Förster, *Berliner Zeitung*, 25. Februar 2009.

27 Sächsisches Oberverwaltungsgericht: Beschluss, 2 B 78/11, S. 10.

28 Andreas Förster: »Gericht wühlt Sachsensumpf auf«, *Berliner Zeitung*, 11. April 2012.

29 Sächsischer Landtag: Stenographisches Protokoll des 2. Parlamentari-schen Untersuchungsausschusses, 27. Juni 2012.

30 Andreas Förster: »Leipzig: Skandal um ›herrenlose Grundstücke‹«, *Frankfurter Rundschau*, 10. Mai 2012.

31 Rechtsanwalt Christian Braun: Schreiben an den Dresdner Oberstaats-anwalt Schwürzer, 10. April 2008.

32 Rechtsanwältin Constanze Dahmen: Schreiben an Oberstaatsanwalt Schwürzer, 20. Februar 2008.

33 Vermerk vom 13. Februar 2008, Aktenzeichen 900 AR 10246/07.

34 *Frankfurter Rundschau*, 16. April 2010.

35 Johannes Lichdi: Presseerklärung, 13. August 2010.

36 *ZAPP*, NDR, 18. August 2010.

37 Sächsischer Richterverein: *Info* 3/2007, S. 5.

38 Schreiben vom Landgericht Dresden, Strafabteilung, 20. November 2012.

39 *Leipziger Volkszeitung*, 11. Dezember 2012.

40 Abschlussbericht, Prüfgruppe der Polizei, 5. April 2008, S. 4.
41 Ebd., S. 42.
42 Zeugenvernehmung von Angela Wittig, Bd. VIII, Blatt 143, 7. Januar 2000.
43 *Der Spiegel*, 31. Mai 2010.
44 www.welt.de/politik/article3616480/Hassfigur-der-Sachsen-CDU-im-Visier-der-Justiz.html.
45 *Frankfurter Rundschau*, 10. Dezember 2012, S. 4.
46 www.nrv-net.de/main.php?id=151&vo_id=461&lv_id=10.
47 *Sächsische Zeitung*, 7. März 2012.
48 Beschluss Landgericht Hamburg, 436 VRs3800/07 – Rostock –, 4. März 2010.
49 Auszüge aus dem Beschluss des Landgerichts Hamburg, 4 März 2010, Aktenzeichen 436 Vrs 3800/07, Rostock.

Die kriminelle Organisation, ein Justizirrtum und die hohe Politik

1 Name geändert.
2 Name geändert.
3 »Nach Israel verschoben«, *Der Spiegel*, 22. Januar 2001.
4 *Handelsblatt*, 30. November 2010.
5 www.honorarkonsulatrussland.de.
6 *Manager Magazin online*, 15. April 2008.
7 *Die Presse*, 10. Juli 2012.
8 *Handelsblatt*, 23. Oktober 2002.
9 *Neue Zürcher Zeitung*, 3. März 2012.
10 www.aktiencheck.de/forum/_rohstoffe/258186/thread/?page=-1.
11 *Börsen-Zeitung*, 29. August 2012, S. 9.
12 www.gruene.at/blog_portal.
13 *Der Standard*, 4. Juli 2012.
14 www.peterpilz.at/2009-07/peter-pilz-tagebuch.htm«t_08.
15 www.tagesanzeiger.ch/wirtschaft/unternehmen-und-konjunktur/Der-Revolutionaer-mit-Steuerdomizil-Zug/story/25875054.
16 Ebd.
17 www.spiegel.de/wirtschaft/polit-filz-herr-stronach-kauft-sich-oester-reich-a-255619.html.
18 *Der Standard*, 5. Januar 2013.
19 Ordner V 9, Az: 210 Js 68101/06.

20 Docket Nr.: 00 Civ. 9627.

21 Russian Organised Crime, Threat Assessment: File Nr. 2520-31, Den Haag, 6. September 2001, S. 49.

22 Bundesamt für Polizei: *Bericht Innere Sicherheit der Schweiz 2001*, Bern, Juli 2002, S. 57.

23 Bundesgerichts Lausanne: Urteil, 6B-581/2007, 9. Januar 2008.

24 5. Große Strafkammer des Landgericht Stuttgart: Urteil, 5 KLs201 JS 68101/06, S. 32.

25 Der Geldwäscheparagraph 261, Absatz 8, Strafgesetzbuch, bezieht sich auf das Waschen von Geld oder anderen Gegenständen, die aus einer im Ausland begangenen Anknüpfungstat im Sinne von Paragraph 261, Absatz 1, herrühren, wenn die Tat auch am Tatort mit Strafe bedroht ist.

26 Zitiert nach Kai Laufen: »Die Unterwelt: Was tun gegen die organisierte Kriminalität?« *SWR 2*, 23. Juni 2012.

27 Ebd.

28 http://izrus.co.il/oligarhi/article/2011-01-24/13203.html.

29 Aktenzeichen 2 BvR 347/11.

30 http://dejure.org/gesetze/StPO/380.html.

31 Zitiert nach Professor Bernd Klees, in: Wirtschaftsethik der Globalität, www.prof-dr-bernd-klees.de/page5.php.

Über Behördenwillkür und die Psychiatrie

1 Zitiert nach Gesellschaft für Ethik in der Psychiatrie: *Rundbrief*, Garmisch-Partenkirchen, Juli 2011.

2 *Report Mainz*, ARD, 13. Dezember 2011.

3 Michael Kasperowitsch, *Nürnberger Nachrichten*, 7. März 2012.

4 www.gustl-for-help.de.

5 *Nürnberger Nachrichten*, 14. Dezember 2011.

6 Melanie Longerich: »Kampf um Rehabilitation. Whistleblower in Deutschland«, *Deutschlandfunk*, 12. November 2010.

7 Staatsanwaltschaft Nürnberg-Fürth: E-Mail, 10. September 2012.

8 Name geändert.

9 Michael Kasperowitsch, *Nürnberger Nachrichten*, 16. Dezember 2011.

10 *tz München*, 15. Dezember 2011.

11 *Die Welt*, 26. November 2012.

12 Michael Kasperowitsch, *Nürnberger Nachrichten*, 9. März 2012.

13 *Süddeutsche Zeitung*, 14. November 2012.

14 HypoVereinsbank: Sonderrevisionsbericht, Prüfungsnummer 20546, 19. März 2003, S. 18.

15 »Bericht der Bayerischen Staatsministerin der Justiz zu dem Dringlichkeitsantrag der Abgeordneten Hubert Aiwanger u. a.«, *Landtagsdrucksache* 16/10732, 8. März 2012, S. 27.

16 Michael Kasperowitsch: »Würde von Ferdl G. mit Füßen getreten«, *Nürnberger Nachrichten*, 1. November 2012.

17 *Süddeutsche Zeitung*, 14. November 2012.

18 www.spiegel.de, 13. Dezember 2012.

19 www.zeit.de, 14. Dezember 2012.

20 www.sueddeutsche.de/bayern/verteidiger-im-wiederaufnahmeverfahren-rechtsanwalt-strate-vertritt-gustl-mollath-1.1555167.

21 http://blog.delegibus.com/2012/12/14/fall-mollath-wenn-die-welle-des-journalismus-bricht/.

22 Name geändert.

23 Name geändert.

Das Spinnennetz der Bankenmacht

1 www.anti-bank.com/immobetrug.

2 Ein Rechtswissenschaftler, der Ende des 19. Jahrhunderts das heutige BGB mitgestaltete, aber erhebliche Kritik an der fehlenden sozialen und ethischen Funktion des BGB hatte und später versuchte, diese durch Deutungen in das Gesetz einzubringen.

3 Festschriftbeitrag, *Festschrift für Herbert Schimansky*, Köln 1999, S. 281 ff.

4 http://archiv.jura.uni-saarland.de/Entscheidungen/pressem99/BGH/nobbe.html.

5 Günter Buchholz, Theresa Blattmann: »Die IKB-Krise«, *Arbeitspapier* 04-2011, Abteilung Wirtschaft, Fachhochschule Hannover.

6 *Süddeutsche Zeitung*, 13. Oktober 2010.

7 *Reuters*, 26. März 2009.

8 www.bks-ev.de.

9 Am häufigsten vertreten ist die damalige Bayerische Hypotheken- und Wechselbank AG, aber auch alle anderen Groß- und Hypothekenkreditbanken, große Bausparkassen und Ratenkreditbanken waren beteiligt, ebenso einige Sparkassen und Volksbanken.

10 Hier zunächst vereinfacht zum Beispiel: »Beim Realkredit gibt es kein ›verbundenes Geschäft‹.«

11 *Der Spiegel*, 5. Juni 1995.

12 Dominic Eggizi: »Beraten und verkauft? Milliardengeschäft Vermögens-
    beratung«, *ZDF*, 17. Juli 2012.
13 Wolfgang Dahm: *Beraten und verkauft. Die Methoden der Strukturver-
    triebe*, Wiesbaden 1996.
14 www.bverfg.de/entscheidungen/rk20040218_1bvr212198.html.
15 Wolfgang Dahm: Beraten und verkauft, S. 36.
16 Ebd., S. 40.
17 http://lobbypedia.de/index.php/Deutsche_Vermögensberatung.
18 Laut Konzerngeschäftsbericht 2011 der Deutsche Vermögensberatung.
19 Zitiert nach *Handelsblatt*, 3. September 2000.
20 Robert Leicht: »Ein Abgrund an Aktenverrat«, *Die Zeit*, 29. Juni 2000.
21 Ingo Blank, Wolfgang Huhn: *Der falsche Traum vom großen Geld*, WDR,
    15. Oktober 2009.
22 »Außenminister hielt Vortrag bei FDP-Großspender«, www.abgeord
    netenwatch.de, 26. November 2010.
23 Ebd.
24 www.carsten-sieling.de/presse/334-nullnummer-anlegerschutzgesetz.
    html.
25 E-Mail von Carsten Sieling, 28. September 2012.
26 http://lobbypedia.de/index.php/Deutsche_Vermögensberatung.
27 www.badenia.de/badenia/kooperationspartner/deutsche-vermoegens
    beratung-ag.

Die potemkinschen Dörfer der Inneren Sicherheit

 1 Der ortsansässige 'Ndrangheta-Clan.
 2 Comando Regionale Carabinieri Liguria, Direzione Distrettuale Crimi-
    nalità di Genova: Prot. 15/488-2011, Genua, 16. Juli 2011.
 3 Das ist die Basisorganisation der 'Ndrangheta in Kalabrien selbst, der
    herrschende Familienclan.
 4 *Süddeutsche Zeitung*, 10. November 2012.
 5 Gespräch des Autors mit Günther Hermann, 22. November 2012.
 6 *Märkische Oderzeitung*, 24. Oktober 2012.
 7 *Der Kriminalist*, 10/2011, S. 36.
 8 *Der Kriminalist* 7–8/2012, S. 49.
 9 *Süddeutsche Zeitung*, 29. November 2007.
10 www.cedrusinvestments.com/the_firm.html.
11 www.wirtschaftsspiegel.com/artikelseite-2012-06/articles/neues-vom-
    muellskandal-in-sachsen-anhalt.

12 www.cornelia-lueddemann.de/2012/07/03/korruption-ist-der-anfang-vom-ende-demokratischen-handelns/.

13 *Mitteldeutsche Zeitung*, 29. November 2012.

14 Arndt Ginzel, u.a.: *Frontal 21*, ZDF, www.who-owns-the-world.org/2007/10/30/sa-privat-korrupt.

Abschied vom Sozialstaatsprinzip

1 *Armut- und Reichtumsbericht 2012* der Bundesregierung, zitiert nach Verdi: *Publik* 07/2012, S. 11.

2 *Spiegel online*, 25. Oktober 2012.

3 *Sueddeutsche.de*, 17. Mai 2010.

4 www.uni-kassel.de/uni/universitaet/nachrichten/article/grosse-teile-der-bevoelkerung-fuehlen-sich-sozial-ausgeschlossen.html.

5 www.sonntagsblatt-bayern.de, 15. Juli 2012.

6 *Süddeutsche Zeitung*, 14. März 2012.

7 Presseerklärung Die Linke, Saar, 28. November 2012.

8 Friedrich Engels: *Die Lage der arbeitenden Klasse in England*, Berlin 1976, S. 73.

9 *Saarbrücker Zeitung*, 8. Oktober 2012.

10 www.tafel.de/die-tafeln.html.

11 Walter Wüllenweber: *Die Asozialen. Wie Ober- und Unterschicht unser Land ruinieren – und wer davon profitiert*, München 2012.

12 Ebd., S. 76.

13 Kai F. Schade: »Falsch verteilter Reichtum«, Verdi, *Publik*, Juni 2011.

14 Herbert J. Gans: »The Positive Functions of Poverty«, *American Journal of Sociology* 78/2, September 1972, zitiert nach Gerhard Schäuble: *Theorien, Definitionen und Beurteilung der Armut*, Berlin 1984, S. 92.

15 Zitiert nach *Soziale Solidarität. Argumentationsleitfaden der IG Metall*, Frankfurt a. M. 1978, S. 3.

16 Georg Schneider: *Das Dossier. Hintergründe aus Wirtschaft und Politik* VI/2-77.

17 http://web.ard.de/media/pdf/radio/radiofeature/sklavenmarkt_sende manuskript.pdf.

18 Peter Hartz: *Macht und Ohnmacht*, Hamburg 2007, S. 207.

19 Ebd., S. 197.

20 Christoph Butterwegge: »Auf dem Weg in eine andere Republik«, *Der Freitag*, 20. Februar 2012.

21 Ebd.

22 *Die Welt*, 15. September 2008.

23 www.sozialleistungen.info/news/13.09.2008-friedrich-merz-cdu-verteidigt-132-euro-regelsatz-studie.

24 *Frankfurter Rundschau*, 26. Oktober 2011.

25 Wilhelm Heitmeyer (Hg): *Deutsche Zustände*, Berlin 2011, S. 131.

26 *Spiegel online*, 20. November 2012.

27 *Spiegel online*, 16. Oktober 2012.

28 Ebd.

29 www.bverfg.de/pressemitteilungen/bvg10-005.html.

30 www.gegen-hartz.de.

31 www.philosophicum.com/philosophicum/philosophicum.html.

32 www.hanshoppe.com/about.

33 www.hanshoppe.com/wp-content/uploads/media/hoppe%20philoso phicum%20lech%202010%20-2.mp3.

34 Hans-Hermann Hoppe. »Im Gespräch«, *Schweizer Monatshefte* 982, Dezember 2010, S. 47.

35 www.sprengsatz.de/?p=3711.

36 www.newscientist.com/article/mg21228354.500-revealed—the-capita list-network-that-runs-the-world.html.

37 http://arxiv.org/PS_cache/arxiv/pdf/1107/1107.5728v2.pdf.

38 *Die Welt*, 26. Oktober 2011.

39 www.spd.de/profil/4173/blog/merkels-unwort-des-jahres-die-markt konforme-demokratie-der-kanzlerin.

40 http://prof-dr-bernd-klees.de/page4.php.

41 Ulrike Winkelmann: »Auf Du und Du«, *Der Freitag*, 14. April 2011.

42 www.wmp-ag.de/netzwerk.php.

43 Siehe www.Abgeordnetenwatch.de, 9. Oktober 2012.

44 www.wiese-consult.com/de/unternehmen/team/partner/dr-gerd-andres.

45 www.consultum.de/index.php?de_das_unternehmen.

46 *Mainpost*, 10. Oktober 2012.

47 www.consultum.de/index.php?id=117,0,0,1,0,0.

48 www.haqq-adalet.com/de/activities/news/178-beynelxalq-haqq-ve-edalet-assosiasiyasinin-beyanati.html.

49 Michael-Andreas Butz: Leserbrief, *Der Spiegel* 3/2012, S. 11.

50 *Berliner Morgenpost online*, 26. Mai 2012.

51 Tanja Kewes: »Oh, wie schön ist Aserbaidschan«, *Handelsblatt online*, 29. Januar 2012.

52 »Azerbaijan's Critical Voices in Danger«, Semi-annual Azerbaijan freedom of expressions report, 1. Januar bis 1. Juli 2012, S. 28.

53 Vgl.   www.tageswoche.ch/de/2012_51/basel/493918/basler-kantonal bank-setzt-ngo-vor-die-tuer.htm.

54 http://lobbypedia.de/index.php/Consultum_Commnications.

55 http://meedia.de/print/steinbruecks-dubiose-pr-connection/2012/10/10.html.

56 www.european-experience.de.

57 *Frankfurter Allgemeine Zeitung*, 2. Februar 2011.

58 www.acgusa.org/about2.php?pagename=Young+Leaders+Programs &subpagename=American-German+Young+Leaders+Conference.

59 https://dgap.org/de/think-tank/ueber-uns.

60 *Süddeutsche Zeitung*, 23. Dezember 2011, S. 21.

61 https://dgap.org/de/gesellschaft/junge_dgap.

62 Bettina Weiguny: »Die Entzauberung des Nicolas B.«, *Frankfurter Allgemeine Sonntagszeitung*, 22. Juli 2012.

63 Lutz Ackermann, Christian Esser: *Mister Karstadt – Der rätselhafte Nicolas Berggruen*, ZDF, 14. März 2012.

64 Ebd.

65 *Frankfurter Allgemeine Zeitung*, 22. November 2010.

66 *Frankfurter Allgemeine Zeitung*, 22. November 2010.

67 www.nachdenkseiten.de/?p=3521.

68 https://www.ifk-cfs.de/?L=1.

69 www.sprengsatz.de/?p=3884.

70 www.heringschuppener.com/seniorteam/Martin_Bury.

71 Zitiert nach Verdi: *Publik*, Juni 2011.

72 www.institut-fuer-gerechtigkeitsforschung.de/pressemitteilungen/557 -occupy-frankfurt-wie-lange-haelt-die-masse-noch-still-beim-schreinach-gerechtigkeit.html.

73 Ulrich Beck: »Ein Europäischer Frühling?«, *Die Tageszeitung*, 24. November 2012.

74 Heiner Müller: *Der Auftrag*, Stuttgart 2005, S. 68.

75 Ebd., S. 57.

Olaf Kumpfert · **Zinsklau**
Wie Banken uns ausrauben
416 Seiten mit zahlreichen Abbildungen, Hardcover mit Schutzumschlag
€ [D] 19,99 · € [A] 20,60
ISBN 978-3-430-20128-5

Hätten Sie gedacht, dass Banken falsch rechnen? Regelmäßig werden Kunden bei der Zinsberechnung übers Ohr gehauen, der Schaden der Verbraucher geht in die Milliarden. Es könnte jeden treffen, der seinen Dispo nutzt oder sein Haus oder seinen Betrieb mit Hilfe einer Bank finanziert hat.
Olaf Kumpfert hat eine Fülle schockierender Fälle recherchiert. Er enthüllt die gängigsten Zinsklau-Methoden und beschreibt, wie sich Gerichte, Staatsanwaltschaften, Politik und Bankenaufsicht wegducken.
Ein erschütternder Bericht über die die tragischen Schicksale der Opfer und die skrupellosen Methoden der Banken.

Wie wir die Armen ins Abseits drängen

Stefan Selke · **Schamland**
Die Armut mitten unter uns
288 Seiten, Hardcover mit Schutzumschlag
€ [D] 18,00 · € [A] 18,50
ISBN 978-3-430-20152-0

Wir leben in einem der reichsten Länder der Welt. Trotzdem muss jeder Sechste mit weniger als dem Existenzminimum auskommen. Der Soziologe Stefan Selke reiste jahrelang durchs Land, um mit den Betroffenen zu sprechen. In einer einzigartigen Mischung aus messerscharfer Gesellschaftsanalyse und berührender Sozialreportage nimmt Selke uns mit in die versteckte Welt der Armen. Eindringlich zeichnet er das Leben jener Menschen, die einst in der Mitte der Gesellschaft lebten und nun auf Almosen angewiesen sind. Ihre Geschichten, geprägt von Existenzangst und Demütigung, verdichten sich zu einem neuen beschämenden Bild der Bundesrepublik.